犧牲的禮門

破解歷史密碼

（史前至明代）

陳迎憲　著

目錄

第二部分　明中葉澳門的海洋活動（15-16 世紀）

第三部分　明末澳門海洋活動（17世紀上半葉）

序

章文欽

陳迎憲先生經過十年的潛心探研，四易其稿而成的澳門海洋文明系列專著第一種：《海洋的澳門・破解歷史密碼（史前至明代）》即將出版，作為研究澳門歷史文化的同道和廣東省政府文史研究館的同事，謹表示熱烈的祝賀！

中國是具有五千多年文明史的泱泱大國，中華文明按照文化類型，大體包涵農耕文明、遊牧文明和海洋文明三個部分。就海洋文明而言，從遼東半島到北部灣，中國擁有三萬多公里的海岸線和遼闊寬廣的海域，很早就成為中華民族的先民活動的舞台。自先秦時代起，從遼東、齊魯、吳越、甌越、閩越到嶺南之地的百越，作為中國的濱海地域，便已積澱著深厚的海洋文化的基因。

業師蔡鴻生先生有言：在多元一體的中華文化中，嶺南文化「是一種濱海的區域文化」。[1] 徵諸古籍，舜帝南巡，至蒼梧之野。禹宅南交，至於南海。今日粵港澳大灣區這一濱海地域，秦漢時代屬南海郡，三國吳以後屬廣州，憑藉著兩千多年海外交通的文化積澱，從傳統走向現代，才有今日粵港澳大灣區的崛起。

澳門位於祖國的南海之濱，早在新石器時代晚期，百越民族的先民便在這裡繁衍生息，從事海洋活動。1982-1985 年發現的路環九澳灣面海山崖石刻巖畫，

1　蔡鴻生，〈嶺南文化與海〉，見《嶺嶠春秋：嶺南文化論集》（一），北京：中國大百科全書出版社，1994，頁 205。

再現了兩艘古船滿載物品在海上航行的圖景，可與古代同屬於香山地區的珠海高欄島寶鏡灣古舟船的石刻巖畫相媲美。

澳門在明代屬廣州府香山縣，又稱蠔鏡，或作濠鏡。本書第七章用中、日、葡三種語言的文獻記載相印證，證明了在葡萄牙人入居之前，蠔鏡是「琉球人使用的港口」。早在正統十年（1445），為入貢採買方物的琉球使臣蔡璇等人的船隻，因風飄至香山港，巡戍守備欲以海寇殺戮冒功，幸海道副使章格奏還其貲而遣之。其後琉球人便將蠔鏡作為前往東南亞途中必然停靠的港口，並到娘媽角的媽祖廟祭祀朝拜。筆者略有補充的是，娘媽角現存的三座媽祖廟中有弘仁閣，應為鄭和下西洋期間，以媽祖庇佑航海奏請朝廷，在南京龍江建「弘仁普濟天妃之宮」一事之後，遂以「弘仁」為廟號，以彰顯其所祭為正祀神祇。從而又證明在葡人入居澳門之前，澳門已有航海保護神崇拜的媽祖信仰和媽祖廟。

至於蠔鏡澳在葡人入居之前，在明代朝貢體制和廣州市舶貿易中的位置，香山籍著名學者黃佐，在嘉靖《廣東通志》卷六六・外志三《番夷》中，在載由其代作的兩廣巡撫都御史《請通市舶疏》之後，記述當年來廣州進行朝貢貿易和市舶貿易的東南亞南海各國番舶「灣泊有定所」「抽分有例則」的情形，其中關於前者載：「布政司案：查得遞年暹羅國併該國管下甘蒲沰、六坤州，與滿喇加、順搭、占城各國夷船，或灣泊新寧廣海、望峒，或新會奇潭，香山浪白、蠔鏡、十字門，或東莞雞棲、屯門、虎頭門等處海澳，灣泊不一。」證明在嘉靖八年（1529）林富上《請通市舶疏》之前，蠔鏡已成為廣州海域番舶停泊的九個海澳（又稱舶口）之一，並已成為定制。

著者依據大量中外文獻，證明在葡人入居澳門之前，蠔鏡並非一個荒島，而是東西二洋各國番舶停泊貿易的海澳，「葡人也不是蠔鏡澳的開拓者或開埠者」。較諸以往以葡人入居澳門為開埠之始的舊說，更能令人信服而具有史識。

研究明清史的著名學者韋慶遠先生有言：「彈丸之地的澳門，聯繫著中國與世界。」中國的海洋文化與西方的海洋文化在這裏相遇和對話，成就了這一方熱土。

關於葡人入居澳門的年代，業師戴裔煊先生以郭棐萬曆《廣東通志》卷六九《外志》四《番夷・澳門》條所載的嘉靖三十二年（1553）說，與平托（Ferdinand Mendez Pinto）《旅行記》（Peregrinação）所載的 1557 年（嘉靖三十六年）說相印證，認為葡人從蓬累數十間，到用磚瓦木石建成永久性聚落，中間經歷了四年

的時間，兩說都沒有錯誤。[1] 本書以嘉靖十四年（1535）為澳門開埠的年代，而以1557 年為葡人入居澳門的年代，詳見第八章《濠鏡何時開澳？（1535-1557）》，與戴先生及筆者的觀點有所不同，從來交友論學，可以和而不同，留待讀者自行判別和學術界繼續探研。

陳迎憲先生祖籍福建漳浦，出生於印度尼西亞棉蘭市，長期生活工作在澳門，致力於澳門博物館事業和粵港澳大灣區文化合作，並潛心研究澳門史，尤其是澳門海洋史與國際交流史。對於澳門海洋史的研究，既是從近身之學做起，又有多年的學術文化積累。細讀此書，可以體會到著者面向世界去蒐集資料，具有世界性的學術視野。

關於前者，本書參考的文獻書目達三百種，所用語種包括中文、葡文、英文、馬來文、印度尼西亞文、法文、日文、拉丁文。其中葡文文獻一百零五種，數量僅次於中文（一百一十七種）；英文文獻四十種，數量接近外文中譯本（三十九種）。故能將中外文獻、東西方文獻相印證，並盡可能使用年代較早的當時人、當事人留下的第一手資料，以重現當年的歷史圖景。

關於後者，澳門史尤其是澳門海洋史的研究，時間上處於古代與近代的交匯，空間上處於東方與西方的交叉，必須進行歷時性與共時性的研究。而海洋史又包含著天文、地理、潮汐、海流、航線、海圖、季候風和航海技術等多方面的知識。著者以孜孜不倦的努力，去專注所要研究的問題，並以世界性的學術視野來審視和解決這些問題，讀者儻能細讀此書，自有會心之得，毋須筆者贅言。

自 2020 年初至今，著者將本書四易其稿，交到筆者手中。筆者忙於其他工作，尤其是即將出版的《戴裔煊先生誕辰一百一十周年紀念文集》一書編務，故祇讀過本書第一、四稿，略獻芻蕘，提供若干修改意見，以供參考，略伸學術的商量培養之意，並期待這部多卷本的系列專著，能在著者孜孜不倦、精心結撰之下逐一完成，貢獻於學術界和文化教育界。同時更期待有志於學的青年學者，對這一有著廣闊發展前景的學術領域進行學術接力，但必須學風純正，耐得住寂寞才行。

研究中國沿海邊疆史和海外交通史的前輩學者、番禺梁嘉彬先生在 1946 年便聲言：「中華民族未來的發展在海洋！」研究中國民俗學和文化史的前輩學

1　戴裔煊，〈關於葡人入據澳門的年代問題〉，見蔡鴻生主編《戴裔煊教授九十誕辰紀念文集：澳門史與中西交通研究》，廣州：廣東高等教育出版社，1998，頁 1-23。

者、海豐鍾敬文先生在九十六歲之年有言：「我們是歷史之舟的搭客，同時又是她的划槳人。」筆者堅信，對於澳門、嶺南以至中國海洋文化的研究，將為澳門的發展、粵港澳大灣區的崛起、海洋強國的建設以至 21 世紀中華民族的偉大復興，提供重要的學術支撐。

2021 年 11 月 29 日凌晨草於澳門大潭山下旅舍，其地正當十字門古航道

澳門史，其本質上是一部海洋史。澳門地處中國的南海之濱，亘古便與海洋結下不解之緣。澳門之所以能夠在明代中葉登上中國和世界的歷史舞台，其重要的原因並不在於它土地面積的大小，而在其海洋價值和作用，因此海洋是澳門史研究的核心內容。

從中國五千年文明史來看，在 15 世紀和之前，中國是世界上的海洋大國和強國。歷朝歷代，強盛時期的君主，無不重視海洋的開拓。例如：秦、漢、隋、唐、宋、元、明等朝代，對海洋的探索規模越來越大，次數越來越多，航程越來越遠。1405 年，明成祖朱棣派遣鄭和下西洋，至宣德八年（1433 年）共遠航七次之多，成為中國海洋國力最為鼎盛的時期。然而，隨後的明代君主則奉行「海禁」政策，關上海洋大門。歷經數百年的海禁，導致國人對海外的情況和事物，逐步陷入無知的境地。

然而同在 15 世紀，歐洲民族開始步入大西洋。其中葡萄牙人率先沿非洲西海岸，到達非洲最南端的厄加勒斯角後進入印度洋，在 15 世紀末到達亞洲的印度，揭開了歐洲「地理大發現」的大幕。他們在 16 世紀初，完成了對東南亞「香料群島」（馬魯古）的考察，再繼續前往中南半島，於 1513 年抵達南中國沿海。

自 16 世紀的明代中葉，澳門開始步入人們的視野，一方面明朝統治者實施

「海禁」，禁絕民間與海外各國的貿易交往；另一方面，歐洲的海洋文明紛紛崛起、並挺進亞洲。澳門成為中歐兩大文明在東亞地區進行接觸、較量和交匯的舞台。從這個角度來看，澳門史在中國歷史長河中具有轉捩點的意義。時至今日，中歐兩大文明的較量依然持續，並影響至今、至深、至廣。因此，澳門史具有樣本的特殊意義，澳門史對中國歷史的重要價值也在於此。澳門史不但在中國近代史上具有重要意義，也對世界近代史產生重大影響。

然而，澳門歷史卻是一部難以詮釋的歷史，澳門雖然只是一個彈丸之地，但迄今為止，在學術上仍有許多未解之謎，或存在爭議，就連許多基礎的問題，也有不少至今尚未取得共識，以致於大眾甚至學界，很多時候仍沿用掌故、民間傳說來闡述澳門歷史。究其原因有多種，例如：文獻佚失，早期史料不多、特別是澳門開埠前後的史料鳳毛麟角、或語焉不詳；一些內容被後人傳抄多次之後、舛誤頗多；再加上單憑各自的文字，難窺歷史全貌。更重要的是我們對海洋認識不深，往往不自覺地使用陸地概念來理解和解釋歷史上的澳門，而未能做出符合歷史發展進程的正確判斷。

澳門史與其他地方史不同之處，在於它的海洋特性，即其具有鮮明的多元文化特徵。它是一部由不同文化、種族、宗教的人們譜寫的多元文化歷史。換言之，澳門歷史記錄在多種文字的文獻中。正因如此，澳門歷史的真相，就像被許多密碼鎖層層相扣，需要用多把不同的鑰匙才能開啟。因此，進行多種文字和史料的會通解讀，有助於對澳門歷史全方位的理解。

過往不少澳門史書籍，多關注發生在陸地上的事件而忽略澳門在海洋方面的核心價值和重要性，造成研究上的缺失。本書嘗試通過全新的海洋角度，以歷史文獻為藍本，以多元文化為鑰匙，探索破解澳門歷史密碼的方法，向讀者揭開一部海洋的澳門史，同時期待更多有識之士加入海洋史的研究行列，匯聚眾人的學識，共同覓史之源、補史之闕、糾史之偏。

本書在撰寫過程中，為尋求歷史真相，盡可能參照了最接近事件時間、或較早期、或最具代表性的中外文獻史料，目的是還原當時的歷史圖景和語境，並嘗試從不同文本的史料中去蕪存菁，尋求最為接近事實真相的答案，盡可能完整地進行闡述。但始終由於個人學識的局限或盲點，所蒐尋的文獻史料難免有所疏漏和欠缺，對文獻的翻譯和理解有所偏差，敬請各位讀者在閱讀的同時，予以批評指正。

本書編撰期間，獲許多優秀前輩學者、友人和機構的協助，提供文獻、古籍和圖檔等，並給予批評建議，謹在此表示衷心感謝！

本書編寫的原意是為喜愛澳門歷史人士、學生、博物館導賞員編撰準確的歷史通俗讀本。同時，為了滿足大部分讀者對澳門歷史的興趣，本書盡可能採用淺白、簡潔和通俗的語言來替代枯燥、冗長、艱澀難懂的歷史學術語言，以饗廣大讀者。

陳迎憲

2022 年 11 月 20 日

第一部分

澳門的海洋歷史（史前至 14 世紀）

第一章　應當回歸的海洋史

　　澳門是中國一處與其他內陸地區有著較大分別的地方，其最重要的特色便是和海洋之間的聯繫。縱觀數千年來由漁村到城市的發展歷史，澳門始終與海洋息息相關，其對於中國近代史的影響，也是由海洋而來。雖然中國在明代初起便實施海禁，而澳門卻機緣巧合地在 1535 年被劃為對外開放的舶口，被排除在海禁影響之外，成為明末至清初的二百二十二年間（1535-1757）中國唯一長期獲准對外通航通商的地方。即使在乾隆開放廣州一口通商後的八十五年間（1757-1842），澳門仍是廣州的外港，從而長期保持與海洋的聯繫。這是澳門為何得以在數百年間，從未間斷地為中國發揮門戶和窗口作用的原因。

　　中國自元朝起實施禁絕國人出海的「海禁」政策，但時禁時弛；明代延續海禁，施行「片板不得下海」[1] 的國策，雖有永樂帝派遣鄭和出使西洋之舉，但海禁依舊，打破了中國數千年來農耕文明、遊牧文明、海洋文明格局均衡齊備的狀況，導致中國沿海地區的人們普遍喪失了海洋生計之路。這種長達數百年的自我隔絕，除使國家和民生喪失大量海洋資源外，也因此削弱了國家重要的海洋文化

---

1 〔明〕鄭若曾，《籌海圖編》，十三卷本，嘉靖三十五年木刻本，日本內閣文庫藏，見卷十一，《經略一・敘寇原》，海道副使譚倫云：「片板不得下海，禁革雙桅大船，乃厯朝明例。」

基因，失去與世界同步發展和文明交流的機遇。也使明清兩代的中國喪失發展成為海洋強國的機會。

自 15 世紀起，歐洲國家紛紛走入海洋，歐洲人通過「地理大發現」積累了對自然世界的認知，並孕育了自身的海洋和科學基因，成為人類文明進步的領頭羊。而同時期的中國卻反其道而行之，捨去自身原有強大的海洋文明，退入閉關自守的境地。久而久之，陸地思維成為唯一模式，並以這種有缺陷的模式來觀察和理解海洋和世界。雖然時至今日，中國已重返國際海洋舞台，並發揮越來越重要的影響，但當我們在回憶過往五百年海洋歷史的缺失時期，瞭解澳門在歷史上發生的一些事時，我們仍可發現這種海洋知識缺陷所造成的影響和後果。

什麼是海洋的角度？舉一個簡單例子。我們經常向外地遊客這樣介紹澳門：「澳門是一處很小的地方，只有三十多平方公里。」用土地面積來介紹一處地方，這是我們最慣常的介紹方式。如果以土地面積來看澳門，澳門無論如何都無法和任何一處地方相比擬，以土地面積的大小來評定一個地方的重要性，這便是慣性的陸地思維模式。然而為何澳門雖小，卻在歷史上有如此之大的影響，以至於我們在日常周遭事物中都能發現和它的關聯。例如我們現在習以為常、每天都在使用的公曆[1]，便是經澳門輸入的「舶來品」。在明代中葉之前，中國日常使用的是農曆（或稱陰曆），使用初一至三十來劃分月份；以二十四節氣劃分年份；使用日、月、水、火、木、金、土之「七曜日」來劃分星期等等。這些是我們今天已經淡忘、年輕人已不太熟悉的概念。

由於自明中葉至清中葉的近三百年間，歐洲、東南亞、南亞、非洲、美洲各國與中國在物產、文化、宗教和知識的早期交流，大部分集中在澳門這個小小的地方進行。因此，澳門對中國乃至世界的影響，並非憑據它土地面積的大小，而是我們通常所忽略的港口、港口背後的海洋，以及海洋後面的港口城市、地區和國家。這便是本書重點向公眾和世界各地遊客介紹的「海洋的澳門」。海洋文明和陸地文明，兩者都是人類智慧的結晶。由於五百年前明廷的海禁和閉關自守，及隨後清廷對相關政策的延續，大部分國人對海洋的認識相對模糊和陌生。因此需要回歸海洋，補充大眾對海洋知識和文化的瞭解，瞭解海洋，以及在海洋、海

1　公曆：又稱陽曆、西曆、基督曆，由羅馬天主教會教宗格列高利十三世於 1582 年頒行。同年 9 月 20 日，葡西國王葡萄牙菲利普一世頒令在葡萄牙、西班牙兩國及其屬地施行，公曆由此傳入澳門，在葡人社群中施行。而中國也在 1912 年起施行。

島生活的人們的觀點和思維方式，並以此建構對整個世界的認知。

讓我們稍稍離開慣性的陸地角度，從更寬廣的海洋來審視我們小小的澳門。現在的澳門特別行政區面積為三十點八平方公里，其中澳門半島面積經過多年的填海，達到九點三平方公里。然而在 1535 年至 1849 年，澳門半島被劃為通商口岸的區域，即歷史上的「濠鏡澳」，並沒有包括現在的離島：氹仔和路環，甚至也並非澳門半島的全部。當年位於澳門半島正中央的大炮台東西兩側，分別建有一道圍牆延伸至半島的東西兩側海邊，將半島劃分為南北兩個部分，圍牆以南的區域，便是歷史上開埠時期的「濠鏡澳」，即讓外國商人進行互市貿易的區域，也就是現在「澳門歷史城區」的部分，其面積只有兩平方公里左右，這就是本書所主要敘述的原點——史前至明代「海洋的澳門」。

陸地和海洋

陸地和海洋究竟有著哪些不同之處？各自擁有哪些個性和規律？下面讓我們用一些簡單的例子來說明。

分界： 在陸地上，國家與國家之間的分界可以非常清晰，就如同我們家和鄰居之間一樣。國家和區域之間可以以河流、山脈、圍牆、界碑等等進行劃界，劃出「楚河漢界」。然而在海洋上，我們並無法實際劃出一條分界線。當然用現在的科技，可以做到以衛星定位的方式來精準劃界，但這也是近年來、以科技為手段才能做到的事。同時這條界線離開科技手段，並無法用肉眼識別。尤其是在早年科技不發達的時期，國家只有大致管控的海域，並沒有清晰的分界線。同時，領海和領土的概念以及管理方式，也不盡相同。

身份： 在陸地上，大家都在相對固定的場域踐行某種相對固定的生活方式，大都擁有固定的身份和職業；而早期海洋上有相當數量的流動人口，以船為家，並無固定居所。究竟哪些是漁民，或是海商，抑或海盜？這是在陸上生活的人們所難以分辨和瞭解，更難以用陸地的方式進行管控。再加上有不同國籍、種族的人士加入其中，使問題更趨複雜化，這也是陸地和海洋的分別之處。

語言： 在陸地上，分界線的兩側或是最多三地交界處，大多是兩種到幾種不同種族，所操各自不同的語言，但通常是相似的語系；而在海洋上，則是多個國家、多種語言、多種民族的場域，語系可能是相似的，但更多可能是遠端的、完全不同語系的國家和地區。以澳門早期為例，在澳門最通常使用的兩種語言：粵

語和葡萄牙語，便是處於地球兩端的異質語言，它們之間幾乎沒有相近相似之處。因此陸地上的語言差別是近鄰的和相似的；而海洋上的語言則更多是遠程的和異質的。海洋地域的人士普遍較內陸人士熟悉更多語種，這也是環境所造成的。

當然，我們還可以列舉出更多陸地和海洋的差別，但僅從以上的例子，讀者便可從中領略到海洋和陸地間有著很大的差別，並由此形成不同的文化和思維方式。由於自明代以來我們受到的教育是以陸地的思維方式為主導，因此我們常常不自覺地受到這種思維定勢的影響。當然，當我們用來分析陸地上的人和事，這種方式基本上都是正確的，但被用來觀察我們所不熟悉的海洋上的人和事、特別是地球另一端的異質文化時，則往往會出現許多盲點而不自知，從而產生誤讀誤判的情況。這種情況在澳門史研究中也經常出現。

海上的生活，遠非陸上人所能夠想像。船艙內空間有限，必須事先設計周全，船上的物品必須十分精簡並加以固定，以抗風浪。必要的東西不可或缺，如：吊鉤、桅桿、風帆、纜繩、儀器、風雨燈、工具、救生艇等，事關生命安全，必須齊備；全船人員的口糧、淡水，還有一些貿易商品等也要充足，但也不能多帶，超載的船將難以駕馭，有沉船之虞。因此出海前一切需精準計算和充分準備，一旦出海，便難以回頭；一處微小的疏忽，往往釀成不可挽回的後果。海船日夜兼程，需要船員各司其職，相互配合，輪番休息。這是海上人培養出來的細緻嚴謹的工作規範，集體的團結意識，以及無懼風浪和艱難險阻的精神。

我們可以發現，自 15 世紀以來，歐洲人正是通過「地理大發現」開拓了自己的視野，並通過航海活動的開展和技術的提升，培養出對大自然無所畏懼的性格，瞭解世界各地的人種、物產、天文、地理等自然科學知識，從而在工業、軍事、科學等各領域領先全球。正是這種海洋文化的薰陶，奠定了歐洲人此後的世界觀。

因此國人在具備良好的陸地文化知識、宏觀的戰略眼光和寬廣包容的胸襟的基礎上，也需要好好瞭解海洋文化、裝備海洋知識，瞭解他們的思維方式，以便知己知彼，學會分別從海洋和陸地的角度進行分析和研究，用全方位視角觀察澳門和觀看世界。

下面讓我們簡略地看看歷朝歷代所編撰的正史，對於海洋的關注情況：在中國官方史書《二十四史》中，有關海洋的部分通常都會出現在章節的最後部分，

而其所佔篇幅多寡，說明了該朝代統治者對海洋的重視程度。我們可以發現，中國歷史上強盛的朝代，往往也是重視海洋的時期。

秦：東渡三山、南征百越

在《二十四史》中最早紀錄航海的是《史記》。秦始皇二十八年（公元前219年），秦始皇派徐芾（又稱徐福）東渡三神山，尋找長生不死藥：「既已，齊人徐芾等上書，言海中有三神山，名曰蓬萊、方丈、瀛洲，僊人居之。請得齋戒，與童男女求之。於是遣徐芾發童男女數千人，入海求僊人」。[1] 然而，這位徐芾多年來均無法取得神藥，其所花費不菲，害怕受到責罰，「乃詐曰：蓬萊藥可得，然常為大鮫魚所苦，故不得至，願請善射與俱，見則以連弩射之。」

秦始皇在平定六國統一中原地區後，在秦始皇三十三年（公元前214年）發動了南征百越的戰爭：「發諸嘗逋亡人、贅婿、賈人略取陸梁地，為桂林、象郡、南海，以適遣戍」。始皇三十四年（公元前213年），「適治獄吏不直者，築長城及南越地」。

百越，又稱百粵，是指棲息在長江以南、為數眾多的各種南方族群。較具規模的如：揚越、吳越、東越、閩越、南越、駱越、西甌等。由於江南地區多江河湖海和沼澤地，故他們多以水上漁獵為生計。有學者稱：「操南島語的百越人的祖先於西元前2000年便已遷徙至東南亞。」[2] 秦平百越後，有部分操舟的百越人流落到東南亞群島，成為當地最早的原住民。今居住在蘇門答臘北部的馬達族人及蘇門答臘西部的米南加保人，稱他們的祖先是由中國南部遷徙而來。

秦南平百越後，置桂林、象、南海三郡，為隨後的出海遠征奠定了基礎。

漢：渡南海、征海南

西漢武帝在（公元前139年及公元前119年）兩次派遣張騫從陸路出使西域不久後，於元鼎六年（公元前111年）派遣伏波將軍路博德等平定南越國，將秦所置的桂林、象、南海三郡，擴大為：南海、桂林、徐聞、合浦、象林、日南、蒼梧七郡；又於元封元年（公元前110年）派遣大軍渡海，完成對海南島的征

1 〔漢〕司馬遷，《史記》，北京：中華書局，1997，卷六・秦始皇本紀第六。

2 〔美〕林肯・潘恩（Lincoin Paine），《海洋與文明——世界航海史》，陳建軍、羅燚英譯，新北：廣場出版，2018，頁224。

戰，將海南島劃為儋耳、珠崖兩郡：「自合浦、徐聞南入海，得大州，東西南北方千里，武帝元封元年略以為儋耳、珠崖郡。」[1]

而在同一時期，漢武帝也首遣官方使者黃門譯長，乘坐夷人的商船自西漢時期最南部的港口，徐聞（今屬廣東）、合浦（今屬廣西）以及日南（今越南中部）啟航，經過中南半島的都元國、邑盧沒國、諶離國、夫甘都盧國，到達黃支國：「自日南障塞、徐聞、合浦船行可五月，有都元國；又船行可四月，有邑盧沒國；又船行可二十餘日，有諶離國；步行可十餘日，有夫甘都盧國。自夫甘都盧國船行可二月餘，有黃支國，民俗略與珠崖相類。其州廣大，戶口多，多異物，自武帝以來皆獻見。有譯長，屬黃門，與應募者俱入海市明珠、璧流離、奇石異物，齎黃金雜繒而往。所至國皆稟食為耦，蠻夷賈船，轉送致之。亦利交易，剽殺人。又苦逢風波溺死，不者數年來還。」這是中國歷史上最早的官方遠洋航海紀錄。至於這些國家的正確地點究竟何處，學術界有所分歧，仍有待考證。此時中國出口的商品主要是絲綢，遂被後人稱之為漢代的「海上絲綢之路」。

西漢平帝元始（公元 1-5 年）時期，也曾遣使黃支國、皮宗國、已程不國等。「平帝元始中，王莽輔政，欲燿威德，厚遺黃支王，令遣使獻生犀牛。自黃支船行可八月，到皮宗；船行可八月，到日南、象林界云。黃支之南，有已程不國，漢之譯使自此還矣。」自此建立了東南亞和南亞地區向中國皇帝朝貢的貿易聯繫。

隋唐：南海神廟、懷聖寺和蕃坊

對中國歷代統治者而言，歷代「天子」所統治的是天下的土地，而疆止於海，海上是屬於「海神」所掌管的地方。「海於天地間為物最巨，自三代聖王莫不祀事。」[2]古人認為，海神有東、南、西、北四尊，而四尊海神中以南海神最為尊貴和重要。建於隋代開皇十四年（594）的廣州南海神廟，是四座海神廟中迄今唯一保存最為完整和規模最大者。並從此奠定了廣州作為後來海外朝貢貿易主要港口的地位。隋煬帝繼位後，遣屯田主事常駿出使赤土國。隋大業六年（610），隋煬帝發動了中國的首次海外征戰：遣朝請大夫張鎮州遠征琉球，「破

---

1 〔東漢〕班固，《漢書》，北京：中華書局，1997，卷二十八下・地理志第八。

2 韓愈，〈南海神廣利王廟碑〉，見黃應豐《南海神廟碑刻拓片集》，廣州：廣州出版社，2007，頁 4。

南海神廟古碼頭（廣州，2011） 陳迎憲攝

之，獻俘萬七千口，頒賜百官」。[1]

唐代開始設置「市舶使」，建立了對海外貿易的官方監管制度。唐代通往外國的通夷之路共有七條，其中海路兩條：「登州海行入高麗渤海道」及「廣州通海夷道」。[2]而「廣州通海夷道」中列舉了與中國通航的五十五個國家和地區，涵括東南亞、南亞和中東各地。這時，有大量波斯等國商人來到廣州貿易，一時間成就了廣州的繁盛，使之成為東方最聞名的商港。在唐代，官方興建讓外商蕃人住宿的「蕃坊」，同時廣州也建有伊斯蘭教的「懷聖寺」、領航的「光塔」等留存至今的建築，它們都見證了一段輝煌歷史。然而，歷經唐中期的安史之亂

1 〔唐〕魏徵等，《隋書》，北京：中華書局，1997，卷三・帝紀第三、卷二四・志第十九，《食貨》。
2 〔宋〕歐陽修、宋祁等，《新唐書》，北京：中華書局，1997，卷四三下・志第三三，《地理》，七下。

建於懷聖寺內的光塔是中國現存最古老的西式燈塔（廣州，2011） 陳迎憲攝

（755-763）後，[1] 陸上的絲綢之路被阻斷；而唐末期的黃巢之亂（879）[2] 使大量中東的阿拉伯商人在廣州被屠殺和驅趕，也令唐代的海上貿易通路受阻，海上對外貿易也就此步向衰落。

兩宋：由汴梁到臨安的海洋強國

經過五代時期的戰亂之後，由於西方和北方被強大的遊牧民族所佔據，陸上的絲綢之路受阻，只有東南海路可通，宋代的海洋活動又掀起一次高潮：兩宋時期設置市舶司，掌管海外貿易。北宋（960-1127）時期主要港口在廣州，後又於杭州、明州（今寧波）置市舶司，[3] 除朝貢貿易外，政府規定開放部分商品讓民間自由貿易，此時的廣州仍是中國最主要的港口。

到南宋（1127-1279）時期，都城由汴梁（今河南開封）南遷至臨安（今浙江杭州），隨著經濟重心和都城的遷移，南方逐步取代了北方的地位，而對外交往也更加依賴南方的海路，致使南宋時期南海貿易和航路到達鼎盛時期。而在兩宋時期（特別是南宋時期），中國成為真正意義上的海洋大國。中國商船滿載精美瓷器和絲綢，並將之運往各地：浙江的浙船由臨安前往高麗，由慶元（今寧波）前往日本；福建的福船和廣東的廣船分別從泉州、廣州等港啟航前往東南亞、南亞、中東各國。而在此時直至元代，泉州開始逐步取代廣州，成為中國第一大港。這時的海上航線，更多用於運載瓷器，因此也被稱為「海上絲瓷之路」。

元：刺桐元軍遠征爪哇

元代繼承宋代市舶體制，最多時曾設七個市舶司，但最後僅保留廣州、刺桐（泉州）和慶元三市舶司。同時，元代奉行擴張政策，元世祖忽必烈大興海外征戰，在至元十一年（1274）和十八年（1281），兩次遠征日本，均失敗而還。[4] 至元二十年（1283），又發兵征占城，殺死數千人。至元二十九年（1292），用海

---

1 〔宋〕歐陽修、宋祁等，《新唐書》，卷五・玄宗天寶十四年至肅宗上元元年，卷六・肅宗上元二年至代宗廣德元年。

2 〔宋〕歐陽修、宋祁等，《新唐書》，卷二二五下，《逆臣》下。劉昫等，《舊唐書》，北京：中華書局，1997，卷十九下，《僖宗》，卷二〇〇，《黃巢》。

3 〔元〕脫脫、阿魯圖，《宋史》，北京：中華書局，1997，卷一八六・志第一三九，《食貨》下八，《商稅市易均輸互市舶法》。

4 〔明〕宋濂、王禕，《元史》，北京：中華書局，1997，卷二〇八・列傳第九五，《外夷》一。

船大小五百艘，「會福建、江西、湖廣三行省兵凡二萬，發舟千艘」。[1] 十二月，大軍自泉州遠征爪哇。至元三十年正月（1293）元軍出征南洋群島的勿里洞島、爪哇杜板、馬都拉等地。同年，被爪哇強國麻喏巴歇（Majapahit）王朝海軍所擊退。[2] 這是中國歷史上少數大規模的海外遠征。

明：鄭和七下「西洋」

明朝最重要的航海活動莫過於鄭和的七次遠航「西洋」。這裏所指的「西洋」，並非指特定的某一處海洋。在鄭和下「西洋」之後，「西洋」的概念則擴展至今印度洋地區。中國人的遠洋航線除了傳統的東南亞、南亞及中東航線之外，更遠至東非沿岸，《鄭和航海圖》中所載地名便有五百餘處。

明永樂三年（1405）至宣德八年（1433），鄭和船隊「奉使諸番，今經七次，每統領官兵數萬人，海船百餘艘。自太倉開洋，由占城國、暹羅國、爪哇國、柯枝國、古里國、抵於西域忽魯謨斯等三十餘國，涉滄溟十萬餘里」。[3] 無論船隊規模、時間之長和航程之遠，在當時均屬舉世無雙。

有學者認為鄭和七下西洋後，標誌了中國海上絲綢之路航線的結束。實際情況是否如此呢？雖然在鄭和七下西洋的前後，明代均實施除傳統朝貢貿易之外的「海禁」政策，禁止本國商船出海。然而中國和東南亞各國的民間海上貿易仍然持續進行，直到明末，仍有大量來自東南亞地區的「蕃船」前來互市；在鄭和結束航海八十年後，方有一艘來自歐洲海洋民族的葡萄牙商船，來到南海之濱的珠江口尋求貿易互市。

明清：從濠鏡到澳門的海洋大港

明嘉靖初年，濠鏡[4] 開放成為東南亞諸番市舶的港口，大量蕃商雲集於珠江口的濠鏡澳，以葡萄牙人為首的歐洲人，循地理大發現航線首度航抵東亞，打破了數千年來以中國為主導的東亞海上貿易方式和朝貢體系，在嘉靖末年入居濠鏡

1　〔明〕宋濂、王禕，《元史》，卷二百一十・列傳第九七，《外夷》三。

2　Majapahit，《元史》稱「麻喏巴歇」，《明史》稱「滿者伯夷」。Irawan Djoko Nugroho, *Majapahit peradaban Maritim–Ketika Nusantara Menjadi Pengendali Pelabuhan Dunia*, Jakarta: Yayasan Suluh Nuswantara Bakti, 2011, p. 112.

3　〔明〕鄭和等，《婁東劉家港天妃宮石刻通番事蹟記》，見維基文庫。

4　濠鏡：澳門的古老名稱。詳見本書第六章「澳門諸名的演變」。

澳。毋容置疑，自鄭和下西洋後的明中葉至清中葉的兩百年間，澳門成為中國對外互市的一個主要港口。

自 1535 年濠鏡開放為對外貿易口岸，至明朝末年（1644）的一百一十年間，濠鏡澳逐步成為東南亞各國在中國進行互市貿易中最主要的澳口，其時，大量東南亞各國商人雲集於此處進行貿易。葡萄牙人藉中日交惡的歷史時期，通過濠鏡澳居中進行中日貿易，通過濠鏡澳將大量中國優質絲綢輸往日本，換成日本白銀後再運往中國，這個時期是白銀大量流入中國的時期。與此同時，大批青花瓷器、絲綢等中國商品，也通過南海被運往印度，再轉往歐洲，這是歐洲人首次將中國瓷器大量輸往歐洲的時期。進入 17 世紀，中國的絲綢通過葡萄牙人運往馬尼拉，再通過西班牙人轉往美洲墨西哥和秘魯，大量的西屬美洲白銀也經這條通路，源源不斷輸往中國。

進入 17 世紀中葉以後，在順治、康熙、雍正朝共九十一年的清前期，「濠鏡澳」改稱「澳門」，繼續成為中國最重要的對外貿易澳口。此時，與澳門通航的港口覆蓋了東亞海區、太平洋、印度洋以及大西洋等數百個港口，成為當時世界聞名的東方大港和東亞地區的航運樞紐港。

媽祖閣（澳門，2019）薛啟善攝

第二章　您需要瞭解的海洋

海洋佔據了地球的七成地表面積，而陸地只佔三成，人類對海洋的認知仍然膚淺。大多數人們習慣性從陸地的角度觀看世界，而甚少能從海洋的角度觀看世界。如果說在歷史上，廣大內陸地區所發生的事件多數與海洋無關，以致於使用陸地的概念是自然而然的話，那麼使用這種思維概念來理解或闡述澳門史，便可能產生偏差和誤解。

在中國傳統古籍中，對於海洋有其獨特的理解和表達方式。正如上一章提及的鄭和下「西洋」。在中國典籍中所提到的「東洋」和「西洋」，並非特指某一處海洋為「東洋」或「西洋」，而是把海洋作為劃分國家地理位置的分界，它所要表達的並非海洋本身，而是相對應的陸地。例如，明人張燮所著《東西洋考》一書，便將位於南海以西的國家，如：中南半島、馬來半島和蘇門答臘島上的國家稱為「西洋列國」；而海洋（包括黃海、東海、南海）以東的國家，如日本、琉球、菲律賓、婆羅洲等國家，則稱之為「東洋列國」。[1]而伴隨鄭和對印度洋的探索，「西洋列國」的概念，更延伸至印度洋以西的南亞、中東和東非各國。因

---

1 〔明〕張燮，《西洋朝貢典錄、東西洋考》，謝方校註，北京：中華書局，1981，頁1-104。

此在閱讀古籍時，我們需要瞭解古人所表達的海洋含義，是與我們現在所理解的海洋概念有所不同。

由於澳門海上航線歷時超過五個世紀，曾涉及相當遼闊的海域範圍，幾乎涵蓋了世界上的主要海洋：包括了三大洋的太平洋、印度洋、大西洋和各大海區。認識海洋、瞭解這些海區的地理特點，有助於我們對往後所論述主題的理解。

板塊分割的海洋

表面上連成一片的海洋，實際上是有著非常準確的劃分。而地球上的海洋劃分，和地球板塊的關係密不可分。地球板塊的高低、相互堆疊和擠壓，形成陸地上不斷隆起和升高的山脈；在海洋中也形成深淺不一的海區、海底山脈和海洋深淵。板塊之間的碰撞、地底岩漿的湧出隆起，形成海洋中形狀各異、大小不同的島嶼，並組合成一組組的群島和排列有序的一條條島鏈，海區和洋區由此劃分。[1] 人類最初正是利用這種島鏈的特性，從陸地走向海洋，從一個島嶼走向另一個可見島嶼，一步步邁向深洋。

以下所提及的海區和洋區，並非世界上海洋的全部，而僅僅選擇了和澳門航線相關、曾經有船隻與澳門通航的區域，沒有航線的海區和洋區則不在介紹之列。以此，足以令讀者瞭解到，澳門在歷史上航線的覆蓋之廣和影響之深。

第一島鏈之東亞海域

在世界各大洋中，只有太平洋和歐亞大陸之間被大面積的海區分割開，而形成一條條由北至南的一連串海區，這便是我們首先要講述的東亞海域。由於歐亞板塊、北美板塊、太平洋板塊、菲律賓板塊，以及南部澳洲板塊等的共同作用，東亞地區形成將太平洋隔開的數條從北至南的島鏈，和被島鏈分隔開的若干海區。而這種現象是其他洋區所罕見的。東亞海域又劃分為數個海區。從北至南依次是：鄂霍次克海、日本海、瀨戶內海、渤海、黃海、東海、南海和暹羅灣等。由於這些海域所處的地理緯度不同、大小和深淺不一，因此具有各自不同的特徵。

1　International Hydrographic Organization, *Limits of Oceans and Seas*, 3rd Edition, Monégasque, Monte Carlo, 1953, Imp.

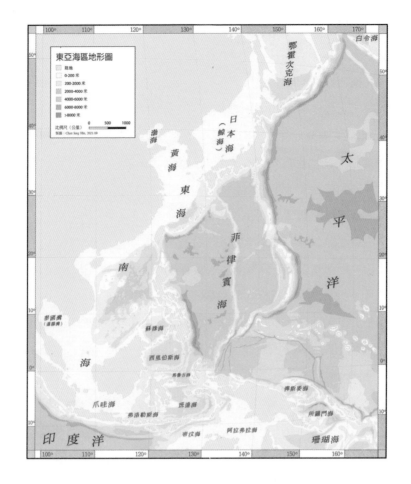

東亞海域圖

　　與澳門有航線交往的主要海區如下：

　　南海：又稱「南中國海」，古籍中曾稱「漲海」，是澳門所處的海域，也是澳門航線最為頻密的海區。「南海」的名稱在周朝已有，秦時置「南海郡」，隋代時見諸史籍，[1] 是東亞海域中面積最大的海區。其北起台灣海峽北端，東沿台灣島、菲律賓群島西岸至加里曼丹北岸；西至中南半島東岸、暹羅灣口及馬來半島東岸；南抵馬六甲及新加坡海峽、蘇門答臘東岸、邦加島至加里曼丹西岸。面積約三百五十萬平方公里，平均水深一千二百一十二米。南海由西至東呈傾斜狀，西部為大陸棚，東部有深海盆，最深處在呂宋島西部的菲律賓海溝，達五千五百五十九米。由於南海大部分地處熱帶和亞熱帶，因此沿海有大批紅樹林和珊瑚礁的發育。南海中有大小二百多個無人居住的島礁和島嶼，由於水下礁石

1　〔唐〕魏徵等，《隋書》，卷八二．列傳第四七，《南蠻·赤土》。

林立，有不少船隻在這裏觸礁沉沒，歷史上這些島礁也曾被稱為「千里長沙」和「萬里石塘」。

東海： 又稱「東中國海」，是東亞第一島鏈海區中面積僅次於南海和日本海的第三大海區。北起日本九州長崎野母崎町、五島列島、南韓濟洲島南岸，以北緯 33°17' 延伸至大陸為北界；東面為日本九州、琉球群島；西為中國大陸；南至台灣海峽北端與南海相接。面積約七十七萬平方公里，平均水深三百四十九米。東海大部分面積屬於延伸的大陸棚，呈西高東低的坡面，東南方沿琉球群島一側為沖繩海槽，最深處二千三百二十二米。

黃海： 山東半島以東，朝鮮半島以西海域，故朝韓也稱為「西海」。西北部與渤海口相接，南部為東海。分為南北兩個海區，面積三十八萬平方公里，平均水深四十四米，海底平緩，屬於東亞大陸棚的淺層海區。

渤海： 位於遼東半島和山東半島以西的水域，周圍被陸地所環繞，僅東部與黃海相連。面積七點八萬平方公里，平均水深十八米，最深處八十三米，屬於淺海。

日本海： 元明時期稱「鯨海」，朝韓稱「東海」。位於朝鮮半島東部；日本本州的西部和北部；北海道和庫頁島以西；俄羅斯普列莫爾斯基區以東之間的水域；西南與中國東海北界相連。面積九十七點八萬平方公里，平均水深一千七百米。

瀨戶內海： 位於日本本州、九州、四國島之間的海域，面積一萬九千七百平方公里，平均水深三十八米、最深處一百零五米，屬於淺層海域。西部與日本海相通、東南部有兩個通道與太平洋相連。

暹羅灣： 今稱「泰國灣」。位於中南半島和馬來半島之間。面積約三十二萬平方公里，平均水深約五十米，最深處八十五米，屬於淺層海域。

東印度群島海區

東印度群島： 華人俗稱南洋群島。東印度群島也屬於東亞海區，但因島嶼眾多、海區複雜，歷史上和澳門之間的交流頻繁，因此我們將之獨立闡述。在南洋群島的大異他群島[1]、小異他群島[2]和新幾內亞島之間有許多大小不一的海

1　主要指蘇門答臘、加里曼丹（婆羅洲）、蘇拉威西（西里伯斯）、爪哇四大島所組成的馬來群島。

2　位於爪哇島東部的群島，又名努沙登加拉群島（Nusa Tenggara）。

區，如：

蘇祿海：位於菲律賓群島西南和加里曼丹東北的海區。西臨巴拉望島，與南中國海相鄰；北至民都洛島西南端；東部以班乃島、內格羅斯島、棉蘭老島為界；東南以蘇祿群島為界，與西里伯斯海相通。為澳門前往馬魯古群島的通道之一。

望加錫海峽：位於加里曼丹島與蘇拉威西島之間的水域，北面與西里伯斯海相連；南面與爪哇海相通。是 17 世紀初澳門往望加錫的主要航路。

馬魯古海：舊稱摩鹿加海。位於馬魯古群島以西；蘇拉威西島以東；蘇拉群島以北；北部以摩羅泰島北端至蘇拉威西東北端的桑義島南端劃線為界。馬魯古群島是著名的香料產區，其中德那第島和蒂多雷島盛產丁香。

托米尼灣：為馬魯古海以西水域。位於今蘇拉威西島北部的哥隆塔洛省和中蘇拉威西省之間。

南洋群島的南面，由小巽他群島和爪哇島構成一條橫向的島鏈，在群島北面，由東向西依次排列四個海域：班達海、弗洛勒斯海、峇厘海、爪哇海，水深則依次遞減。

班達海：位於小巽他群島北部的最東邊，北部以馬魯古海（明哥列島南岸）和塞蘭海西南部為界；東部自塔寧巴島至拉拉特島東北的佛達特島直線為界；南部至帝汶北岸東經 125° 至阿洛群島北岸；西部至塞拉亞島；西北以波尼灣南界為分界。班達海面積約四十七萬平方公里，平均水深四千至五千米，由於處在歐亞、菲律賓和澳洲三大板塊的交集處，有數條呈漩渦狀的超深淵帶海溝，最深處六千四百米，是一處地質複雜的深淵帶海區。

弗洛勒斯海：位於蘇拉威西島南和小巽他群島之弗洛勒斯島（今東努沙登加拉島）及松巴哇島北之間的海域。東部與位於弗洛勒斯島與西里伯斯島間的班達海西部相連接；西部與峇厘海相連。平均水深五百米，有兩條海槽，分別通向蘇拉威西島和弗洛勒斯海盆，最深處五千一百四十米，屬於地形複雜的深淵海區，卻是澳門葡船由巴達維亞前往帝汶的必經海域。

峇厘海：位於小巽他群島之峇厘島、龍目島以北，面積十一萬九千平方公里，屬於近岸小海區，深度由東部一千米向西逐漸提升至三十八米。東部與弗洛勒斯海西部相連；北部以康厄安群島為界；西部至峇厘島西端；南部以峇厘島、

龍目島北岸為界。

爪哇海： 位於爪哇島和加里曼丹島之間。西部為蘇門答臘島；東部為蘇拉威西和塞拉亞島；西北方與南海相通；東北方與望加錫海峽相連；東南部與弗洛勒斯海相連。面積三十一萬平方公里，平均水深僅四十六米，屬於淺海海域，是一處非常繁忙的海域。

薩武海： 位於小異他群島、帝汶島和松巴島之間的三角形海域。面積約十萬五千平方公里，近岸幾無大陸架，屬於深層海盆，最深處三千四百七十米。北面為東努沙登加拉島、索洛島、阿洛島；東面為帝汶島；南面為薩武群島；西面為松巴島。

帝汶海： 位於帝汶島和澳洲大陸之間。北方為帝汶島和延德納島；東方與阿拉弗拉海相連；南方為澳大利亞北領地和西澳大利亞州；西部與印度洋相連。帝汶海大部分海區深度小於二百米，最深處為近帝汶島南岸的帝汶海溝，深約三千三百米。

巽他海峽： 位於爪哇島和蘇門答臘南部間的海峽，最窄處僅二十四公里寬，最淺處僅二十米。但戰略地位十分重要，是除馬六甲海峽之外，南海通往南印度洋的另一條主要通道。在 1869 年蘇伊士運河開通之前，歐洲船隻前往東亞區域多使用巽他海峽，以縮短航程。

太平洋及第二島鏈

太平洋： 位居五大洋之首，是地球上最寬闊的海洋。東起美洲西岸、西至亞洲東岸、南抵南緯 60°（南冰洋）、北達白令海峽，面積一億八千一百三十平方公里，佔地球三分之一的表面積。平均水深為四千二百八十米，最深處為一萬一千零三十四米，位於西北方、關島附近的馬里亞納海溝，也是世界海洋的最深處。由於面積廣袤，國際海事組織以赤道為界，將其劃分為北太平洋和南太平洋兩部分（僅位於赤道線上的吉爾伯特群島和卡拉帕古斯群島，則劃歸南太平洋海區）。太平洋由葡萄牙籍的西班牙航海家麥哲倫所命名，他是第一位成功橫跨太平洋的航海家，也是第一位成功由大西洋向西行到達東亞的航海家。

在太平洋西部，由堪察加半島、千島群島、日本群島東岸、小笠原群島、馬里亞納群島、加羅林群島、所羅門群島、聖克魯斯群島、班克斯群島至新西蘭，構成第二條島鏈。在島鏈以西和東亞海域以東的海區，劃分為數個海區：白令

海、菲律賓海、俾斯麥海、所羅門海、珊瑚海和塔斯曼海等。

白令海：位於太平洋北部、亞洲大陸和北美大陸間的海域。北面以楚科其海為界；東面自阿拉斯加半島西岸起；西部至堪察加半島為止；南面以阿拉斯加半島的卡布其點沿阿留申群島向西南延伸至科曼多爾群島、堪察加岬為界。面積約二百萬平方公里。

菲律賓海：地處北太平洋、菲律賓東部的海域。西部為東印度群島、南海和東海；北部為九州東南海岸及本州南岸；東部以小笠原群島、馬里亞納群島為界；南部連結關島、雅浦島、帛琉、哈馬黑拉島為南界。面積約五百萬平方公里。菲律賓東部的菲律賓海溝和馬里亞納海溝（深度達一萬零九百八十四米）是地球上最深的海溝。

塔斯曼海：位於澳洲大陸東南和新西蘭之間的海域。面積約二百三十萬平方公里，深度五千四百九十三米。

印度洋及附屬海區

印度洋：為世界第三大洋，中國古籍統稱「西洋」。北部以阿拉伯海、拉克代夫海、孟加拉灣、東印度群島及大澳洲灣的南端為界；西部以非洲最南端的厄加勒斯角（東經 20°）南向為界；東部自塔斯馬尼亞島最南端與太平洋交界；南至南緯 60° 的南冰洋為界。面積七千四百九十一萬平方公里。平均深度為三千八百九十米、最深處為八千零四十七米的蒂阿曼蒂那海溝。

柔佛海峽：位於馬來半島和新加坡島之間。

新加坡海峽：位於廖內群島和新加坡島之間的海峽。

馬六甲海峽：位於馬來半島和蘇門答臘島之間的海域。

安達曼海：位於安達曼·尼科巴群島、緬甸南部和泰國西部之間的海域。

孟加拉灣：位於印度半島與孟加拉、安達曼·尼科巴群島之間的海域。

拉克代夫海：位於印度半島西南端、與斯里蘭卡島和馬爾代夫群島之間的海域。

阿拉伯海：位於阿拉伯半島東南岸、巴基斯坦南岸、印度西岸和馬爾代夫群島西部間的海域。

波斯灣：又稱阿拉伯灣。位於阿拉伯半島與伊朗之間的海灣。

阿曼灣：又稱阿曼海。位於波斯灣和阿拉伯海之間。

亞丁灣：位於紅海和阿拉伯海之間，是印度洋通往地中海的必經航路。

紅海：位於阿拉伯半島和非洲東北之間的海域，西北與蘇伊士運河交界，東南與亞丁灣相通，是在蘇伊士運河開通之後，印度洋通往地中海的主要航道。

莫桑比克海峽：位於非洲大陸東南岸和馬達加斯加島之間的海域。

大澳洲灣：北部以澳洲大陸南岸為界，南與印度洋為界。

巴斯海峽：位於澳洲大陸東南岸和塔斯曼尼亞島之間的海域。

大西洋及附屬海區

大西洋：為世界第二大洋。東起歐洲和非洲西岸；西至美洲東岸；南抵南緯60°（南冰洋）；北臨北冰洋。面積為七千六百七十六萬二千平方公里。平均水深三千六百二十七米，最深處為波多黎各海溝八千八百米。與太平洋一樣，以赤道為界劃分為北大西洋和南大西洋兩大洋區。

北海：位於大不列顛島東岸、斯堪的納維亞半島西南岸及歐洲大陸西北岸之間的海域。北部與挪威海相連；東部與斯卡格拉克海峽相鄰；南部與英吉利海峽相通。

波羅的海：位於丹麥、瑞典、芬蘭、俄羅斯、愛沙尼亞、拉脫維亞、立陶宛、波蘭和德國東北岸之間的海域。由於海域彎彎曲曲，也被劃分為十六個小海區。

愛爾蘭海：位於大不列顛島與愛爾蘭島間的海域。

英吉利海峽：位於英格蘭南岸與歐洲大陸法國西北岸間的海峽。

地中海：為歐洲、亞洲和非洲大陸之間的海域，由東部和西部兩個海盆所組成，也可劃分為八個海區。是地球上最大的陸間海，平均水深一千五百米，最深處五千二百六十七米。地中海上的貿易具有悠久歷史，並孕育古老的埃及、希臘和羅馬文明。自從蘇伊士運河在 1869 年開通之後，來自澳門的船隻自 1870 年起，經過運河進入地中海前往歐洲各國。

幾內亞灣：位於非洲西部，自利比里亞的帕爾馬斯角向東南方的羅佩斯角之間的大灣。

佛羅里達海峽：美國佛羅里達半島和古巴島之間的海域。

第三章　動盪的海洋環境

　　人類從陸地走向無法預知的海洋，需要極大的勇氣，海洋環境和陸地環境有著很大的差別，海上人的生活是陸上人所難以想像的，特別是在早年的木船年代，當一艘海舶駛入滄茫大海，便等於把生命託付給上蒼。在波濤洶湧的海上，任多大的海舶，都形同一葉扁舟，上下起伏顛簸，難以駕馭，猶如乘坐永無止境的過山車。在陸地上輕而易舉的動作，到海上則倍感艱辛。人長時間處在一種傾斜搖晃狀態，若非水上人，輕者頭暈目眩，無法站立；重者嘔吐大作，無法飲食，只能平躺。船上無一處可平放物件，所有物件都必須拴好綁定防撞。海上天氣說變就變，前一分鐘還是風平浪靜，陽光普照；而當一團烏雲飄過來，隨即天色昏暗，大雨如注；更有甚者，狂風巨浪，暴雨傾盆；如不幸碰上難以預測的颱風，則往往九死一生。

　　在海洋地區生活，便需要熟悉海洋環境。首先讓我們瞭解一下海洋的自然環境和澳門的環境特色。來自北方和內陸的人士感受最強烈的可能是它的燠熱和潮濕：春季時陰雨綿綿、潮濕難當；在夏季，瞬間天空烏雲密佈，瞬間又驕陽似火，不時會有大雨驟至，隨時又雨過天青，不時還會有颱風來襲，這便是典型的低緯度熱帶地區的氣候特徵。

海洋性氣候能調節溫度，曾經生活在沿海地區的人會體會到海洋性氣候的影響。澳門地理座標的原點是北緯 22°12'44.63"、東經 113°32'11.29"。[1] 地處北回歸線（北緯 23°26'12.8"）以南，屬於熱帶範圍；但澳門又接近北回歸線，受到北溫帶氣候的影響，因此被稱為亞熱帶或副熱帶地區。因此，同時生活在亞熱帶的沿海地區，除了海洋性氣候之外，人們還會感受到熱帶氣候、甚至極端氣候的影響。

讓我們回望史前至 17 世紀中葉的濠鏡澳，瞭解一下當年的人們是如何認識和利用自然環境，在海上生活和航行。

風

風是帆船時期的天然動力來源，沒有風，帆船就無法航行，人類很早便學會借助風力和使用風帆在海上航行。然而，自然界的風總是難以捉摸：時大時小、時有時無、時順時側時逆、時狂時強時弱。如何掌握風力、風向等皆是行船人必須掌握的航海知識和經驗。

早年的行船人，開船時所祈求的是：「順風」「一帆風順」。雖然如此，但實際上真正順風的時間可能並不多，更多時間可能是側風，甚者逆風。對於風向，行船人皆有方法應對，如遇側風時調整風帆角度，使船能向預定目標前進；至於逆風，行船人則需變逆風為側風，以「之」字形方式前進。

為了更好創造順風的條件，行船人通過經驗總結出自然規律，即根據季節性的風向行船，這樣便可大大減輕人力，達到最佳效益，這便是帆船為何要充分利用信風和季候風來航行的原因。

信風

信風，指在低空從亞熱帶（約緯度 30°）的高壓帶吹向赤道（緯度約 5°）低氣壓帶的風。古人發現在南海，冬天多吹東北風，夏季多吹西南風，長距離航海若是能配合這種信風，便可最大程度達到順風的目的。因此信風成為南海和東海航行重要條件：冬季多乘東北信風由澳門前往南海各國，而夏季則乘西南信風，由南海各國返航澳門；而由澳門往東海方向航行則需要反其道而行之，夏季出發前往東北亞，冬季則從東北亞返回澳門。

1　參見地圖繪製暨地籍局，《澳門特別行政區大地基準說明》，澳門特別行政區地圖繪製暨地籍局網頁：http://www.dscc.gov.mo/CHT/knowledge/mea_info_tri.html（2018.06.24）。

康熙四十七年（1708），一部航行東亞海域的航海著作《指南廣義》講述了如何利用信風航行的方法：「清明以後，地氣自南向北，則以南風為常風；霜降以後，地氣自北而南，則以北風為常風。若反其常，則颱颶將作，不可行舟。」[1]

季候風

季候風，又稱季風，是海洋和陸地間的熱力差異，也形成氣壓的季節性變化。夏季陸地吸收熱量較海洋快，空氣急速上升，使海洋氣流向陸地補充而形成向岸風，而海洋氣流因含大量水氣而增加降雨，是為夏季季候風；相反，冬季陸地散熱快，海洋散熱較慢，溫度相對比陸地高，因此形成相對低氣壓，因此風從陸地吹向海洋，形成冬季季候風。季候風的強度和海陸熱力差異大小相關：差異越大，則風力越強，相反則風力弱。

赤道附近因海洋和陸地的溫度相差不大，因此季風難以形成；而緯度越高，溫差越大，季風漸強。然而中緯度開始，氣旋增多，風向變化複雜，季候風的規律受到干擾，因此地表上季候風最強的區域，在於熱帶及亞熱帶之間。而澳門所處的南海，便屬於這個區域。當季候風超過每小時四十一公里，在澳門便稱為強烈季候風，會發出「強烈季候風信號」，澳門東望洋燈塔和大炮台均會懸掛號稱為「黑球」的氣象信號，晚間燈號為「白、綠、白」。

澳門強烈季候風信號圖

名稱	圖示	燈號	意義
強烈季候風信號（黑球）	●	○ ◐ ○	澳門受季候風影響，澳門的持續風速現正或預測將達 41 公里 / 小時或以上。

資料來源：澳門地球物理暨氣象局

颱風、颶風

颱風和颶風，學術上稱「熱帶氣旋」。颱風和颶風的概念，古今和中外皆有不同。

---

1 〔琉球〕程順則，《指南廣義·風信考》，1708。

根據現今的國際概念，颱風即熱帶氣旋中心持續風速每秒十七點二米以上者；而颶風即熱帶氣旋中心風速達十二級（每秒達三十二點七米）或以上者。換言之，颶風比颱風強烈。

而中國古書上記載的颶風和颱風的概念則相反，颱風比颶風強烈。《指南廣義》稱：「風大而烈者為颶，又甚者為颱；颶常驟發，颱則有漸；颶或瞬發倏止，颱則常連日夜，或數日而止；大約正、二、三、四月發者為颶；五、六、七、八月發者為颱。」又稱：「颱將發，則北風先至，轉而東南，又轉而南，又轉而西南，始至颱颶，俱多帶雨。」

根據澳門歷年氣象紀錄顯示，澳門的颱風大多發生在夏秋季的 6 月至 10 月間，但也會在 6 月前或 10 月後發生。影響澳門的颱風形成於熱帶海區的南海、菲律賓海和太平洋。由於熱帶地區溫暖的海水，為上升的氣流形成動力，因此能快速增強熱帶氣旋，形成由大面積旋轉的雲團、風圈、雨帶和雷暴組成的立體圓柱形體系。颱風中心通常有風眼，並伴有龍捲風。而當颱風登陸後，因失去維持能量的溫暖海水，便迅速減弱並消散。但颱風帶來的雲團和雨水，經常會影響周邊地區數天。

颱風的破壞力極強，特別在古代無法預測和觀測颱風的時代，常因颱風突如其來，海上航行或作業中的船隻往往來不及躲避，而被迅速摧毀。歷史上的澳門也曾有多次遭遇超強颱風破壞、海上帆船被颱風所吞噬的紀錄。因此，颱風是威脅水上人和居住在海邊的人們的嚴重自然災害。

澳門熱帶氣旋信號圖

熱帶氣旋名稱	圖示	燈號	意義
一號風球	**1T**	○ ○ ○	熱帶氣旋的戒備信號，表示熱帶氣旋中心正集結在澳門的 800 公里範圍內，並預測該熱帶氣旋可能會影響澳門。
三號風球	**3⊥**	● ○ ●	受到熱帶氣旋的影響，澳門的持續風速現正或預測將達 41 公里 / 小時至 62 公里 / 小時，陣風約達至 110 公里 / 小時。

八號東北風球	**8▲** 東北 NE	● ● ○	
八號東南風球	**8▼** 東南 SE	○ ○ ●	熱帶氣旋繼續接近澳門，澳門的持續風速現正或預測將達 63 公里／小時至 117 公里／小時，陣風約達至 180 公里／小時。
八號西南風球	**8▼** 西南 SW	● ○ ○	八號風球劃分為八號東北風球、八號東南風球、八號西南風球和八號西北風球，風球的指示方位為未來數小時內的可能風向。
八號西北風球	**8▲** 西北 NW	○ ● ●	
九號風球	**9⧖**	● ● ●	熱帶氣旋中心正進一步接近澳門，澳門的持續風速已達 63 公里／小時至 117 公里／小時，且現正或預測將顯著加強。
十號風球	**10+**	● ● ●	熱帶氣旋中心會在澳門附近經過，澳門的持續風速現正或預測將達 118 公里／小時或以上，並伴有強烈陣風。

資料來源：澳門地球物理暨氣象局

颱風風球信號（澳門，2019）　陳迎憲攝

潮汐

潮汐，古稱「潮信」，是海洋受到太陽和月球的引力作用而形成的漲落潮現象，通常每天均會發生一到兩次水位的漲潮和落潮，這便是潮汐。在日間的漲落稱為「潮」，晚間則稱之為「汐」。而在不同地形、風向、風力等條件的共同影響之下，各地潮汐的規律有所不同，潮汐的大小也有所不同。

（嘉靖）《香山縣志》中對香山縣當年的潮汐作了如下紀錄。

「香山水國也，潮汐分為五節：

初一、初二、初三、十六、十七、十八日，潮：夏辰 [7-9]、冬午 [11-13]、春秋巳 [9-11] 時；汐：夏戌 [19-21]、冬子 [23-1]、春秋亥 [21-23] 時，此則謂之平。

初四、初五、初六、十九、二十、二十一日，潮：夏巳 [9-11]、冬未 [13-15]，春秋午 [11-13] 時；汐：夏亥 [21-23]、冬丑 [1-3]，春秋子 [23-1] 時，此謂之落，水勢微劣。

初七、初八、初九、二十二、二十三、二十四日，潮：夏寅 [3-5]、冬辰 [7-9]，春秋卯 [5-7] 時；汐：夏申 [15-17]、冬戌 [19-21]，春秋酉 [17-19] 時，此則謂之敗，魚蝦退散，罟網不施。

初十、十一、十二、二十五、二十六、二十七日，潮：皆同上，惟春則巳 [9-11] 時；汐：皆同上，為春則亥 [21-23] 時，此則謂之起，種植醞釀、醫灸忌行。

十三、十四、十五、二十八、二十九、三十日，潮：夏卯 [5-7]、冬巳 [9-11]，春秋辰 [7-9] 時；汐：夏酉 [17-19]、冬亥 [21-23]，春秋戌 [19-21] 時，此則謂之旺」。[1]

同時也強調了本地潮汐的時間和其他地方有所不同的原因：「其期與閩楚不同，蓋地氣使然。」

---

1 〔明〕鄧遷、黃佐，《香山縣志》，《日本藏中國罕見地方志叢刊》，八卷，嘉靖二十七年木刻本，北京：書目文獻出版社，1991，卷一，《潮汐》。

大潮、天文潮與風暴潮

除了每日的潮汐，在農曆每月初一（古籍稱「朔」）或十五（古籍稱「望」），當太陽和月球與地球形成一條直線時，兩個星體的共同引力會形成更大的潮汐，水位會比平時升得高，同時也降得特別低，這種現象通常稱為「大潮」或「天文大潮」。由於月球運行和地球公轉的軌道呈橢圓形，同時地球自轉軸的傾斜，因此令月球和太陽的引力產生不同的變化，導致大潮的水位有所不同。

如今這種天文現象可以通過觀測而提前作出預報，在古代則需要經驗的累積，並加以記載。《海道圖說》曾對十字門港的潮信作出以下描述：「十字門泊船處暨澳門港內朔望日潮漲於十一時，大潮高七尺，十字門內潮性，當無風時，一小時流行一里半至二里，潮自十字門內直退，及出十字門外則成橫流。」[1]說明了當時十字門的潮汐水勢，潮高七尺相當於二點三米高，因此對船舶的行駛構成較大的影響。《香山縣志》亦載寬河潮信的特點：「寬河口朔望日潮漲於十一時，大潮高七尺半，但無定性，每晝夜一漲一落，河口外潮來方向，大抵似乎風勢：若東風盛，大潮自東、東南來；若西南風，則潮自南來，而退向西南。惟河口內恆順水道流行。」

由於天文大潮對出入港口的船隻造成影響，故從澳門港入寬河法稱：「凡入寬河口者，以潮初漲時為便。若自澳門港開行擬入寬河，遇東北風或正北風，乘澳門港漲退四分之三開行，及至寬河口，恰可乘潮而入；如已過九澳東角，相距一里半水深四拓半之處，即可過大橫琴東南角之亞婆尾，任離遠近皆無阻滯，蓋近亞婆尾處亦深四拓也，又東至蒲臺則由漸而深，當對亞婆尾角時，可見西面二水島順列成直線，及行近水島一帶沙岸灣間，探得潮退盡時，僅深二拓，故應繞越灣外，距水島南面半里，或四分里之三，得水深二拓又四分拓之三以至三拓嗣行，於水島西面亦相距如前，但不可遠距水島過於一里，緣一里之外漸淺至二拓又四分拓之一。」[2]

當大潮及天文大潮來臨的時候，若果適逢狂風、暴雨、颱風等因素，潮水會迅速上升，形成災害性的洪水，這種大潮汐又稱為「風暴潮」。這種風暴潮通常會對沿海和低窪地區造成嚴重災害。

1　〔英〕金約翰（J. W. King），《海道圖說》，傅蘭雅譯，上海：江南機器製造總局，1875，第一冊，頁 58。

2　〔清〕田星五、陳澧，《香山縣志》，二十二卷，光緒五年木刻本，卷八，《海防》。

海流

渦流

渦流，俗稱旋渦，是一種旋轉的渦型急速水流，通常在江河湖海都會發生，然而在海洋上規模更大。破壞力也更強。海洋的渦流通常被稱為「強渦流」。強渦流通常與地形相關，並伴隨潮汐生成；在海洋深度落差較大和地形比較複雜的海區，也容易形成強渦流；而當水流通過狹窄的海峽時，也會產生強渦流。通常海峽中的水流比較湍急，因此，特別在月球引力的「朔」「望」期，疊加潮汐的漲落時在海峽中航行更是非常危險。

離岸流、激流

離岸流（Rip Current），又稱裂流，是一種向外海方向快速移動的海流，通常其流速可達到每秒兩米以上。通常只有居住在海邊的人們才認識。它表面上悄無聲息，但平靜的海灘卻處處蘊藏危機，離岸流可以瞬間捲走在海灘嬉水的人們，奪去不少對海洋環境不熟悉的內陸人性命。離岸流通常發生在兩個沙洲之間，退潮時破壞力最強。離岸流的表面特徵是在兩排浪中間有深色的海水，當海浪衝擊海岸後，由於地形的原因，在水退卻時沙洲前面的海水通常會經由數個通道返回海洋，而身處通道中的人們便會被這股激流瞬間推向大海深處。當遭遇離岸流時，人們不可和海流正面對抗，只可順流由兩側方向返回海岸。

激流，是一種強大的海上潮流。和上述離岸流的原理相同，當潮汐下降或退潮時，當潮水通過有障礙的海灘、河口、潟湖等地時，可產生激流，將附近的人和物瞬間拉向外海，延伸達到數百米，形成強烈和具破壞性的激流。

海流、洋流

洋流，亦稱海流，大規模的海水運動稱為洋流。洋流分為寒流和暖流，暖流又稱黑潮。

太平洋的黑潮是從菲律賓群島到日本列島，橫跨數千公里、寬度約一百公里的潮流，堪稱是太平洋規模最大的暖流。此外，在菲律賓東部至墨西哥南部，還有環太平洋的暖流，對於橫跨太平洋的航船，順應太平洋環流航行，具有推波助

瀾的作用。

澳門所處的南海是屬於 0-22°N 低緯度的熱帶海域，同時是半封閉型和陸棚為主的海區，因此，海流的規模不及太平洋的洋流。流入南海的主要洋流包括來自台灣海峽北部的東海寒流、來自巴士海峽的太平洋暖流、以及來自馬六甲海峽的印度洋暖流。

淡水和港口

淡水資源是航海的首要條件，在茫茫大海中，如果未能及時補充淡水，船員隨時會有生命危險。因此何處有水源是早期風帆年代的航海人士首要關注的信息，也是作為港口所需要具備的重要條件。在香山島的正南方，有許多大大小小、星羅棋布的島嶼，散佈在珠江口的外圍，既為珠江口的屏障，也是先民們從事漁獵作業的中途站和補給點。張甄陶在《澳門圖說》中稱：「凡海中依山可避風、有淡水可汲曰澳，又其東有大十字門，西有小十字門，海舶由以出入，因呼曰澳門。」[1]《澳門記略》亦云：「澳東為東澳山，又東為九星洲山，九峰分峙，多巖穴，奇葩異草，泉尤甘，商舶往來必汲之，曰天塘水。其下為九洲洋。」[2]

同時，澳門內港也有多處自然泉眼、水井和溪流。根據潘日明神父所述，「泥流」是西望洋山的原始中文名稱，而位於媽閣廟附近有一條水質優良的「泥流山泉」（葡人根據此名音譯為 Nilao 或 Lilao），華人俗稱「阿婆井」。據 1784 年的記載，泥流山泉在當時「仍然是澳門的主要水源」。[3]

此外在澳門最高的山嶺：東望洋山麓之西北，也有數個山泉水，被稱為「大龍喉」「二龍喉」和「小龍喉」，可惜的是「大龍喉」和「小龍喉」早已枯絕，地名也早已不存，而目前的「二龍喉」也只剩下名字而已，泉水至今已不復存在。《香山縣志》〔光緒版〕稱：「澳山泉：曰大龍喉泉、曰二龍喉泉、曰小龍喉泉，俱在東望洋寺右，曰山水圍泉，在西望洋寺下，皆水自石出，清冽甘美。」[4]說明在清代末年的光緒年間，這些泉水都還存在，並為當地居民所飲用。

1　〔清〕張甄陶，《澳門圖說》，見趙春晨，《澳門記略校註》，頁 248。
2　〔清〕印光任、張汝霖、祝淮等，《澳門記略、澳門志略》（全二冊），西阪草堂藏版，北京：國家圖書館出版社，2010，頁 41。
3　〔葡〕潘日明（Benjamin Videira Pires），《殊途同歸──澳門的文化交融》，澳門：澳門文化司署，1992，頁 73。
4　〔清〕田星五、陳澧，《香山縣志》，卷四·輿地上，《山川》。

阿婆井（澳門，2016） 陳迎憲攝

二龍喉（澳門，2019） 陳迎憲攝

此外，在南灣和沙梨頭附近原本各有一條溪流。南灣的溪流在今水坑尾街的位置，由松山和柿山的泉水匯入水坑尾溪，在今天的水坑尾街和南灣街交界處注入南灣；而沙梨頭附近的溪流稱「蓮溪」，則位於今天的渡船街，在沙梨頭附近注入內港，附近有一座寺廟稱「蓮溪廟」。當地曾有一座橋，被稱為「新橋」，該地名至今仍在，被用於該區域，曰「新橋區」，但溪流均早已不存。

在沙梨頭附近，曾經有一口水質良好的井，稱之為「涼水井」，「作四方形，井水乾潔凜冽，村人皆汲於斯」。[1]此外，澳門在 20 世紀 80 年代之前，仍有相當數量的水井為居民日常使用。20 世紀 80 年代開始，大量興建高層房屋，愈來愈深的地基工程截斷和破壞了地下水層並污染水源，以致於水源斷絕或水質變差，澳門市民開始告別飲用井水的年代。

　1　王文達，《澳門掌故》，澳門：澳門教育出版社，2003，頁 220。

第四章　匯聚人類智慧的海洋帆舶

　　人類很早就和海洋打交道，人類知曉要跨越浩瀚的海洋不能光憑體力，必須借助工具，這便是舟楫。人類何時能夠製造舟楫不得而知，然而，在澳門歷史上，曾經在路環的九澳灣發現過一幅史前石刻岩畫，畫中主題便是舟楫，這說明了早在史前，澳門周邊已經有了舟楫的存在，澳門先民們已經善於使用舟楫在茫茫的南海中游弋穿梭。這是比史書中記載還要早的海上舟楫，不僅是澳門海洋史的開端，也是中國海洋史上值得我們重視的歷史證據。

澳門史前海洋密碼：九澳岩畫

　　在澳門多項考古遺存中曾有一項重要發現：在偏遠的路環島九澳灣，朝南面海的山崖上的地表，曾發現一幅石刻岩畫。舟楫圖騰是澳門岩畫的主要訊息，岩畫鑿刻了數艘生動和極富動感的舟楫圖騰。學者認為這是早在四千至六千年前的青銅時期（或新石器末期至鐵器初期），澳門和周邊地區已經有人類先民聚居並善使用舟楫的證據。

　　香港考古學會學報第十一期（1984-1985）的考古簡報稱：「1982 年 11 月 14 日，曼奴艾・阿勞祖先生在位於路環島九澳灣靠南的山谷中，發現了一幅方

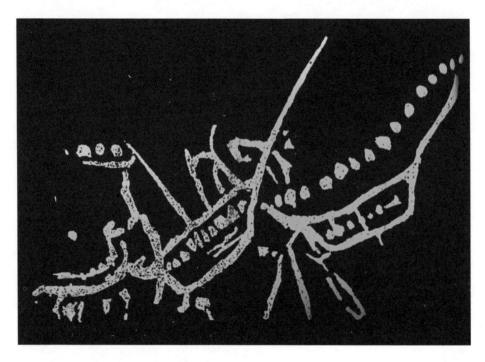

位於澳門路環島九澳灣的岩畫拓印圖案（1985） 呂榮方拓印

形『棋盤』（chessboard）圖案石刻，根據他對附近岩石的檢視，這是人為鑿刻的『坑紋』（pits），並構成一幅內容複雜的石刻圖案。」[1]考古報告還稱：經香港考古隊成員趙子能先生在 1985 年 1 月的現場考察證實，「該坑紋確實屬於人工鑿刻的痕跡，坑紋寬度約十公分（cm）、深五公分。大家注意力集中在豐富的石刻內容，似乎是由船隻，可能是舟或船所組成，但是這些圖案非常模糊，難以辨識。」為此，香港考古學會在 1985 年 6 月再度來澳，並邀請香港歷史博物館專家呂榮方對該岩畫進行拓印，清晰展示了圖案的細節。[2]考古隊成員中，至少是趙先生和秦維廉的觀點，稱對其所描述的對象仍不清楚，但可以肯定的是並非棋盤圖案，並認為這與石壁、東涌以及香港其他地方所發現的「棋盤」石刻內容不同，但該模式符合青銅時期、或許是鐵器時期的岩石雕刻，具有相當的意義。

澳門岩畫的主題相對清晰。畫面上，兩艘滿載物品的舟船在海上行駛，可以看到船身呈現傾斜的狀態，極具動感；在畫面的左方，有龍形的圖騰，龍口張開，船上的人似乎正在貢獻一些犧牲和祭品。我們似乎可以從中看出鑿刻岩畫的

1　Rock Cravinas in Macau, *Journal of The Hong Kong Archaeological Society, Volume XI*, 1984-1985.
2　澳門岩畫，香港歷史博物館拓本，轉見自澳門《文化雜誌》，中文版第四十七期，2003 年夏季刊。

珠海寶鏡灣岩畫　珠海市博物館提供

目的：崇拜南海之神，祈禱海上航行平安，以戰勝大自然的颱風暴雨、波濤涌浪和人為的海盜剽劫等災害。

無獨有偶，在澳門附近，歷史上同屬香山縣的珠海寶鏡灣，也發現了疑似同時期的石刻岩畫。而珠海寶鏡灣岩畫和澳門岩畫一樣，都以海洋和舟楫作為主題，由此亦有力地佐證了澳門和珠海所在的香山地區，自新石器時期以來，已經是史前南海海上交通的要津。

舟楫和風帆

以機械為動力的船隻之發明和應用，只有約二百來年的歷史，而在蒸汽船隻面世之前的數千年間，人類主要依靠木製的舟楫、船槳、風帆、繩索等簡單的工具，借助大自然的風力在海洋上航行。是以舟楫和風帆幾乎是海上航行不可或缺的工具。

以下所列僅為本書所重點論述的 15 至 17 世紀時期，在南海和濠鏡地區曾經出現的部分大型海洋帆舶船型。

中式帆舶：艗

數千年以來，中國已經依靠船隻，利用江河湖海的水面進行大批量的水上運輸，並利用人工開鑿的運河，連通這些水道。隋煬帝便開鑿了由洛陽至餘杭（今杭州）的大運河，以溝通南北交通。古代的水路相當於現代的公路和高速公路。故此，中國的海船也是由內河船隻基礎上，不斷改良以逐步適應海上的惡劣環境

而成，或可統稱為「中式帆舶」。

中國古籍中的「船舶」，其實是指兩種不同功能的水上工具：「船」（古稱舟）主要航行於內河、沿岸的平底船，又稱沙船；而「舶」主要指在海洋中航行的大船，《廣韻》稱舶為「海中大船」，[1]《集韻》稱「蠻夷汎海舟曰舶」。[2] 由於亞洲海區的淺海特點，在亞洲海域航行的海舶，多以寬體、平底微尖型為主要特徵，具有平衡和適應淺海區域航行的功能。

中國的海舶建造在宋代達到一個新的高峰，其中以福建（特別是閩南）人為主體的商舶在宋代（特別是南宋時期）大量前往中南半島和南洋群島。閩南人稱呼這種大型海舶為「艐」（jun）。馮承鈞先生在《瀛涯勝覽校註》序言稱：「諸書中時常著錄不見於字書之『艐』字，此字應是當時海上航行用語，以指海舶者也。艐有大艐及分艐之別。」[3] 這種船型相對於歐洲的船隻，屬於平底船型，因此也有人根據其型制，將其翻譯為「平底船」。由於這種平底微尖的船型吃水較淺，非常適合在東亞和南洋群島淺層海域航行，因此也被東南亞諸國所競相仿造。

南洋群島的馬來人將「艐」稱為 Jong 或 Jung，葡萄牙人來到東南亞後，將「艐」音譯為 junco，英人將之稱為 junk，日人則以漢字「戎克」稱之，故此「艐」字便成為外文中稱呼「中式帆舶」的代名詞。同時由於東南亞各國的仿造，因而也有大量冠以各國名稱的「艐」船，使「艐」也成為東亞地區最為普遍的代表性船型。

在明代，中式帆舶的型制甚多，以下只是介紹部分曾在歷史文獻中多有提及的代表性帆舶類型，供讀者參考。

福船：艐的原型，總稱白艚。《武備志》稱：「福船高大如樓，可容百人，其底尖，其上闊，其首昂而口張，其尾高聳，設樓三重於上，其旁皆護板，護以茅竹，堅立如垣。其帆桅二道，中為四層，最下一層不可居，惟實土石，以防輕飄之患。第二層乃兵士寢息之所，地櫃穩之，須從上躡梯而下。第三層左右各設木椗，繫以綜纜，下椗起椗，皆於此層用力。最上一層如露臺，須從第三層穴梯而上，兩旁板翼如欄，人倚之以攻敵。」[4] 上層甲板可置火炮。船身「但吃水一丈

1　〔宋〕陳彭年，《廣韻》，五卷，大中祥符元年，入聲·陌·白。
2　〔宋〕丁度，《集韻》，十卷，景祐四年，卷十·入聲下·陌第二十·白。
3　馮承鈞，《瀛涯勝覽校註》，北京：中華書局，1955，頁14。
4　〔明〕茅元儀，《武備志》，二四〇卷，天啟元年，卷一一六·軍資乘·福船。

一二尺，惟利大洋，不然多膠於淺，無風不可使」。[1] 由於吃水較深，適宜在大洋中航行。據《東西洋考》載：福船「舟大者廣可三丈五六尺，長十餘丈。小者廣二丈，長約七八丈」。[2] 福船船艙設有水密隔艙，但凡船底局部漏水，則不會漫延至其他艙室而導致沉船。

福船根據不同用途，有多種型制：大福船、草撇船、海滄船、開浪船、高把稍船、鱷艚船、蒼山船等。以產地劃分則有：同安船、福州船、廈門船等。

廣船：總稱烏艚。是一款大型海船，船體較福船為大，「其堅緻亦遠過之」[3]。由於廣船多用鐵栗木所造，其堅固和精緻程度也較福船為佳。其船型下窄上寬，在內海則穩；若在外洋，則搖晃，不如福船穩定。由於福船多用松杉木所造，因此若兩船相撞，福船即碎，因此廣船常用於作戰。廣東大戰艦設有兩門佛郎機火炮，居高臨下，為賊船所懼。

然而，廣船難調，不如福船之易制御，同時建造費用昂貴，修理困難。此外，「廣船兩旁搭架搖櫓，風帆紮制俱與福船不同」。[4] 根據《武備志》和《籌海圖編》的附圖，廣船有兩枝桅桿和一枝艉桿，各懸掛一幅大型立帆。

廣船有東莞大頭船、新會尖尾船、橫江船等不同款式。

寶船：明初永樂及宣德年間，為鄭和船隊下西洋而製造的超大型海舶，也是當時世界上體量最大的海船。鄭和下西洋的「寶船六十三隻：大者長四十四丈四尺，闊一十八丈。中者長三十七丈，闊一十五丈。」[5] 一號寶船上立有九枝桅桿，「張十二帆」。[6] 以明尺相當於三十一點一厘米推算，一號寶船一百三十八米長，五十六米寬。二號馬船，即《瀛涯勝覽》所指：「中者長三十七丈（一百一十五米），闊一十五丈（四十六點六米）。」[7]

寶船除一號官船外，依次為馬船、糧船、座船、戰船。

浙船：又稱鳥船，或「綠眉毛」，是浙江沿海的海船。船首形似鳥嘴，故稱為鳥船，又由於鳥船船頭眼上方有條綠色眉，故其得名綠眉毛。浙船船長約三十

1　〔明〕鄭若曾，《籌海圖編》，十三卷，天啟四年木刻本，台北國家圖書館藏，卷十三·經略三·兵船·大福船圖說。

2　〔明〕張燮，《西洋朝貢典錄、東西洋考》，卷九《舟師考》。

3　〔明〕鄭若曾，《籌海圖編》，卷十三·經略三·兵船·廣東船圖說。

4　〔明〕茅元儀，《武備志》，卷一一六·軍資乘·廣船。

5　〔明〕馬歡，《瀛涯勝覽》，正統十四年，北京：中華書局，1985，《諸番國名》。

6　〔明〕費信，《星槎勝覽》，卷四，正統元年木刻本，卷一，《占城國》。

7　王冠倬，《中國古船圖譜》，北京：生活·讀書·新知三聯書店，2000，頁 170-171。

廣東大尾艇模型　澳門海事博物館藏

米，寬六點八米，吃水深二點二米，排水量二百三十噸，有三桅五帆，其中主桅高二十四點五米，主帆三面，使用風力航速最高可達每小時九海里。

東南亞群島地區帆船

　　東南亞地區很早便有船舶，《漢書》中稱之為蠻夷賈船，當中記載：「有譯長，屬黃門，與應募者俱入海市明珠、璧流離、奇石異物，齎黃金雜繒而往。所至國皆稟食為耦，蠻夷賈船，轉送致之。」[1] 說的是漢武帝派遣的皇家使者，攜黃金和各種絲綢，乘坐東南亞各國的商船到海上交易，將商品一程又一程地轉送到目的地。

　　東南亞地區，特別是南洋群島地區，島嶼之間的往來全部依賴船隻，因此有著悠久的造船歷史，造船業非常發達，船隻的種類也很多。建於 9 世紀，位於中爪哇的大型佛教建築婆羅浮屠的石壁中，便雕刻有爪哇船隻圖像。群島地區由於

1　〔東漢〕班固，《漢書》，卷二十八下‧地理志，第八。

木材資源非常豐富，材質也十分優良，所造船隻多使用本地原產、木質堅硬的烏麤木所製造。[1]

東南亞海區多屬淺海區，船隻亦多以平底為主，由於早期船隻只是近海作業，貿易船隻也在島與島之間、以區域來往為主，航程較短，大多在一千公里之內，因此船隻不會太大。以大小劃分，分別有三類：艐、船、舟。[2]而以國家和地區稱謂的海船，主要有：爪哇船、楠邦船、望加錫船、武吉斯船、亞齊船、馬六甲船、暹羅船等。

爪哇婆羅浮屠船：爪哇船的歷史悠久，在婆羅浮屠石壁上所鑿刻的船隻，便是公元 9 世紀爪哇古帆船的形象，其特點是船的兩側各有一個用於平衡船體的側翼，這種型制並非艐船的特色，而現今在太平洋群島中還可見到。根據石刻的圖像，婆羅浮屠帆船有三枝桅桿：兩枝主桅一前一後置於船體中部，船頭有一枝艏桅，各懸掛有一幅橫帆。爪哇船用木精良，船體非常堅固，早期的南洋群島船隻通常用木釘或鐵釘將船體連結船板而不使用框架，錐形船頭裝備有兩個方向舵，而不像中國船隻將舵裝在船的尾部。

爪哇艐：是南洋群島地區代表性的大型海舶，由於其體型龐大，通常用於遠洋貿易或軍艦。對於爪哇艐與賈列船以及其他葡船的區別，葡人杜瓦特·巴羅沙有如下描述：它有四枝桅桿，並用很厚的木頭所製造。而葡人賈士帕·哥利亞則稱：「爪哇艐非常高，以致我們不敢上去。站在四層厚的甲板上，而厚木板用於支撐船的高度。爪哇艐使用兩枝槳，當槳折斷時，艐船則被迫投降。而爪哇艐的槳（櫓）置於船後，它並非幫助船隻向前，而是幫助在船隻後面的方向舵，而方向舵是已存在船的後方，它的作用是協助將巨大的船體進行轉彎。它的帆非常大而且高，由於其尺度非常巨大，因此船的速度較慢，無法快速機動。它在海上很穩定，但不能進入內河港口。」[3]元代爪哇強國麻喏巴歇王朝有可能使用這種堅固的爪哇艐，擊退來犯的元軍，並將勢力範圍擴展至蘇門答臘、馬來半島和婆羅洲等地。

1　烏麤（Ulin）：拉丁名稱 Eusideroxylon zwageri Teijsm & binn，俗稱鐵木，原產南洋群島、馬來半島，木質堅硬，多用於造船。

2　Irawan Djoko Nugroho, *Majapahit peradaban Maritim Ketika Nusantara Menjadi Pengendali Pelabuhan Dunia*, p. 279.

3　Irawan Djoko Nugroho, *Majapahit peradaban Maritim Ketika Nusantara Menjadi Pengendali Pelabuhan Dunia*, pp. 300-301.

　　群島賈列船：賈列船源於地中海，在不同時代被波斯、奧圖曼、葡萄牙等人引入群島地區，因此形成各自不同特色的群島賈列船型。有馬六甲賈列（15 世紀中 / 阿拉伯型制）、亞齊賈列（16 世紀 / 奧圖曼型制）、爪哇賈列（16-17 世紀 / 荷蘭型制）、群島東部賈列（16 世紀 / 葡萄牙型制）、菲律賓賈列（16 世紀 / 西班牙型制）、望加錫賈列（17 世紀中 / 葡萄牙型制）等。

　　著名的馬來文獻《漢都亞傳奇》一書中，對馬六甲皇家賈列船「沉醉愛情號」（*Mendam Berahi*）有如下描述：「長度五十米，寬度十二米。船隻的中部彎曲，艉部很高。牆體有框及一層板。划槳用於河口，外海則無用。有許多大型的帆，在海上如同鳥兒在飛翔。在海上航行非常穩定，也能進入內河港口。上面裝備七門土炮。」賈列船配有三枝桅桿，一百枝槳，可搭載四百人，馬六甲賈列船甲板距水位約為七至八米。[1]

　　除了東南亞本地帆船外，在東南亞海域航行的還有來自南亞的錫蘭船，來自日本的東洋船等。

東亞地區帆船

　　琉球船：又稱馬艦船，源於福州話「貓纜」。明朝初年，琉球王國為大明朝藩屬國，洪武皇帝朱元璋曾派遣三十六姓閩人入籍琉球，協助琉球航海和農桑，馬艦船被引入琉球。明初，琉球船隻由大明皇帝賜予，中方還應琉球要求修理船隻，但隨著國力衰退，到 15 世紀後半，賜予海船明顯減少，琉球開始運用中國式的造船術自行建造，其尺寸應較原先的小。[2]

　　馬艦船為福船的一種，主要運輸牲畜、木材等物資，船上建有避雨艙室，故曰艦。[3]「它的長約四十七公尺，寬約十公尺，高約四點五公尺，可以搭載兩百到三百名乘員，除此之外還能積載大量的商品。」[4] 船身裝置有兩枝主桅桿，上張風帆，船身油漆以紅、黑兩色為主，船頭繪有眼睛，寓意不會迷失方向，也有祈求平安之意。

1　Irawan Djoko Nugroho, *Majapahit peradaban Maritim Ketika Nusantara Menjadi Pengendali Pelabuhan Dunia*, pp. 298-300.

2　〔日〕高良倉吉，《琉球の時代：偉大歷史的圖像》，盧荻譯，新北：聯經出版事業股份有限公司，2018，頁 155-156。

3　〔南朝梁〕顧野王，《玉篇》，卷十八・舟部（https://zh.m.wikisource.org/wiki/ 玉篇 _（四庫全書本）/ 卷 18，2020.06.25）。

4　〔日〕高良倉吉，《琉球的時代：偉大歷史的圖像》，第三章，頁 155。

倭船：又稱和船，日本船，東洋船。《籌海圖編》描述明嘉靖年間日本船的情況，「日本造船與中國異，必用大木取方，相思合縫，不使鐵釘，惟聯鐵扴，不使麻筋桐油，惟以草塞罅漏而已。費功甚多，費材甚大，非大力量未易造也。⋯⋯向來所傳倭國造船千百隻，皆虛誕耳。其大者容三百人，中者一二百人，小者四五十人或七八十人，其形卑隘，遇巨艦難於仰攻，苦於犁沉，故廣福舡皆其所畏。⋯⋯其底平不能破浪，其布帆懸於桅之正中，不似中國之偏，桅機常活，不似中國之定，惟使順風，若遇無風、逆風，皆倒桅盪櫓，不能轉戧，故倭舡過洋，非月餘不可。今若易然者，乃福建沿海奸民買舟於外海，貼造重底，渡之而來，其舡底尖能破浪，不畏橫風、鬭風，行使便易，數日即至也。」[1]

大航海時代的葡萄牙帆船

卡拉維拉帆船（*caravela*）：歐洲「地理大發現」早期的 15 世紀，航行於大西洋的葡萄牙航海帆船，以卡拉維拉帆船最為多見。其型制源於摩爾人航行於毛里塔尼亞沿海的拉丁式船型，經葡萄牙人改良成為一款全新哥特式、適合遠海航行的葡萄牙專用船型。卡拉維拉帆船長度為二十至三十米。長度和寬度的比例為三比一，有時更多。其運載量為五十至一百五十噸。根據古文獻的記載，它的船身較納烏船修長，其主艙室前伸至龍骨接近一半的位置。所有安裝在艙室上的桅桿都有一枝橫桿，其高度不超過七掌呎（*palmo*），[2] 艙口尺寸與其相等，用於放置淡水桶，以及一些輕型、便捷的工具，如逃生圈、桅桿鋸等。[3] 早期的卡拉維拉船配置兩枝桅桿，其特徵是懸掛拉丁式三角帆。1488 年，巴托羅密歐 · 迪亞士乘坐卡拉維拉帆船繞過好望角，從而發現通往印度洋的航路。15 世紀末，為配合遠東航海貿易和殖民的需要，葡萄牙人對卡拉維拉船進行改良。卡拉維拉帆船被改裝成三桅或四桅，同時增加立帆與三角帆並用，升高船艏和船艉樓，增加裝載量，並使遠洋航行更趨穩定。

納烏船（*nau*）：航行日本時被稱為「大黑船」，粵人稱「加櫓船」，是曼奴埃爾一世（1469-1521）於 15 世紀末擔任葡王時期（1495-1521），為遠航印度而設計和建造的標誌性船型，是葡萄牙最具威力的遠洋武裝大帆船。為了貿易，需

1　〔明〕鄭若曾，《籌海圖編》，卷二，《倭國事略 · 倭船》。〔明〕李言恭、郝傑，《日本考》，汪向榮、嚴大中校，北京：中華書局，2000，頁 28。

2　掌呎（palmo）：葡萄牙舊長度單位，約等於 21 厘米。

3　João Braz de Oliveira, *Os Navios da Descoberta*, Lisboa: Ministério da Marinha, pp. 21-23.

納烏船模型　澳門海事博物館藏

要建造體量更大，可運載數百或上千噸計的貨物、軍備和數百名水兵，並可續航經年的深海大帆船。1497 年，華士古・達・伽瑪首度率三艘納烏船遠航印度。[1]

納烏船在卡拉維拉船型的基礎上進行大規模改良：加大了船體和長度，升高船艏和船艉樓，並將船體設計呈圓形、尖底、高幫，增加船隻的穩定性以抵禦海洋和好望角風浪的襲擊；配備有三至四枝桅桿，除艉帆為三角帆外，其他均配以橫帆，有多層船艙及側舷，可安放重型火炮和加農炮。直到 1540 年，納烏船和加利恩船的重量都不超過四百噸。但在若奧三世時期，納烏船達到八百至九百噸。到西班牙統治時期的 1580-1640 年間，每年會建造二至三艘超過一千噸的納

1　Luso-Brasileira de Cultura, *Enciclopédia Verbo, edição Século XXI*, Vol. 20, 1998, pp. 1100-1101.

烏船。[1]

令人費解的是，葡人的納烏船卻常被其他歐洲人稱為「克拉克船」（carrack）。16 世紀葡萄牙人費爾南多・奧利維拉的著作《納烏船製造全書》中稱：「西班牙人將『納烏船』稱為意大利的『克拉克船』，或德國人所稱的『烏爾喀斯船』（urcas）」。[2] 因此在許多外國文獻中所稱葡人的「克拉克船」，其實就是葡萄牙的納烏船。

1603 年 2 月 25 日，一艘一千五百噸級的納烏船「聖凱特琳娜號」（Santa Catarina）自澳門前往印度途中，艦長瑟朗在柔佛海峽遭遇荷軍將領雅各布・范・黑姆斯克爾克所率荷艦，被劫持至阿姆斯特丹。[3] 船上的大量瓷器被稱為「克拉克瓷」在當地拍賣，使「克拉克瓷」一時在歐洲聲名大噪，並成為明末清初中國傳統青花瓷的代名詞流傳至今，成為陶瓷收藏品類的學術專有名詞。

納烏船除了在里斯本建造之外，有文獻記載：1564 年 8 月，西蒙・門多薩的船隻在果阿進行艤裝，以便航行到日本。[4] 在 1613 年，有一艘克拉克船「生活聖母號」（Nossa Senhora da Vida）在印度科欽製造。[5]

葡萄牙以納烏船作為前往印度、承擔主要運輸任務的船型。納烏船配置有大量火炮，其設計的主要功能是用於作戰。由於在 16 世紀末期的 1580 年，葡萄牙王國被西班牙吞併，這種原本航行於美洲大陸至菲律賓的新西班牙航線的船隻，也航行到濠鏡澳。

由於納烏船的製造成本甚高，航行東亞較淺海域並不划算，故自 1618 年起葡人便不再使用該款船隻航行澳日航線，取而代之的是船體較輕、速度較快、更具效益的加利恩帆船或槳帆船。

加利恩帆船（galeão）：又譯「蓋倫帆船」，是 16 世紀後期至 18 世紀流行的西班牙型制大型武裝商船。加利恩帆船通常被西班牙派往西印度群島阿卡布爾科（墨西哥），以承擔大運輸量所著稱。

1　C. R. Boxer, *Fidalgos in the Far East 1550-1770, Fact and Fancy in the History of Macao*, Lisboa: White Lotus Press, 1982, p. 13.

2　Luso-Brasileira de Cultura, *Enciclopédia Verbo, edição Século XXI*, Vol. 6, 1998, p. 66.

3　Beatriz Basto da Silva, *Cronologia da História de Macau, Vol. 1-séculos XVI a XVIII*, Macau: Livros do Oriente, 2015, p. 106. Benjamin Videira Pires, S. J., *A Viagem de Comércio Macau-Manila nos Séculos XVI a XIX*, Macau: Museu Marítimo de Macau, 1994, p. 17.

4　C. R. Boxer, *The Great Ship from Amacon: Annals of Macao and the Old Japan Trade 1555-1640*, Lisboa: Centro de Estudos Históricos Ultramarinos, 1959, p. 32.

5　C. R. Boxer, *The Great Ship from Amacon: Annals of Macao and the Old Japan Trade 1555-1640*, p. 81.

1638 年到達馬六甲的西班牙加利恩船「構想號」（*Concepción*）長度為四十三米至四十九米之間，約二千噸；而西班牙加利恩船「三位一體號」（*Santísima Trinidad*），長度為五十一點五米；而另一艘葡萄牙加利恩船「聖馬丁號」（*San Martin*）長度則為五十四點八米。[1]

加利恩帆船的設計則沿襲了大帆船的格局，並增加船隻的載貨量，同時增加了船艏部分攻防配置的衝角，而輔助帆也由防護罩延伸至船頭。一些加利恩船由一百噸的「憐憫號」（*Piedade*）到「聖若望號」（*S. João Baptista o Botafogo*）的一千噸級不等。小噸位的加利恩帆船和納烏船一樣配置三枝桅桿，主桅桿懸掛立帆，艉桿懸三角拉丁艉帆，雙層甲板，重量五百噸，船體較納烏船為輕，其特點是航速快，生產成本低；而大型的加利恩船則配置四枝桅桿，兩枝桅桿懸掛主帆，其他則懸掛拉丁艉帆。其後桅桿上有一橫桿，使懸掛的一幅拉丁帆得以張開。而船頭有艏斜桅和斜桅帆。[2]

加利約槳帆船（*galeote*）：在賈列（*galé*）船基礎上改良而成，該船型使用於 17 至 19 世紀，為較輕型的一種槳帆貨船，通常只有單層船艙和甲板，船艙較小，也可作為戰船。多配置有兩枝拉丁式桅桿、裝配深海帆和兩排槳（約二十枝槳）[3]，該種槳帆船需要搭載額外的划船手，並配置有火槍或火炮以及必需的士兵，重約三百至四百噸。加利約槳帆船自 1618 年開始取代納烏船，航行濠鏡澳至長崎的中日航線。[4]

《武備志》稱其為「蜈蚣船」：「所謂海舟無風不可動也，惟佛郎機蜈蚣船底尖面闊，兩旁列楫數十，其行如飛而無傾覆之患。……除颶風暴作、狂風怒號外，有無順逆皆可行矣，況海中晝夜兩潮、順流鼓柂，一日何嘗不數百里哉。」[5]另清人尤侗《外國竹枝詞》稱：「蜈蚣船，底尖面平，長十丈，闊三尺，旁架櫓四十，置銃二十四，每舟撐駕三百人，雖無風可疾走。」[6]

1　Irawan Djoko Nugroho, *Majapahit peradaban Maritim–Ketika Nusantara Menjadi Pengendali Pelabuhan Dunia*, p. 302.

2　João Braz de Oliveira, *Os Navios da Descoberta*, pp. 34-35.

3　João Braz de Oliveira, *Os Navios da Descoberta*, p. 34.

4　C. R. Boxer, *The Great Ship from Amacon: Annals of Macao and the Old Japan Trade 1555-1640*, pp. 95-96.

5　〔明〕茅元儀，《武備志》，卷一一七‧軍資乘‧水‧戰船二。

6　〔清〕尤侗，《外國竹枝詞‧佛朗機》，康熙辛酉，大西山房。

澳門帆船

澳門帆船有多種形態，就功能而言，有住家船和作業船兩大類。作業船又分為漁船、貨船、渡船等，型制也因應功能而有很大區別。

蜑船：蜑（疍）家，或稱為艇家、水上人、蜑民，是生活在我國東南沿海、以船為家的海上流動漁民群體。他們通常一戶一艇，生活在傳統的帆船，四處漂泊於廣東、廣西、福建、海南、上海、浙江、江蘇等沿海，以及長江流域。

《澳門記略》稱蜑家人為東晉年間反叛朝廷的盧循軍戰敗後，流落在老萬山島一帶的後人：「山有人魋結，見人輒入水，蓋盧亭也，晉賊盧循兵敗入廣，其黨泛舟以逃居海島，久之無所得衣食，生子孫皆裸體，謂之盧亭，嘗下海捕魚充食，能於水中伏三四日不死。」[1] 以上說法真實與否不得而知，但本人認為美國學者的研究可能更為接近事實。林肯·潘恩根據語言的分佈發現，從印尼到日本間的海域是南島語系的故鄉，證明了這一地區的早期遷徙模式：「操南島語系者的祖先來自中國南部，在數千年的時間，跨過台灣島和菲律賓，向東、向南分散到整個東南亞。」[2] 這些祖先，便是史前居住在中國南部地區，後來遷徙到東南亞的百越族群，而蜑家人則是仍留在中國南部的百越族人的後裔。

澳門和周邊的珠江口流域，長期以來確是蜑家人和蜑船的主要棲息地。《香山縣志》稱：明朝洪武年間「蛋戶者以舟楫為宅，捕魚為業，或編蓬瀕水而居，謂之水欄，祇見水色則知有龍，故又曰龍戶。齊民則目為蛋家，廣州南岸周旋六十餘里，不賓服者五萬餘戶，皆蠻蛋雜居，自唐以來計丁輸課於官，至是編戶立里，屬河泊所，歲收魚課。東莞、增城、新會、香山以至惠潮尤多。十五年（1382）三月，命南雄侯趙庸，籍廣州蛋戶萬人為水軍，時蛋人附海島無定居，或寇盜，故籍而用之。」[3]

平托講述其在 1542 年流落江南地區時稱：「河中帆檣林立。遇有集市，各種船隻一望無際，此外還常常碰到三百、五百、六百，甚至一千船的船隊。上面各種貨物琳瑯滿目。華人對我們說，中華帝國有許多水上居民，其數目與城鎮人口

1　〔清〕印光任、張汝霖、祝淮等，《澳門記略》，頁 58。

2　〔美〕林肯·潘恩（Lincoln Paine），《海洋與文明——世界航運史》，頁 227。

3　〔清〕田星五、陳澧，《香山縣志》，卷二二·紀事。

不相上下。」[1] 由此看來，蜑船的流動性並不局限於本地區：「蜑舡，南北洋皆行，身長倉深，頭尾帶方，船底及兩旁塗以蠣粉，上橫抹以煤屑，頭尾間刷以礬紅。」[2]

明代方以智在《通雅》中稱：「廣有蜑戶。南海記蜑蠻以舟為室，蜑有三：一為魚蜑，善舉網；二為蚝蜑，善沒海；三為木蜑，善伐材木。今廣東有蜑戶，音旦字，書本作蜑、蜓，仍音延。」[3]

標準蜑船可容一千八百石，有三枝桅桿四幅布帆。頭桅高五丈四尺，圍四尺六寸。大桅高八丈，如用松木圍圓八尺，若用雜木則減一尺。尾桅高三丈七尺，圍二尺五寸。頭帆二十一頁，上寬二丈四尺，下寬一丈八尺五寸。大桅帆三十三頁，上寬四丈九尺，下寬四丈一尺。尾帆一十三頁，上寬一丈三尺，下寬一丈五寸。[4] 這種蜑船可用於載貨、捕魚、載客等多種用途。

大杉罾：一種大型的三桅帆船，有前帆、主帆和尾帆。所謂「罾」是一種以竹枝為支架的方形漁網。

蝦艇：一種以捕撈貼近海底的魚、蝦和貝類海產的漁船。通常以多個「蝦罟」（蝦艇用網罟）串連成串，從船舷兩側的支架垂下，以貼近海床拖行，一般多在近海、約四十至八十米的淺海區域作業。

高尾艇：明代方以智在《通雅》中稱：「艇，小舟也，廣東人至今呼之蜑艇。高梢四櫓者曰高尾艇。」[5]

西瓜扁：一種往來於貨棧的駁艇和載貨船，因外型像剖開一半的西瓜而得名。

老閘船：中文名稱根據葡文 *lorcha* 音譯而來，是葡萄牙人吸收中式帆船優點而在澳門製造的葡萄牙改良船型。其將中式船帆和索具裝備在葡式的流線型船身上，該船航行速度比傳統中式帆船快，而比葡萄牙帆船所需的水手為少。老閘船一般設有三枝桅桿，均採用中式刀形立帆，中央的主帆最大，前桅設在船艏，懸一中型前帆，船艉設有一小艉帆。澳門海事博物館對該款帆船的說明中稱老閘

1 〔葡〕費爾南・門德斯・平托（Fernão Mendes Pinto），《遠遊記》上、下冊，金國平譯，澳門：葡萄牙大發現紀念委員會，澳門：澳門基金會，澳門：澳門文化司署，澳門：東方葡萄牙學會，1999，上冊，頁282。

2 王冠倬，《中國古船圖譜》，頁205。

3 〔明〕方以智，《通雅》，五二卷，《欽定四庫全書》本，卷十四・地輿方域。

4 王冠倬，《中國古船圖譜》，頁204。

5 〔明〕方以智，《通雅》，卷四九，《諺原》（https://ctext.org/wiki.pl?if=gb&chapter=773514&remap=gb）。

船為：「一種歐洲式船體，亞洲式的船帆，有兩三枝桅桿，載重量由一百五十至四百噸，二十至四十米長，操作簡便。帆船在澳門製造，所用的材料是柚木和樟木，船員大約在十五至二十人之間，備有槍械和彈藥。」[1]

老閘船曾使用於17世紀至19世紀間。1690年，有一艘前往巴達維亞的老閘船在距越南頭頓市約一百公里的崑崙群島沉沒，船上裝載有大量由荷蘭東印度公司所訂購的中國瓷器。[2]

《葡萄牙─巴西文化百科全書》稱：「18世紀，老閘船曾在澳門大量製造，其排水量為一百至一百五十噸，被廣泛用於商業運輸，也被用來抗擊海盜。」[3]徐薩斯稱19世紀的澳門：「老閘船，全部建造於澳門的內港，通常使用柚木和樟木，平底和吃水很淺，中式船尾和舵，能夠快速轉向。通常設有兩枝桅桿，懸掛拉丁帆和主帆。有些是無光澤的，大多擁有良好的乘客船上住宿設施。大型老閘船為一百五十噸，小型為四十噸，通常為五十至一百噸。小型可裝配四至六門炮，大型配置二十門炮，可發射一至二十四磅重炮彈，重型炮通常為螺旋鏜。船員葡人和華人各半，裝備火槍、劍、斧頭和長矛武器。船身色彩斑斕，為澳門增添如畫景色。」[4]在19世紀中葉，澳門港口停泊了六十多艘老閘船，有部分為戰船。[5]一個能夠說明老閘船在澳門建造速度和規模的紀錄是：在1847年，有十二艘船隻因颱風而沉沒，而在第二年便出現了二十艘新替代的船隻。[6]

老閘船長期航行於東南沿海及南洋群島海域，直至20世紀80年代，澳門海域仍有老閘船在航行，但進入21世紀便已經不復見。老閘船是澳門造船史上重要和光輝的篇章，是中西造船工藝的完美結合，從這一點看，它也是中國造船史上不可或缺的一頁。關於老閘船的課題，也是澳門海洋史和中國海洋史研究中一個亟待開拓的領域。

2005年，澳門最後一艘木帆船在荔枝碗船廠完成建造投入使用，澳門造船業歷史也至此結束。[7]

1　Richard J. Garrett, *The Defences of Macau–Forts, Ships and Weapons over 450 Years*, Hong Kong: Hong Kong University Press, 2010, p. 125.

2　Michael Flecker, "Excavation of an oriental vessel of c. 1690 off Con Dao, Vietnam", *The International Jornal of Nautical Archaeology*, 21:3, 1992, pp. 221-244.

3　Luso-Brasileira de Cultura, *Enciclopédia Verbo, edição Século XXI*, Vol. 18, p. 283.

4　C. A. Montalto de Jesus, *Macau Histórico*, Macau: Livro do Oriente, 1990, p. 260.

5　參見澳門海事博物館展品文稿。

6　C. A. Montalto de Jesus, *Macau Histórico*, p. 260.

7　BBC News 中文，《傳承澳門航海精神的老師傅》，2015年11月15日。

第五章　珠江三角洲與濠鏡

澳門目前位於珠江入海口的西岸，這只不過是近五百年間才發生的事情。早在秦漢時期，珠江口西岸尚未受到來自西江上游所帶來的泥沙淤積，澳門是地處珠江前航道和珠江幹流西江兩大河流入海口正中央的最大島嶼——香山島正南方的數個小島，其地形猶如龍口含珠，東面為珠江出海口虎門，西面為西江出海口磨刀門，扼守著珠江口和西江口兩江匯流的要衝。

澳門之所以可以在明中期至清中期發揮重要作用，成為中國和東亞地區最重要的樞紐港，和珠江三角洲及其地理位置有著重要的關係。因此，瞭解珠江三角洲和濠鏡的地理形成和演變，對我們往後所論述的主題有所裨益。

澳門所處的珠江三角洲是一個地形特殊和複雜的三角洲類型，它與長江、黃河三角洲不同的是，它並非是由一條河流所形成的三角洲，而是由西江、北江、流溪河、東江等多條河流匯聚所組成的複合型大型三角洲。

由河口灣到三角洲

對於珠江三角洲的地理概念，有著兩種不同的觀點：第一種認為珠江三角洲是以三水為頂點的西江、北江和以石龍為頂點的東江所組成的三角洲；第二種觀

點認為，珠江三角洲是以河口的河道分叉處為起點的三角洲，因此，西江在三榕峽以下、北江在滇陽峽以下、東江在田螺峽以下，均應歸入珠江三角洲的範圍。著名地理學家曾昭璇先生認為，這兩種觀點都是正確的：前者的小三角洲，面積為八千平方公里，是為現代的珠江三角洲；而後者的大三角洲，面積為三萬五千平方公里，則是古代的珠江三角洲。[1]

因此在距今約六千年的全新世時期的珠江三角洲，除周邊地區為堆積階地外，大面積為河口灣，灣內由於火山活動形成一百六十多個大大小小的基岩島丘和台地，如五桂山、西樵山、市橋台地等，從澳門地質情況來看，澳門半島、氹仔島、路環島山體基本上屬於火成岩的黑雲母花崗岩。[2] 當時的海侵曾達到盛期，與目前海平面相若的海水深入內陸，因此這一地帶被稱為「珠江口古河口灣」。

由距今六千至四千年前的這一時期，環珠江口正值人類的新石器時期。從澳門出土的文物中，曾發掘出許多新石器時期的石器、玉器、加工工具，以及進行漁獵用的石網墜、夾砂陶、彩陶盆等實物。說明在史前的新石器時期，地處河口灣的澳門已有先民在此居住，並以漁獵作為主要生計，從而證實澳門在史前已經和海洋發生聯繫。

到距今四千至二千年間，古河口灣受到河流沉積物的充填，以基岩島嶼為中心的堆積層逐漸擴大，在順德西南部，三角洲向伶仃洋方向推進，形成河口灣沉積相。[3]

在距今二千年前的秦漢時期，隨著佛山、西樵山進一步淤積成陸地，以五桂山為主體的香山島之西北河口地帶，因西江所帶來的大量泥沙堆積，逐步形成珠江口的河網地貌。

在明代中葉澳門開埠初期，位於香山島北面的縣城石岐之西北皆為珠江口之內海，稱石岐海。「縣城東南山陵、西北水澤。設治於嶼北，而四圍皆海，居然一小蓬島也。」[4] 而澳門半島原本是香山島最南端的幾個海島，經過西江泥沙的

1　曾昭璇，《珠江三角洲地貌發育》，廣州：暨南大學出版社，2012，頁 1。

2　地圖繪製暨地籍局，《澳門半島地質圖》《氹仔地質圖》《路環地質圖》，澳門：地圖繪製暨地籍局，2012。

3　韋惺、吳超羽，〈全新世以來珠江三角洲的地層層序和演變過程〉，《中國科學》，第 41 卷，第 8 期，2011，頁 1134-1149。

4　〔明〕鄧遷、黃佐，《香山縣志》，嘉靖丁未年，卷一・風土志第一，《形勝》。

淤積連接成一個島嶼，並在明中葉之前方逐漸形成一條與香山島相連接的沙堤，形成半島格局。

清末逐步形成珠江八大入海口門的三角洲格局，其中東四口門為虎門、蕉門、洪奇瀝[1]、橫門；西四口門為磨刀門、雞啼門、虎跳門、崖門。[2] 我們可以看到，澳門所處的香山島，仍然位於八個入海口門的中央位置。

澳門半島的東部為珠江口，是珠江水域中水面最寬的入海口；而位於澳門西部的磨刀門，則是西江的主要入海口，而磨刀門也是珠江水系中最深的水道。由於西江的流量佔了珠江水系總流量的 73.3%，雖然整體上珠江流域的含沙量在中國四大水系中和黑龍江相若，都處於相對較少的水平（平均含沙量為零點三千克／立方米），然而由於西江的流量大，帶來的輸沙量也因此佔了整個珠江流域的 86.9%。[3] 這就是珠江口西部日漸淤淺，澳門由位居珠江口正中央，變成現在位處珠江口西岸的主要原因。

順帶一提的是，在 16 世紀至 17 世紀的明代，葡萄牙人前往廣州所使用的並非珠江口的伶仃洋、虎門、黃埔珠江前航道，而是經由磨刀門進入西江上溯，由西面進入廣州城的西江通道。[4]

早期的香山島和濠鏡港

以五桂山為主體的香山島，海拔五百三十一米，面積一百一十三平方公里，是珠江口內最大的基岩島之一，其位置正處於河口灣上珠江和西江兩大入海口的正中央。而澳門的各座大小山體，也是珠江口內的若干小島，則散佈在香山島的正南方向。既為珠江口的屏障，也是先民們從事漁獵作業的中途站和補給點。

根據明萬曆十九年（1591）的《全海圖註》和萬曆廿三年（1595）成書的《粵大記》中的《廣東沿海圖》描繪，在明代中葉，濠鏡已經與香山島相連而形成半島，內港水域形成優良的避風港。由於這時的濠鏡內港，適合數百噸級帆舶的停泊，加上有淡水補給，因此成為優良的港灣，吸引各國番商爭相前來互市，成為

1　洪奇門，又稱洪奇瀝，因其只是平原河口，沒有其他「門」的山丘河口特徵，故稱其為「瀝」。

2　曾昭璇，《珠江三角洲地貌發育》，頁 6。

3　曾昭璇，《珠江三角洲地貌發育》，頁 2-3。

4　Paul A. Van Dyke, "Rice, Backhauls and the Rise of the Lintin Smuggling Network in the 1820s: Implication for Macao and the American China Trade", in *Americans, Macau and China, 1784-1850: Historical Relations, Interaction, and Connection*, 2008, Macau University, p. 118.

明朝後期最為重要的對外貿易澳口。加上澳門在珠江口優越的地理位置，地處前往廣州的交通要道，澳門的重要性便日漸凸顯出來。研究澳門早期歷史的瑞典人龍思泰在其著作《早期澳門史》中曾提及：「澳門……遠在葡萄牙人到此定居以前，就以安全的港灣而著名。」[1]

澳門源流

在 1995 年及 2006 年，由香港中文大學和香港大學組成的聯合考古隊，在路環黑沙發掘出距今四千多年前的玉石作坊，發現了以石英水晶為代表的玉石飾物及加工石器，[2] 印證了源於中原的玉文化在當時已傳播至嶺南邊陲的歷史。

澳門所屬地區自秦始皇時期，已經隸屬中國版圖。秦始皇二十六年（公元前221 年）統一中國黃河及長江流域並劃分三十六郡。隨後即發動「秦平百越」之戰，派遣主將屠睢率大軍南下嶺南。屠睢戰死後，秦始皇三十三年（公元前 214年）任囂和趙佗率大軍平定嶺南，後設置桂林、象、南海三郡。[3] 澳門「以地屬南海郡」。秦二世時期（公元前 209-207 年），大澤鄉農民起義，天下群雄並舉；南海尉任囂病逝，趙佗繼任，於公元前 204 年建立南越國。南越國至西漢武帝元鼎六年（公元前 111 年）亡，歷九十三年。南越國時澳門地屬南海郡番禺縣。[4]

公元前 111 至公元 8 年，澳門「漢時北入番禺縣」。東晉成帝咸和六年（331年），屬東官郡；恭帝元熙二年（420 年），屬新會縣。隋開皇十年（590 年），改屬東官郡寶安縣，屬廣州。唐肅宗至德二年（757 年），東官郡更名東莞郡，屬文順鄉香山鎮。

在 1973 年 5 月 26-27 日的考古勘查活動中，香港考古學會成員在路環島黑沙發現了漢代和六朝時代的五銖錢（約公元前 110 年至公元 500 年）。此外，考古隊還發現了疑似唐代的數片淺綠上釉陶片（sherds of light green glazed pottery）。說明了早在漢代和六朝時期，先民們已經在澳門周邊海域進行商業交

---

1 〔瑞典〕龍思泰（Anders Ljungstedt），《早期澳門史：在華葡萄牙居留地簡史、在華羅馬天主教會及其佈道團簡史、廣州概況》，吳義雄、郭德焱、沈正邦譯，章文欽校註，北京：東方出版社，1997，頁 19。

2 鄧聰，《澳門黑沙玉石作坊》，澳門：民政總署，2013，頁 22。

3 桂林郡大致為今廣西境；南海郡為今廣東境；象郡又稱日南郡，為今越南大領角（Cap Varella）以北地區。後趙佗將象郡分為二郡：交趾郡和九真郡。參見〔法〕鄂盧梭（L. Aurouseau），《秦代初平南越考》，馮承鈞譯，上海：上海古籍出版社，2014，頁 20、68-77。

4 張榮芳、黃淼章，《南越國史》，廣州：廣東人民出版社，2008，頁 74、115。

黑沙玉環玦加工石器（史前），澳門黑沙出土　澳門博物館藏

易活動；唐代的綠釉陶器，已通過海上絲綢之路，輾轉來到澳門所處的南海之濱。這些考古文物的發現，也佐證了自遠古到漢、唐時期，澳門和海上絲綢之路航線有著未曾間斷的聯繫。

　　南宋紹興二十二年（1152），香山島和珠江口瀕海各諸島被獨立劃為縣治，香山縣正式成立：「宋紹興二十二年邑人陳天覺建言，改陞為縣，以便輸納。東莞縣令姚孝資以其言得請於朝，遂割南海、番禺、東莞、新會四縣瀕海地歸之，因鎮名為香山縣，屬廣州。」[1] 從立縣的開始，香山就以依傍海洋作為其主要特徵。歷史上香山縣的地理範圍，涵蓋了今日的中山市、珠海市（包括珠江口附屬島嶼）和澳門所轄地區。正史中最早記述到澳門周邊地區的可能是《宋史》，當中曾講述了南宋末年元軍沿福建、廣東沿海追擊南宋皇帝昰到達十字門海區的井澳，宋軍在此地遭遇颶風壞舟，而昰也因此在四個月後病亡的一段歷史。十字門

1 〔明〕鄧遷、黃佐，《香山縣志》，《日本藏中國罕見地方志叢刊》，風土志‧卷一，《建置》。

是現今氹仔、路環、大小橫琴及其海域的總稱，然而，在《宋史》中所提到的地名「井澳」卻在橫琴島，而偏偏沒有提及現今屬於澳門的氹仔和路環島上的任何地方。

元代香山縣屬廣州路。明代洪武元年起，香山縣屬廣州府。在 15 世紀的《鄭和航海圖》中，位於珠江口的香山島便標註有「香山所」。[1] 鄭和船隊的航線，便從香山諸島前面的海區經過。所謂香山所，即明朝洪武二十三年所設立的香山守禦千戶所。《香山縣志》載：「香山守禦所：千戶五員、百戶十員、旗軍一千一百六十名，撥往征調把守鎮頭，各營備倭守城，俱本所旗軍。」[2] 香山設立衛所，說明香山島在地理和防禦上的重要性。由於在明代中葉，濠鏡島與香山島以一條細長的沙堤相連而形成半島，內港水域形成優良的避風港灣，加上澳門在珠江口優越的地理位置，澳門的重要性便日漸凸顯出來。郭棐明萬曆版《廣東通志》中首度提到濠鏡和當朝的情況：「澳門：夷船停泊皆擇海濱地之灣環者為澳，先年率無定居，若新寧則廣海、望峒，香山則浪白、濠鏡澳、十字門，東莞則虎頭門、屯門、雞棲。嘉靖三十二年，舶夷趨濠鏡者，托言舟觸風濤縫裂，水濕貢物，願暫借地晾曬，海道副使汪栢徇賄許之。時僅蓬累數十間，後工商牟奸利者，始漸運磚瓦木石為屋，若聚落然。自是諸澳俱廢，濠鏡獨為舶藪矣。」[3]

清代由朝廷派駐澳門的官員——澳門同知印光任、張汝霖所著《澳門記略》，為我們提供了一個較為完善的版本。

難以詮釋的澳門史

如果說中國任何一個地方的歷史，都可以在中國歷史典籍中找到比較完整的線索，那麼我們會發現，要從中文歷史典籍中找到澳門完整的歷史會有相當難度，其原因便在於它的海洋屬性。

澳門和內陸地區的最大不同點在於她長達數百年的與世界各海洋國家和地區的交往歷史。因此如果我們要系統、準確地解讀、闡述或瞭解澳門史，就不免需要接觸大量不同文字的史料。除中文之外，其他比較重要的還有：葡萄牙文、拉丁文、西班牙文、日文、英文、荷蘭文、法文，此外還有一些東南亞語種，如馬

1　朱鑒秋、李萬權等，《新編鄭和航海圖集》，海軍海洋測繪研究所、大連海運學院航海史研究室編制，北京：人民交通出版社，1988，頁 40-42。

2　〔清〕田星五、陳澧，《香山縣志》，二十二卷，光緒木刻本，卷七·經政·營制。

3　〔明〕郭棐，《廣東通志》，七二卷，萬曆壬寅三十年木刻本，卷六九·外志三，《番夷》。

來文、印尼文、泰文、越南文等等。

澳門雖然只是一個小地方，然而在世界海洋史上，則是東亞地區不可或缺的航運樞紐港和宗教、文化交流之地，有關澳門史的內容散落在浩瀚的文本史籍文獻當中。

澳門正如一組結構複雜的密碼鎖，要解開這組「澳門密碼鎖」，我們需要多條鑰匙。以澳門名稱的來由為例，表面看來是一個極其簡單的課題。然而，我們至今仍未找到完整和合理解釋，仍然以傳說、掌故、揣測來詮釋澳門史，難以形成共識。其中一個最常見的現象便是我們只基於一把鑰匙，試圖打開「澳門密碼」，我們經常認為已經找到問題的結論，但通過其他史料，或從另一角度觀看，卻又發現這個結論完全站不住腳。原因是，我們僅從中國人和中國文化的角度進行揣測或論證，而忽略了從當時歷史的基點、其他外文的早期文獻中找證據，特別是記錄葡人在澳門和東亞地區活動的文獻史籍。外文史料往往會記錄一些華人習以為常或熟視無睹的細節。同時，他們與華人的觀察角度和出發點有所不同，從而可以提供第三者的視角以讓我們瞭解事件的不同側面。

還有一點需要補充，許多學者往往根據中譯的外文歷史文獻來進行論證，但由於缺乏對原文的把握，或對海洋文化缺乏理解，或以陸地文化的經驗去理解或解讀，從而做出錯誤的判斷，這也是過往學者間對某些問題爭議不斷的一個主要原因。因此學者在引用相關材料或對文獻有疑問之時，不妨查閱原文加以核實，以便把握原文的準確含義，而避免誤入歧途。

第六章　澳門諸名的演變

　　作者在博物館工作期間，參觀者詢問最多的便是「澳門」名稱的由來，以及外文為何稱為「Macau」。這一表面看似簡單不過的問題，迄今為止能取得共識的「說法」卻並不多。我們在研究澳門歷史時，會發現一個特殊現象：澳門在歷史上曾經有過許許多多的中外名稱；同樣地我們會聽到對其起源、演變過程，有著許許多多不同的解釋。這些爭議也反映了澳門歷史研究的複雜性。

　　澳門諸名是在歷史發展進程中逐步形成的。為了讓讀者在隨後的歷史文獻中對澳門的名稱及其演變有所認識，在此有必要就澳門名稱的起源和沿革作一簡單的溯源，但因澳門名稱的源由有諸多不同說法，也存在較多爭議，因此本人希望能從歷史文獻中尋找到答案，或通過多個不同文本和渠道的信息，進行合理的推理、論證和探討。對於所得出的結論，也保持一種開放的態度。

　　澳門名稱的諸多不同說法和其所產生的各種歧義，重要的原因是缺乏文獻的佐證。而為了釐清事實的真相，我們需要去蕪存菁，一方面將各學者的研究和分析成果進行整理；另一方面則是將有爭議的問題，放在特定的歷史環境、從多元文化的角度以及不同語言環境進行審視和比較分析。

　　下面，我們嘗試從歷史的角度，解讀澳門歷史上的諸多名稱，並從中瞭解其演變過程。

從「蠔鏡」到「濠鏡」

「蠔鏡」是澳門最早的名稱，這一點似乎學術界都有共識，然而其真正來源至今卻無文獻可考。從目前所知，文獻中最早提到「蠔鏡」這個地名的是葡萄牙人托梅・皮雷斯在 1512-1515 年所撰寫、在 1515 年出版的《東方概要》[1]一書。他在該書中提及了除廣州之外的另一處港口：Oquem，即「蠔鏡」。在中文文獻方面，出版於萬曆五年（1577）的《粵大記》一書當中的《廣東沿海圖》，[2]標示出「濠鏡澳」的地點，這可能是目前所見可考的最早中文記載。然而，這已經是濠鏡開埠、成為澳口之後的紀錄。

在明代早期或之前，此地名為「蠔鏡」，皆因此地曾盛產一種貝殼類的海產，粵人俗稱為「蠔」或「生蠔」。蠔鏡及香山地區水產豐富，明嘉靖《香山縣志》有載：「蠔：附石者，小蠣房也，生自相依附。」[3]清光緒《香山縣志》記載較為詳盡：「蠔，即牡蠣也。」「水淡則蠔死，然太鹹則蠔瘦，大約淡水多處蠔易生，鹹水多處蠔易肥。」「黃梁都厓口等處多蠔塘，塘在海中，無實土，但生蠔處即是各分疆界，丈尺不踰，踰必爭，海邊居人婦女能打蠔，潮退乘木器行沙坦，鑿蠔肉納於筐，潮長乃返。」[4]由此可見，香山地區確實有產蠔的歷史。據華南師範大學地理科學院考古資料顯示，珠江三角洲產蠔的歷史為七千年以內，蠔種類屬「近江牡蠣」和「長牡蠣」。蠔的生長條件是在鹹淡水交界的河口和淺海區域，水溫要求在 10°C–32°C 之間，海水鹽度在千分之七至千分之十五之間，以潮流暢通，流速在零點五米／秒，浮游生物在三十四萬／升以上為宜。[5]澳門過往曾盛產調味品的蠔油、蝦醬、鹹魚等海產品。但目前，澳門附近水域因水質變差及數百年來以貿易為主，早已不再產蠔。其他魚、蝦、蟹等海產品亦多由遠海的南海地區捕撈，然而目前我們還是可以在十字門地區的橫琴島上，看到仍保留有生蠔及其他魚類的養殖漁排，從中可以窺見當年蠔鏡確實有出產蠔的地理條件，此點似乎毋容置疑。

1　Armando Cortesão, *The Suma Oriental of Tomé Pires (1512-1515) and The Book of Francisco Rodrigues (1515)*, Volume I, London: The Hakluyt Society, 1944, p. 127.

2　〔明〕郭棐，《粵大記》，《日本藏中國罕見地方志叢刊》，三十二卷，萬曆五年木刻本，北京：書目文獻出版社，1990，卷 32。

3　〔明〕鄧遷、黃佐，《香山縣志》，《日本藏中國罕見地方志叢刊》，卷二・民物志第二，《物產・介屬》。

4　〔清〕田星五、陳澧，《香山縣志》，卷五・輿地下，《物產・魚》。

　5　曾昭璇，《珠江三角洲地貌發育》，頁 20。

「蠔」葡文稱之為 Espelho de Ostras[1]，只因歷史上澳門周邊水域環境非常適合蠔的生長，故以此種海產「蠔」字成為地名，稱為「蠔鏡」，後來逐漸再以較為文雅的「壕」和「濠」字取代動物的蠔字，成為「壕鏡」或「濠鏡」。上述便是地名中「濠」字的由來，這一點在學術界基本沒有太多爭議。

至於「鏡」字，根據《澳門記略》的解釋是：「有南北二灣，可以泊船，或曰南環。二灣規圓如鏡，故曰濠鏡」。[2] 此處的紀錄似乎是說明「鏡」字來源於南北二灣的形狀，如圓鏡一般規圓。由於《澳門記略》的作者是清廷派駐澳門附近前山寨的同知，因此長期以來，《澳門記略》的說法，基本上被認定為官方和正式的說法。然而，對於《澳門記略》的說法，比較難以理解的是：地名中的「蠔」字來自海產，而「鏡」字卻來自地形，在古代若非文人雅士，實在難以將兩種完全不同的概念作此聯想而合稱為地名。

澳門半島古地名除「蠔鏡」外，也還有另一名稱為「海鏡」。在媽祖閣側面的山崖上，便刻有清張玉堂所書「海鏡」二字，被稱為「海鏡石」的摩崖石刻；此外在氹仔天后宮附近海邊（今已填海）的巨石上也刻有「海鏡」二字。[3] 而海鏡則是另外一種貝類海產，而且也是香山地區的特產之一。嘉靖《香山縣志》有載：「海鏡：以殼明名。」[4] 清光緒《香山縣志》記載：「海鏡，殼圓如鏡，兩片相合，謂之明瓦，腹中亦有小蟹，與璅蛣同而狀異，本草誤混為一物。」[5] 海鏡的生長環境是在海岸鹹水的淺海區和灘塗上。這些物種均在《香山縣志》上有所記載，證實是本地區的特產。生活在澳門的老一輩漁業人士，均可證實這些海產物種在 20 世紀或之前確實在澳門存在過。

因此比較符合邏輯的結論是：《澳門記略》中的「規圓如鏡」所指的很可能並非南北二灣的形狀，也並非「鏡子」的鏡字，而是《香山縣志》中所描述「殼圓如鏡」的海鏡。而《澳門記略》中之所以會提及南北二灣，是因為南北二灣的灘塗便是生產海鏡的地方。由於古澳門半島海水中盛產「蠔」，而南北二灣的灘塗中又盛產「海鏡」，以這兩種最主要的海產作為此地的名稱，合稱為「蠔鏡」。

---

1 Manuel Teixeira, *Macau no Séc. XVI*, Macau: Direcção dos Serviços de Educação e Cultura, 1981, p. 6.
2 〔清〕印光任、張汝霖、祝淮等，《澳門記略》，上卷《形勢篇》，頁 34-35。
3 譚世寶，《澳門歷史文化探真》，北京：中華書局，2006，頁 198。
4 〔明〕鄧遷、黃佐，《香山縣志》，《日本藏中國罕見地方志叢刊》，卷二‧民物志第二，《物產‧介屬》。
5 〔清〕田星五、陳澧，《香山縣志》，卷五‧輿地下，《物產‧魚》。

由於最早來到此地的人不可能是文人雅士，而只是普通的漁民或水上人，他們來到這裏的目的，就是捕撈此地所盛產的海產：「蠔」和「海鏡」，因而將這兩種海產自然而然地合稱為這個地方的地名「蠔鏡」。而由「蠔鏡」演變為「濠鏡」的過程，則是文人雅士們再創作的成果了。由此我們可以作出梳理，「濠鏡」作為地名，大致按照以下順序演進：蠔＋海鏡＝蠔鏡→壕鏡→濠鏡。而以上名稱應在澳門開埠（1535 年）之前的一段相當長的時間內，業已形成。

阿媽港、亞馬港

使用「濠鏡」這一名稱的同一時期，濠鏡所在的內港水域名叫「亞馬港」。這一點我們可以通過明朝萬曆時期出版的地圖得到證實。[1] 另一份在萬曆十九年（1591）所繪製的歷史地圖《全海圖註》中也描繪了相同的情況。

《全海圖註》（局部）〔明〕宋應昌（1591）　中國國家圖書館藏

　1　〔明〕郭棐，《粵大記》，《日本藏中國罕見地方志叢刊》，《廣東沿海圖》。

　　瑞典歷史學者龍思泰在其著作《早期澳門史》中曾提及：「1557 年，他們在澳門相聚了。因為地方官員允許這些外國人在一個『荒島』上住下，當時該島以『阿媽港』這一名稱而為人所知。」他在「荒島」兩字上加上引號，說明他並不認為當時的濠鏡是荒島。在另一段落中，龍思泰提到：媽港「在一個岩石嶙峋的半島上，遠在葡萄牙人到此定居以前，就以安全的港灣而著名。因在娘媽角炮台（Bar Fort）附近有一座供奉偶像的神廟，所供奉的女神稱為阿媽（Ama），所以外國作家稱之為『阿媽港』（Amangao, port of Ama）。」[1]

　　由於在粵語中「阿媽港」和「亞馬港」的發音完全相同，而這個名稱的來源是由於娘媽角有一處供奉阿媽神的寺廟或場所，同時阿媽神主要由水上人供奉，因此這些水上人將內港水域稱為「阿媽港」便屬理所當然。

　　至於為何會出現兩種截然不同的寫法，筆者的觀點是：「阿媽港」是蜑家人和水上人，以口耳相傳的方式，來稱呼這個在入口處供奉有阿媽神的港口；而「亞馬港」的寫法則出現在官方的地圖上，是因為生活在陸地上的人們，並不真正理解水上人們口中所傳「阿媽港」的來由，於是按照陸地人的習慣性理解，寫出同音字。

十字門

　　十字門的名稱也和濠鏡、阿媽港一樣，是在開埠前很早的一段時間便已存在。《澳門記略》稱：「澳南有四山離立，海水縱橫貫其中，成十字，曰十字門。」[2]

　　十字門的地理概念包含大小潭山（氹仔島）、九澳山（路環島）、小橫琴山、大橫琴山。因該四座山（實為島嶼）之間的水道呈十字形，故稱為「十字門」，或「十字門水道」。十字門又分為內、外兩個十字門水道。嘉靖《香山縣志》稱：「大吉山（上東中水曰內十字門）……九澳山（上東南西對橫琴中水曰外十字門），其民皆島夷也。」[3]大吉山（十字門附近），應指氹仔以北、與濠鏡澳之間的水道稱「內十字門」；氹仔與路環島及大小橫琴間的水道為「外十字門」。

　　而在「十字門」的「門」，除了因「四山離立」形狀如「門」之外，此處的

1　〔瑞典〕龍思泰（Anders Ljungstedt），《早期澳門史——在華葡萄牙居留地簡史、在華羅馬天主教會及其佈道團簡史、廣州概況》，頁 15、19。
2　〔清〕印光任、張汝霖、祝淮等，《澳門記略》，上卷《形勢篇》，1992，頁 31。
3　〔明〕鄧遷、黃佐，《香山縣志》，《日本藏中國罕見地方志叢刊》，卷一．風土志第一。

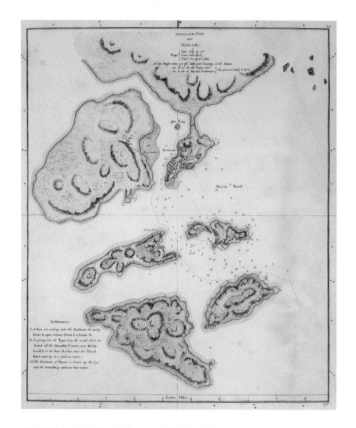

《媽港與大拔草圖》 銅版畫 澳門博物館藏

「門」尚有另一層含義。在廣東地區，珠江流域有許多入海口，這些入海口均以「門」字相稱，如：虎門、崖門、磨刀門、蕉門、橫門、虎跳門、雞啼門、屯門等等，這並非一種偶然的巧合，而是泛指江河入海口的「海門」之意。清人屈大均對「海門」有以下詳盡論述：「南海之門最多。從廣州而出者曰虎頭門。最大。小者曰虎跳，曰雞踏，曰雞啼，曰三門，曰東洲。此中路之海門也。從東莞而出者曰南亭；從新安而出者曰小三門，曰屯門，曰急水，曰中門，曰鯉魚，曰雙筋，曰南佛堂；從新寧而出者曰大金，曰小金，曰寨門，曰官門；從惠來而出者曰甲子；從潮陽而出者曰河渡；從澄海出者曰水吼。此東路之海門也。從新會而出者曰厓門，曰松柏；從順德而出者曰黃楊；從香山而出者曰金星，曰上十字，曰下十字，曰馬騮，曰黃慶；從吳川而出者曰限門；從海康而出者曰白鴿。此西路之海門也。」[1]

1 〔清〕屈大均，《廣東新語》，康熙三十九年，北京：中華書局，1985，頁33。

濠鏡澳、香山澳

1535 年，廣東開放互市舶口，濠鏡成為開放外洋貿易的澳口之一。大致在 1535 年之後，「濠鏡」開始被稱為「濠鏡澳」，因地處香山，是為香山縣的澳口，所以也被稱為「香山澳」。只有在開埠後的港口，才可能被稱為「澳」。對此，清人屈大均在《廣東新語》中云：「凡番船停泊，必海濱之灣環者為澳。澳者，舶口也。香山故有澳，名曰浪白，廣百餘里，諸番互市其中。」[1] 屈大均在此說明了稱之為「澳」所必須具備的兩個條件：一是能停泊外國商舶，二是能讓外國人在此地互市貿易。「舶口」套用現在的話語，便是：能停泊外國商船的對外貿易港口。

因此，16 世紀初葉的濠鏡雖漸成為港口，但還未能稱之為「澳」。當時香山縣的對外貿易舶口是浪白，因此稱為浪白澳，也稱為香山澳。步入 16 世紀中葉，濠鏡因地緣優勢，逐漸取代周邊各港（包括浪白）而升格成為香山澳。「濠鏡澳」在官方文件中，也有寫成「濠鏡嶴」。而「濠鏡澳」何時改稱「澳門」，其原因和具體時間點尚未發現有確切的文獻記載。但比較明確的是，到明末和清初期間的官方文件中，尚稱澳門為濠鏡澳（或濠鏡嶴）。僅以兩例說明：其一，明末崇禎元年（1628）澳門議事會上呈崇禎皇帝的《報效始末疏》中仍稱澳門為「濠鏡嶴」[2]；其二，直到清康熙元年的 1663 年，兵部尚書安達禮等所上呈的奏疏仍稱「濠鏡澳」[3]。因此以「澳門」作為地名，比較可能是在清初之後逐步形成。

澳門

有學者考證，「澳門」之名是逐漸取代「濠鏡澳」的，在明朝至清初的地圖均只標「濠鏡」或「濠鏡澳」之名，至乾隆年間的《澳門記略》之後，方志地圖等才普遍標注「澳門」之名。[4] 從第一歷史檔案館所公佈的檔案中發現：自康熙三年（1665）開始，內閣文檔開始改稱「香山澳」。直到康熙二十三年間（1684），廣東官員上呈公文檔案則均稱為「香山澳」；而在康熙四十三年（1704）以後上

1　同上，頁 36。

2　湯開建，《委黎多〈報效始末疏〉箋正》，廣州：廣東人民出版社，2004，頁 2。

3　中國第一歷史檔案館、澳門基金會、暨南大學古籍研究所《明清時期澳門問題檔案文獻匯編》，第一冊，北京：人民出版社，1999，頁 44。

4　譚世寶，《馬交與支那諸名考》，香港：香港出版社，2015，頁 90-99。

廣東沿海圖　萬曆《粵大記》（1595）附圖

呈的公文，則已改稱「澳門」。[1] 因此將「澳門」作為地名的時間點，應該是在康熙中期的二十四年（1685）至四十二年（1703）的十八年間。

「澳門」名稱的由來，根據著於乾隆十六年（1751）的《澳門記略》記載，有兩種說法。第一種說法：「濠鏡澳之名著於明史，其曰澳門，則以澳南有四山離立，海水縱橫貫其中，成十字，曰十字門，故合稱澳門。」[2] 此說為濠鏡澳南面有四座山（實為島嶼），中間水道呈十字形，被稱為「十字門」，或「十字門水道」，而澳門半島原稱「濠鏡澳」，「濠鏡澳」和「十字門」的合稱，便為「澳門」。

1　中國第一歷史檔案館、澳門基金會、暨南大學古籍研究所，《明清時期澳門問題檔案文獻匯編》，第一冊，頁 44-45、67-68。
2　〔清〕印光任、張汝霖、祝淮等，《澳門記略》，上卷《形勢篇》，頁 31。

第二種說法：「澳有南臺、北臺，兩山相對如門云。」此說為「濠鏡澳」有南、北兩臺（山），關於「臺」的闡述也有兩種說法：其一曰，北臺為東望洋山（又稱松山）、南臺為西望洋山（又稱主教山）；而其二曰，北臺為望廈山（又稱蓮峰山）、南臺為媽閣山。[1]

除上述《澳門記略》的記載之外，還有第三種說法：「凡海中依山可避風、有淡水可汲曰澳，又其東有大十字門，西有小十字門，海舶由以出入，因呼曰澳門。」[2]

以上三種說法中，第一種說法與澳門歷史的演進過程比較吻合，原因是在明中葉早期，「濠鏡澳」和「十字門」原本屬於兩個相對獨立和功能不同的行政區劃：「濠鏡澳」是明廷作為集中、可控和有限度開放蕃市貿易的地方；而「十字門」則是供蕃商等候季風的臨時駐舶地。然而到了明末和清初，由於對外貿易活動逐步集中到濠鏡澳，濠鏡澳的水域逐漸呈現飽和狀態，蕃市貿易逐漸擴展至十字門水域。我們根據澳門早期的水文圖可以看到，勘察澳區水深的標註，由澳門內港逐漸延伸到內、外十字門，其中外十字門使用的海區範圍便是大潭山和九澳山之間的水域。由此，可以想見「濠鏡澳」和「十字門」在逐漸融為一體時，將其合稱為「澳門」是意料中事。因此可以說「澳門」的名稱在歷史演進過程中，是自然而然形成、並被官方和民間所普遍接納的。

談到這裏，可能會有讀者提出異議，並指出早在明代文獻中便已有「澳門」之說和記述。其一是明龐尚鵬之《撫處濠鏡澳夷疏》中提及：「廣州南有香山縣，地當瀕海，由雍麥至濠鏡澳，計一日之程，有山對峙如臺，曰南北臺，即澳門是也。」[3]其二是郭棐明萬曆《廣東通志》中首度提到濠鏡和當朝的情況：「澳門：夷船停泊皆擇海濱地之灣環者為澳，先年率無定居，若新寧則廣海、望峒，香山則浪白、濠鏡澳、十字門，東莞則虎頭門、屯門、雞棲。」[4]應該說明的是，從這兩段文字的上文下理，我們很容易看出，以上的「澳門」並非指當時所稱呼為「濠鏡澳」的澳門半島，而有另外的含義。這裏的「澳門」並非地名，而是指「番舶互市澳口及海門」之意。用現代話語來說，便是我們常講的「對外貿易口岸」

---

1 趙春晨，《澳門記略（校註）》，頁 21-22，註釋 2-4。

2 張甄陶，〈澳門圖說〉，見趙春晨，《澳門記略校註》，頁 248。

3 〔明〕龐尚鵬，〈撫處濠鏡澳夷疏〉，見《明清時期澳門問題檔案文獻匯編》第五冊，頁 280，第104 篇《百可亭摘稿》。

4 〔明〕郭棐，《廣東通志》，卷六九·外志三，《番夷》澳門條。

的意思，讀者通讀便可明白。

澳門名稱，除來源於地名的「濠鏡澳」和「十字門」之外，其實還有另一層含義，這便是「澳口」和「海門」。「澳口」是蕃舶互市之地的意思，而「海門」則是海港通衢之處。

葡文 Macao 的由來

除皮雷斯在 1515 年出版的《東方概要》外，我們在隨後的葡文文獻中甚少看到有與「濠鏡」對音的地名。相反，長期以來葡人則是將澳門稱為 Macao 或 Macau。究竟葡文中的 Macao 從何而來？這也是長期困擾澳門人而又爭議不休的問題。為此，澳門中文報刊上曾有不少熱議和探討，例如：「媽閣」說、「馬交」說、「馬蛟石」說、「馬角」說、「舶口」說、「媽口」說，還有不登大雅之堂的「乜屎」說等。儘管問題表面上看似簡單，但有如此之多的不同說法，而且時至今日也沒有一個令人信服和能獲得普遍共識的說法，由此可見問題並不簡單。

目前比較主流的說法是「媽閣」說，在包括官方的小冊子和導賞員的解說中，被引用最多的說法是：「16 世紀中葉，第一批葡萄牙人抵澳時，詢問當地的名稱，居民誤以為指廟宇，答稱『媽閣』。葡萄牙人以其音而譯成 Macao，這便成為澳門葡文名稱的由來。」[1] 這個說法，長期以來作為向外地遊客宣講的正式版本，同時也被許多導賞員當作標準答案。就連內地的「百度百科」也是這樣說明其名字的緣由：「相傳當年葡萄牙人來到澳門，在媽閣廟前登岸問路，當地人回答『媽閣』。葡萄牙人誤以為它是澳門的名字，『媽閣』，葡萄牙語記作 Macau。」[2]

對於 Macao 的名稱是否來自廟名，需要瞭解建廟情況。最早闡述澳門地方歷史的官方文獻《澳門記略》中，講述了此廟建於明朝萬曆年間：「相傳明萬曆時，閩賈巨舶被颶殆甚，俄見神女立於山側，一舟遂安，立廟祠天妃，名其地曰『娘媽角』，娘媽者閩語天妃也。於廟前石上鑴舟形及『利涉大川』四字，以昭神異。」[3] 而學者的考古發現，也證實了這一點：在現存媽祖閣廟內，被認為年代久遠的「神山第一」亭橫樑上，發現了「欽差總督廣東珠池市舶稅務兼管鹽法

1　澳門特別行政區政府旅遊局，《澳門旅遊指南》，2019，頁 6。

2　《百度百科》網站，詞條：媽港。

3　〔清〕印光任、張汝霖、祝淮等，《澳門記略》，頁 35-36。

建廟人石刻（澳門，1996）　譚世寶攝

建廟年份石刻（澳門，2004）　譚世寶攝　　**65**

太監李鳳建」「國朝祀典」和建廟於萬曆甲辰年季春月，以及完工於萬曆乙巳年等字樣的石刻鑴記，[1] 均說明該廟為官方所建，建廟時間為 1604 至 1605 年間。然而，葡人被允許在濠鏡澳定居的年份是嘉靖年間的 1557 年，而 1557 年到 1604年相距近半個世紀，葡人不可能在事隔半世紀後才詢問此地的地名。

從廟宇名稱來看，我們現在熟悉的「媽祖閣」（簡稱「媽閣」），在早期歷史上並不見有這個名稱。再從始於北宋雍熙四年的「天妃信仰」起源和發展來看，由北宋、南宋歷代皇帝封賜的是「靈惠夫人」「靈惠妃」等封號；元、明兩代，直至清初期間，封號均為「天妃」[2]；至清康熙二十年，方才出現「天后」的封號。[3]因此，明代的正式稱謂應為「天妃」或「娘媽」，俗稱「阿媽」；而「媽祖」和「天后」的稱謂，是清代後才出現的。始建於明代的澳門媽祖廟，其早期名稱應為「天妃廟」或「娘媽廟」。清乾隆十六年（1751）完稿的《澳門記略》的記載和附圖描繪也證實了這一點：當年的廟名確為「天妃廟」而非「媽祖閣」；蓮峰廟名為「娘媽新廟」。而「媽閣」之名何時出現，暫未見有任何歷史文獻可供佐證。但在清乾隆十六年（1751）之後才出現的可能性大，原因是清康熙之後周邊地區出現大量的天后宮和天后廟，極有可能是自澳門這座古老的天妃廟所分靈，因此澳門的天妃廟自然而然地成為眾多天后宮的「祖廟」，「媽祖閣」的名稱可能由此而來。故，Macao 源於「媽閣」廟名之說，便難以成立。

對於以上的其他各種說法，由於篇幅原因，筆者不準備在此逐一展開分析。但我們可以發現，這些說法都具有一個共同的特徵，就是在中文地名或口語中尋找與 Macao 語音相匹配的詞源，以此揣測葡文的原本含義，並加以論證。由此便產生諸多的可能性，也從而使問題更趨複雜化。如果我們只是探究中國古人，我們使用國學和國人的傳統思維方式，或許可以依此溯源，然而我們研究的對象是外國人，他們的文化和思維方式往往與我們相去甚遠，如用這種方式進行揣測，往往差之毫釐，謬以千里。比較正確的方法，便是根據事件的第一手史料進行解讀，以免誤入歧途。由於這是葡萄牙人所稱呼的名稱，我們需要從葡文的第一手資料和文獻中尋蹤溯源，而不太可能從中文史料或其他方式尋求解釋。

---

1 譚世寶，〈明清天妃（后）與媽祖信仰的名實演變及有關研究述評〉，見《文化雜誌》中文版，第 90 期，2014 年春季刊。
2 〔清〕徐葆光，《中山傳信錄》，六卷，康熙六十年，卷一《天妃靈應記，春秋祀典疏》。
3 〔清〕周煌，《琉球國志略》，十六卷，乾隆二十四年，漱潤堂藏版，卷七《祠廟》。

阿媽港的葡文音譯

最早抵達濠鏡澳的耶穌會士貝爾徹爾‧努內斯‧巴萊多神父與修士等六人，於 1555 年 11 月前往廣州營救被俘葡囚返回時途經濠鏡澳，他在濠鏡寫給果阿信中，首次提到本地的名稱為阿媽港 Amaquão[1]。此外，另外一位葡人費爾南‧門德斯‧平托從浪白澳在同一時間抵達濠鏡澳，並寫下另一封信稱：「我們今日離開浪白澳，到達前方六里格的一個港口『阿媽港』（Amaquau），在那裡我發現了貝爾徹爾神父，他從廣州抵達此地，用了二十五天。」[2] 兩者雖有一些拼讀上的差異，但讀音基本上相同，都是源於「阿媽港」或「阿媽澳」。對此，瑞典歷史學者龍思泰根據早期葡文史料，在其撰寫的《早期澳門史》一書中說明：Macao 的詞源來自「阿媽港」Amangao。

在同一時期，由於濠鏡所在的內港名稱叫「亞馬港」、「阿媽港」（粵語中兩者讀音相同），或在開放成為對外口岸的澳口後稱「阿媽澳」，因此葡人將之稱為 Amacão（阿媽港）或 Amangau（阿媽澳）。而 Macao 則是「媽港」的對音，葡人簡稱 Macao（媽港）、Macau（媽澳），並以此作為地名。這便是 Macao 的由來，以及中外文地名不對應的原因所在。

利瑪竇（Matteo Ricci）是在 1582 年來到中國的意大利耶穌會士，他是其中一位在媽祖廟「尚未」建廟之前便抵達濠鏡澳的會士，他曾在日記中記錄了澳門當時的情況。這本日記後來被金尼格（Nicolas Trigault）輯錄出版，書名為《基督教遠征中國史》（中文版本譯名為《利瑪竇中國札記》），在 1615 年出版的拉丁文原版上有如下描述：「半島的據點有一座偶像，名字叫阿媽（Ama），而這個海灣就叫阿媽港（Amacao）。」[3] 這裡只講述了有一個祭祀阿媽神的偶像，沒有提到廟宇建築，然而也說明了在《澳門記略》所記述、在萬曆年間建成的官廟之前，對阿媽神的祭祀活動已經存在。對於當時的祭祀場所是否可稱為廟宇我們不得而知，但利瑪竇的紀錄說明了這個祭祀場所是確實存在的。這個港灣因為這個祭祀點的存在，而被稱為「阿媽港」。

1　Beatriz Basto da Silva, *Cronologia da História de Macau, Vol. 1-séculos XVI a XVIII*, p. 50.

2　Manuel Teixeira, *Macau no Séc. XVI*, pp. 27-28.

3　Nicolas Trigault, *De Christiana expeditione apvd Sinas svscepta ab Societate Iesv ex P. Matthaei Riccij eiusdem societatis commentaires libri V ad S. D. N. Pavlvm V.: in quibus Sinensis regni mores, leges atque instituta & noua iléus ecclesiae difficillima primordiale accurate & summa fide describuntur, Augustae Vind., Apud Christoph. Mangium*, 1615, p. 141.

《澳門記略》娘媽角圖　木版畫
澳門基金會藏

　《阿媽港》　銅版畫　澳門博物館藏

一張 16 世紀由荷蘭人狄奧多・德・布里所繪製的澳門早期圖像《阿媽港》（Amacao）中，也很明確地說明了歐洲人在早期稱呼這個地方的名稱就是「阿媽港」。[1]

媽港、媽澳

從《十六世紀葡萄牙東方檔案》葡萄牙國王和葡印總督之間往來的公文書信中可發現，在 16 世紀下半葉的大部分時間裡（如：1585 年、1587 年、1589 年、1591 年、1592 年、1594 年、1595 年），他們對濠鏡澳的稱呼主要是簡化版的「媽港」Macáo，也有少量年份（如：1592 年、1594 年）使用「媽港」的異寫字 Macháo。[2] 此外我們從另外一份 1655 年由荷蘭首個赴華使團成員所撰寫的書稿中，也可以證實以上的說法：「這個地方沒有樹木，或類似阻擋海景的物體：在舊基礎上建成了這座城市，它具有一座偶像，稱為『阿媽』（Ama）；並由於具有一處安全的港灣停泊船隻，中國人稱之為『港』（Gao），將這兩個字合在一起，命名為『阿媽港』，並且為簡潔起見，他們稱『媽港』（Macao），或『媽澳』（Maccou）」。[3]

以上，我們盡可能引用早期的中、外文獻，目的在於還原當時的語境，以便清晰瞭解該名稱的由來。從中我們可以清楚看到歐洲人均稱呼濠鏡澳為「阿媽港」的原因。至此，我們可以明確 Macao 的來源，是源於「阿媽港」，而並非「媽閣」廟名或其他中文說法的音譯。

從這一點，我們可以看到華人大陸文化圈和葡人海洋文化圈關注點的不同之處：華人每到一處，所關注的多是陸地、地名；而葡萄牙人從海上來，所關注的則多是海洋、港名，並把港口名當成是城市名或地名。由此也說明了林林總總的「媽閣」說、「馬交」說、「馬蛟」說、「馬角」說、「媽口」說、「舶口」說、「乜尿」說等，均是華人以陸地思維模式進行的揣測。

1　〔荷〕狄奧多・德・布里（Theodore de Bry），《阿媽港》（Amacao）銅版畫（16 世紀），澳門博物館藏。

2　*Archivo Portuguez Oriental, Fasciculo 3.º As Cartas e Instrucções dos Reis de Portugal aos Vice-Reis e Governadores da India no Século XVI.* Nova Goa, Imprensa Nacional, 1861. p. 39, 75, 85, 180, 276, 277, 355, 357, 405, 423, 454, 482, 492, 523, 525.

3　Johannes Nieuhof, *An embassy from the East-India company of the United Provincesm to the Grand Tartar Cham, emperor of China, delivered by their excellcies Peter de Goyer and Jacob de Keyzer, at his imperial city of Peking,* London: John Macock, 1669, p. 31.

如果至此大家還對「阿媽港」的說法依然存疑的話，以下葡人對澳門地名稱謂的歷史演變過程，還將進一步佐證。

神名之港和神名之城

除「阿媽港」和「媽港」之外，葡人在 16 世紀的內部公文中開始稱呼這座城市為「神名之港」。19 世紀來到澳門的龍思泰稱：「*在 1583 年，葡萄牙人將此處稱為『神名之港』*（Porto de nome de Deus），*或『阿媽港之港口』*（Porto de Amacao），*而這些都是『媽港』*（Macao）*的詞源。*」[1]

在《澳門檔案》中，17 世紀的官方往來公文和信函中，也大多以「中國的神名之城」（Cidade do Nome de Deus da China）來稱呼本座城市。目前藏於倫敦軍械庫博物館、由澳門博卡魯鑄炮廠於 1627 年鑄造的銅炮「聖勞倫斯大炮」上面便鑄有 Da Cidade Do Nome De Deos Da China（中國的神名之城）的字樣。

所謂的「中國神名」，所指的便是「中國的阿媽神」，因此我們可以得知，「阿媽港」便是以中國阿媽神的名字所命名的城市。而「中國神名之城」的稱謂，進一步闡述和印證了該葡文地名是由「阿媽港」延伸而來的發展過程。

高尚和忠誠之城

濠鏡澳葡人在西班牙統治葡萄牙期間（1580-1640），擔心在菲律賓的西班牙人來濠鏡爭奪地盤，故向葡西總督報告，聲稱中國政府不允許除葡萄牙以外的歐洲民族進入濠鏡澳，因此，為免失去濠鏡澳這一在華基地，必需隱瞞葡西合併的消息。為此議事會仍照舊懸掛葡萄牙旗幟，而沒有懸掛西班牙旗幟。

因此在 17 世紀上葉葡國擺脫西班牙的統治光復之後，葡王若奧四世在 1654 年向濠鏡澳葡人議事會頒發「神名之城‧無比忠誠」（Cidade Do Nome de Deus, Não Há Outra Mais Leal）的匾額。[2] 此匾額至今仍懸掛在舊澳門市政廳大樓內。

由於濠鏡澳葡人議事會對葡萄牙王國的忠誠，因此在 17 世紀下半葉的公文中，也曾出現：1683 年的「高尚之城」（Nobre Cidade）[3]、1685 年的「高尚和忠

1　Anders Ljungstedt, *Um Esboço Histórico dos Estabelecimentos dos Portugueses e da Igreja Católica Romana e das Missões na China & Descrição da Cidade de Cantão*, Macau: Câmara Municipal de Macau Provisória, 1999, p. 31.

2　Beatriz Basto da Silva, *Cronologia da História de Macau, Vol. 1 – Séculos XVI a XVIII*, pp. 172-173.

3　*Arquivos de Macau*, Vol. 1, N.º 4, Setembro de 1929, p. 188.

聖勞倫斯大炮徽號拓本
澳門博物館藏

忠誠議會牌匾（澳門，2019）陳迎憲攝

誠之城」（Nobre e Leal Cidade）[1]、以及「高尚的媽港神名之城」（Nobre Cidade do Nome de Deos de Macao）[2] 等稱號。

媽港之城和媽港神名之城

在 18 世紀的 1721 年、1724 年、1783 年 [3] 的澳門檔案中出現了「媽港之城」（Cidade do Macao）的提法，還出現「媽港神名之城」（Cidade do Nome de Deos de Maccão）。[4] 18 世紀 40 年代開始，直至 19 世紀 30 年代，出現類似的稱謂：「中國媽港神名之城」（Cidade de Macáo do Nome de Deos na China），以及簡化版的「媽港之城」（Cidade de Macao）。

到 19 世紀 20 至 30 年代，公文上使用最多的還是「媽港神名之城」（Cidade do Nome de Deos de Macáo），只是媽港的拼法略有變異。

中國媽港神名聖城

1830 年的公文中出現了「中國媽港神名聖城」（Cidade do S.to Nome de Deos de Macáo na China）。[5]

龍思泰在其著作中稱：「在 1583 年，葡萄牙人將此處稱為『神名之港』（Porto de nome de Deus），或『阿媽港之港』（Porto de Amacao），而這些都是『媽港』(Macao) 的詞源。之後，他們也稱之為『媽港港口神名之城』（Cidade do nome de Deus do porto de Macau）。而現今（1836）則稱為『媽港神名聖城』（Cidade do santo nome de Deus de Macau）。」[6]

從澳門葡文名稱的演變來看，最初「神名之港」的原意，是針對「阿媽港」的詮釋。隨後，「神名之港」很自然成為「神名之城」。由於這座城市是以阿媽神命名的城市，即「中國阿媽神名之城」，並於 17 世紀被葡萄牙王室授予「高貴和忠誠之城」。在 17 及 18 世紀較長的一段時間，使用「中國媽港神名之城」的稱謂。到 19 世紀初，再出現「中國媽港神名聖城」的稱謂。

1 *Arquivos de Macau*, Vol. 1, N.º 4, Setembro de 1929. p. 189.

2 *Arquivos de Macau*, Vol. 1, N.º 4, Setembro de 1929. p. 203.

3 *Arquivos de Macau*, Vol. 2, N.º 2, Fevereiro de 1930, pp. 61, 99.

4 *Arquivos de Macau*, 3ª. Série, Vol. 12, N.º 6-Dezembro de 1969, p. 332.

5 *Arquivos de Macau*, 3ª. Série, Vol. 5, N.º 1-Janeiro de 1966, p. 31

6 Anders Ljungstedt, *Um Esboço Histórico dos Estabelecimentos dos Portugueses e da Igreja Católica Romana e das Missões na China & Descrição da Cidade de Cantão*, p. 31.

由於葡文 Deus 字義上是神的意思，既可說是中國神，也可稱呼上帝、天主。因此後來也被解讀成為「天主之名之城」，從而中譯為「天主聖名之城」。當中的一個重要的變化，便是將原本「中國媽祖神名」的概念，置換成「天主之名」。

外文中譯名稱存在的問題

進行澳門史料的研究，如果不閱讀原文，而單憑中譯本來解讀內容，並加以引用或論證的話，由於中外文在詞義、語法結構、表述習慣等方面存在差異，並不可能完全對應，所以往往會得出許多意外偏差的結果。

很多時候，外文文獻的中譯本會將不同時期的 Amacao、Macao、Cidade do Nome de Deus na China 等名稱一律翻譯為「澳門」；同樣地，許多譯自中文文獻的西譯名稱，如「濠鏡」「濠鏡澳」「澳門」等，也全部譯為 Macao，此舉容易令讀者誤認為 Macau 等於澳門，實際上它們並非同時代的產物。澳門在不同的歷史時期，有著不同的歷史名稱，因此在閱讀澳門史料的時候，我們需要留意當中的區別，瞭解歷史演變的過程和原因。

因此，在本書中，作者會按照文中的歷史時期，在譯文中使用當朝的稱謂，如「濠鏡」「濠鏡澳」；在引用外文文獻資料時，會使用文獻所述的名稱，如「阿媽港」（Amacao）、「媽港」（Macao）、「媽澳」（Macau）；而以現代觀點闡述時，則使用「澳門」。此舉目的只是方便讀者具有明確的時代感及瞭解文獻的原意，須知這些不同的地名都是在表達澳門這個地方，只是所描述的地點、範圍、時間和語境有所不同而已。

第二部分

明中葉澳門的海洋活動（15-16 世紀）

第七章　澳門遠洋航線的起源（1445-1535）

　　明太祖朱元璋 1368 年在南京建立明朝政權後，先在江蘇太倉黃渡設立了主管對外貿易的市舶司，但由於太倉太接近京師的緣故，在不久的洪武三年二月（1370 年 2 月 26 日至 3 月 27 日）便取消了這一設置，改於浙江寧波、福建泉州、廣東廣州設立三個市舶司：「寧波通日本、泉州通琉球、廣州通占城、暹羅、西洋諸國。琉球、占城諸國皆恭順，任其時至入貢。惟日本叛服不常，故獨限其期為十年，人數為二百，舟為二艘，以金葉勘合表文為驗，以防詐偽侵軼。後市舶司暫罷，輒復嚴禁瀕海居民及守備將卒私通海外諸國。」[1]明代初期實施的是官方「朝貢」勘合對外貿易體制，同時又實施禁止國人參與海外貿易的「海禁」政策。

　　以「天朝」自居的中原王朝，冊封海外向天朝稱臣的藩屬國，每隔三年或若干年，藩屬國帶備各地方物土產貢品入貢，然後由中原朝廷以加倍「賞賜」的方式進行貿易，這便是歷代皇朝對海外各國所施行的「朝貢貿易」體制。通常這種賞賜的價值，遠比朝貢貢品為高，被認為是「厚往薄來」或「懷柔遠人」的方式，以此善待和籠絡遠方各國之人，使之誠心歸附。此外，海外諸國入貢，許附載方

物與中國貿易，形成除官方貿易外，與地方和民間的貿易。在 14 世紀末的洪武朝，通過海路入貢的國家主要有：琉球（中山、山南）、爪哇、暹羅、占城、真臘等國。[1]

15 世紀初是中國的大航海時代，代表性的事件是永樂三年（1405）明成祖朱棣派遣三寶太監鄭和南下西洋（南海及印度洋），至宣德八年（1433）完成七次海上遠征。此歷時二十九年的遠征，亦進一步擴大了向明廷朝貢的國家數目，使之達到空前的地步。從永樂到宣德朝，入貢的國家大量增加，計有：琉球（中山、山北、山南）、暹羅、占城、爪哇西、日本、剌泥、安南、真臘、蘇門答臘、滿剌加、古里、浡泥、爪哇東、婆羅、阿魯、小葛蘭、柯枝、榜葛剌、呂宋、彭亨、急蘭丹、南巫里、泥八剌國沙、甘巴里、忽魯謨斯、麻林、錫蘭山、溜山、阿丹、蘇祿、祖法爾、剌撒、不剌哇、木骨都束、加異勒等國。[2]

15 世紀中葉，在明英宗統治的正統朝至天順朝（1436-1464）的二十九年間，中間出現一個由代宗統治七年的景泰朝，緣於正統十四年，英宗御駕親征瓦剌失利，在土木堡被俘，其弟祁鈺被擁立為代宗，之後英宗雖獲釋回京，但卻被代宗軟禁。後英宗成功復辟，重新執政，改年號為天順。而「土木堡之變」則成為明代由初期進入中期、明代盛世結束的轉捩點。在這段時期，通過海路前來朝貢的國家已大幅減少，主要有：琉球、占城、暹羅、錫蘭山、安南、滿剌加、蘇門答臘、爪哇、真臘、榜葛剌、日本等國。[3]

到明代中期的成化朝（1465-1487）和弘治朝（1488-1505），來華朝貢的國家仍有：琉球、爪哇、安南、占城、滿剌加、暹羅、日本、蘇門答臘等國。[4]

16 世紀初的明正德年間（1506-1521），前往中國朝貢的國家有：安南、琉球、滿剌加、暹羅、日本、占城、天方等國。[5]自正德年始，明朝開始進入多事之秋：在廣東山區，傜、侗、黎等少數民族陸續動盪不安，明軍在陸地上忙於鎮壓「山賊」；在海洋上，本國的水上「海賊」以及來自日本等外國「倭寇」不斷侵擾。而以葡萄牙為首的歐洲海洋民族，也在正德十二年五月（1517 年 6 月 15 日）抵

1　〔清〕萬斯同、張廷玉等，《明史》，卷三．本紀第三，《太祖》三。

2　〔清〕萬斯同、張廷玉等，《明史》，卷七．本紀第七，《成祖》三，卷八．本紀第八，《仁宗》。

3　《大明英宗睿皇帝實錄》，卷三六○。

4　〔清〕萬斯同、張廷玉等，《明史》，卷十四．本紀第十四，《憲宗》二，卷十五．本紀第十五，《孝宗》。

5　《大明武宗毅皇帝實錄》，卷二至卷一九七。

達廣州要求入貢。據《明史》載：明初時期「海外諸國入貢，許附載方物與中國貿易。因設市舶司，置提舉官以領之，所以通夷情，抑奸商，俾法禁有所施，因以消其釁隙也。」到武宗時期，「提舉市舶太監畢真言：『舊制，泛海諸船，皆市舶司專理，近領於鎮巡及三司官，乞如舊便。』禮部議：市舶職司進貢方物，其泛海客商及風泊番船，非敕旨所載，例不當預。中旨令如熊宣舊例行。宣先任市舶太監也，嘗以不預滿剌加諸國番舶抽分，奏請兼理，為禮部所劾而罷。劉瑾私真，謬以為例云。」[1] 說明除了官方朝貢貿易之外，也有大量非朝貢的泛海客商到來，由市舶司及鎮巡三司官分別管理。此外，還有閩粵等地私商，喬裝成番商混入其間，從事民間走私活動。海禁造成大量漁民和水上人失去海洋生計，由中外人士組成的「倭寇」海盜等在廣東、福建、浙江沿海地區活動。由此構成了這個海洋時期的時代背景。

嘉靖元年（1522），給事中[2]夏言上疏稱：倭禍起於市舶，並由此禁止市舶。廣東禁止市舶之後，蕃舶絕跡，蕃商轉往福建、浙江貿易，廣東經濟蕭條。嘉靖八年十月己巳（1529年11月7日），巡撫林富建議開放廣東市舶：「安南、滿剌加自昔內屬，例得通市，載在《祖訓》《會典》。佛朗機正德中始入，而亞三等以不法誅，故驅絕之，豈得以此盡絕番舶？且廣東設市舶司，而漳州無之，是廣東不當阻而阻，漳州當禁而不禁也。請令廣東番舶例許通市者，毋得禁絕，漳州則驅之，毋得停舶。」此建議獲得批准。[3]

到1535年之前的明嘉靖朝，經海路來華朝貢的國家包括：琉球、天方、暹羅、魯迷、安南、滿剌加、日本等國。[4]

從以上明代前、中期的時代背景，通過來華進行官方朝貢貿易國家的增減，我們可看到南海海上貿易活動的大致情況，以及明代國力的升降與東南亞地區國家來往的變遷。

然而，蠔鏡的遠洋航線究竟何時開始？在蠔鏡開埠之前，究竟有哪些國家的商人曾經到達蠔鏡？蠔鏡又是如何由漁村演變成為聞名遐邇的港口？讓我們尋找一些當年的歷史文獻。

1　〔清〕萬斯同、張廷玉等，《明史》，卷八一‧志第五七，《食貨》五。

2　給事中為附加官職，其言可直達宮廷。明廷之吏、戶、禮、兵、刑、工六科各設給事中一人。見〔清〕黃本驥《歷代職官表》，上海：上海古籍出版社，2005，頁146-148。

3　《大明世宗肅皇帝實錄》，卷一零六，嘉靖八年十月己巳條。

4　《大明世宗肅皇帝實錄》，卷一至卷一八二。

琉球人與蠔鏡

在早期葡萄牙的亞洲史料中，有一份是葡萄牙人托梅·皮雷斯於 1515 年在印度發表、講述其在 1513 年 3 月至 7 月前往「香料群島」考察經歷的《東方概要》，這是瞭解明代東亞地區早期歷史的一份代表性文獻。當中曾提及他從琉球航海家那裡所瞭解到的一則訊息：「除廣州港外，還有一個地方叫 Oquem 的港口，其陸程三天，海程一晝夜。這是琉球人和其他國家人使用的港口。此外，還有多處港口，需要長時間的敘述，故不贅言。本文所關注的是廣州，因為它是開啟中華帝國的鑰匙」。[1] 此處發音和蠔鏡相類似的 Oquem，是否指蠔鏡呢？

然而《東方概要》的英譯版中，Oquem 卻被譯成「福建」。譯者對此作了如下註釋：「Oquem 的對音應為 Foquem，或 Fukien（福建），穆勒教授（Prof. Moule）告訴我，在本土發音中，Fu 的發音為 Hok，而 h 字通常不發聲，正如『海南』（Hainan）的 h 一樣不發聲。意大利旅行家弗蘭西斯古·嘉樂蒂（Francesco Carletti）在 1603 年帶回一張中國地圖，當中『福建』被翻譯成 Ochiam。」[2] 也曾有學者認為此處所指的 Oquem 是蠔鏡的對音，但從史料的時間上看，蠔鏡作為外國商船的灣舶之地，會早於嘉靖八年（1529）林富上疏開禁的正德十年（1515 年）嗎？蠔鏡之名，如何傳到尚未來過中國的葡萄牙人耳中？同時根據明廷的規定，琉球人入貢的口岸是在福建而不在廣東，因此，此處的 Oquem 在學術界長期以來被認定為是「福建」（閩南語 Hokkian）的對音。從而否定了該港在廣東，以及 Oquem 是蠔鏡的可能性。

以上學者的說法是否可以成為定論？我們不妨重新對 1515 年皮雷斯筆下 Oquem 的條件作一番審視。皮雷斯在此提供了三條線索：港名、與廣州的距離、琉球等國家所使用的港口。

1）從港名來看，Oquem 的發音雖和閩南語的「福建」相近，然而也更接近廣府話的「蠔鏡」。而且重要的是，皮雷斯所指的 Oquem 是港口的名稱，而「福建」並非港口名，而是地方名。

2）從廣州出發的距離（三天陸程和一晝夜海程）來看，以當年的航海技術和條件，絕無可能是福建的任何一個港口，而相反，蠔鏡則完全符合當年陸路和

1　Armando Cortesão, *The Suma Oriental of Tomé Pires (1512-1515)*, p. 127.

2　Armando Cortesão, *The Suma Oriental of Tomé Pires (1512-1515)*, p. 127.

海路交通的實際情況。

3）皮雷斯提供的第三條線索是：琉球人和其他國家人使用的港口。許多學者均認為只有福建才是琉球人所使用的朝貢口岸，故琉球人沒有任何理由、也不可能使用蠔鏡或廣東任何口岸從事朝貢和貿易活動。況且，早在 1512 年或之前，澳門曾經是琉球和其他國家使用過或使用中的港口嗎？澳門本土和其他歷史文獻記載中，從未見過這麼早的相關紀錄。就此問題，我們需要瞭解：琉球人曾否到過蠔鏡。

琉球人曾否到過蠔鏡？

從歷史資料中，我們瞭解到琉球人在明洪武皇帝的協助下，自 14 世紀末到 17 世紀初，發展為東亞海域的主要航海國家，而且往返中國相當頻繁。然而，他們是否曾經到過濠鏡？這似乎是個概率很小的事件。因為根據史料的記載，琉球人和明朝通貢的口岸在福建的泉州或福州，理論上並不會停靠廣東。

難能可貴地找到一則中文文獻，明代著名學者黃佐在《廣東通志》中曾記述了一則琉球人於明朝初葉正統十年（1445）到達廣東的紀錄：「正統十年，按察副使章格巡視海道時，流求使臣蔡璇等率數人以方物買賣鄰國，風漂至香山港，守備當以海寇，欲戮之以為功。格不可，為之辯，奏還其貨而遣之，番夷頌德。」[1] 相關紀錄能載入《廣東通志》，說明了此事在當年是一重大中琉外交事件，有可能在其他文獻，特別是琉球文獻中能證實相關事例。根據這一線索，果然在琉球文獻《中山世譜》中找到了相對應的紀錄：「明、正統十年乙丑，……本年，本國商舶漂至廣東香山港。巡戍欲盡戮冒功。海道副使章格不可。乃為辨奏，悉還其貨。」[2] 該紀錄和《廣東通志》所載基本一致，說明琉球船因風暴而漂到廣東香山港，在巡邏戍守軍士準備殺死這批被當作海寇的琉球商人之際，被海道副使章格所阻止，在查明真相並上奏朝廷之後，琉球商人獲發還船貨，並獲遣返，琉球商人死裏逃生，感恩戴德。此外，在另一份琉球文獻《沖繩志》中，也找到了相關的記述：文安「二年，世子尚思達繼位，立懷機為宰相，馬權度為法司。是歲琉球之商船漂至明朝廣東省香山港，委託守邊的軍士欲戮之，但得獲

---

1 〔明〕黃佐，《廣東通志》，七〇卷，嘉靖三十九年，京都大學數字圖書館藏本，卷六六·外志三，《蕃夷》。

2 〔琉球〕蔡鐸、蔡溫、鄭秉哲，《中山世譜》，十三卷、七附卷，康熙三十六年，卷五，《尚思達王》。

首里皇宮正殿，已毀於 2019 年 10 月 31 日凌晨大火（沖繩，2016） 陳迎憲攝

免。」[1] 該事件分別記載在中琉兩國的地方志上，由此得到琉球人曾經到過廣東的答案。然而問題的關鍵是，如何考證這個「香山港」是不是蠔鏡呢？

對於文中所述的漂泊地點，有學者認為當年的香山澳並非蠔鏡，而是浪白澳，因此這裡所述的「香山港」應指浪白澳。的確在 16 世紀早期對外開放、被稱為「香山澳」的是浪白而非蠔鏡。然而，由於《廣東通志》的作者黃佐本身是香山人，對香山的情況甚為熟悉，如果要稱呼浪白澳，很自然會以香山澳相稱。很明顯，作者為了避免讀者誤認為是香山澳的浪白，而在當時蠔鏡還未成為貿易口岸、尚未為人們所廣泛熟知的情況下，才會將其稱之為「香山港」以示區別。若果這個推斷正確，黃佐所稱的香山港指的便是蠔鏡，那麼琉球使者在其後繼續沿用此地作為往來東南亞的中繼站，便是順理成章的事了。

與皮雷斯同一時期的另一條葡文文獻稱：在一封葡印總督致葡國國王的信件

---

1 〔琉球〕伊地知貞馨，《沖繩志》，又名《琉球志》，文安二年，卷三・事蹟志上，《史傳部》，頁 41。

那霸天妃宮跡（沖繩，2017） 陳迎憲攝

中曾提及，葡萄牙地圖測繪家弗蘭西斯科・羅德禮格斯，將一幅含有好望角、葡萄牙、巴西、紅海、波斯灣和丁香群島的爪哇人地圖之複製件送給葡王。圖上有中國人和 Cores 人領航的恆向線和進入腹地的直航航線，以及描述各王國的邊界。[1] 這裏的 Cores 人，在過往文獻中曾被中譯成為「高麗人」，然而高麗人是否曾在 15 世紀遠航到南洋群島卻不得而知，也不曾見有其他相關的記載。

被稱為 Gores 的究竟是何許人也？皮雷斯在《東方概要》中稱：「琉球人（Lequios）被稱為 Guores 人。這兩個名字都為人所知，但他們主要使用琉球這個名字。」[2] 對於 Guores 被中譯成為高麗人，近年有福建學者連晨曦、謝必震考證琉球專事航海的 Cores 人，並非高麗人，而是明代洪武朝廷派出的精通各種技藝、移居琉球的三十六姓閩人，其中主要是由被稱為「蜑家」的水上人所組成，藉以幫助琉球王國改善航海技術。福州人稱蜑家人為「曲蹄」（音 Guores），這

1　Armando Cortesão, *The Suma Oriental of Tomé Pires (1512-1515)*, p. lxxviii.

2　Armando Cortesão, *The Suma Oriental of Tomé Pires (1512-1515)*, p. 128.

便是 Guores 一詞的來源。[1]

如此一來，問題便變得豁然開朗：明政府之所以破例允許琉球人繼續使用蠔鏡港，很大程度是因為琉球是大明的恭順藩屬國，而三十六姓閩人在血緣上是同胞。因此允許其使用蠔鏡作為前往東南亞的中途補給站，而禁止其他非藩屬國在此地貿易便屬理所當然之舉。我們再從中文檔案中查證一下當朝的情況：明英宗統治的正統年號共有十四年，在《明實錄》中的記載，琉球有十三年入貢，除正統八年外，每年皆有進貢，某些年份還有三至四筆的紀錄。由此看來，蠔鏡作為琉球人使用的港口便有很大的可能性。閩人長期活躍於海上，非常熟悉前往東南亞的航道，而蠔鏡則是優良的避風和補給港，由於當年蠔鏡尚非貿易口岸，琉球使者只是將蠔鏡作為前往東南亞地區採辦貢品的中途補給站和避風港，而非向中國進貢之地。同時，由於閩人、尤其水上的蜑家人篤奉媽祖信仰的傳統，琉球人在前往東南亞途中，前往當年媽祖曾經兩度顯靈，使琉球使者不但歷經風暴尚能死裡逃生，更在面臨大明水軍的殺戮之險時仍獲全身而退的地方進行祭祀還神。因為這一切在篤信媽祖海神的琉球人眼中，無一不是媽祖神靈庇佑的結果。因此，蠔鏡得以較廣東其他地方更早傳入福建媽祖信俗的原因便不難理解了。

綜觀以上各點，蠔鏡無疑符合皮雷斯所述的全部條件。除了蠔鏡之外，在周邊地區似乎也找不到一個能夠全部符合皮雷斯條件的地方。

然而，儘管以上的推斷或能符合常理和歷史真實，但始終欠缺「臨門一腳」——一個可令人信服的有力證據，可以讓我們作出琉球人確實到過、或曾經使用過蠔鏡港的結論。

究竟琉球人有無到過蠔鏡？蠔鏡又是否是皮雷斯所講述的「琉球人所使用的港口」？兩位曾任「澳門海防軍民同知」的清代駐澳官員印光任、張汝霖，在其著作《澳門記略》下卷〈澳蕃篇·諸蕃附〉中給出了圓滿答案：「記蕃於澳，略有數端：明初互市廣州，正德時移於電白縣，嘉靖中又移濠鏡者，則有若暹羅、占城、爪哇、琉球、浡泥諸國；其後築室而居者，為佛郎機。」[2] 在蠔鏡朝貢貿易的歷史時期，琉球明確列入諸蕃名錄當中，其中除說明了琉球人曾經來到過蠔鏡外，也說明了在朝貢貿易時期，曾經在蠔鏡進行互市貿易的其他國家名稱，亦

1　皮雷斯在《東方概要》中稱來自琉球的 Cores 人，有中譯本稱為高麗人，而福建學者考證，Cores 為福州話「曲蹄」的蜑家人，即移居琉球的三十六姓閩人。見連晨曦、謝必震，《葡人遊記中 Cores 是何許人？》一文。

2　趙春晨，《澳門記略校註》，頁 113。

證實了皮雷斯在《東方概要》中所講的 Oquem 確實就是「蠔鏡」，由此也佐證了琉球人和各東南亞諸國商人先於佛郎機葡人到達蠔鏡，並使用蠔鏡港的歷史事實。

以上史料證明了琉球人確實曾經使用過蠔鏡港，不僅在明朝正統年間，直到嘉靖中仍然長期以蠔鏡作為補給港。澳門海上絲綢之路航線的起始，更可因此上溯至 1445 年。以此年份至濠鏡開埠的 1535 年計，共有九十年之久；若以此年份至葡人居澳的 1557 年止計，澳門作為朝貢貿易時期海上絲路航線上起始的時間更長達一百一十二年之久矣。

琉球人何時來過濠鏡？

萬曆版《廣東通志》記載了遣還琉球使臣的一則紀錄：成化八年「秋九月，釋琉球使臣遣歸國。按察副使章格巡視海道時，琉球使臣蔡璇等，率數十人以方物買鄰國，被風漂至廣之香山港。守臣當以海寇欲戮之為功，格為辯，奏還其資而遣之。公論是之，後累遷至大理寺，卿人謂格，陰德所致」。[1] 此條文獻的人物和內容與嘉靖版中內容吻合，說明事發於正統十年（1445）的琉球使臣一事，一直拖到成化八年（1472）方獲遣返，期間經歷了英宗、代宗、憲宗三朝皇帝，前後竟長達二十七年之久！

原因是在此期間明廷發生了一起重大事件，便是明正統十四年（1449）的「土木堡之變」。明英宗因御駕親征瓦喇被俘，為此明代宗於 1450 年代位，改元景泰。而明朝也經此一役，國勢由盛轉衰。雖然英宗獲釋，但被代宗所軟禁。英宗於 1457 年成功復辟皇位，改元天順，但他在八年後的 1464 年駕崩。繼位的憲宗於 1465 年改元成化。

在琉球方面，1445 年在位的是第一尚氏王朝的尚思達（1445-1449），然而在 1470 年，尚圓（1470-1476）成功推翻第一尚氏王朝，並建立了第二尚氏王朝。成化七年（1471），尚圓派遣蔡璟等前往中國請封。[2] 翌年，被囚禁的琉球使臣獲釋，這只是時間上的巧合，抑或與上述兩國事變有內在關聯？若說是第二尚氏王朝獲得明廷的冊封，改善了當時的中琉外交關係，從而導致蔡璇等人的獲釋，似亦可通。

1 〔明〕郭棐，《廣東通志》，七二卷，萬曆三十年木刻本，卷六・藩省志六，《事紀》五。
2 〔日〕高良倉吉，《琉球の時代：偉大歷史的圖像》，頁 94-99。

　　根據以上文獻資料的線索，我們嘗試重組當年的情況：1445 年，一艘琉球船隻在前往東南亞的途中，在珠江口海域遭逢風暴，船隻漂到蠔鏡海面，船員們大難不死，並僥倖在在一處岬角登岸，但被在蠔鏡的守軍所輯獲。守軍在準備將他們處死以邀功之際，他們得到正在巡視周邊海域的海道副使章格的關注。在詢問之下，發現他們是來自琉球的使者，因為前往東南亞購買翌年前往中國朝貢的貢品而遭遇風難漂至此地。由於琉球是大明皇朝的藩屬國，因此獲發還所扣留的船隻和錢財貨物，並遣送他們返回琉球，因而獲得琉球使者的稱頌和感恩戴德。然而，自 1445 年琉球人首次到達蠔鏡之後，有哪些年份也曾經到達過蠔鏡呢？故此，我們如果知道琉球人曾經在哪些年份曾經前往東南亞採買貢品，便可知悉他們來到蠔鏡的時間。

　　在蠔鏡開埠（1535）前，根據中文史料《明實錄》中琉球朝貢的記載，琉球人到達蠔鏡的正統（1436-1449）年間，是琉球人到大明朝貢最為頻密的時期。在明英宗統治的正統朝十四年間，琉球人除了正統八年（1443）未有朝貢外，每年均向明政府朝貢，而且朝貢次數多達二十二次之多。在隨後由明代宗統治的景泰朝（1450-1456）七年中，每年均有朝貢，而朝貢的次數更高達十四次之多，平均每年兩次。在明英宗恢復統治的天順朝（1457-1464）八年間，琉球人也僅僅天順八年（1464）沒有朝貢，而其他年份朝貢總數為九次。在成化朝（1465-1487）的二十三年間，根據《明史》的記載，琉球共有十八年入貢。[1] 在弘治朝（1488-1505）的十八年中，據《明史》記載，琉球共有十一年入貢。[2] 在正德朝（1506-1521）的十六年中，據《明實錄》記載，琉球共有九年、十次入貢。[3] 在嘉靖朝（1522-1566）的四十五年中，據《明實錄》記載，琉球共有二十五年入貢。[4]

　　可以想見，至少在 1472 年之後，在上述入貢年份之前，琉球人都會因交易及購置貢品前往東南亞，其往返途中，都很有可能前往蠔鏡的阿媽港進行補給，使蠔鏡成為葡萄牙人口中的「琉球人使用的港口」。同時根據他們所信奉的媽祖信仰，我們可以得出合乎邏輯的推論：他們會在每次經過這片海域時，特別停靠在他們當年遇難獲救的地方，對天妃娘娘進行祭祀，將這個地方命名為「娘媽角」，並將這個港口稱之為「阿媽港」。「阿媽港」並非官方的正式地名，但琉球

1　〔清〕萬斯同、張廷玉等，《明史》，卷十三．本紀第十三，《憲宗》。
2　〔清〕萬斯同、張廷玉等，《明史》，卷十五．本紀第十五，《孝宗》。
3　《大明武宗毅皇帝實錄》，共一九七卷。
4　《大明世宗肅皇帝實錄》，共五六六卷。

和水上人的廣泛口耳相傳，使之名聞遐邇，這便是葡人為何一踏足濠鏡澳，便將這個港口稱之為「阿媽港」的真正原因。

澳門媽祖信俗源流

琉球人在 1445 年的意外到來，除了使澳門有了第一條外國航線之外，也使澳門意外地收穫了另一項海洋遺產——媽祖信俗。

在前一章講述澳門名稱時，曾提到「娘媽」「阿媽神」，本章提到的「天妃」「媽祖」，以及隨後清代出現的「天后」等，所祭祀的都是源於北宋時期的一位女性航海保護神——林默娘。與中國人早期崇拜的海神，與「四海神君」「四海龍王」有所不同的是：前者是護航神，後者是司海之神。因此自宋代之後，更多水上人崇拜的是後來被稱為天妃和媽祖的娘媽神。

目前可見最早記錄媽祖事跡的是南宋進士廖鵬飛於 1150 年撰寫的《聖墩祖廟重建順濟廟記》：「不知始於何代，獨為女神人壯者尤靈，世傳通天神女也。姓林氏，湄洲嶼人。初，以巫祝為事，能預知人禍福。既歿，眾為立廟於本嶼。」無論水旱、癘疫、遭遇海寇，只要誠心禱告，便獲回應。「雖怒濤洶湧，舟亦無恙，海舟獲庇無數，土人相率祀之。」經過若干朝代，娘媽神跡越傳越多，甚至也驚動了官府：「宋徽宗宣和五年，給事中路允迪使高麗，八舟溺其七；獨允迪舟見神朱衣坐桅上，遂安。歸聞於朝，賜廟額曰『順濟』。」此後，高宗始封「靈惠夫人」等封號；光宗起封「靈惠妃」，僅宋代幾十四封。元代始封「天妃」，幾五加封。「明代封聖妃一，改封天妃一，改封元君二，凡四封。」[1] 故媽祖擁有的諸多名稱，皆因不同時代朝廷的封賜所致。

而媽祖信俗在一千年間，通過水上人由福建傳播至我國東南沿海地區，並東傳至台灣、琉球、日本，以及中南半島和南洋群島各地。以至於當葡萄牙人首次到達小異他群島最東端的帝汶島時，意外地發現阿媽神早就先於他們到達，並主導了當地人的日常生活。

而澳門的媽祖信仰究竟從何時開始？媽祖閣究竟何時建成？官史《澳門記略》中只講述了「相傳明萬曆時，閩賈巨舶被颶殆甚，俄見神女立於山側，一舟遂安。立廟祠天妃，名其地曰『娘媽角』，娘媽者閩語天妃也，於廟前石上鐫舟

---

1 〔清〕徐葆光，《中山傳信錄》，卷一，《天妃靈應記》。

形及『利涉大川』四字，以昭神異。」[1] 根據以上的史料，我們可以知道這裏講述的是媽祖閣建成「神山第一」殿，被正式立為官廟的 1605 年。

然而民間長期以來堅信「弘仁閣」才是最早的媽閣廟，其中一個根據源於汪兆鏞《澳門雜詩》中的按語：「媽閣廟楹額刻『弘仁閣』三字，上款弘光元年（辛亥冬，余初到尚見，今已毀。）」[2] 然弘光乃南明皇帝朱由崧的年號，而弘光元年乃 1645 年，時間在大明王朝滅亡後，不符合民間對廟宇在葡人抵達之前便已存在的認定，故認為弘光元年是弘治元年（1488 年）的誤寫，並將之作為媽祖閣的建廟年份。而目前所見弘仁殿上的楹額所註的年份確實為道光八年（1828年），弘仁殿曾於這一年進行大修，而成為目前我們所見到的模樣，而汪兆鏞在辛亥年（1911）所看到的應該也是道光八年重修後的弘仁殿。是否當年汪兆鏞在字跡斑駁的情況下，將「道光八年」誤錄為「弘光元年」？而「弘仁殿」的前身又是否稱為「弘仁閣」？這一點仍有待我們繼續查證。

另一位稱媽祖閣建於 1488 年的是李鵬翥先生。他在《澳門古今》一書中稱：「一般人稱澳門開埠四百多年，這是指從漁村逐步轉變為城市的過程。但媽閣廟至今已逾五百年。有史可考的紀錄是建於我國明朝弘治元年（1488 年），但在此前已經存在，因此是澳門三大禪院的最古者」[3] 李鵬翥先生稱該建廟年份是弘治元年，是有史可考的紀錄，但遺憾的是他沒有為我們留下其所見到的相關紀錄的出處。

雖然目前我們暫時沒有更多證據證明澳門媽祖廟是否確實建於 1488 年，然而就上述本人所引證的琉球史料來看，焦點無疑更多指向「1488 說」的方向：在《澳門記略》所敘述的閩商在萬曆年所建的官廟之外，也證實了利瑪竇當年所親見並記錄的祭祀場所（或稱廟宇）確實存在；而娘媽信仰極可能由 1445 年因風漂入蠔鏡，並於 1472 年獲釋的琉球人（或琉球的三十六姓閩人）傳入蠔鏡。1472 年與 1488 年相距十六年，時間上是接近的。返回的琉球使臣為酬謝阿媽神的搭救，計劃在獲救的娘媽角設立一座祭祀娘媽神的廟宇，這需要多年時間籌措資金物料，雖然我們尚未能確定 1488 年份的準確程度，但從時間上看是接近且合乎邏輯和情理的。

---

1 〔清〕印光任、張汝霖，《澳門記略》，頁 35-36。
2 汪兆鏞原著、葉晉斌圖釋，《澳門雜詩圖釋》，澳門：澳門基金會，2004，頁 14。
3 李鵬翥，《澳門古今》，澳門：三聯出版（澳門）有限公司，2015，頁 21。

媽祖閣五百年紀念碑（澳門，2016）　陳迎憲攝

王文達先生在其著作《澳門掌故》中曾錄一段位於澳門媽祖閣溫陵泉敬堂碑誌，該碑由翰林黃光周於同治年間所撰，其中一段提到媽祖在澳門的神跡。由於此碑並未開放，故抄錄經譚世寶先生訂正的碑文如下：「試觀滴油成菜，資民食以無窮；化木為杉，拯商舟於不測；演法投繩，晏公歸部。書符焚髮，高里輸誠。而又澄神尅金水之精，力降二將；奉詔止雨霪之禍，手鎖雙龍。淨滌魔心，二嘉伏罪。翦除怪族，三寶酬金。觸念通神，爐火隨潮而暴湧。示形顯聖，湖堤拒水而立成。以及琉球穩渡，護冊使於重洋；甜硈無虞，祐王臣以一夢。陰兵樹幟，匪船翻浪而衝礁。神將麾旂，賊眾望風而敗仗。米舟赴急，救興泉二郡之奇荒；天樂浮空，出鄭和一身於至險。凡諸有感皆通，無求不應；罔非轉禍為福，化險為夷」。[1]當中「以及琉球穩度，護冊使於重洋」之句，是否印證了琉球使臣在蠔鏡曾受到媽祖神庇佑一事，仍有待我們繼續探究。

其他國家的貿易島：北大年

前節我們考證了葡萄牙人托梅・皮雷斯於1515年在印度發表的《東方概要》提及的琉球人的港口，證實了蠔鏡便是皮雷斯筆下的「琉球人的港口」，然而皮雷斯還同時提到，這也是「其他國家人」使用的港口。[2]說明了蠔鏡在尚未開埠之前（甚至是早在1515年以前），除了是琉球人的港口之外，還有其他國家的人也同時使用蠔鏡作為停靠的港口或駐舶點。而這些「其他國家」還會是哪些國家呢？根據潘日明神父所述「澳門開埠於沙梨頭和媽閣廟附近」的線索，另一個國家的灣舶地點似乎在沙梨頭。翻開澳門地圖，我們看到，迄今為止，沙梨頭的葡文地名為 Patané，而 Patané 即為歷史上位於暹羅南部，馬來半島上的北大年王國。

北大年王國位於暹羅的最南端，其最早的王朝是「狼牙修」，該名稱最早出現於《梁書》[3]，即南北朝時期（南朝）中的梁朝（公元502-557年）。其後各朝的典籍均有記載，如宋朝的《諸蕃志》中稱為「凌牙斯加」，元代的《島夷志略》稱「龍牙犀角」[4]，明《鄭和航海圖》稱「狼西加」。狼牙修何時滅亡，而被北大

1　王文達，《澳門掌故》，澳門：澳門教育出版社，2003，頁41。譚世寶，《金石銘刻的澳門史》，廣州：廣東人民出版社，2006，頁75-76。

2　Armando Cortesão, *The Suma Oriental of Tomé Pires (1512-1515)*, p. 127.

3　〔唐〕姚思廉，《梁書》，五六卷本，北京：中華書局，1997，卷五四，《海南諸國・狼牙修國》。

4　《島夷志略校釋》，蘇繼頎校釋，北京：中華書局，1981，頁181-184。

年所取代時間不詳，大約是在明朝中葉的 15 世紀末到 16 世紀初的一段時間。「北大年」又稱「大泥」，是馬來語系的地區，在 13 世紀室利佛逝強大時，本為其附屬國；在 14 世紀末室利佛逝滅亡時，北大年方成為一個獨立國家。葡萄牙人在 1516 年和暹羅簽訂條約，後者曾同意讓葡人在包括北大年在內的若干地區定居和經商。說明其時，北大年曾臣屬於暹羅或單馬令。而北大年則希望得到葡萄牙人的協助，以擺脫暹羅的控制。[1] 在葡萄牙人佔領馬六甲之後，北大年取代了馬六甲的商業中心地位，大量華商、柬埔寨等商人紛紛前來貿易，使北大年的貿易欣欣向榮。

種種跡象顯示，早期來濠鏡貿易的還有北大年商人。由於馬六甲在 1511 年為葡萄牙人佔領之後，原本作為東南亞交易中心的地位為北大年所取代，因此，除了來自漳州的中國商人前往北大年進行貿易之外，北大年商人每年均派遣商船來華貿易。故葡萄牙人來華時，也經常徵用北大年商船或使用中國商人的平底帆船。

由此看來，最早將蠔鏡作為「貿易島」駐舶點及進行互市的很可能是北大年商人，其臨時駐地在澳門內港沙梨頭。由於北大年商人來蠔鏡時的臨時駐地是位於內港的沙梨頭，故葡人來澳後將沙梨頭對應的葡文地名，稱之為 Patané（北大年），並沿用至今。但我們如何證明這一點呢？

文德泉神父在《澳門地名》一書中，曾寫到葡人入居濠鏡之初的場景：「在商人、地方官和廣州總督協助下，決定給予我們『北大年』——北大年村或北大年人的土地，連同一座岩石小山。」[2] 這裡「北大年」對應的中文地名即為「沙梨頭」。此外，在葡萄牙人混入蠔鏡之初，也曾借助暹羅人和北大年商人的商船，並冒稱是暹羅人，說明了早期暹羅人和北大年商人已先於葡萄牙人進入蠔鏡，並在蠔鏡進行互市貿易。

然而，在《澳門記略》的各國名錄中，北大年的名字卻付之闕如，這是什麼原因呢？在「淳泥」的詞條中，我們發現了當中有如下記載：「初屬爪哇、後屬暹羅，改名大泥。」[3] 此處很明顯將在婆羅洲的「淳泥」和在馬來半島的「大泥」兩國混為一談。根據北大年歷史，「初屬爪哇、後屬暹羅」的應為北大年，又稱

1　陳鴻瑜，《泰國史》，台北：台灣商務印書館，2014，頁 149-150。

2　Manuel Teixeira, *Toponímia de Macau, Vol. I-Ruas com Nomes Genéricos*, 1997, p. 36.

　3　趙春晨，《澳門記略校註》，頁 121。

「大泥」。而「淳泥」（今文萊）地處婆羅洲（今加里曼丹），並不與暹羅交界，也從未隸屬過暹羅。很明顯該書作者未能分辨這些番商來自何國，而將兩「泥」誤認為是同一國家。而在此處所提及的其中一條航線，指的就是北大年到蠔鏡的航線。由此我們可以得出結論，北大年也是其中一個在葡人進入蠔鏡之前，已經在蠔鏡長期駐舶互市的國家。

暹羅人港

葡王曼奴埃爾一世再度派遣出使大明使者的馬爾丁・高廷紐，在 1521 年 11 月 14 日一封於科欣發出致葡王的信函中稱：「西蒙・安德拉德船長對我說，在同一島上，距廣州更近三、四里格處的一個峽角後有一稱『暹羅人港』的港口。該港與本港一樣優良。是很好的船塢，周圍土地開闊，松林處處，水源充足。」[1] 如果根據葡人來華之後以上川島為廣東據點的情況來看，距廣州更近三、四里格的峽角正好是蠔鏡的地理位置。

有學者認為，上述「暹羅人港」應指葵涌，同時將原本文獻中的「該港與本港一樣優良」譯為「該港與東涌港一樣優良」。[2] 從地理位置來看，葵涌的位置無論從上川出發，還是從東涌出發到廣州的距離，都不符合上文所指的「距廣州更近三、四里格」的位置：因為從上川出發，距廣州更近三至四里格處的一個角，正好是蠔鏡的位置；而如果從東涌出發，前往廣州並無需經過相反方向的葵涌。需要指出這當中的錯誤，便是將東涌認定為葡人曾經到達的 Tamão 島之故。有關 Tamão 島究竟在何處，本書將在第九章中專題探討。

根據《澳門記略》下卷〈澳蕃篇（諸蕃附）〉中列明的，早於佛郎機人進入蠔鏡的五個國家：「嘉靖中又移濠鏡者，則有若暹羅、占城、爪哇、琉球、淳泥諸國；其後築室而居者，為佛郎機。」[3] 看到這裏，讀者幾乎可以肯定上面所提到的「暹羅人港」，指的便是蠔鏡，剩下的只是證明 Tamão 島所處的位置而已。

如果以上分析成立，暹羅人很可能在 1521 年前的正德年間，已經使用蠔鏡港，而以下文獻所述便很可能與蠔鏡港相關：1522 年「嘉靖元年，暹羅及占城

1　葡萄牙國家檔案館，總督函檔，第 153 號，見金國平，《西力東漸：中葡早期接觸追昔》，澳門：澳門基金會，2000，頁 174。

2　吳志良、湯開建、金國平，《澳門編年史》，第一卷（明中後期），廣州：廣東人民出版社，2009，頁 42。

3　趙春晨，《澳門記略校註》，頁 113。

等夷各海船番貨至廣東，未行報稅，市舶司太監牛榮與家人蔣義山、黃麟等私收買蘇木、胡椒並乳香、白臘等貨，裝至南京，又匿稅盤出，送官南京。刑部尚書趙鑑等擬問蔣義山等違禁私販番貨例，該入官蘇木共三十九萬九千五百八十九斤、胡椒一萬一千七百四十五斤，可值銀三萬餘兩，解內府收儲公用，牛榮夤緣內鐺。得旨，這販賣商貨給主。」[1] 此外，對於官方的入貢方面，《明實錄》有如下記載。嘉靖五年十二月戊辰（1527年1月27日）：「暹羅國坤思悅喇者來的利等來朝貢方物，賞織金衣、鈔錠有差。」[2] 而1521年前則有正德四年和正德十年，僅錄如下，以備查證。正德四年三月乙未（1509年3月23日）：「暹羅國船有為風飄泊至廣東境者，鎮巡官會議，稅其貨以備軍需。市舶司太監熊宣計得預其事以要利，乃奏請於 上，禮部議阻之，詔以宣妄攬事權，令回南京管事，以內官監太監畢真代之。」[3] 正德十年十二月甲戌（1516年1月25日）：「禮部言：暹羅國正使坤思禮等，奏乞銀料，修補船只，無給銀例，宜行廣東布政司量撥軍匠修補，完日即趣回國。詔：貢船既年久損壞，其命本布政司量給銀修補之。」[4]

占婆人何時進入蠔鏡

占婆國（Chām Pa），中國古籍又稱占城，位於今越南中部和南部。占婆在南海的戰略位置十分重要，是往返南洋海路重要的中途站和補給點，往來暹羅、柬埔寨、爪哇、蘇門答臘和印度的航船，大多都在占婆進行補給。占婆在明朝初年曾經十分強大，與安南交兵多年並曾一度佔優勢。到明中葉開始國勢轉弱，占婆京師闍槃城（毘闍耶，Vijaya）在1470年被安南所佔領，占婆退守南部的賓童龍（Panduranga，今潘郎）地區。[5]

明初，占婆與中國關係甚為密切。「洪武二年入貢，封為占城王，賜大統曆、金綺。永樂七年，遣太監鄭和詔諭諸番，其酋長首戴三山金冠，身披錦花手巾，四腕俱貫金鐲，足穿玳瑁履，腰束八寶裝，帶如金剛狀，擁象郊迎，復通朝

---

1 〔明〕嚴從簡，《殊域周咨錄》，萬曆癸未，余思黎點校，北京：中華書局，2009，卷八《暹羅》，頁283-284。

2 《大明世宗肅皇帝實錄》，卷七一。

3 《大明武宗毅皇帝實錄》，卷四八。

4 《大明武宗毅皇帝實錄》，卷一三二。

5 〔越〕陳重金，《越南通史》，戴可來譯，北京：商務印書館，1992，頁178-179。

貢。」[1] 鄭和七下西洋，海外首站皆停靠占婆。

在正統朝的十四年間，除正統四年外，有十三年入貢；在景泰朝七年中，有三年入貢；在天順朝八年中，有三年入貢。[2] 進入明中葉，占婆的入貢次數逐漸減少：在成化朝二十三年中，僅有四年入貢；在弘治朝十八年中，有四年入貢。[3] 在正德朝的十六年中，有四年入貢。[4] 此外，蔡汝賢在《東夷圖說》中也曾提及明廷在正德五年，派員往封占婆國的情況：「正德五年，遣給事中李貫，行人劉廷瑞，齎冊往封。上元夜宴，作樂藝沉檀，火樹高燃。蠻姬旋舞，亦足賞也。」[5]

在嘉靖朝，嚴從簡的《殊域周咨錄》闡述了與上節所提到的的同一案件：「嘉靖元年，占城及暹羅等國商泊至廣東。時太監牛榮提督市舶司，乘其貨未報稅，命家人蔣義私與交易，收買各物。事發，蔣義抵罪，貨沒於官。自後貢使依期至，亦不能如朝鮮之絡繹有常云。」[6] 這一案件所牽涉的外蕃是暹羅和占城。我們有理由相信兩國蕃商是同期抵達廣東，如果在當時暹羅人業已使用蠔鏡港的情況下，作為同案的占城，很可能也使用相同的港口。更由於占城也是名列為在葡萄牙人進入濠鏡前的五國蕃商之一。因此，我們更有理由相信占婆國商人很有可能至少在嘉靖元年或以前，便已使用了蠔鏡港。

開埠前進入蠔鏡的蕃人

從上述文獻所記述，我們可初步梳理出以上各國抵達或使用蠔鏡港的時間脈絡：

琉球人於正統十年（1445）因颱風意外漂流到蠔鏡，是最早抵達蠔鏡港的番船，並在其後獲准長期使用蠔鏡港作為前往東南亞採買下一年度朝貢物品的中途補給港，開啟了澳門的第一條遠洋海上航線。琉球人自此長期使用蠔鏡港，也為蠔鏡奠定了後來開澳的必要基礎條件。

北大年人進入澳門駐舶的具體年份並沒有文獻可供佐證，但根據皮雷斯《東

1　〔明〕蔡汝賢，《東南夷圖說》二卷，《嶺海異聞》一卷，《續聞》一卷，萬曆丙戌木刻本，《東夷圖說·占城》，萬曆十四年木刻本，濟南：齊魯書社，1996，頁 41。

2　《大明英宗睿皇帝實錄》，三六〇卷。

3　〔清〕萬斯同、張廷玉等，《明史》，卷十三·本紀十三，《憲宗》，卷十四·本紀十四，《憲宗》二，卷十五·本紀十五，《孝宗》。

4　《大明武宗毅皇帝實錄》，一九七卷。

5　〔明〕蔡汝賢，《東夷圖說·占城》，頁 41。

6　〔明〕嚴從簡，《殊域周咨錄》，卷七，《南蠻·占城》，頁 264-265。

方概要》的紀錄，至少是在該書出版的 1515 年之前，北大年人業已使用該港。確切地說，應該是在皮雷斯在對東印度群島進行考察之時（1513 年間或之前），北大年人已使用蠔鏡港。

有關「暹羅人港」的文獻撰寫於 1521 年（正德十六年），從當時暹羅人已經在使用蠔鏡港的情況來看，他們至少是在該年份之前的正德年間已經使用蠔鏡港。

牽涉市舶太監牛榮的暹羅和占城一案發生在嘉靖元年，因此占城國人有可能在 1522 年，或之前，也已進入蠔鏡港。

以上國家均有文獻確實證明在澳門開埠（1535 年）之前已經進入或使用蠔鏡港。蠔鏡之所以能夠開澳，正是因為這些番商們的前期使用，才為日後蠔鏡開埠創造出良好的港口基礎。另一方面，也說明在葡人到達濠鏡一個多世紀之前，已經有其他國家在使用該港。由此可以證明，在葡萄牙人抵達濠鏡時，濠鏡並非一個荒島，葡人也不是濠鏡澳的開拓者或開埠者。

第八章　濠鏡何時開澳？（1535-1557）

　　濠鏡開澳（埠）的年份，也是學術界有頗多爭議的問題。長期以來，有不少中葡學者均認為濠鏡是由於葡人的到來而開埠。因此，認為葡人入居濠鏡的時間也就是濠鏡開埠的時間。在一段頗長的時間內，「葡人開埠說」成為了主流意見。近年有一些學者根據歷史文獻提出了不同的看法，對葡人入居時間、濠鏡開埠時間提出質疑。

　　雖然我們在上面的章節中已經闡述，早在葡萄牙人到達濠鏡之前的很長一段時間裡，有多個國家的商船已在使用濠鏡港，但濠鏡開放成為澳口，即我們通常所說的「開埠」，時間上和葡萄牙人來到濠鏡又有何關係呢？

　　由於歷代中文史料有引錄前人論述的傳統，為了避免因不同年代的反覆引述而造成時空混淆的情況，我們盡可能尋求原著者和原始論述、引證明代或較早期的文獻，以還原至最初的語境，藉此釐清濠鏡開澳的時間和葡萄牙人入居之間的關係。

開澳源由

　　由於葡萄牙人在 1520 年因西蒙船隊犯事被逐、1522 年明廷因葡人侵佔藩屬

國滿剌加，又適逢正德皇帝駕崩、嘉靖皇帝繼位等因素，明軍在 1523 年將葡人馬廷斯船隊連帶其他番船一併驅離廣東沿海。《明史》稱：「嘉靖二年（1523），日本使宗設、宋素卿分道入貢，互爭真偽。市舶中官賴恩納素卿賄，右素卿，宗設遂大掠寧波。給事中夏言言倭患起於市舶。遂罷之。」[1] 該年起，各國番船和葡萄牙船私自前往福建漳州進行走私貿易，導致廣東番舶絕跡，經濟蕭條。由於「粵中公私諸費多資商稅，番舶不至，則公私皆窘」。[2] 為此，提督兩廣侍郎林富在嘉靖八年十月（1529）上疏請開海禁，並在同年獲准。[3]

　　林富《請通市舶疏》奏稱：「正德十二年，有佛朗機夷人突入東莞縣界，時布政使吳廷舉許其朝貢，為之奏聞，此則不考，成憲之過也，厥後獷狡章聞，朝廷准御史丘道隆等奏，即行撫巡，令海道官軍驅之出境，誅其首惡火者亞三等，餘黨聞風懾遁。有司自是將安南、滿剌加諸番舶盡行阻絕，皆往漳州府海面，地方私自駐劄。於是利歸於閩，而廣之市井，皆蕭然矣。夫佛朗機素不通中國，驅而絕之，宜也。《祖訓》《會典》所載諸國素恭順，與中國通者也，朝貢貿易盡阻絕之，則是因噎而廢食也，況市舶官吏公設於廣東者，反不如漳州私通之無禁，則國家成憲，果安在哉？」[4] 同時，林富稱通市舶有以下四大利好：「舊規番舶朝貢之外，抽解俱有則例，足供御用，此其利之大者，一也。除抽解外，即克軍餉。今兩廣用兵，連年庫藏日耗，藉此可以克羨而備不虞，此其利之大者，二也。廣西一省，全仰給於廣東，今小有徵發，即措辦不前，雖折棒椒禾，久已缺乏，科擾於民，計所不免。查得舊番舶通時，公私饒給在庫番貨，旬月可得銀兩數萬，此其為利之大者，三也。貿易舊例有司擇其良者，如價給之，其次資民買賣，故小民持一錢之貨，即得握椒，展轉交易，可以自肥。廣東舊稱富庶，良以此耳，此其為利之大者，四也。」

　　林富在疏奏中清楚表明，請通市舶並不包括佛朗機人：「臣請於洋澳要害去處及東莞縣南頭等地面，遞年令海道副使及備倭都指揮督率官軍嚴加巡察及番舶之來出。於《祖訓》《會典》之所載者，密詞得真，許其照舊駐劄；其《祖訓》《會典》之所不載，如佛朗機者，即驅出境。如敢抗拒不服，即督發官軍擒捕。而凡所謂：喇噠番賊必誅。權要之私通、小民之誘、子女下海者必禁。一有疏虞，則

1　〔清〕萬斯同、張廷玉等，《明史》，卷八一・志第五七，《食貨》五。
2　〔清〕萬斯同、張廷玉等，《明史》，卷三二五・列傳第二一三，《外國》六。
3　趙春晨，《澳門記略校註》，頁 62、64，註釋 23。
4　〔明〕黃佐，《黃泰泉先生全集》，卷二〇・疏奏下，《代巡撫通市舶疏》，學海書樓藏本。

官軍必罪。如此則不惟，足興一方之利，而王者無外之道，亦在是矣。……乞行福建、廣東省，令番舶之私自駐劄者，盡行逐去。其有朝貢表文者，許往廣州洋澳去處，俟候官司處置。如此庶懷柔有方，而公私兩便矣。」[1]

《明實錄》嘉靖八年十月己巳（1529 年 11 月 7 日）條載：「初，佛朗機火者亞三等既誅，廣東有司乃並絕安南、滿剌加，諸番舶皆潛泊漳州，私與為市。至是，提督兩廣侍郎林富疏陳其事，下兵部議，言：『安南、滿剌加自昔內屬，例得通市，載在《祖訓》《會典》。佛朗機正德中始入，而亞三等以不法誅，故驅絕之。豈得以此盡絕番舶？且廣東設市舶司而漳州無之，是廣東不當阻而阻，漳州當禁而不禁也。請令廣東番舶，例許通市者毋得禁絕，漳州則驅之，毋得停舶。』從之。」[2]

然而，開放海禁並非沒有阻力，給事中王希文在《重邊防以甦民命疏》中則強調海防的重要性和對開放海禁的憂慮，主張申明祖宗舊制，嚴格按傳統的勘合朝貢制度，「凡進貢必有金葉表文，來者不過一舟，舟不過百人，附搭貨物不必抽分，官給鈔買。」[3]《粵海關志》載，嘉靖九年（1530）「巡撫林富乞裁革珠池市舶，內臣疏言，廣東濱海與安南、占城等番國相接，先年設有內臣一員盤驗進貢方物。臣以為市舶太監不必專設，以貽日腠月削之害，市舶乞改巡視海道副使帶管，待有番船至澳，即同提舉等官督率各該管官軍嚴加巡邏，其有朝貢表文見奉，欽依勘合許令停泊者，照例盤驗，若自來不曾通貢生番，如佛郎機者則驅逐之，少有疎虞。」[4]

以上文獻說明 1530 年廣東開放海禁是因循《皇明祖訓》和《大明會典》，而只開放給以往曾經朝貢的諸番，如安南、滿剌加、占城等，而不曾通貢者，如佛郎機等則驅逐之。由此廣東對諸番的海禁解除。

開埠時間

對於濠鏡開放互市的時間，《澳門記略》中有一個明確的年份記載：嘉靖「十四年（1535），都指揮黃慶納賄，請予上官，移泊口於濠鏡，歲輸課二萬金。

1　〔明〕黃佐，《代巡撫通市舶疏》。

2　《大明世宗肅皇帝實錄》，卷一〇六·嘉靖八年十月己巳。

3　趙春晨，《澳門記略校註》，頁 62。

4　〔清〕梁廷柟，《粵海關志》，三十卷，道光十九年木刻本，粵東省城龍藏街業文堂版，卷四，《前代事實》三。

澳之有蕃市，自黃慶始。」[1] 有學者曾對此條文獻作出考證，認為在歷史上並沒有「黃慶」其人，「黃慶」應該是「黃瓊」或「王綽」之誤[2]；有學者懷疑該年份記載有誤，認為應該是嘉靖三十四年（1555）的筆誤。因此，長期以來這則文獻多被忽略。

而《明史》亦如是載：「先是，暹羅、占城、爪哇、琉球、浡泥諸國互市，俱在廣州，設市舶司領之。正德時，移於高州之電白縣。嘉靖十四年，指揮黃慶納賄，請於上官，移之壕鏡，歲輸課二萬金，佛郎機遂得混入。高棟飛甍，櫛比相望，閩、粵商人趨之若鶩。久之，其來益眾。諸國人畏而避之，遂專為所據。」[3] 由於曾發生正德十二年（1517）葡萄牙船突入廣州鳴炮事件，明廷為安全計，將廣州的市舶口岸一度遷往高州的電白。但由於電白偏遠，各國商人要求遷到距廣州比較接近的濠鏡進行貿易，經都指揮請示上級，於嘉靖十四年（1535），將互市舶口由電白縣再遷移至濠鏡。

如果說上述兩書都是清代人的著述，對當時情況有所模糊的話，讓我們再查看明代的官修史書。《明實錄》天啟元年六月丙子條中記載了上文的明代版本：「乃據地名蠔鏡，在廣東香山縣之南，虎跳門外海滸一隅也。先是，暹羅、東西洋、佛郎機諸國入貢者，附省會而進，與土著貿遷，設市舶提舉司稅其貨。正德間，移泊高州電白縣。至嘉靖十四年，指揮黃瓊納賄，請於上官，許夷人僑寓蠔鏡，歲輸二萬金，從此雕楹飛甍、櫛比相望。」[4]

此處應留意的是，並未發現更多的文獻顯示有市舶口岸轉移至電白的情況，以及在電白期間的相關記載。而根據屈大均的《廣東新語》、郭棐明萬曆版的《廣東通志》，在濠鏡開澳、以及葡人在進入濠鏡互市之前，香山縣的澳口是在浪白澳。由此產生兩種可能性：第一種可能是，如果正德年間遷往電白確有其事，但之後可能再遷往浪白，因此並非由電白直接遷往濠鏡；第二種可能是，文中的電白是浪白的誤寫。兩者孰對孰錯，有待進一步考證。

然而有不少學者對以上的記載有所懷疑，認為年份有誤。為何這些學者對有數部官史上這一濠鏡開埠的明確記載有所懷疑呢？原因是不少學者都認為濠鏡是因葡萄牙人的到來而開埠，由於嘉靖十四年（1535）並沒有葡萄牙人到達濠鏡，

1　趙春晨，《澳門記略校註》，頁 64。

2　戴裔煊，《〈明史佛郎機〉箋正》，北京：中國社會科學出版社，1984，頁 61-63。

3　〔清〕萬斯同、張廷玉等，《明史》，卷三二五‧列傳第二一三，《外國》六，《佛朗機》。

4　《明熹宗悊皇帝實錄》，卷十一，天啟元年六月丙子條。

而葡萄牙人是在二十年之後方才到達濠鏡，因此，唯一可能性便是史料上所記載開埠的年份有誤。但從整個歷史背景來看，林富在 1529 年上疏，1530 年廣東再度開放除葡人外的各國互市，東南亞各國朝貢官商和私商，陸續分別駐舶在新寧的廣海、望峒，或新會奇潭，香山浪白、濠鏡、十字門，或東莞雞棲、屯門、虎頭門等數個「貿易島」上。正如前章所述，由於在 1535 年前，濠鏡港已有多個國家使用多年，港口已具備開埠的條件，因此 1535 年官方選擇濠鏡開放為各藩屬國市舶之地的說法，時間上是合理和可信的。

此外，文德泉神父稱：「在六月或七月間（1535），馬六甲艦長埃斯特瓦·達·伽瑪（Estevão da Gama）派遣恩里克·門德斯·瓦斯康塞洛斯（Henrique Mendes de Vasconcelos）率一艘平底船自北大年前往中國，瞭解中國人是否願意如以前般進行談判，似乎急於被派往中國，但不知道結果如何」。[1] 一份完成於 1561 年的拉丁文獻中，描述了類似的事件：在 1535 年 5 月後，「埃斯特瓦·杜克坦納（Estevão Dugetana）派遣恩里克·門德斯·瓦斯康塞洛斯前往北大年接載已經在該處的弗蘭西斯古·巴洛斯·白瓦（Francisco de Barros de Paiva），在該處（北大年）他們接受命令乘坐一艘艑船前往中國，以瞭解他們（中國人）是否願意與以往一樣進行交易。」[2] 以上文獻也從另一個側面證實，1535 年廣東開放的訊息已經傳到東南亞各國，因此以馬六甲和北大年為基地的葡萄牙人也急於知道明廷是否允許他們前往貿易。

另有一份嘉靖四十四年（1565）文獻，時任禮部尚書的吳桂芳於上疏稱：「各國夷人據霸香山濠鏡澳恭常都地方，私創茅屋營房，擅立禮拜番寺，或去或住，至長子孫。當其互市之初，番舶數少，法令惟新，各夷遵守抽盤，中國頗資其利。比至事久人玩，抽盤抗拒，年甚一年，而所以資之利者日已薄矣。況非我族類，不下萬人，據澳為家，已踰二十載。[3] 值得注意的是吳桂芳在疏文中提到有各國夷人，證實了濠鏡開放的初衷並非為了葡人，而是讓各藩屬或朝貢國商人在濠鏡澳互市。而且，由嘉靖四十四年（1565）上溯二十年，即嘉靖二十四年（1545）之前，明顯早於葡人入澳（即 1553-1557）的時間。

1　Manuel Teixeira, *Macau no Séc. XVI*, p. 14.

2　Fernão Lopez de Castanheda, *Livro da historia do descobrimēto e cõquista da India pelos Portugueses, Livro VIII*, Coimbra: Impresso em Coimbra Com Real Privilegio, 1561, p. 134.

3　〔明〕陳子龍，《皇明經世文編》，五〇〇卷、補遺四卷，崇禎十一年，卷三四二，吳桂芳，《議阻澳夷進貢疏》。

　　郭棐在明萬曆版《廣東通志》中曾提及當朝的情況，為我們展現了廣東開放貿易後的情況：「澳門：夷船停泊皆擇海濱地之灣環者為澳，先年率無定居，若新寧則廣海、望峒，香山則浪白、濠鏡澳、十字門，東莞則虎頭門、屯門、雞棲。嘉靖三十二年舶夷趨濠鏡者托言舟觸風濤縫裂，水濕貢物，願暫借地晾曬，海道副使汪栢徇賄許之。時僅蓬累數十間，後工商牟奸利者，始漸運磚瓦木石為屋，若聚落然。自是諸澳俱廢，濠鏡獨為舶藪矣」。[1] 早期研究澳門史的學者，特別是華人學者常將此處所提到的「舶夷」認定為葡萄牙人，由此得出葡萄牙人在 1553 年進入澳門的結論。這是因為他們被後來的葡萄牙人聲稱他們是最早到達濠鏡、而濠鏡因葡人的到來而開埠的說法所迷惑，因此普遍認為這段話所講述的就是葡人入澳的歷史。實際上，此段文字並沒有說明「舶夷」是何許人也，同時，上面所引述的許多史料，均已證明葡萄牙人並非最早到達澳門，因此此處的舶夷顯然是另有所指。

　　此外，另一則明代史料也說明在葡人到達濠鏡之前的 40 年代，已存在各國夷人市舶的情況，在嘉靖二十七年（1548）（葡萄牙人尚未進入濠鏡前）付梓出版的《香山縣志》中提到化外之地時稱：「大吉山（上東中水曰十字門），小吉山（上西北中水曰乾門），九澳山（上東南西 橫琴中水曰外十字門）。其民皆島夷也。」[2] 大吉山和小吉山，地點當為十字門周邊；九澳山，即今路環島。也從另一側面證明了在葡萄牙人尚未踏足濠鏡之前的 1548 年，來自東南亞各國停泊住島、或等候季候風開帆歸國的番商夷人均已遍佈位於十字門水道一帶的路環諸島了。

　　通過以上文獻，我們可以梳理出一條比較清晰的脈絡。1529 年林富上疏後，廣東在 1530 年開始陸續恢復市舶貿易，其時提供給番船灣舶的舶口有九個，包括：新寧的廣海、望峒，新會的奇潭，香山的浪白、濠鏡、十字門，東莞的虎頭門、屯門、雞棲。1535 年，諸番要求進入濠鏡互市而正式開澳。嘉靖二十七年（1548），外國番商夷人因此遍佈濠鏡澳周邊的十字門；到嘉靖三十二年（1553），濠鏡澳已成為重要的番市澳口，其他港口則開始被濠鏡澳所逐步取代。

　　以上這幾段文字，說明了濠鏡的開埠時間是在葡人尚未入據濠鏡之前，同時

1　〔明〕郭棐，《廣東通志》，七二卷木刻本，萬曆三十年（1602）。卷六九・外志三，〈番夷〉。

2　〔明〕鄧遷、黃佐，《香山縣志》，嘉靖二十七年刻本，卷一・風土志第一，《山川》。

也說明了明朝政府開放濠鏡的本意，原本是為東南亞諸國朝貢和市舶貿易而設，而葡萄牙人則在東南亞各國商人來澳貿易的若干年之後仍未獲准貿易，方才假扮成暹羅番商試圖混入濠鏡澳。而且葡萄牙人在入澳之後，並不像其他番商一樣在貿易季後離開，而是將各國番商的臨時居留點據為己有，最終將各國商人排擠在外並鳩占鵲巢，進而獨佔濠鏡澳。因此，《明史》和《澳門記略》中所載濠鏡的開埠年份為 1535 年，可以通過其他文獻加以佐證，應當是可信、合乎情理和有事實依據的。濠鏡開埠後，方被稱之為「濠鏡澳」或「濠鏡嶼」及「香山澳」。

濠鏡澳的早期番人

濠鏡開澳之後有哪些國家的商人抵達濠鏡澳呢？根據《澳門記略》下卷《澳蕃篇（諸蕃附）》中列明的、早於佛郎機進入濠鏡的有五個國家：「嘉靖中又移濠鏡者，則有若暹羅、占城、爪哇、琉球、浡泥諸國；其後築室而居者，為佛郎機。」其中，有相關證據顯示在 1535 年前已經進入濠鏡的有：琉球、北大年、暹羅三國，而占城、爪哇兩國何時進入尚未發現更多資料，不排除他們也在開埠前已經在此貿易，或 1535 年開埠後進入濠鏡澳。

以上這些國家均為 16 世紀中葉南海地區最為活躍的海洋國家，由於濠鏡港有這些蕃商進入的歷史和港口基礎，方才會被選擇為開放的口岸，而且會迅速成為在諸澳之中最受歡迎的澳口。同時，通過這些蕃商和葡萄牙人的歷史，我們很容易理解為何在 50 年代後期，濠鏡澳會成為葡萄牙人想方設法「混入」及移居，甚至築室佔據的目標。這些番人中，除了官方的入貢者外，更多的是進行市舶貿易的商人。下面我們整理自 1535 年開澳到 1557 年葡萄牙人入居濠鏡澳期間，各國番人在濠鏡澳的活動和史料，從中瞭解葡萄牙人為何最終會選擇濠鏡澳，以及如何進入濠鏡澳的全過程。

琉球

如上一章寫道，琉球人是最早使用濠鏡港的民族，並頻繁與明朝保持貿易往來。

據《明實錄》的記載，自 1535 年濠鏡開埠至 1557 年的二十二年間，琉球人共有十二年入貢，平均是隔年一次朝貢。分別是：

1536 年 1 月 31 日，「琉球國中山王尚清，差王舅毛實等上表謝恩貢方物，給賞如例。」[1]

1538 年 4 月 22 日，「琉球國中山王尚清，遣陪臣陳賦等入貢，賜宴賚如例。」[2]

1540 年 4 月 9 日，「琉球國中山王尚清，差長史梁梓等來朝貢馬匹方物，宴賞如例。因奏請補造海船四號續貢，許之。令其後次使臣到，聽自備工料如式補造，禁不許因而違例生事。」[3]

1541 年 6 月 26 日，「琉球國中山王尚清，遣陪臣殷達魯蔡瀚等來朝貢馬及方物宴賚如例。」[4]

1543 年 12 月 11 日，「琉球國中山王尚清，差正議大夫陳賦等來朝貢馬及方物，賜宴及彩段紗羅等物，報賜其王禮幣。」[5]

1545 年 9 月 22 日，「琉球國中山王尚清，差長史梁顯等，奉表貢方物兼送還朝鮮國漂流人口，宴賞如例。」[6]

1547 年「琉球國中山王尚清，遣陪臣陳賦等貢馬及方物謝恩，宴賚如例。」[7]

1550 年 1 月 13 日，「琉球國中山王尚清，遣正議大夫梁顯等來朝貢方物，宴賞如例。」2 月 6 日，「琉球國中山王尚清，遣陪臣梁顯等入貢，宴賞如例。」[8] 2 月 17 日，「琉球國王尚清，遣陪臣子伍人詣京師，請入監讀書詔許之。」[9]

1554 年 1 月 19 日，「琉球國中山王尚清，遣陪臣長史梁炫等來貢馬及方物，宴賚如例。」[10]

1555 年 10 月 23 日，「琉球國中山王尚清，遣其正議大夫梁顯等朝貢方

---

1 《大明世宗肅皇帝實錄》，卷一八三，嘉靖十五年正月乙丑條。
2 《大明世宗肅皇帝實錄》，卷二一〇，嘉靖十七年三月丁酉條。
3 《大明世宗肅皇帝實錄》，卷二三五，嘉靖十九年三月乙未條。
4 《大明世宗肅皇帝實錄》，卷二五〇，嘉靖二十年六月戊午條。
5 《大明世宗肅皇帝實錄》，卷二八〇，嘉靖二十二年十一月丙辰條。
6 《大明世宗肅皇帝實錄》，卷三〇二，嘉靖二十四年八月丁未條。
7 《大明世宗肅皇帝實錄》，卷三三〇，嘉靖二十六年十一月癸未條。
8 《大明世宗肅皇帝實錄》，卷三五五，嘉靖二十八年十二月辛酉條；卷三五六，嘉靖二十九年一月乙酉條。
9 《大明世宗肅皇帝實錄》，卷三五七，嘉靖二十九年二月丙申條。
10 《大明世宗肅皇帝實錄》，卷四〇五，嘉靖三十二年十二月戊子條。

那霸天妃宮內景（沖繩，2016）　陳迎憲攝

物，宴賚其使回賜王如例。尚清複移文禮部，言貢舟至港其勢必壞，請令入
貢使臣買海上民舡駕遠，詔福建守臣核狀聽買，不得過大。」12月3日，「先
是，琉球國中山王尚清，遣官生蔡朝用等五名就學南京國子監，至是在監五
年請歸國省親聽用，許之，遣使送歸。」[1]

高良倉吉根據琉球史料所整理的琉球王國前往東南亞的船隻，自 1425 年至
1570 年的一百四十五年間，一共有一百零五艘琉球船隻被派往東南亞，其中在
1445 年至 1570 年，共有四十五年間曾航行東南亞的記錄。[2] 有理由相信，以琉球
人對明朝的忠誠態度和對阿媽天妃信仰的虔誠之心，他們均會在入貢往返途中停
靠阿媽港，並對天妃進行拜祭及還神。因此，這個地處廣東，既非用來入貢、又
非進行貿易的港口，才被葡萄牙人稱為「琉球人使用的港口」。

根據 1515 年托梅・皮雷斯的《東方概要》中的闡述，葡萄牙人最早關於中
國和蠔鏡的認知，均來自琉球航海人的口述。而「蠔鏡」（Oquem）被稱為是「係
琉球人和其他民族所使用的港口」。[3] 由此我們得知，葡萄牙人早在抵達濠鏡澳的
半個世紀之前，便已經知道蠔鏡港的存在，並通過琉球人的口中，知悉了「阿媽
港」的名稱，因此才會沿用這一名稱。

北大年

北大年，中國古籍又稱「大泥」，是最早與濠鏡有往來的國家之一。我們在
前一章曾提及北大年商人有可能是在 1515 年前便使用濠鏡港。葡萄牙人在 16 世
紀初抵達東亞地區，同時也經常往返北大年。

葡萄牙耶穌會修士費爾南・平托在 1537-1558 年間曾遊歷東亞地區。他在其
著作《遠遊記》中曾描述 1540 年他從彭亨到達北大年的經歷：「我們離開了那
裡，六天後抵達了北大年，受到當地葡萄牙人的盛大歡迎。……三天以後，當
地三百葡萄牙人中的八十人乘坐兩艘裝備齊全的小帆槳戰船和一頭圓頭大船迅速
啟航了。……這支艦隊的司令是一個名叫若昂・費爾南德斯・德・阿布雷烏的

1　《大明世宗肅皇帝實錄》，卷四二七，嘉靖三十四年十月庚午條；卷四二八，嘉靖三十四年
十一月條。

2　〔日〕高良倉吉，《琉球の時代：偉大歷史的圖像》，頁 136-137。

3　Tomé Pires, *Suma Oriental, Edição de Rui Manuel Loureiro*, Macau: Centro Científico e Cultural de
Macau, L. P., Lisboa: Fundação Jorge Álvares, Macau: Fundação Macau, 2017, p. 158.

馬德拉人氏。……我在北大年逗留二十六天了，買了一些中國貨，準備回航。」[1]
此外，描述在廣東南澳海岸航行前往浙江雙嶼途中，「我們碰到了一艘從琉球駛
往北大年的帆船。那船主是一名叫甲番讓的中國海盜。此人是我們葡萄牙人的好
友，無論是習慣，還是衣著均已葡化。他手下有三十個葡萄牙人，個個都是經過
精心挑選的，由他供養。」[2]

這些信息說明：當年有相當數量的葡萄牙人在北大年居住；葡萄牙人和其船
隊也多以北大年為基地；北大年和中國之間有許多商貿往來。葡萄牙人也曾借助
北大年船和人力開拓到濠鏡和中國的航線。

1562年，葡人在濠鏡澳的北大年村（沙梨頭）建立了最早的一座天主教
堂——聖安東尼堂。[3] 在那裏，葡萄牙人建立了最早的定居點。

暹羅

暹羅國，指泰國歷史上的阿瑜陀耶王朝，又稱大城王朝（1350-1767）。根
據《明史》本紀記載，自明洪武四年（1371）直到明末的崇禎十六年（1643），
暹羅入貢近八十次。根據《澳門記略》卷下《澳蕃篇（諸蕃附）》中所載，暹羅
是其中一個在葡萄牙人入澳之前，便已進入濠鏡澳互市的國家。[4]

1538年，葡萄牙人獲得一個進入暹羅的機會：暹羅國王帕拉猜邀請
一百二十名葡萄牙人當其侍衛官，負責指導暹羅步兵，用於對付緬甸東吁國王的
侵略，當時已有數個城鎮被其佔領。[5]1540年，在葡萄牙僱傭兵的出色協助下，
暹羅國王帕拉猜強大的軍隊徹底打敗了緬甸軍隊。葡萄牙人由此獲得在暹羅進行
各種貿易和居住的特權。由此同時，也令緬甸國王對引進葡萄牙人的服務產生興
趣。緬甸也將境內劃分為四個區域：阿瓦、卑謬、勃固、東吁。在那些日子裡，
葡萄牙人成為炙手可熱的戰士，可幫助任何人來對付任何敵人。[6]

1547年12月，葡萄牙探險家在訪問暹羅後，在昆侖島附近發生海難。平托

1　〔葡〕費爾南·門德斯·平托（Fernão Mendes Pinto），《遠遊記》上冊，頁99、101。

2　同上，頁163。

3　Artur Levy Gomos, *Esboço da História de Macau, 1511 a 1849*, Macau: Repartição Provincial dos Serviços de Economia e Estatística Geral (Secção de Propaganda e Turismo), 1957, p. 59.

4　趙春晨，《澳門記略校註》，頁113。

5　W. A. R. Wood, *A History of Siam: From the Earliest Times to the Year A.D. 1781, with a Supplement Dealing with More Recent Events*, London: T. Fisher Unwin, Ltd., 1926, p. 102.

6　W. A. R. Wood, *A History of Siam: From the Earliest Times to the Year A.D. 1781, with a Supplement Dealing with More Recent Events*, pp. 102-103.

聲稱他自 1540 至 1545 年居住在暹羅。[1]1549 年，暹羅國王重視與西班牙人及葡萄牙人的友誼，允許大量西班牙人及葡萄人在暹羅居住。[2]

1554 年，《明史》的記載稱，暹羅曾在嘉靖三十三年入貢。[3]《明實錄》記載，嘉靖三十三年九月壬戌（1554 年 10 月 20 日）：「暹羅國王勃略坤息利尤池呀，遣使奉金葉表文來朝貢方物，宴賚如例，仍賜其正副使及通事辦事人等冠帶有差。」[4]

明人王宗載在萬曆年成書的《四夷館考》中，載有自香山濠鏡澳乘船赴暹羅行程的詳細記錄：「由廣東香山縣登舟，用北風下指南針向午行，出大海名七洲洋，十晝夜可抵安南海次，中有一山名外羅山，八晝夜可抵占城海次，十二晝夜可抵達崑崙山，又用東北風轉舟向未兼申三分，五晝夜可抵大真樹港，五晝夜可抵暹羅港，入港遠二百里即淡水，又五日抵暹羅城。此皆以順風計，約四十日可至其國」。[5] 說明了當時確有船隻通航於濠鏡澳和暹羅。因此，在 1535 年濠鏡開埠之後，其入貢地點仍可能通過濠鏡澳。

1556 年來華的葡萄牙籍多明我會修士克魯士在其《中國情況詳介專著》中曾提及暹羅人每年來華貿易的情況和規模：「葡萄牙人和暹羅人所帶走的商品是那麼少，幾乎等於沒有帶走，也根本不引人注目。……每年只運走五條船的絲綢和瓷器，就仿佛什麼也沒有從中國拿走。」[6]

占婆

在明中葉後，占婆（占城）大部分國土被安南的阮氏入侵，國力大為衰弱，入貢也大大減少。在朝貢方面，占婆的記錄似乎不太良好。給事中王希文曾在濠鏡開澳前的《重邊防以甦民命疏》中提及洪武年間的占婆：「我祖宗一統無外，萬邦來庭，不過因而羈縻之而已，非利其有也。故來有定期，舟有定數，比對符驗相同，乃為伴送，附搭貨物，官給鈔買。其載在《祖訓》，謂自占城以下諸國

1　W. A. R. Wood, *A History of Siam: From the Earliest Times to the Year A.D. 1781, with a Supplement Dealing with More Recent Events*, p. 107.

2　W. A. R. Wood, *A History of Siam: From the Earliest Times to the Year A.D. 1781, with a Supplement Dealing with More Recent Events*, p. 149.

3　〔清〕萬斯同、張廷玉等，《明史》，卷十八‧本紀十八，《世宗》二。

4　《明世宗肅皇帝實錄》，卷四一四。

5　陳佳榮，《中西交通史》，香港：學津書店，頁 268。

6　〔葡〕費爾南‧門德斯‧平托（Fernão Mendes Pinto），《葡萄牙人在華見聞錄：十六世紀手稿》，澳門：文化司署，1998，頁 104。

來朝貢時，多帶行商，陰行詭詐，故阻之。」[1]

王以寧在《條陳東粵疏》中也提到占婆等諸國商人來澳門互市的場景：「國初，占城諸國來修職貢，因而互市，設市舶提舉以主之。稇載而來，市畢而去，從未有盤踞澳門者，有之，自嘉靖三十二年始。」[2] 因此，1553 年盤踞濠鏡澳者，很可能是占婆或其他諸國行商商人。

據《明史》本紀記載，占婆國曾於濠鏡開埠後、葡萄牙人尚未進入濠鏡的嘉靖廿二年（1543 年）入貢，[3] 因此其入貢地點亦很可能在濠鏡。《明會要》稱：「嘉靖二十二年，貢使訴安南侵擾，道阻難歸，乞遣官護送。報可。」[4]《明史》稱：「嘉靖二十二年遣王叔沙不登古魯來貢，訴數為安南侵擾，道阻難歸。乞遣官護送還國，報可。」[5]《明實錄》載：嘉靖二十二年七月（1543 年 8 月 11 日），「甲寅，占城國使臣沙不等古魯等，援例奏乞冠帶，又以其國數被安南攻掠，道阻難歸，乞遣官護送出境，俱許之。」[6] 蔡汝賢在《東夷圖說》中也曾提及占婆國：「嘉靖年再至。使回，令廣東布政司管帶，以示寵異焉。」[7]

而占婆國在此後再不見有其入貢記載，因此 1543 年，亦可能也是占婆在明朝最後的入貢時間。

爪哇

爪哇，根據《澳門記略》載，也是「正德時移於電白縣，嘉靖中又移濠鏡者。」「正統中，廣東參政張琰言爪哇朝貢頻數、供億費煩，帝納之，敕令三年一貢。弘治以後鮮有至者。」爪哇朝貢的主王國要為莆家龍，即今中爪哇北岸的「北加浪岸」「其國一名莆家龍，又曰下港，曰順塔。有新村，號饒富，華蕃商船輻輳，其村主即廣東人。」[8] 土產有胡椒、丁香、檀香、白豆蔻、沉香等。明廷對爪哇國有特別優待，「凡國王、王妃、陪臣附至貨物，抽其十之五，官給餘值，惟暹羅、爪哇免抽。」[9] 說明了明廷對爪哇有著與別不同的特惠政策。

1　趙春晨，《澳門記略校註》，頁 61。
2　〔明〕王以寧，《東粵疏草》，卷五《條陳東粵疏》。
3　〔清〕萬斯同、張廷玉等，《明史》，卷十八·本紀第十八，《世宗》二。
4　《明會要》，卷七八，《外藩》二，《占城》。
5　〔清〕萬斯同、張廷玉等，《明史》，卷三二四·列傳第二一二，《外國》五，《占城》。
6　《大明世宗肅皇帝實錄》，卷二七六。
7　〔明〕蔡汝賢，《東夷圖說·占城》。
8　趙春晨，《澳門記略校註》，頁 117。
9　同上，頁 104。

在 15 世紀上葉的明永樂至正統（1403-1449）年間，爪哇島主要有三個王國：東部為滿者伯夷，主要港口有杜板（今廚閩）、新村（今名錦石或格雷西）、蘇魯馬益（今稱泗水），[1] 而北加浪岸，其時也屬滿者伯夷境內；西部為異他王國和加盧王國。[2] 異他（順塔）王國，港口在萬丹，又稱下港，及交留巴（雅加達）。[3] 加盧王國的港口在井里汶。

明永樂四年（1406），爪哇「西王貢珍珠、珊瑚、空青等物。東王亦貢馬」。西王在「正統三年（1438），復遣使貢。……八年（1443），令其國三年一貢。景泰三年，西王遣使求討傘蓋、蟒龍衣服。……四年，復貢方物。……自後不常至，間或朝獻云」。[4]《東夷圖說》稱：「正統八年，定三年一貢，著為令。」[5] 15 世紀末，異他和加盧，被帕查查蘭所滅。

在葡萄牙人最初抵達南洋群島的 16 世紀初，爪哇中部信奉伊斯蘭教的淡目國逐漸強盛，並在三十年代最終取代滿者伯夷，佔據了爪哇北方的幾乎全部港口；爪哇西部的帕查查蘭也被淡目國佔去大片北方和東部領土，退守爪哇島西南一隅。16 世紀中（1552-1570），萬丹王國的哈山奴丁將其勢力範圍擴展至西爪哇的西北岸，以及蘇門答臘南部的胡椒產地楠榜，從而富甲一方；至 16 世紀末他的兒子尤述普，更將版圖擴展至西爪哇的中部，與井里汶王國分治西爪哇。[6]

1　〔明〕嚴從簡，《殊域周諮錄》，卷八，《爪哇》。

2　Muhammad Lazuardi, *Sejarah Jawa 10,000 SM - 2017 M* (https://www.youtube.com/watch?v=TEBSkwHU2wI, 2020.01.27.).

3　〔明〕張燮，《西洋朝貢典錄、東西洋考》，卷三，《西洋列國考・下港加留巴》。

4　〔明〕嚴從簡，《殊域周諮錄》，卷八，《爪哇》。

5　〔明〕蔡汝賢，《東夷圖說・爪哇》。

6　Denys Lombard, *Nusa Jawa: Silang Budaya*, Bagian 2: Jaringan Asia, 1996, Jakarta: PT Gramedia Pustaka Utama, 2000, p. 55.

第九章 葡萄牙地理大發現：亞洲之旅（15-16 世紀）

由於葡萄牙人的航海活動與澳門關聯甚大，我們需要回過頭簡要地瞭解一下在 15 至 16 世紀上半葉，在同一時空發生、以葡萄牙人為代表的歐洲「地理大發現」（又稱為「航海大發現」）的情況。

葡萄牙是首個展開遠程海洋探險的歐洲民族。在葡王阿方索五世）至若奧二世）統治的 1438-1495 年間，葡人開始逐步探索前往南方的非洲航路。

1462 年，葡萄牙航海家佩特羅‧辛特拉到達非洲西海岸，並將該地命名為「獅子山」（今稱「塞拉利昂」），成為最早到達非洲西海岸的歐洲人。

1469 年，葡王派商人、航海家費爾南‧戈美士前往幾內亞灣貿易。

1471 年，費爾南‧戈美士到達今加納的埃爾米納；同年 8 月，葡王發動對摩洛哥艾西拉、塞吉爾堡、丹吉爾的征戰。

1473 年或 1474 年，葡人羅庇士‧貢沙維首次抵達加蓬，成為首位跨越赤道的歐洲航海家。

1480 年代，迪奧哥‧康兩次航行非洲西海岸，他成為首位發現並深入非洲剛果河扎伊爾考察的歐洲人。

1482 年，戈美士被葡王若奧二世派往埃爾米納，並在該處設立商館和堡壘。

1486 年 10 月，巴托羅密歐・迪亞士自里斯本河口率四艘卡拉維拉船隊出發，沿非洲西海岸的大西洋南行。1487 年，迪亞士發現並繞過了非洲南部的好望角和非洲最南端的厄加勒斯角，進入印度洋。1488 年 2 月抵達聖布拉斯。迪亞士於 3 月 12 日抵達此次航程最遠點波耶斯曼河口，發現通往印度洋的航路，並在該地豎立石碑。[1]

十年後，葡萄牙人華士古・達・伽瑪率船隊自里斯本出發，由大西洋往南航行，經非洲南部的好望角，進入印度洋，航行非洲東海岸，由東非馬林迪橫跨阿拉伯海，歷史性首航亞洲，於 1498 年 5 月 20 日抵達印度卡里卡特，開啟了歐洲葡萄牙「地理大發現」的亞洲時代。

葡屬印度和亞洲的殖民商貿

繼華士古・達・伽瑪 1498 年的歷史性首航印度之後，卡布拉爾於 1500 年率船再度抵達印度卡里卡特，船隊在被拒絕貿易後繼續南下，將葡萄牙亞洲航線延伸至另一貿易都市科欽。[2]

自 1500 年起的十數年間，葡萄牙每年均派出前往印度的遠征艦隊，先後在印度的科欽、坎納諾爾、奎隆、安傑迪夫、稍烏、第烏、坎貝等地進行貿易，建立貿易站乃至堡壘等軍事要塞。

在同一時期，葡人發現了東非的基盧瓦、索法拉、蒙巴薩、馬達加斯加島、莫桑比克島、桑給巴爾、儒安諾瓦島等地，以及中東地區位於紅海口的索科特拉島和亞丁港，還攻佔了位於波斯灣的馬斯喀特和霍爾木茲等地，並在部分具有戰略價值的地區建立貿易商站、軍事設施和據點。在南亞地區，葡人還前往錫蘭、馬爾代夫、孟加拉等地尋找香料產區。

在 1510 年的「聖凱特琳娜日」（11 月 25 日），阿豐索・阿爾布科爾克率葡軍攻佔印度果阿。[3]自 1510 年起，葡萄牙人在印度建立殖民政權「葡屬印度」，由葡萄牙國王指派一位「副王」，[4] 統治管理印度和亞洲地區的葡萄牙屬地，首府

1　João Braz de Oliveira, *Os navios da Descoberta*, p. 23.

2　Beatriz Basto da Silva, *Cronologia da História de Macau, Vol. 1-séculos XVI a XVIII*, p. 23.

3　Beatriz Basto da Silva, *Cronologia da História de Macau, Vol. 1-séculos XVI a XVIII*, p. 24.

4　副王（vice-rei）：西方國家在海外殖民地及海外行省所設置的最高行政官職，地位類似中國的「欽差大臣」。許多中譯文本翻譯成「總督」，但容易與派駐各地區的地方行政長官的總督（Governador）產生混淆。

設在印度果阿。葡人將果阿建成葡萄牙在亞洲的管治中心、軍事要塞和永久定居點。

1513 年 6-7 月，葡萄牙艦隊在阿爾布科爾克統領下首次深入紅海。地圖測繪家法蘭西斯科‧羅德禮格斯隨艦隊從印度出發，其勘查和記錄了自阿拉伯半島的亞丁港、丕林島出發，進入紅海，到達卡馬蘭島，並跨過紅海，經非洲東北的達赫拉克群島，到達埃塞俄比亞[1]馬沙瓦的航線。[2]

1518 年 9 月 10 日，羅普‧蘇亞雷斯‧阿博卡利亞帶領一支由八百五十名葡萄牙人和二百名奈爾人組成的船隊從果阿啟航，運送建造堡壘的材料，前往錫蘭。在此前的協定中，達摩及其繼任者增加了十頭大象、一套二十枚帶有錫蘭紅寶石的金戒指，作為對葡萄牙國王效忠的信物。在這位僧伽羅國王（1520）去世前不久，他的一位侄子敦促人們在一個晚上摧毀堡壘的夯土牆，並將其包圍半年。然而，安東尼奧‧德‧萊莫斯於 10 月 4 日帶著一艘船和一些人抵達，並與葡萄牙的小型駐軍一起摧毀了圍攻者的戰壕、二千名皇家步兵，及由波烏地拉‧喇拉率領的一百五十名來自北方的騎士和瓦塔卡拉的二十五頭戰象援軍。[3]

攻佔馬六甲、建立東南亞據點

尋找香料產地，是葡萄牙遠航東方的重要使命之一。葡萄牙人在印度發現許多香料均來自東南亞的馬六甲[4]，因此便繼續開拓前往東方的航線，以尋找馬六甲和來自馬六甲的香料產地。

1508 年，迪奧戈‧塞克拉率五船艦隊自里斯本向東方航行，先抵印度柯枝，次抵蘇門答臘的亞齊，最後到達馬六甲。在馬六甲受到馬六甲人的攻擊，二十餘人被俘，三船逃走。[5]葡文文獻稱塞克拉抵達馬六甲的時間是 1509 年。[6]

1511 年，阿爾布科爾克率艦隊，攻佔位於馬六甲海峽的戰略要地馬六甲，

1　今屬獨立國家厄立特里亞（Eritrea）。

2　Armando Cortesão, *The Suma Oriental of Tomé Pires (1512-1515)*, p. 134.

3　Benjamin Videira Pires, S. J., *Taprobana e Mais Além...Presenças de Portugal na Ásia*, Macau: Instituto Cultural de Macau 1995, pp. 20-21.

4　早期中文文獻多稱滿剌加，後期改稱馬六甲。

5　W. A. R. Wood, *A History of Siam: From the Earliest Times to the Year A. D. 1781, with a Supplement Dealing with More Recent Events*, 1926, p. 97. 王任叔，《印度尼西亞近代史》上冊，北京：北京大學出版社，1995，頁 19。

6　Manuel Teixeira, *Portugal na Tailândia*, Macau: Direcção dos Serviços de Turismo, 1983, p. 18.

馬六甲聖保羅堂遺址，建於 1521 年，座落於聖保羅山頂，著名耶穌會士聖方濟各，沙勿略曾到此
（馬六甲，2012） 陳迎憲攝

並建立了葡萄牙在東南亞的軍事據點和定居點。[1]

　　1524 年，葡人也曾與蘇門答臘的巴塞發生戰事，被擊敗後前往蘇門答臘東北部的阿魯王國尋求幫助。[2]

發現巽他、摩鹿加香料之旅

　　1511 年底至 1512 年間，葡人以馬六甲為根據地，派遣安東尼奧·阿布留和弗朗西斯古·瑟朗率三船先後到達香料產地巽他群島和摩鹿加（今稱馬魯古）群島。航點包括：馬都拉、峇厘、龍目、阿魯群島、安汶、盛產肉豆蔻的班達。此時阿布留因船艦損壞返航，而弗朗西斯古·瑟朗則繼續前往希度、蒂多雷，和盛產丁香的德那第等香料產地諸島進行考察。[3] 開拓了葡萄牙進入東南亞群島的新航線。

1　Beatriz Basto da Silva, *Cronologia da História de Macau, Vol. 1-séculos XVI a XVIII*, p. 24.

2　H. Mohammad Said, *Aceh Sepanjang Abad*, Medan: Waspada Medan, 1981, p. 186.

3　陳鴻瑜，《印度尼西亞史》，台北：編譯館，2008，頁 179。

葡萄牙人自 1512 年發現異他航線起，開始全面勘察異他群島的香料產區。1513 年，弗朗西斯古·羅德里格斯的船隊再度考察了「香料群島」，並繪製了一批異他群島和馬魯古群島的航海圖。

後來被派往明廷擔任首任赴華特使的葡萄牙藥劑師托梅·皮雷斯也隨船前往上述群島進行考察，他細緻地考察了自蘇門答臘島、爪哇島的「井里汶（Cherimon）及錦石（Grisee）」、小異他群島、班達群島和馬魯古群島等地，他還曾到達蘇門答臘西北部、距離其十五里格的巴洛斯港口。[1]

在 1512 至 1518 年間，葡人曾多次往來大小異他群島和馬魯古的各香料主要產地。

1515 年，葡人航抵盛產檀香木的帝汶，購買香料。[2] 同年，皮雷斯在印度完成了涉及歷史、地理、人種、植物、經濟、貿易等學科內容的《東方概要》。

1516 年 2 月，費爾南·安德拉德船隊從科欽出發，7 月抵馬六甲，途經蘇門答臘島北部的巴塞，前往孟加拉。[3]

1517 年 1 月，佐治·佛喀薩乘中國船從馬六甲前往帝汶，交易購買檀香木。[4]

1518 年，葡萄牙官員杜瓦德·巴爾波薩將考察印度洋沿岸和異他群島的成果，在印度完成其著作《與印度洋接壤的國家及其居民的敘述》。[5]

1520 年，葡人若望·盧羅沙前往班達和帝汶，並在帝汶的利福港建立居所。[6]

1522 年，葡人布里托率六艘維拉船及三百人，經杜板、馬都拉再航抵班達、德那第、蒂多雷。葡人乘老國王之死，王子年幼，隨即在德那第興建石質的

1　Armando Cortesão, *The Suma Oriental of Tomé Pires (1512-1515) and The Book of Francisco Rodrigues (1515)*, pp. 25-26.

2　陳鴻瑜，《印度尼西亞史》，頁 179。

3　Armarando Cortesão, *Biographical Note on Tomé Pires (1512-1515) and The Book of Francisco Rodrigues (1515)*, p. 29.

4　*Instituto dos Arquivos Nacionais, Torre do Tombo (IAN/TT)*, Gaveta 16, maço, no.5 fl.15, Gavetas da Torre do Tombo, VI, pp. 337-359.

5　Duarte Barbosa, *The Book of Duarte Barbosa* Vol. 2, Translated by Mansel Longworth Dames, London: The Hakluyt Society, 1921.

6　Duarte Barbosa, *The Book of Duarte Barbosa* Vol. 2, p. 195.

堡壘要塞，也在安汶和希度建設堡壘。[1]

1525 年，以熱羅尼莫‧菲格雷多為首的探險隊，前往蘇門答臘尋找傳說中的「黃金之島」，但以失敗告終。這是之前 1519 年和 1521 年兩次前往該島活動的延續，但明顯經過更精心的準備。[2]

1529 年 4 月 22 日，葡西兩國在西班牙沙拉哥薩簽訂條約，劃分兩國在摩鹿加群島的分界線，摩鹿加群島被劃歸葡萄牙所有。[3] 葡人欲壟斷香料貿易，遂與當地的自由貿易方式產生衝突，王子和首相被葡人囚禁。[4]1531 年，王子阿約拉獲釋後逃往齊羅羅，聯合群島上的巴占、蒂多雷等國組成聯軍進攻葡萄牙要塞。1533 年，王子戰死，葡人完全控制德那第。

1536 年 10 月 27 日，由葡王任命的第七任葡萄牙在馬魯古的管治者、葡萄牙將領安東尼奧‧憂旺被派往德那第擔任最高統帥，駐守堡壘，任期直至 1539 年。當他抵達德那第時，城市被焚毀，島上空空如也，葡人及奴隸、囚犯面臨絕境。此時百物騰貴，炮兵部隊缺乏裝備、火藥，兵艦需要大修。根據他的回憶錄描述：「眾人在十字架下歌唱著『主啊，我們讚美祢！』等待他的到來和解救。」憂旺的回憶錄《敘述烏魯古》是在 1540 年他任滿返回葡萄牙後撰寫的，記述其在位期間，身穿白衣，前往蒂多雷，與穆斯林的蒂多雷蘇丹凱吉‧拉達握手議和，及在摩鹿加的經歷。[5]

挺進中南半島

此外，在往東南亞巽他群島勘查的同時，葡萄牙也繼續往北方探求前往中國的航路。

1511 年，阿爾布科爾克在派兵圍困滿剌加城的同時，為了方便日後葡人的拓展，便派遣杜瓦德‧費爾南德斯北上暹羅，謀求與暹邏建立商貿和友好關

1　João de Barros, *Da Asia de João de Barros dos Feitos,que os Portugueses Fizeram no Descubrimento, e Conquista dos Mares, e Terras do Oriente*, Lisboa: Regia Oficina Typografica, 1777, pp. 605-622. 陳鴻瑜，《印度尼西亞史》，頁 179。

2　〔印度〕桑賈伊‧蘇拉馬尼亞姆（Sanjay Subrahmanyam），《葡萄牙帝國在亞洲：1500-1700 政治和經濟史》，何吉賢譯，澳門：紀念葡萄牙發現事業澳門地區委員會，1997，頁 99。

3　*The New Encyclopædia Britannica*, Volume 25, Micropædia, 15th edition, p. 1055.

4　王任叔，《印度尼西亞近代史》，頁 27。

　5　George Miller, *Indonesia Timur Tempo Doeloe 1544-1992*, Jakarta: Komunitas Bambu, 2011, pp. 3-8.

係。[1] 他受到暹羅國王的歡迎，被委任為暹羅特使。[2]

1512 年，阿爾布科爾克再派安東尼奧・阿澤維多，北上暹羅首都阿瑜陀耶，謀求建立與暹邏的商貿和友好關係，獲得暹邏國王接納。[3]

1516 年，阿爾布科爾克第三次派遣使節杜瓦德・科埃略前往阿瑜陀耶，並和暹羅簽訂條約，暹羅允許葡人在阿瑜陀耶、丹那沙林、墨吉、北大年及單馬令等地居住和經商。[4]

1522 年，安東尼奧・阿澤維多被任命為葡萄牙特使出使暹羅。[5]

1523 年，多明戈斯・西薩斯等六葡人登陸暹羅丹那沙林，尋找食物，在該處發現西蒙・布利圖為首領的三十名葡人海盜，劫持了一艘屬於丹那沙林政府裝載食物的船隻。

1524 年，杜瓦德・科埃略由海路到達交趾的會安，並在該處刻石留記。[6]

歐維士首抵 Tamão 島

佐治・歐維士被公認為是首位到達中國的葡萄牙人，這一點應該沒有疑問。但不同文獻對他抵達時間的記載卻有所不同。

1513 年，一位在馬六甲的葡商前往勃固購買產品；7-8 月，葡人佐治・歐維士抵達中國海濱的 Tamão 島。[7] 另一份葡文資料顯示：「佐治・歐維士首位葡人於 1513 年抵達中國，停泊於靠近廣州的 Tanau 島。在該處埋葬了死去的兒子，並豎立一塊石碑，上書：若奧・巴路士（João de Barros）。而他自己最終也安葬在該處，那是在 1521 年，當他第三次抵達該『所有人的貿易島』的時候。」[8]

一封致阿豐素・阿布科爾克的信中則稱：1514 年，歐維士乘來自勃固的馬

1　Manuel Teixeira, *Portugal na Tailândia*, p. 19,

2　W. A. R. Wood, *A History of Siam: From the Earliest Times to the Year A. D. 1781, with a Supplement Dealing with More Recent Events*, p. 98.

3　Fundação Calouste Gulbenkian, *Thailand and Portugal, 470 years of Friendship*, Lisboa: Calouste Gulbenkian Foundation, 1982, p. 42.

4　W. A. R. Wood, *A History of Siam: From the Earliest Times to the Year A. D. 1781, with a Supplement Dealing with More Recent Events*, p. 98. 陳鴻瑜，《泰國史》，頁 108。

5　Manuel Teixeira, *Portugal na Tailândia*, pp. 19-20.

6　〔葡〕潘日明（Benjamin Videira Pires），〈唐・若奧五世在遠東的外交政策〉，《文化雜誌》，第 11-12 期，1993。

7　Jorge de Abreu Arrimar, *Macau no Primeiro Quartel de Oitocentos I-Influência e Poder do Ouvidor Arriaga*, Macau: Instituto Cultural do Governo da R. A. E. de Macau, 2014, p. 47.

8　Artur Basíliio de Sá, *Jorge Álvares-Quadros da sua biografia no Oriente*, Lisboa: Agência Geral do Ultramar, 1956. p. 13.

六甲艍船「酋長號」（*Bemdara*），船上裝載半艙的胡椒，首航中國。[1]

1515 年，歐維士再次踏足 Tamou 島，並在島上豎立了有葡萄牙王室標誌的石柱。而他本人也於 1521 年在第三次到達那個「所有人的貿易島」時死於該地。[2]

Tamão 島在不同的文獻中有多種寫法：Tanau，Tamau，Tamang，Tamão。[3]而歐維士所抵達的港口 Tamão 島究竟在何處，學術上意見頗有分歧，分別有認為是上川、下川、屯門、東涌等地的多種不同說法。瑞典人龍思泰根據早期葡文文獻，最早認定 Tamão 指的是上川島；之後有華人學者根據 Tamão 的對音，中譯為「屯門」，此後大部分中文史書和學者論文中均標註為「屯門」。

但由於屯門並非島嶼，不符合歐維士對該「貿易島」的描述，因此後來大多學者已對「屯門說」持懷疑態度。而有學者針對「屯門說」的缺陷提出「東涌說」，「東涌說」是對屯門說的補充，認為屯門澳即為屯門對面的島嶼大嶼山，其貿易點在東涌。而內地學者根據在上川所發現的「石筍」和大量正德至嘉靖年間的瓷片，論證了上川才是歐維士所抵達的 Tamão 島。

徐薩斯《歷史上的澳門》（中譯本）一書中提及：1516 年，葡人拉菲爾・佩雷斯特羅到達下川的屯門澳貿易，並獲利豐厚，稱當時廣東與滿剌加的貿易集中於下川的屯門澳（那霧港）。[4]而該書的葡文原版稱：拉菲爾・佩雷斯特羅抵達鄰近上川島之下川島的 Tamou 港（Porto Namo）。[5]而該港名似乎應翻譯為「南澳」（Nam-o），而非「那霧」（Na-mo），即今下川島之南澳港。

葡人早期活動的地點主要在上、下川水域附近，被中譯成為「屯門」的 Tamão、Tanau 或 Tamou，很可能並非今日香港的屯門或東涌，而究竟在上川還是在下川？從目前考古文物的證據顯示，上川島的可能性比較大。理由是：上川島的花碗坪海灣，發現大量明代由正德年至嘉靖年間的青花瓷片，說明這裏曾是當年葡人碇舶之所；當地至今現存一個被稱為「石筍」的殘存石柱，很可能便是當年歐維士所留下、有葡萄牙標誌的石柱；上川島同時也是首位羅馬天主教赴遠

1　瑞・布列圖・帕塔林致葡屬印度總督阿布科爾克的信，見 Artur Basíliio de Sá, *Jorge Álvares-Quadros da sua biografia no Oriente*, pp. 10-11.

2　João de Barros, *Da Asia de João de Barros dos Feitos, Que os Portugueses fizeram no descobrimento, e conquista dos mares, e terras do Oriente, Decada Terceira, parte segunda*, p. 22. C. A. Montalto de Jesus, *Macau Histórico*, p. 22.

3　Beatriz Basto da Silva, *Cronologia da História de Macau, Vol. 1-séculos XVI a XVIII*, p. 25.

4　〔葡〕徐薩斯，《歷史上的澳門》，黃鴻釗、李保平譯，澳門：澳門基金會，2000，頁 2。

　5　C. A. Montalto de Jesus, *Macau Histórico*, p. 22.

東傳教士方濟各・沙勿略在華居留和逝世的地點。1551年12月30日抵達上川島的平托稱：「我們來到中華帝國。我們停泊在上川港中，當時我們的貿易都在那裡進行。」[1]

以上的例子也說明了外文中譯出現的錯誤，常導致研究方向的改變，並將研究引入死胡同，說明了單憑一種文字難以瞭解事實的全部。這也說明澳門歷史研究的難度，在於重視原文的閱讀，並盡可能選讀原文或當朝的文本。

葡萄牙首任特使皮雷斯訪華

1517年6月15日，[2]費爾南・安德拉德率由五艘大黑船和四艘平底艍船組成的艦隊，護送葡萄牙特使托梅・皮雷斯抵達廣州。葡人船隊升旗，並鳴炮三響向對方致意，要求和中國建立正式貿易關係。郭棐稱：「正德十三年，佛郎機大船突入廣州澳口，銃聲如雷，以進貢請封為名，左布政兼副使吳廷舉聽之，兩臺議非例不許，退泊東莞南頭。」[3]

1517-1518年，費爾南・安德拉德派遣喬治・馬斯卡列納斯率幾艘返回琉球船陪同前往偵察琉球群島。但逆風讓他留在了福建海岸，馬斯卡列納斯在漳州城做了極有利的貿易。[4]

在皮雷斯特使滯留廣州等待明廷傳召（1517-1520）期間，發生了多起對葡人不利的事件：一是葡艦在退泊東莞南頭時，葡人「徑造屋樹柵，恃火銃以自固，數掠十歲小兒烹食之」；[5]二是1518年，葡將西蒙・安德拉德率三艘平底船到達下川南澳港，在該處建立炮台，並在附近小島豎起絞架，處決一名犯罪少年，還拒絕繳稅，甚至鞭笞一名中國海關官員；三是滿剌加國王的封臣賓坦酋長向皇帝報告葡人以武力佔領滿剌加的罪行。[6]

1520年1月，皮雷斯應召上京，並於5月抵達南京覲見了正德皇帝。1521年1月，正德皇帝和皮雷斯特使及隨行人員抵達北京，而滿剌加使臣也先於葡

1 〔葡〕費爾南・門德斯・平托（Fernão Mendes Pinto），《遠遊記》下冊，頁677-678。

2 《大明武宗毅皇帝實錄》，卷一四九，正德十三年五月辛丑條。

3 佛朗機：明朝時稱葡萄牙人為佛朗機人。〔明〕郭棐，《廣東通志》，七二卷，萬曆三十年木刻本，卷六九・外志四，《番夷》。

4 〔葡〕伯來拉（Galeote Pereira）、克路士（Gaspar da Cruz）等，《南明行紀》，何高濟譯，台灣書房出版有限公司，頁219。

5 〔明〕郭棐，《廣東通志》，七二卷，萬曆三十年木刻本，卷六九・外志四，《番夷》。

6 〔葡〕徐薩斯（Montalto de Jesus），《歷史上的澳門》，頁3-4。

人抵達北京。2 月，有大臣上疏指控葡萄牙人吞併滿剌加及在廣東的劣行，請驅逐葡人。[1] 更不巧的是正德皇帝於 4 月駕崩。[2] 5 月，明世宗繼位，次年改元嘉靖。[3] 葡萄牙特使也被下令遣送回國，所帶禮品亦被拒收。特使使團一行於 5 月 22 日離開北京，於 9 月 22 日抵達廣州，隨即被廣東當局逮捕並關押，葡人首次出使中國的使命以失敗結束。

中葡首戰西草灣

1522 年 7 月，葡人馬爾丁・科蒂尼奧奉葡王曼努埃旨令為第二任特使出使大明，率六船艦隊，於 8 月抵達貿易島，會合了杜瓦特・科埃略，艦隊悄悄駛入港口，但不久被中國皇家艦隊所襲擊，船隻中彈起火。[4]

當葡人試圖以武力奪取南頭的備倭總部時，很快便被明軍擊退。備倭隨即向葡人發動反擊，雙方死傷慘重。明軍有一百士兵死亡，葡人兩艘艦船連同艦長在濠鏡澳以南、十字門水域附近的西草灣 [5] 被擊沉，四十二名葡人被俘，其他葡船倉皇出逃，於 10 月返抵滿剌加。被俘虜的葡人在 1523 年 9 月被公開處決。廣東裝備了一百艘平底船組成艦隊，以防範葡人再來。[6]

閩浙沿海的走私貿易

明朝政府於 1522 年斷絕與葡萄牙的交往。葡人在 1523 年至 1541 年前往福建和浙江與海盜進行走私貿易。[7]

1523 年（嘉靖二年），給事中夏言因日本進貢事件，上疏奏言倭禍起於市舶，遂革福建、浙江二市舶司，惟存廣東市舶司。[8] 然而，因廣東嚴加防範葡人的

1　《大明武宗毅皇帝實錄》，卷一九四，正德十五年十二月己丑條。

2　武宗崩於正德十六年三月丙寅，見〔清〕萬斯同、張廷玉等，《明史》，卷十六・武宗紀。

3　世宗於正德十六年四月癸卯繼位，見張廷玉《明史》，卷十七，《世宗》一。

4　C. A. Montalto de Jesus, *Macau Histórico*, p. 29.

5　〔明〕郭棐，《粵大記》，《日本藏中國罕見地方志叢刊》，卷三二，《廣東沿海圖》。另見劉堯海，《蒼梧總督軍門志》，卷五《全廣海圖》上標註：「西草灣，此澳大可泊東北風，至老萬山二潮水，至虎頭門二潮水，至雞公頭一潮水。十字門澳，夷船泊此澳內。」該圖標注西草灣位於十字門澳和三竈間水域（見《澳門編年史》卷一，頁 179）。黃文寬先生考西草灣即台山甫草灣，其南面即上下川島，見《澳門史鉤沉》，澳門：星光出版社，1987，頁 203-204。

6　Manuel Teixeira, *Macau no Séc. XVI*, p. 13.

7　Beatriz Basto da Silva, *Cronologia da História de Macau, Vol. 1-séculos XVI a XVIII*, p. 36.

8　〔清〕萬斯同、張廷玉等，《明史》，卷七五・志第五一，《職官》四，《市舶提舉司》，卷八一・志第五七，《食貨》五。

進犯而全面實施「海禁」，因此影響到其他東南亞朝貢貿易和民間貿易活動，隨後大量東南亞商人紛紛北上福建和浙江進行走私貿易，其中也包括了葡萄牙人。

自從安德拉德犯事後，葡人在暹羅認識了一位華人王直（又名汪直），在他的引領下，到達寧波[1]進行非法貿易。這些事在寧波暗中進行了一段時間後，葡人開始到漳州和廣東海島做生意，並在寧波諸島住冬。「如此之自由，以致除絞架和市標外一無所缺。」[2]

1540年，一些日本人、葡人和華人在浙江雙嶼建屋聚居。[3] 之後「葡人和中國人，無法無天到開始大肆劫掠，殺了些百姓。這些惡行不斷增加，傳到皇帝，他馬上下旨福建大艦隊把海盜從寧波沿海驅走。」[4]

1547年，《明史》稱浙閩提督朱紈率艦隊「將進攻雙嶼，使副使柯喬、都指揮黎秀分駐漳、泉、福寧，遇賊奔逸，使都司盧鏜將福清兵由海門進。……夏四月，鏜遇賊於九山洋，俘日本國人稽天，許棟亦就擒。棟黨汪直等收余眾遁，鏜築塞雙嶼而還」。[5] 葡人被趕出浙江沿海。[6]

1548年，九月辛丑，「賞巡視海道都御史朱紈銀幣。初，海賊久據雙嶼島招引番寇剽掠。二月中，紈密檄福建都司都指揮盧鏜等，以輕舟直趨溫州海門衛，伺賊至，與浙兵夾擊敗之，賊遁入島。捷聞兵部謂：紈功宜先錄，其餘功罪令御史再勘以聞。從之」。[7] 葡人逃往福建，重賄漳州（靠近廈門）地方官獲得居留。[8]《明實錄》稱：「御史陳宗夔勘上：前賊乃滿喇伽國番人，每歲私招沿海無賴之徒往來海中販鬻番貨，未嘗有僭號流劫之事。二十七年（1548）復至漳州月港、浯澳等處，各地方官當其入港，既不能羈留人貨疏陳聞廟堂，反受其私略，縱容停泊，使內地奸徒交通無忌，及事機彰露，乃始狼狽追逐，以致各番拒捕殺人，有傷國體。其後諸賊已擒，又不分番民首從，擅自行誅。」[9]

1549年，四月戊申，「巡按福建御史楊九澤，以詔安擒獲海賊捷。」四月庚戌「巡視浙江都御史朱紈疏陳，報詔安之捷。因言閩賊蟠結已深，成擒之後奸究

1　此處的寧波：指浙江舟山群島之雙嶼島。
2　〔葡〕伯來拉（Galeote Pereira）、克路士（Gaspar da Cruz）等，《南明行紀》，頁132-133。
3　Manuel Teixeira, *Macau no Séc. XVI*, p. 14.
4　〔葡〕伯來拉（Galeote Pereira）、克路士（Gaspar da Cruz）等，《南明行紀》，頁133。
5　〔清〕萬斯同、張廷玉等，《明史》，卷二〇五·列傳第九三，《朱紈》。
6　Austin Coates, *A Macao Narrative*, Hong Kong: Oxford University Press, 1978, p. 20.
7　《大明世宗肅皇帝實錄》，卷三四〇，嘉靖二十七年九月辛丑條。
8　〔葡〕徐薩斯（Montalto de Jesus），《歷史上的澳門》，頁11。
9　《大明世宗肅皇帝實錄》，卷三六三，嘉靖二十九年七月壬子條。

切齒，變且不測。臣訊得所俘偽千總李光頭等九十六人，交通內應，即以便宜，檄都指揮盧鏜、海道副使柯喬斬之，部臣請下巡按勘核，已御史陳九德劾紈，不俟奏覆，擅專刑戮，請治其罪，並坐鏜及喬等。」[1]「先是，紈奏海夷佛狼機國人行劫至漳州界，官軍迎擊之於走馬溪，生擒得賊首李光頭等九十六人，已遵便宜斬首訖，章下兵部，請俟覈寔論功。」[2] 葡人被趕出福建沿海。[3] 葡人在離開福建時，留下三十名葡人看守用來和中國交換商品的兩艘船隻。隨後盧鏜率領的中國艦隊襲擊和奪取這兩艘船，殺死了一些葡人和九十多名與之通番的中國人，俘獲一批葡人，其中四名被稱為「馬六甲王」。[4]

1550 年，因葡人搶奪一位阿美尼亞人的遺產及糧食，被明軍追殺，五百葡人只有三十人逃脫。[5]

種子島傳火繩槍

葡人最早抵達日本的時間有以下不同版本。

1542 年，葡人安東尼奧·達·莫達、弗蘭西斯科·傑摩多、安東尼奧·貝索多抵達日本種子島，同時抵達的還有費爾南·門德斯·平托等。[6]

1542-1543 年間，葡人安東尼奧·達·莫達等三人乘船由暹羅前往中國途中遭遇風暴，該船漂流至日本九州附近的種子島，遂發現日本航線，[7] 葡人傳授火繩槍技術，火繩槍遂傳入日本。與此同時葡萄牙也開啟了地理大發現的日本探索之旅。

1543 年，根據日本文獻《鐵炮記》載：「天文癸卯秋八月二十五丁酉，我西村小浦，有一大船，不知自何國來。船客百餘人，其形不類，其語不通。……賈胡之長有二人，一曰牟良叔舍，一曰喜利志多侘孟太，手攜一物，長二三尺。其為體也，中通外直，而以重為質；其中雖常通，其底要密塞。其傍有一穴，通火之路也。形象無物之可比倫也。其為用也，入妙藥於其中，添以小團鉛，先置

1 《大明世宗肅皇帝實錄》，卷三四七，嘉靖二十八年四月戊申、庚戌條。

2 《大明世宗肅皇帝實錄》，卷三六三，嘉靖二十九年七月壬子條。

3 〔清〕萬斯同、張廷玉等，《明史》，卷三二五·列傳第二一三，《外國》六，《佛郎機》。

4 〔葡〕伯來拉（Galeote Pereira）、克路士（Gaspar da Cruz）等，《南明行紀》，頁 139。

5 〔葡〕徐薩斯（Montalto de Jesus），《歷史上的澳門》，頁 11。

6 Beatriz Basto da Silva, *Cronologia da História de Macau, Vol. 1-séculos XVI a XVIII*, p. 39.

7 Gonçalo Mesquitela, *História de Macau*, Volume II, Tomo I, *-A Época em que Macau, Já Institucionalizada, Se Insere*, Macau: Instituto Cultural de Macau, 1997, p. 22.

一小白（標靶）於岸畔，親手一物，修其身、眇其目，而自其一穴放火，則莫不立中矣。其發也，如掣電之光；其鳴也，如驚雷之轟，聞者莫不掩其耳矣。」[1]

1544 年，葡人佐治·法利亞和費爾南·門德斯·平托乘船前往日本九州的鹿兒島，並到達九州豐後國的府內港。平托將此次航程記錄在他的《朝聖》一書。同年，佐治·歐維士搭載天主教著名傳教士方濟各·沙勿略自上川島抵達鹿兒島的薩摩國，考察當地海岸的地理狀況和民族習俗。[2]

1549 年，方濟各·沙勿略抵鹿兒島傳播天主教。1550 年他乘葡船前往平戶，獲得平戶藩主松浦隆信的熱情接待，獲允許他在當地傳教。隨後，他途徑本州山口、從陸路抵達岩國，再經海路前往本州中部的港口城市堺市，再前往京都，到次年 1 月方才返回平戶。[3] 方濟各·沙勿略在日本停留至到 1551 年，後返回印度果阿。日本是葡萄牙地理大發現的最後一站。至此，葡萄牙地理大發現的主要航路基本完成。

重返上川（1549-1554）

1549 年，被逐出福建沿海後，葡人重新返抵上川，並買通地方官吏，在當地搭建帳篷和草寮。[4]

1550 年，葡人獲准在廣東參與半年一次的集市貿易，並從事中日兩國之間的貿易。菲南度·門內斯成為首任中日航線主艦長。[5] 本年起，葡人獲得默許在上川島附近的浪白澳進行每年一次的互市貿易，當年有兩艘葡船從上川開通了駛往日本平戶的航線。[6]

1551 年，杜瓦德·伽瑪乘一艘納烏船，由廣東前往豐後。[7] 葡人在寧波（雙嶼）和漳州遭到「迫害」之後，重返上川、浪白。[8]

1552 年，4 月 15 日，耶穌會士方濟各·沙勿略計劃出使中國，在迪奧戈·俾利喇陪伴下，離開果阿前往中國。8 月，方濟各·沙勿略訪問鹿兒島。10 月

1　〔日〕南浦文之，《南浦文集》，三卷本，慶安二年，卷上，《鐵炮記》。

2　Gonçalo Mesquitela, *História de Macau*, Volume II, Tomo I, 1997, p. 24.

3　Gonçalo Mesquitela, *História de Macau*, Volume II, Tomo I, 1997, p. 31.

4　〔葡〕徐薩斯（Montalto de Jesus），《歷史上的澳門》，頁 11。

5　Beatriz Basto da Silva, *Cronologia da História de Macau, Vol. 1-séculos XVI a XVIII*, Livros do Oriente, p. 44. 主艦長：葡文 Capitão-mor。有中文文獻以葡文音譯為「加必丹末」，本書則以葡文意譯為主艦長。

6　Manuel Teixeira, *Macau no Séc. XVI*, p. 41.

7　Luís Filipe Barreto, *Macau: Poder e Saber-Séculos XVI e XVII*, Lisboa: Editorial Presença, 2006, p. 108.

8　Beatriz Basto da Silva, *Cronologia da História de Macau, Vol. 1-séculos XVI a XVIII*, p. 45.

聖方濟各墓碑，耶穌會士聖方濟各・沙勿略 1552 年於上川島逝世，此墓碑立於 1639 年（上川，2011） 陳迎憲攝

22 日，沙勿略抵達上川島。12 月 2 日晚至 3 日凌晨，耶穌會士方濟各・沙勿略在上川島逝世。[1] 本年，曼奴埃・皮列度乘坐一艘平底船前往鹿兒島南部的指宿；而杜瓦德・伽瑪則乘坐納烏船前往種子島。[2]

　　1553 年，杜瓦德乘一艘納烏船，由廣東前往平戶。

1　Beatriz Basto da Silva, *Cronologia da História de Macau, Vol. 1-séculos XVI a XVIII*, p. 46.

2　Luís Filipe Barreto, *Macau: Poder e Saber-Séculos XVI e XVII*, p. 108.

遷居浪白（1554-1557）

浪白，又稱浪白澝，位於西江入海口附近，是香山縣屬下的三個舶口之一。郭棐在明萬曆《廣東通志》中稱：「澳門：夷船停泊皆擇海濱地之灣環者為澳，先年率無定居，若新寧則廣海、望峒，香山則浪白、濠鏡澳、十字門……」浪白是早年諸番互市之地，被稱為「香山澳」，為今珠海南水鎮。

《香山縣志》稱：「文灣山在土城之南六十二里大海中，峰巒秀草，與連灣山對峙，中界浪白澝海，自成一港，灣拱如門，有雞心洲，收束其勢。山橫列如城垣，廣三十餘里，內有村落。」[1]

1554 年起，葡人被禁止在上川島居住，但與此同時，浪白澝則開放外國人居住，五百葡人遷往浪白澝居住。[2] 本年，葡人沒有船前往日本。[3]

1555 年，杜瓦德乘一艘納烏船，由廣東前往平戶。

1556 年，弗蘭西斯科·巴里亞，乘坐一艘納烏船，由廣東前往豐後／府內；迪奧戈·阿拉岡則前往平戶。

1557 年，弗蘭西斯科·馬廷斯前往平戶，吉列瑪·俾利喇乘一艘平底船及另外兩艘大帆船前往平戶。本年濠鏡正式對葡人開放，由平戶返航的葡船，首次泊入濠鏡，[4] 這成為日後澳門前往日本平戶每年定期航班中最重要的海上航線。

索薩的媽港之路

1552 年，萊昂內爾·索薩開始其第一次的中國之旅，並連續三年（於 1553 和 1554 年）由馬六甲再度前往中國試圖修復關係，然而中國的港口依然對葡人關閉。[5]

1554 年，萊昂內爾·索薩首次獲得廣州官員（海道副使汪柏）的口頭協議，支付一個獲取合法貿易權利的費用後，葡人得以自由前往媽港。[6]

同時期的多明我會士克魯士神父稱：「在 1554 年，正是出生於阿爾加維（Algarve）、在稍烏（Chaul）結婚成家的主艦長萊昂內爾·索薩，與中國人達

1　〔清〕田星五、陳澧，《香山縣志》，卷四·輿地上，《山川》。

2　C. A. Montalto de Jesus, *Macau Histórico*, p. 37.

3　Luís Filipe Barreto, *Macau: Poder e Saber-Séculos XVI e XVII*, p. 109.

4　Manuel Teixeira, *Macau no Séc. XVI*, p. 41.

5　Manuel Teixeira, *Macau no Séc. XVI*, p. 22.

6　Beatriz Basto da Silva, *Cronologia da História de Macau*, Vol. 1- séculos XVI a XVIII, p. 49.

聖安東尼教堂十字架（1638年立），此處為葡人最早定居點（澳門，2021） 陳迎憲攝

成協議，同意將向他們納稅，從此後便讓我們在中國第一港口廣州貿易。中國人和他們進行絲綢和麝香貿易，這是葡人在中國購買的主要貨物。」[1]

1555 年，杜瓦特·達·伽馬的克拉克船在 11 月中回程中曾到達媽港，當時耶穌會神父貝爾徹爾·努內斯·巴萊多和他的同伴，以及費爾南·平托等人當時都在該地，而大帆船之後就在那裏或附近的島嶼浪白澳住冬。[2]11 月，耶穌會士貝爾徹爾·努內斯·巴萊多在阿媽港寫的信中講述：「十天或十二天以前，一艘來自日本的大船到了這兒，她帶回了很多的貨物，以致在中國的所有其他葡萄牙人和船隻都想去日本；他們希望在這兒的中國沿海過冬，等到來年 5 月季風合適的時候再去日本。」[3] 這是文獻中有葡船進入阿媽港的首次紀錄。

1556 年，1 月 15 日，擔任日本航線十七艘船艦主艦長的萊昂內爾·索薩自科欽寫給若奧三世的兄弟，路易斯王子的一封信中稱，他在 1553 年底碇舶於上川島，在 1553-1554 期間獲得海岸檢察官的同意，允許葡萄牙人進入中國定居點。[4]

1557 年，葡人獲得廣州官員的允許，入居濠鏡。[5]

小結

葡萄牙為東方遠征付出巨大的代價：在葡萄牙國王若奧三世統治的 1522 至 1557 年間，自里斯本開往東方共有二百二十八艘納烏船、二十艘卡拉維拉船；自波爾圖開出十二艘納烏船、二百一十六艘卡拉維拉船；其中失蹤的有二十八艘納烏船（六艘無人生還）和三艘卡拉維拉船；在回程失蹤的有十九艘納烏船。[6]

1 〔葡〕伯來拉（Galeote Pereira）、克路士（Gaspar da Cruz）等，《南明行紀》，頁 131。

2 C. R. Boxer, *The Great Ship from Amacon: Annals of Macao and the Old Japan Trade, 1555-1640*, pp. 21-22.

3 〔印度〕桑賈伊·蘇拉馬尼亞姆，《葡萄牙帝國在亞洲 1500-1700 政治和經濟史》，頁 111。

4 Beatriz Basto da Silva, *Cronologia da História de Macau, Vol. 1-séculos XVI a XVIII*, p. 51.

5 Fernão Mendez Pinto, *Peregrinaçam*, Lisboa: Pedro Crasbeeck, 1614, p. 295.

6 Ignacio da Costa Quintella, *Annaes da Marinha Portuguesa*, Tomo I, Lisboa: Na Typografia da Mesma Academia, 1839, p. 373.

第十章　葡萄牙人何時居澳？

對於葡人何時入澳，學術上至今並沒有完全一致的見解，有 1553、1554、1555、1557 等各不相同的說法。應該說，以上各種說法都有一定的文獻依據，對此我們必須小心求證，以形成接近事實的共識。

水濕貢物、借地晾曬之嘉靖卅二年（1553）說

在早期的中文澳門歷史著作中，「1553 說」是佔據了主流的意見。持此說者以華人學者為主，認為葡萄牙人是在 1553 年入居濠鏡，或是「混入」濠鏡。此說所依據的相關文獻來源如下：

（1）郭棐在明萬曆《廣東通志》中所提及的當朝情況：「嘉靖三十二年，舶夷趨濠鏡者，托言舟觸風濤縫裂，水濕貢物，願暫借地晾曬，海道副使汪柏徇賄許之。時僅蓬累數十間，後工商牟利者，始漸運磚瓦木石為屋，若聚落然。自是諸澳俱廢，濠鏡獨為舶藪矣。」[1] 認定該「托言舟觸風濤縫裂，水濕貢物，願暫借地晾曬」為名的是葡萄牙人。然而，該段文字並未明確說明「舶夷」是何許

---

1 〔明〕郭棐，《廣東通志》，七二卷，萬曆三十年木刻本，卷六九·外志四，《番夷》。

人，也有可能並非指葡萄牙人。

（2）明朝王以寧在《東粵疏草》中提到占城等諸國商人來濠鏡互市的場景：「國初，占城諸國來修職供，因而互市，設市舶提舉以主之。稛載而來，市畢而去，從未有盤踞澳門者，有之，自嘉靖三十二年始。」[1] 王以寧此處所指 1553 年起有蕃人入居澳門，而對於盤踞澳門者，提及了占城諸國商人，同樣未提到被稱為佛郎機的葡人。

（3）清乾隆年間《澳門記略》亦載：「三十二年，蕃舶託言舟觸風濤，願借濠鏡地暴諸水漬貢物，海道副使汪柏許之。初僅茇舍，商人弁奸利者漸運瓴甓榱桷為屋，佛郎機遂得混入，高棟飛甍，櫛比相望，久之遂專為所據。蕃人之入居澳，自汪柏始。」[2] 此處雖有提到佛郎機，但說明是因商人建屋之後，蕃人入居澳，方引致佛郎機人混入澳門。而關於借地暴諸水漬貢物的蕃舶，並沒有提及他們的國籍，只是說明了在本年有蕃人入居澳門。

以上數則文獻，全部所述均明確 1553 年為「蕃人居澳」的開始，然而數則史料中並沒有提到蕃人的身份和蕃舶的國名，而僅王以寧提及占城諸國，而沒有任何史料提及有「佛朗機人」牽涉其中，也沒有說明是葡人居澳的開始，更加不是開埠時間。

另一方面，若以「水濕貢物」為由的話，應該是當時與大明朝有朝貢關係的國家，而當時佛郎機人還未獲得朝貢資格，不大可能因此獲得批准上岸。僅以這一點分析，便較大程度排除了「舶夷」指的是葡人的可能性。

蘇薩與汪柏協議之嘉靖卅三年（1554）說

持此說的也以華人學者為主。根據是：葡人萊昂內爾·索薩與汪柏在 1554 年 12 月在船上達成的口頭協議，汪柏破例允許葡人到濠鏡或廣州貿易，濠鏡因此開埠。[3] 所根據文獻如下：

（1）萊昂內爾·索薩 1556 年從科欽寫給國王若奧三世兄弟堂·路易斯的一封信，以及 1563 年寫給凱特琳娜女王的信中稱：其重新獲得廣州中國官員（海道副使汪柏）的信任，達成首次口頭協議，在支付一筆合法貿易的稅項後，葡人

1　〔明〕王以寧，《東粵疏草》，卷五《條陳海防疏》。
2　趙春晨，《澳門記略校註》，頁 65。
3　吳志良、湯開建、金國平，《澳門編年史》，第一卷（明中後期），頁 101-103。

獲自由前往媽港這一著名的定居點進行自由貿易。[1]

（2）鄭舜功《日本一鑑》記載：「歲甲寅（嘉靖三十三年，即 1554 年），佛郎機夷船來泊廣東海上，比有周鸞，號客綱者，乃與番夷冒他國名，誆報海道，照例抽分，副使汪柏故許通市。而每以小舟，誘引番夷，同裝番貨，市於廣東城下，亦賞入城貿易。」[2]

（3）明代葡萄牙多明我修士克路士神父在其《中國志》中稱：「自 1554 年以來，萊昂尼・蘇薩和中國人訂立條約說我們要向他們納稅，他們則讓我們在他們的港口進行貿易，從此後我們便在中國第一港口廣州做貿易。」[3]

上述內容，以索薩本人所寫的兩封信件最為重要，他在 1556 年 1 月 15 日自科欽致堂・路易斯的信中提及：他發現中國的所有港口都對佛郎機人戒備及封閉，只允許其他民族如暹羅、柬埔寨等進行貿易。因此在海道詢問其是何人時，他聲稱自己是「蕃人」而非「佛郎機人」，因而在支付稅款後，獲准進行貿易。[4]然而，根據索薩兩封信的內容，[5] 他曾提及廣州，提到「上川」和「浪白澳」，而並未提到濠鏡澳這個港口。因此，葡人在 1554 年很可能並未踏足濠鏡澳。

據鄭舜功所載，葡人以冒他國之名欺騙海道而被允許進入廣州城貿易。這也有可能是汪柏的託詞，掩飾其因受賄而私下允許葡人貿易的事實。這裡說明他們曾到達廣州，沒有提及濠鏡澳。

同樣，克路士也只是說明索薩是首位獲准在中國港口貿易的葡萄牙人，而沒有說明進行貿易的港口所在。

可以顯見的是，1554 年是葡萄牙人自稱並非「佛郎機人」，從而得到海道的批准，在對華貿易上獲得突破的年份。信件並沒有濠鏡澳的相關記載，說明他們仍駐舶在上川島並前往浪白澳進行貿易，而未必到過濠鏡澳。同時，他們與濠鏡澳的開埠也沒有任何關聯。

1　Beatriz Basto da Silva, *Cronologia da História de Macau, Vol. 1-séculos XVI a XVIII*, p. 49.

2　鄭舜功，《日本一鑑》，卷六〈海市〉，見中國第一歷史檔案館、澳門基金會、暨南大學古籍研究所《明清時期澳門問題檔案文獻匯編》（六冊），第五冊，北京：人民出版社，1999，頁 152。

3　〔葡〕伯來拉（Galeote Pereira）、克路士（Gaspar da Cruz）等，《南明行紀》，頁 131。

4　Manuel Teixeira, *Primórdios de Macau*, Macau: Instituto Cultural de Macau, 1990, pp. 7-9.

5　Jordão de Freitas, *Macau Materiais para a Sua História no Século XVI*, Macau: Instituto Cultural de Macau, 1988, pp. 8-14.

葡人首達之 1555 年說

　　持此說者以葡人學者為主，認為 1555 年是葡人首次抵達濠鏡的年份，也是「阿媽港」的名稱首次出現在葡文文獻的時間：

　　（1）最早抵達濠鏡的耶穌會士貝爾徹爾‧努內斯‧巴萊多神父與費爾南‧門德斯‧平托修士等六人，於 1555 年 11 月前往廣州營救被俘葡囚時途經濠鏡，他在濠鏡寫給果阿的信中，首次提到阿媽港的名稱 Amaquao 或 Ama Cuao。[1]

　　（2）平托在葡人抵達阿媽港時寫下的一封信稱：「我們今日離開浪白澳，到達前方六里格的一個港口『阿媽港』(Amaquau)，在那裡我發現了貝爾徹爾神父（Padre Belchior），他從廣州抵達此地，用了二十五天。」[2]

　　（3）葡萄牙傳教士格雷戈里奧‧岡薩維斯神父來到濠鏡澳，在貿易季結束後還留在當地，被明朝官兵囚禁。有葡人獲准在濠鏡貿易，亦有神父違反禁令逗留濠鏡。[3]

　　（4）1555 年，（葡人）獲准前往參加廣州的交易會，進行貿易和納稅。[4]

　　以上內容也說明了明廷允許葡人到濠鏡只是途經或進行臨時貿易，貿易季結束便需要離開。而有葡人或傳教士未遵守禁令，私自留在當地，也因此被明朝官兵拘留囚禁，說明了本年葡人並未獲准居留。

葡人居澳之 1557 年說

　　持此說者以葡人學者為主，有多份文獻提及。

　　（1）費爾南‧門德斯‧平托的記載：「直到 1557 年，廣東官員在當地商人的要求下，將澳門港劃給了我們做生意。」[5]

　　（2）葡萄牙人幫助廣東政府平定漳州巨盜，名為老萬的「阿媽賊」，廣東政府允許葡人僑寓濠鏡。[6]

1　Beatriz Basto da Silva, *Cronologia da História de Macau, Vol. 1-séculos XVI a XVIII*, p. 50.

2　Manuel Teixeira, *Macau no Séc. XVI*, pp. 27-28.

3　〈格雷戈里奧‧龔薩雷斯神父給胡安‧德‧波爾哈的信〉（約 1571），見羅理路《澳門尋根》附錄文獻之 12，頁 140，見《澳門編年史》，第一卷（明中後期），頁 108。

4　荷蘭殖民地檔案館藏，《葡萄牙 17 世紀文獻》，頁 40-41，見金國平，《西方澳門史料選粹（15-16世紀）》，廣州：廣東人民出版社，2005，頁 273。

5　〔葡〕費爾南‧門德斯‧平托（Fernão Mendes Pinto），《遠遊記》下冊，頁 698。

6　Joaquim de Souda Saraiva 手稿，藏埃武拉公共圖書館及檔案館 Cód. CXV I/2-5.，見湯開建，《委黎多〈報效始末疏〉箋正》，頁 49-54。

（3）阿儒達皇家圖書館收藏、內容關於耶穌會學院成立的 1617 年手抄本：「……可以肯定的是，它始於 1557 年之後，當時廣東的官員將媽港給了葡萄牙人居住。此前他們在上川島，後來在浪白澳，他們在這些島嶼與中國人進行貿易，並與日本人進行了多年貿易。」[1]

（4）《葡萄牙 17 世紀文獻》：「直至 1553 年，葡萄牙與華人在上川島進行交易。華人於 1555 年將他們由此移往浪白滘，並於 1557 年遷至澳門，官員將此港給他們進行貿易。」[2]

（5）《16 世紀澳門史資料》：「該城居民於 1557 年擊潰橫行中國沿海的漳州巨盜，所以從偉大的中國國王處獲得一札官文文書（chapa），將他們現居住的港口及其地賜給了他們。」

（6）《1644 年前日本省報告》：「1557 年時，有若干中國叛人憑據澳門，抄掠廣州全境，省中官吏不能剿滅盜賊，求助於上川的葡萄牙人。葡萄牙人為數僅四百，賴天主及聖方濟各之助，擊散群盜。中國獎其功，許葡萄牙人在澳門停留居住，惟不許築城置炮。」[3]

（7）1557 年，中國國王的「執法官（Magistrados）」遷往媽港。[4]

以上均源於外文文獻，1557 年說是獲大部分葡萄牙學者所普遍公認[5]、認為是明朝官方允許葡人居澳的正式年份。[6] 但由於沒有相關中文文獻的佐證，允准葡萄牙人的進入似乎是廣東地方官員私下的默許，事實上並未正式獲得中央朝廷的承認。因此 1557 年只可能是葡人開始實際進駐澳門的時間點。

從以上諸說中，我們可以看到葡人正式的居澳年份不會早於 1557 年。「1553 說」只有中文文獻提及，指的是否葡人存疑，也很可能是其他國家的番商。1554 年葡人曾否抵達濠鏡，或濠鏡附近海域，並未有太多文獻證實。而 1555 年曾有

1　Biblioteca Real da Ajuda, (Cód. 49-IV-66, fl.46). Jordão de Freitas, *Macau Materiais para a Sua História no Século XVI*, Macau: Instituto Cultural de Macau, 1988, p. 19.

2　荷蘭殖民地檔案館藏，〈葡萄牙 17 世紀文獻〉，頁 12-13，見吳志良、湯開建、金國平，《澳門編年史》，第一卷（明中後期），頁 113。

3　嘉爾定（António Francisco Cardim），《1644 年前日本省報告》第一部分，頁 6，見吳志良、湯開建、金國平，《澳門編年史》，第一卷（明中後期），頁 113。

4　荷蘭殖民地檔案館藏，〈葡萄牙 17 世紀文獻〉，頁 40-41，見金國平，《西方澳門史料選粹（15-16 世紀）》，頁 273。

5　A. H. de Oliveira Marques, *História dos Portugueses no Extremo Orientem 1º*, Volume., Tomo 1, Macau: Fundação Oriente. 1998, p. 274.

6　Beatriz Basto da Silva, *Cronologia da História de Macau, Vol. 1-séculos XVI a XVIII*, p. 56.

葡人進入濠鏡澳的紀錄，也只屬於「臨時性逗留」「曾經抵達」或「曾經路過」。同時，以上所述均是「葡人入澳」或「葡人居澳」的年份，與濠鏡開埠的年份並無關聯。

至此，濠鏡並非因葡萄牙人的來澳而開埠，這一點已非常清晰。相反，葡萄牙人是因為濠鏡業已開埠，才想方設法以各種方式混入，或通過賄賂地方官員獲准進入早已為諸蕃提供的貿易之地濠鏡澳進行貿易。

葡人之特殊貢品：龍涎香

與葡人獲准居澳的另一個非正式但或許很有關聯的原因，是葡人擁有嘉靖皇帝所需的特殊商品：龍涎香。

龍涎香，又稱阿末香（ambar），本是抹香鯨的排泄物，產自蘇門答臘亞齊西北部附近海域的龍涎嶼。[1] 因含特殊香氣，自唐代起便成為香品。因其珍稀，被視為貢品。宋代古籍《嶺外代答》稱：「大食西海多龍，枕石一睡，涎末浮水，積而能堅。鮫人探之以為至寶。新者色白，稍久則紫，甚久則黑。因至番禺嘗見之，不薰不猶，似浮石而輕也。人云龍涎有異香，或云龍涎氣腥能發眾香，皆非也。龍涎於香本無損益，但能聚煙耳。和香而用真龍涎，焚之一銖，翠煙浮空，結而不散，座客可用一翦分煙縷。此其所以然者，蜃氣樓臺之餘烈也。」[2]

1555 年 6 月 16 日，嘉靖皇帝命戶部採買龍涎香：「先是，上命訪採龍涎香，十餘年尚未獲至，是令戶部差官往沿海各通番地方設法訪進。」[3]

1556 年 9 月 29 日，經多方尋訪，明廷仍未採得龍涎香，嘉靖皇帝責罪，認為官員懈怠，剋扣官員薪俸，並限期採買：「上諭，戶部龍涎香十餘年不進，臣下欺怠甚矣。其備查所產之處，具奏取用。戶部覆：請差官馳至福建廣東，會同原委官，於沿海番舶可通之地，多方尋訪、勿惜高價，委官並三司掌印官，各住俸待罪。俟獲真香，方許開支甄入。上姑令記諸臣罪，剋期訪買，再遲重治。仍令差官一員，於雲南求之。其官民之家，有收藏者，許自進獻給價。時採芝採香

1　龍涎嶼的地理位置學術上有不同說法：一為布拉斯島（Pulau Beras）；一為龍多島（Pulau Rondo）。

2　〔南宋〕周去非，《嶺外代答》，淳熙五年十卷本，北京：中華書局，楊武泉校註，1999，卷七，〈寶貨門·龍涎〉。

3　《大明世宗肅皇帝實錄》，卷四二二·嘉靖三十四年五月辛酉條。

之命並下，使者四出，官司督趣，急於星火，論者咸歸罪。」[1]

同年 11 至 12 月，有葡萄牙籍天主教多明我會會士賈士帕・克路士和數位葡萄牙商人進入廣州數週，以營救當地在押的葡萄牙囚犯。他在隨後出版的一部著作《中國志》中描述了他所瞭解到的中國，其中他講述了 1556 年在廣州的經歷和明廷採買龍涎香的過程：「我曾和幾位葡萄牙人前往布政司衙門，處理一宗要求釋放被囚禁的兩名葡萄牙人的案件，當時我們準備用八盎司的龍涎香交換兩名葡囚，他們看來很重視這種龍涎香，現在因為運來得太多，而顯得沒有那麼珍貴。……布政使提出想見識一下龍涎香，他想藉進獻龍涎香給皇帝，來獲得比布政使更高的官職。因為皇帝用它來延年益壽，而且他已經詢問葡萄牙人很久了，但是由於他們不知道我們所使用的名稱，所以直到那一年聽聞廣州海道所講述，他們才知道葡萄牙語的名稱。……很快我就看到他們取來一個火盆，用來檢驗龍涎香的真偽。一個囚犯向火盆投擲一小塊龍涎香，看到煙霧直升向上方，布政使非常高興，在飄散的煙霧上，他用鼻子聞了一聞，並大喝了一聲：『好哇！』意思是：品質很好。」[2] 從以上葡文紀錄，我們可看到葡萄牙人曾是廣東海道和布政使採買龍涎香的早期途徑之一。

同年 12 月 24 日，明廷終於獲得多年來首宗進獻的龍涎香：「廣東布政司進龍涎香一十七兩。」[3] 以上中文文獻上的龍涎香和葡文文獻上的記載，或許是同一事件。葡人是否因此獲得特別待遇，以便繼續貢獻嘉靖帝所急需的龍涎香，我們不得而知。但巧合的是，事件發生後的第二年（1557 年），葡人便獲得了濠鏡澳的居留權。不排除龍涎香，使廣東當局對葡萄牙人的觀感有所改變。

1557 年 8 月 19 日，閩粵兩省皆採買：「福建撫臣進龍涎香拾陸萬；廣東撫臣進龍涎香十九萬有奇。」[4]

葡人是否因打海盜有功而被獲准居澳？

有關 1557 年葡人入居濠鏡的原因，主要分為兩種：其一是為了互市貿易方便而遷往濠鏡；其二是協助明廷剿滅海盜有功而被允許居澳。

1　《大明世宗肅皇帝實錄》，卷四三八・嘉靖三十五年八月壬子條。

2　Raffaella D'・Intino, *Enformacão das Cousas da China, Textos do Século XVI*, Lisboa: Composto e impresso na Tipografia Guerra (Viseu) para a Imprensa Nacional-Casa da Moeda, 1989, pp. 216-217.

3　《大明世宗肅皇帝實錄》，卷四四一・嘉靖三十五年十一月戊寅條。

4　《大明世宗肅皇帝實錄》，卷四四九・嘉靖三十六年七月丙子條。

對於前者爭議不大，而在葡人社群中流傳最多的是：澳門在 1557 年被讓給葡人，是當局為獎賞葡人在南中國海剿滅中國海盜的緣故。為了考證歷史真相，文德泉神父在查閱大量中葡文獻後，得出了如下結論：「1）在中國人的認可和同意下，葡萄牙人在 1557 年開始定居媽港，與中國人通商；2）葡人開始定居媽港，並非是何種戰鬥的獎賞；3）實際上與海盜的戰鬥並非在 1557 年，而是 1564 年；4）此次與海盜作戰，使葡人在媽港的定居獲得確認；5）將 1564 年的事推前到了 1557 年，把抗擊海盜的勝利提前至 1557 年，是混淆了兩者的關係；6）沒有任何一道皇帝御旨曾正式確認葡人在媽港的定居。」[1]

根據前數章所引用的文獻資料和分析，濠鏡的開埠應與葡人毫無關係；而且，濠鏡澳也並非因皇帝的恩賜或何種原因被割讓給葡萄牙人，這一點是毋容置疑的。在很長一段時間，一些葡人作者想將明廷官員受賄，私下允許葡人上岸貿易的做法，說成是明廷對他們的恩賜；把經由許多國家的海商在此地貿易多年、交通便利、安全的港灣和經明廷開放的貿易口岸形容為「荒島」；以及將葡人打海盜有功作為明廷允許他們在濠鏡居住的原因等。這都無非是為葡人的入居尋找合法的理由。這一點也為 19 世紀在澳門生活的瑞典歷史學者龍思泰，在他的著作《早期澳門史》中所揭露。

賈梅士與他的《葡國魂》

賈梅士，又譯作卡蒙斯，是 16 世紀文藝復興時期葡萄牙的偉大詩人之一，1524 年出生在里斯本一個破落貴族家庭，曾在科英布拉大學接受人文教育，並作為軍人親身參與了航海事業，他在戰場上失去右眼，並在葡萄牙東方領地的「葡屬印度」度過了十七年。他也是其中一位在 1557 年進入澳門濠鏡澳的葡萄牙人。在當年葡萄牙人最早居住的沙梨頭村，現被稱為白鴿巢的小石山上，有一處被稱為「賈梅士洞」的地方，相傳那是他撰寫《葡國魂》的地方。

《葡國魂》一部荷馬式的史詩，正式名稱是《盧濟塔尼亞人之歌》[2]。它以羅馬八節經文格律和押韻方式填寫，全詩共有十章，而每一章均由近百至過百篇詩文組成，全文共計一千一百零二篇。

~~~~~~~~~~

1　Manuel Teixeira, *Primórdios de Macau*, p. 11.

2　〔葡〕路易斯・德・卡蒙斯（Luís de Camões），《盧濟塔尼亞人之歌》，張維民譯，成都：四川文藝出版社，2019。

《媽港·賈梅士洞》（1845）　托瑪斯·阿隆姆　銅版畫　陳迎憲藏

　　這部史詩以其宏偉的篇幅、以葡萄牙歷史長卷的形式，描述和讚頌了葡萄牙盧濟塔尼亞人[1]，及以華士古·達·伽馬為代表的航海家，不畏艱難險阻，以大無畏的精神，在基督聖母和眾神的引領之下，探索被人類視為畏途的海洋，從而發現了通向印度和東亞的航路，建立了葡萄牙海洋帝國的事跡。詩中融入了希臘和羅馬神話故事，是葡萄牙文學史上最優秀和重要的作品，也奠定了其開國史詩的地位，而賈梅士也被譽為葡萄牙的精神國父。

　　對於賈梅士曾否來過澳門，葡文史料中有截然相反的看法。一向以嚴謹著稱的葡籍歷史學家如文德泉神父等，則作出肯定的答案。至於賈梅士的經歷和抵達濠鏡澳的時間，歷史文獻上的記載並不完整。

　　1553 年 3 月 27 日，賈梅士自里斯本啟航前往東方，同船有四名耶穌會神父和一位修士，經過五個多月的航行，在同年 9 月抵達印度果阿。[2]

　　1554 年，賈梅士計劃其詩集的結構，並開始寫作。賈梅士乘坐以馬丁斯為主艦長的六艘船隊前往中國。

1　盧濟塔尼亞（Lusitania），古羅馬行省名，範圍為現葡萄牙大部、西班牙西部的小部分地區，後成為葡萄牙的代稱。

2　Manuel Teixeira, *Camões Esteve em Macau*, Macau: Direcção dos Serviços de Educação e Cultura, 1981, pp. 4-5.

賈梅士銅像（澳門，2015）　陳迎憲攝

1556 年，有記載稱：賈梅士在浪白澳登岸，開始擔任「死亡者及失蹤者監察員」。然而文德泉神父則認為賈梅士並沒有擔任過這一職位。原因是在 1585 年之前，葡印總督還未對位於中國的地方行使任何管轄權。而以利吉斯・熱瓦伊斯神父為筆名的尤多勒・哥侖班有關澳門歷史的紀錄中寫道：「賈梅士在澳門的具體年份大概為 1556 到 1558 年，因此當時他應該參與這個殖民地的商業活動。此外，詩人在『不朽』一節中對澳門沙梨頭的石窟加以美化，在那裡他寫成了首篇詩歌《愛人的芳魂離我遠去》。」[1]

1557 年，葡萄牙人獲准定居濠鏡澳，他本應在濠鏡澳繼續擔任這一職位，但這一年他離開此職，因為中國當局已准許葡萄牙人前往廣州。[2]

1558 年底（或 1559 年初），賈梅士乘坐（和汪柏達成協議的）索薩的船隻在靠近湄公河的南中國海時遭遇海難，他此時已完成詩作的主要部分。

1563 年，他獲委任前往中國，直到 1566 年。在最後兩年，他經歷了亞洲海難，在果阿遭受不公的對待，被迫返回葡萄牙。[3]

1568-1569 年，他的朋友在莫桑比克仍看到他致力於寫詩的工作。

1569 年，他返抵里斯本。[4]

1570 年，他回到里斯本，翌年 9 月 23 日，該詩集完成印刷。1572 年 3 月該詩集出版。[5] 他於 1580 年 6 月 10 日在潦倒中去世。

1 〔葡〕若澤・艾爾瑪諾・薩拉伊瓦（José Hermano Saraiva）、〔葡〕文德泉（Manuel Teixeira），《賈梅士來過澳門・賈梅士在澳門》，曾永秀、黃徽現、鍾怡、談霏、李健、莫秀妍、姚京明譯，澳門：澳門國際協會，1999，頁 41-42、58。

2 （同上）p. 15.

3 〔葡〕若澤・艾爾瑪諾・薩拉伊瓦（José Hermano Saraiva）、〔葡〕文德泉（Manuel Teixeira），《賈梅士來過澳門・賈梅士在澳門》，頁 98。

4 同上，頁 85。

5 Luís de Camões, *Os Lusíadas*, p. V.

第十一章　16 世紀末的蕃商航線（1558-1600）

在葡萄牙人入居濠鏡澳之後，至 16 世紀末的近半個世紀，濠鏡澳處於一段非常微妙的歷史時期：葡人並非唯一獲准居留的外商，更多是開埠前後到來的各國番商，許多國家的商人同在這個小小的濠鏡澳進行互市貿易。而此時全國海上對外貿易集中在廣東，並由最初開放的九個舶口，逐步集中到濠鏡澳。這一階段是濠鏡澳從寂寂無名走向歷史前台、舉足輕重的重要時期。

然而這一段時間的紀錄卻相對零散、留存不多，歷史上的實際情況應遠不止於這些，我們僅能從這些為數不多的歷史紀錄中，窺見這一時期的番商活動。

官方文獻記載的濠鏡城市景觀

在「諸澳俱廢，濠鏡澳獨為舶藪」之後，明廷將各國蕃商集中安置在濠鏡澳聚廬大街的高柵內，並用保甲制度，由海防同知和市舶提舉進行管理：「近者督撫蕭、陳相繼至，始將諸夷議立保甲，聽海防同知與市舶提舉約束。陳督撫又奏將其聚廬中有大街，中貫四維，各樹高柵，榜以『畏威懷德』四字，分左右定其門籍，以旅揆『明王慎德四夷咸賓無有遠邇畢獻方物服食器用』二十字分東西為

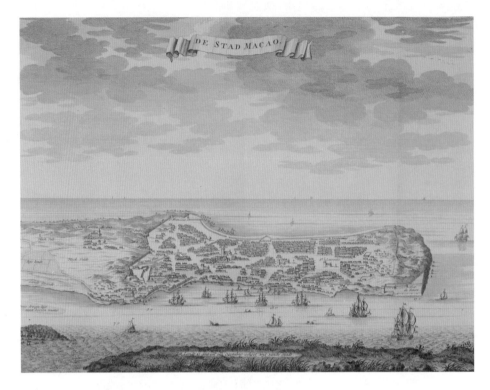

《媽港市 De Stad Macao》　銅版畫　澳門博物館藏

號，東十號，西十號。使互相維繫譏察，毋得容奸，諸夷亦唯唯聽命。」[1]

葡文獻記載的濠鏡城市景觀

葡人入居濠鏡澳後，1560 年的葡文紀錄顯示，有九百人在此居住：包括商人、大批馬來男女，一些印度教徒和卡菲爾人，還有數量眾多的天朝帝國本地人。在 1573 年，中國官員藉口防範黑人搶劫，在香山島的入口處，修建了一堵城牆，將城市和該島嶼隔開。牆上有一扇大門，每週開放一次，但後來則每天清晨開門，大門名為「關閘門」。[2] 需要說明的是，此處所述的關閘已毀，也並非現時關閘的位置。

一份撰寫於 1582 年的葡文文獻《城市和堡壘之書》描述了 16 世紀後期濠鏡澳的景觀：「所有到達廣東省的外國船隻都聚集在一個媽港島的港口，在該處他

1　〔明〕郭棐，《廣東通志》，七二卷，萬曆三十年木刻本，卷六九，《番夷》。

2　Bento da França, *Macau-Os Seu Habitantes relações com Timor*, Lisboa: Imprensa Nacional, 1897, p. 14-15.

塞巴斯蒂昂時期（1557-1578）的葡萄牙徽號　陳迎憲攝

們與大陸人進行交易，因為他們不允許再往前一步，故此外國人在這裏競價。相比起其他省份，這裏的商人是幸運的，所有的結果使這個媽港村莊非常知名和有序。在此處競價的許多商人均為東方人，因此在此處交易非常太平，不時會有重要的人物參加其中，期望在短時間內，它將成為最為富裕和繁榮的城市之一。」[1]這裡闡述了在葡人進入濠鏡澳的一段時間內，有許多外國商人和華商在這裡進行互市貿易，一片欣欣向榮的景象。

而另一份葡文文獻《如此航程》則詳細列出來到濠鏡澳互市商人的國家。稱：「這些來到媽港的外國人包括：孟加拉、馬拉巴爾、丹那沙林、孟加拉灣至東埔寨交會處、巽他、婆羅洲、索洛和帝汶等東方島嶼，而來自北大年、暹羅、巽他、索洛和帝汶，是倍受尊敬的來華商旅。」[2]這裡提到備受尊敬的來華商旅，有可能是許多年來常來朝貢的官方商人，或是擁有華商們所看重的珍貴貿易商品，如檀香木等等。

1595 年是大量商業活動的黃金年份，媽澳與中國、日本、馬六甲、印度，以及暹羅、東京、交趾、帝汶 / 索洛、勃固、馬辰、古哲拉、錫蘭等地來往頻繁。所貿易的主要商品包括：白銀、黃金、絲綢、瓷器、香料、茶葉、漆、大米、檀香、檳榔、棉花、明礬、大珍珠、小珍珠、靛青、服裝、蜂蜜等。[3]

蔡汝賢及《東夷圖像・東夷圖說》

萬曆十一年十一月乙巳（1583 年）福建右布政使蔡汝賢被調任廣東，升任廣東左布政使。蔡汝賢在萬曆十四年十月（1586 年 11 月）抵達其治下的香山濠鏡澳，在該地他描繪了來自東南亞共二十幅各國夷人的圖像（包括：琉球、安南、占城、西洋、真臘、暹羅、滿剌加、三佛齊、回回、浡泥、彭亨、呂宋、天竺、咭呤、甘坡寨、順嗒、爪哇、佛朗機、日本、黑鬼）；此外，還記錄了共二十四國商人的資訊（除上述國家外，還有：西洋、蘇門答臘、錫蘭山、百花諸國）。他所描繪和記錄的番商之多，是在其他文獻中未曾發現的。這也說明在

1　Antologia Documental, *Livro das Cidades e Fortalezas que a Coroa de Portugal Tem nas Partes da Índia, e das Capitanias, e mais Cargos que Nelas Há, e da Importância Deles, edição de Francisco Paulo Mendes da Luz*, Lisboa: Centro de Estudos Históricos Ultramarinos, 1960, pp. 157-161.

2　Geoffrey C. Gunn, *Ao Encontro de Macau -Uma Cidade-Estado portuguesa na periferia da China, 1557-1999*, Macau: Comissão Territorial de Macau para as Comemorações dos Descobrimentos Portugueses, Macau: Fundação Macau, 1998, p. 47.

3　Beatriz Basto da Silva, *Cronologia da História de Macau, Vol. 1–séculos XVI a XVIII*, p. 96.

1586 年前後，濠鏡澳的貿易到達了前所未有的鼎盛高潮。蔡汝賢也為後世留下了濠鏡澳在萬曆初年、難能可貴的第一手圖文史料——《東夷圖像・東夷圖說》畫作和文字紀錄。

他在畫卷中寫道：「粵有香山濠鏡澳，向為諸夷貿易之所，來則寮，去則卸，無虞也。嘉靖間海道利其餉，自浪白外洋議移入內，歷年來漸成雄窟。列廛市販不下十餘國，夷人出沒無常，莫可究詰，閩粵無籍，又竄入其中，纍然為人一大贅疣也。昔伊川被髮以祭，識者憂之。五湖內訌，江郭交章欲徙，況遲速大小之說，又可鏡誠，有經世之責者，試思之。國凡二十有四，貌之者二十，間有興圖說左者，在中國則服然，識所見也，餘闕焉。嶺海多奇聞，因輯古今所睹，記者二卷。」[1] 我們得以從中窺探到在 16 世紀末，濠鏡澳各國蕃舶帆檣林立的繁盛景象，也從中獲悉除朝貢之外，各國蕃商的市舶情況。

朝貢體制下的東亞貿易

明代朝貢貿易時期的特色是各藩屬國家通過進貢的方式，將各自國家的土特產作為貢品入貢「天朝」，明朝皇帝則以更為優厚的「賞賜」作為回報。然而明代的朝貢對不同國家有不同的限制，如規定三年一貢或五年一貢，對日本的規定則是十年一貢。

《澳門記略》澳蕃篇（諸蕃附）中所列國家甚為詳盡。其載：「記蕃於澳，略有數端：明初互市廣州，正德時移於電白縣，嘉靖中又移濠鏡者，則有若暹羅、占城、爪哇、琉球、浡泥諸國；其後築室而居者，為佛郎機；始與佛夷爭市，繼而通好求市者，和蘭也；以澳為逋藪者，倭也。西洋也有數端，若古里、瑣里、西洋瑣里、柯枝、錫蘭山，於西洋為近；若忽魯謨斯，處西海之極，為絕遠，皆明初王會所列者；今西洋夷則所云意大里亞者也，入自明季。茲別其本末，都為一篇云。」[2] 因此在 1557 年葡萄牙人進入濠鏡澳之後，再有多國在濠鏡澳互市。其中，東南亞國家四個、東亞兩個、歐洲國家三個、南亞五個、中東國家一個，共計十五個。加上《廣東通志》所載其他各國，共有十八個國家之多。以上國家在開埠初期並非全部都在濠鏡互市，而是分別在不同的貿易島上互市，逐漸因濠鏡的地利之便而集中到濠鏡澳。

1　〔明〕蔡汝賢，《東夷圖像・東夷圖說》，萬曆十四年，北京：國家圖書館藏。

2　〔清〕印光任、張汝霖，《澳門記略》，頁 141-142。

嘉靖三十九年（1560 年），巡撫唐順之再議復三市舶司，此時，除了外國來華的商貿船隻之外，還出現「市舶」和「商舶」的情況，即來華進行市舶貿易的蕃船和華商遠渡重洋的海外貿易。「然市舶之與商舶，其說稍異：市舶者，諸夷船舶無近地與內地民互為市，若廣之濠鏡澳。然商舶者蓋土著民釀錢造舟，裝土產徑望東西洋而去，與海島諸夷相貿易，其出有時，其歸有候，廣洋巨浸，船一開帆，四望惟天水相粘，茫無畔岸。」[1]

琉球人往返途經濠鏡澳

在第七章和第十一章內，我們已經交代了琉球人使用濠鏡港的由來和過程。因此，在葡萄牙人進入濠鏡之後，琉球人依然維持向明廷的朝貢，為了準備貢品，琉球人均會在前一年前往東南亞籌措貢品，而他們在前往東南亞的途中，均會停靠「阿媽港」，對天妃娘娘進行祭祀朝拜。以下所列舉的朝貢事例，並非說明琉球人在澳門入貢，而是說明琉球人在朝貢之前，通常途經濠鏡的頻密程度。

1558 年 1 月 6 日，「琉球國中山王世子尚元，差正議大夫蔡廷會等入貢，兼請襲封，宴賚如例。」[2]4 月 18 日（嘉靖三十七年四月戊寅）「太廟遣成國公朱希忠、代遣刑科右給事中郭汝霖、行人李際春持 ，冊封琉球國中山王尚清世子尚元為中王山。」[3]

1562 年 7 月 1 日，「琉球國中山王尚元遣其舅源德等入貢謝恩，宴賚如例。」[4]

1563 年 12 月 10 日，「庚子琉球國中山王尚元差正議大夫鄭憲等入貢，宴賚如例。」[5]

1566 年 1 月 4 日，「琉球國中山王尚元遣長史梁灼等齎馬及方物來謝恩，因送還本國北山守備鄭都所獲中國被虜人口。上嘉尚元忠誠，賜敕獎諭，仍賞銀五十兩，彩幣四表裏，灼及都等各二十兩一表裏。」[6]

1567 年 12 月 26 日，「頒明年大統曆於朝鮮、琉球國。中山王尚元遣使貢馬

1　〔清〕梁廷枏，《粵海關志》，卷四，《前代事實》三。

2　《大明世宗肅皇帝實錄》，卷四五四，嘉靖三十六年十二月丙申條。

3　《大明世宗肅皇帝實錄》，卷四五八，嘉靖三十七年四月戊寅條。

4　《大明世宗肅皇帝實錄》，卷五一〇，嘉靖四十一年六月癸丑條。

5　《大明世宗肅皇帝實錄》，卷五二七，嘉靖四十二年十一月庚子條。

　6　《大明世宗肅皇帝實錄》，卷五五三，嘉靖四十四年十二月丙子條。

匹方物，宴賞如例。」[1]

1568 年 12 月 16 日，「琉球國中山王尚元遣人貢方物入賀，宴賚如例。」[2]

1570 年 1 月 28 日，「琉球國中山王尚元遣其臣守備由必都等，歸我日本虜去人口。守臣以聞，上嘉尚元慶劾忠誠，賞銀五十兩彩段四表裏，仍賜敕獎勵由必都等，各給銀幣有差。」[3]

1571 年 12 月 13 日，「琉球國中山王尚元遣使送回被虜人口，上以其屢效忠誠，賜敕獎諭，仍賜銀五十兩彩段四表裏，其獲功人等，賚金帛有差。」[4]

1573 年 12 月 22 日，「乙巳，琉球國中山王世子尚永，差陪臣齎表箋朝貢，請襲封王爵，下禮部行福建鎮巡等官查勘，具奏。」[5]

1575 年 1 月 2 日，「辛酉，琉球國中山王世子尚永，遣王舅馬中叟、長史鄭佑等一十八名，齎表文方物，慶賀皇上登極，並進貢賜晏及彩段等物有差。」[6]。9 月 24 日，「琉球入貢。」[7]

1576 年 2 月 20 日，「琉球國中山王世子尚永，差正議大夫蔡朝器等，齎表文方物入貢。賞彩段絹布等物，仍於常例外每五日另給雞鵝米面酒果，以示優異。」[8]

1578 年 1 月 8 日，「琉球國中山王世子尚永，遣正議大夫梁灼等，赴京進貢，宴賞如例。」[9]

1580 年 12 月 5 日，「琉球國中山王尚永，差王舅馬良弼進貢方物，給賞如例。」[10]

1583 年 11 月 24 日，「琉球國中山王尚永，差官梁灼齎貢表文方物馬匹，宴賞如例。」[11]

1587 年 5 月 19 日，「琉球國中山王尚永，差都通事齎表文進貢方物，賜彩

1 《大明穆宗莊皇帝實錄》，卷十四，隆慶元年十一月丁丑條。
2 《大明穆宗莊皇帝實錄》，卷二六，隆慶二年十一月癸酉條。
3 《大明穆宗莊皇帝實錄》，卷四十，隆慶三年十二月辛酉條。
4 《大明穆宗莊皇帝實錄》，卷六三，隆慶五年十一月乙酉條。
5 《大明神宗顯皇帝實錄》，卷十九，萬曆元年十一月乙巳條。
6 《大明神宗顯皇帝實錄》，卷三二，萬曆二年十二月辛酉條。
7 《大明神宗顯皇帝實錄》，卷四一，萬曆三年八月丙戌條。
8 《大明神宗顯皇帝實錄》，卷四六，萬曆四年正月乙卯條。
9 《大明神宗顯皇帝實錄》，卷七〇，萬曆五年十二月癸未條。
10 《大明神宗顯皇帝實錄》，卷一〇五，萬曆八年十月乙丑條。
11 《大明神宗顯皇帝實錄》，卷一四二，萬曆十一年十月己未條。

段鈔錠及宴待如例。」[1]

1592 年 1 月 13 日，「琉球中山王世子尚寧差官鄭禮等，照例賞賜，著尚書李長春宴待，仍移咨該國世子，速請襲封，鎮壓彼國，毋以地方多事為辭。」[2]

1595 年 1 月 5 日，「己亥，宴琉球國進貢使臣鄭禮等如例。」[3]

1600 年 1 月 23 日，「琉球中山王世子尚寧，奉表進方物，謝恩請封，命進收。」[4]

暹羅朝貢及互市

暹羅是長期以來和中國有朝貢關係的國家，所獲得的通貢條件也最為優渥。從官方的朝貢貿易來看，明初官方貢例對不同國家有不同的則例：「暹羅國使臣人等進到貢物，例不抽分，給與價鈔；占城國貢物給價；三佛齊正貢、外附貢貨物皆給價，其餘貨物許令貿易；蘇門答剌正貢外使臣人等自進物俱給價；錫蘭山使臣人等自進貢俱給價。」[5] 而這些國家主要是東南亞和南亞諸國。在 1558 至 1600 年期間，暹羅的入貢紀錄及相關航行紀錄如下。

1558 年 9 月 4 日（嘉靖三十七年閏七月丁酉），「暹羅國王勃略坤息利尤池牙，遣使齎金葉表文及方物來朝，宴賚如例。」[6]

1559 年 10 月 17 日（嘉靖三十八年九月乙酉），「暹羅國王勃略坤息利尤池呀，遣使坤應命的類等來朝貢方物，賜賚如例，仍從其請，還所抽分貨物，以佐修船之費，並給來使冠帶。」[7]

1560 年（嘉靖三十九年），暹羅入貢。[8]

1563 年，暹羅人在少量葡萄牙非正規軍的協助下，兩次嘗試阻止強大的緬甸東吁國王勃印囊軍隊推進，但被緬軍擊潰。[9]

1564 年 2 月，緬軍進逼暹羅首都阿瑜陀耶，暹羅馬哈・旦馬國王來不及調

1 《大明神宗顯皇帝實錄》，卷一八五，萬曆十五年四月辛未條。

2 《大明神宗顯皇帝實錄》，卷二四二，萬曆十九年十一月辛卯條。

3 《大明神宗顯皇帝實錄》，卷二七九，萬曆二十二年十一月己亥條。

4 《大明神宗顯皇帝實錄》，卷三四二，萬曆二十七年十二月癸未條。

5 〔明〕郭棐，《廣東通志》，七二卷，萬曆三十年木刻本，卷六九・外志四，《番夷》。

6 《大明世宗肅皇帝實錄》，卷四六二，嘉靖三十七年閏七月丁酉條。

7 《大明世宗肅皇帝實錄》，卷四七六，嘉靖三十八年九月乙酉條。

8 〔清〕萬斯同、張廷玉等，《明史》，卷十八・本紀第十八，《世宗》二。

9 勃印囊，中國史料稱莽應龍。W. A. R. Wood, *A History of Siam: From the Earliest Times to the Year A. D. 1781, with a Supplement Dealing with More Recent Events*, p. 118.

動充足的兵力進行有效的抵抗。隨後緬軍炮擊城市，市民意識到無法抵抗，要求國王與入侵者達成協議。這些要求得到貴族的支持，他們一開始便贊成投降。協議規定國王和王子當作人質被扣留在緬甸，暹羅每年向緬甸入貢三十隻大象、三百斤白銀，緬人有權收繳墨吉港的關稅，並掌管對外貿易商館。[1]

1564至1569年是暹羅國的緬甸藩屬時期，緬甸國王將阿瑜陀耶大部分居民遷離，僅餘一萬人，並解除城市武裝，使暹羅成為藩屬緬甸的一個省。此時，柬埔寨婆羅莫國王藉暹羅與緬甸衝突的機會，興兵入侵暹羅，搶佔沒有防禦的首都。但柬埔寨並非強大的對手，反而令馬哈・旦馬國王以抵抗為藉口，迅速建設新城牆，並向葡萄牙人購買火炮。[2] 1569年，暹羅進入素可泰王朝時期。

1571年，王子納理萱獲准返回暹羅，並隨緬王在1574年出征永珍（今老撾）。在1575和1578年對抗柬埔寨的戰事中，王子展示了其軍事才能和勇氣，也使緬甸放鬆了對暹羅的統治。[3]

1575年8月3日（萬曆三年六月甲午），「暹羅國奏：向為東蠻所侵，印信勘合業被燒毀，求乞更給，以便修貢。許之。」[4]

1578年11月6日（萬曆六年十月乙酉），「鑄給暹羅國王印一顆。」[5] 12月8日（十一月丁巳），「詔以暹羅開館事系創始，凡選擇生徒建修館舍等項，宜酌定成規以便遵守。」[6]

1580年，有史書載暹羅使節曾到澳，並報告海盜林道乾正匿居暹羅，故有香山澳人和葡人自動請纓前往捉拿。「庚辰八月，暹羅亦使，使者握坤哪喇請予制置使劉堯誨曰：乾今更名曰林梧梁，所居在臣國海澳中，專務剽略商旅，聲欲會大泥國，稱兵犯臣國。臣國請招徠乾，乾乃欲歃血為盟誓，誓無令漢使得執我也。於是，臣國不得已，佯與乾盟。今乾已行至頭關，敢聞。是時，香山澳人吳章、佛郎機人沉馬囉殊及船主囉鳴衝呟呧呶、通事蔡典全等二十餘人，並踵制府上謁，請自治裝往擊乾。於是，制置使進暹羅使者，庭中問狀，因賞賜銀牌

1　W. A. R. Wood, *A History of Siam: From the Earliest Times to the Year A. D. 1781, with a Supplement Dealing with More Recent Events*, pp. 118-119.

2　W. A. R. Wood, *A History of Siam: From the Earliest Times to the Year A. D. 1781, with a Supplement Dealing with More Recent Events*, pp. 118-119, 126-127.

3　W. A. R. Wood, *A History of Siam: From the Earliest Times to the Year A. D. 1781, with a Supplement Dealing with More Recent Events*, pp. 128-129.

4　《大明神宗顯皇帝實錄》，卷三九，萬曆三年六月甲午條。

5　《大明神宗顯皇帝實錄》，卷八〇，萬曆六年十月乙酉條。

6　《大明神宗顯皇帝實錄》，卷八一，萬曆六年十一月丁巳條。

花彩段如禮，日與我師並擊，如令。」[1] 這說明當時暹羅的貿易點和貢道經香山濠鏡澳。

1582 年 7 月 11 日（萬曆十年六月戊申），「頒暹羅國王印信，仍賞其使握悶辣等有差。」[2]

1592 年 11 月 16 日（萬曆二十年十月己亥），「暹羅國夷使二十七員赴京進貢，給賞冠帶如例。」[3]

暹羅當年主要來華的貿易港口包括：首都阿瑜陀耶、六坤州（單馬令）、北大年。

真臘 / 柬埔寨市舶

真臘，也稱占臘，後改稱柬埔寨。中國文獻曾譯為「甘孛智」或「甘坡寨」。《明史》載：「真臘，在占城南，順風三晝夜可至。……宣德、景泰中，亦遣使入貢。自後不常至。……其國自稱甘孛智，萬曆後改稱柬埔寨。」[4]

1578 年，海盜林道乾在柬埔寨「乞寨主發唐兵一百人，番兵二千人，舳艫二十，大銅銃一門，令陳國順並攻暹羅，不克還。……耿廷向為閩撫巡使，知乾已復奔暹羅，乃使使者陳漢昇、陳廷案往柬埔寨。為乾爪牙楊四所詗得，微告乾，乾遮殺漢昇，而以廷案等數十人，皆分配諸番為奴，是時廷案等思欲歸，悲號無聊。俄見我使者至，如自天而下，皆大喜過望。於是我使者出檄諭柬埔寨，柬埔寨惡楊四及妻林負德實叛巳，迺囚執楊四等，及廷案數十人，令使者浮喇節世哪陳明，齎金書一葉，象牙二百斤，蜂蠟二百斤，詣邊吏並獻見。」[5]

1580 年 10 月 3 日（萬曆八年八月壬戌），「柬埔寨酋鄭青捕逆賊楊四，並金書牙蠟來獻，四通賊林道乾黨也。先是福建巡撫耿定向諜知道乾奔暹羅，諭寨酋計擒之。酋見諭，因執四，並歸原兵陳廷採等，而乞通貢。於內部臣謂，俟獲道乾後再議，上是之。」[6]

1586 年（萬曆十四年）蔡汝賢稱：甘坡寨「不通貢而通市，安知無慕華之

---

1 〔明〕翟九思，《萬曆武功錄》，十四卷，萬曆四十年木刻本，卷三《廣東・林道乾、諸良寶、林鳳列傳》。

2 《大明神宗顯皇帝實錄》，卷一二五，萬曆十年六月戊申條。

3 《大明神宗顯皇帝實錄》，卷二五三，萬曆二十年十月己亥條。

4 《明史》，卷三二四・列傳第二百一十二，《外國》五，《真臘》。

5 〔明〕翟九思，《萬曆武功錄》，卷三《廣東・林道乾、諸良寶、林鳳列傳》。

6 《大明神宗顯皇帝實錄》，卷一〇三，萬曆八年八月壬戌條。

思，原之斯錄之也。」「甘坡寨小國也，居海島中，不通朝貢。其人飲食用蕉葉
裝盛，以手撮食，婚姻不論同姓，苟合者多。酋長死，妻妾皆以殉葬。地產：降
真、豆蔻、象牙、犀角。時附舶香山濠鏡澳貿易。」[1]

彭亨市舶

彭亨，位於馬來半島東部，馬來古國之一。

1586年（萬曆十四年）蔡汝賢稱：「彭亨在東南海中，左暹羅，巡其道可至
其國。石崖周匝崎嶇，遠望如寨。內多平原，禽獸稀少，草木蕃茂，土沃宜稼
穡。氣候常溫，尤饒蔬果，人皆粒食，好誦佛經，上下親狎，恥為寇盜。煮海為
鹽，釀椰為酒，男婦椎髻繫單裙，富家女子金圈四五，餚於項髮。其餘玉色燒
珠，穿圈而已。其俗尚怪，刻香木為人，殺人血祭，以祈福禳災，此其夷風也。
洪武十一年，遣使朝貢，賜以綵幣。永樂十二年復獻方物。地產：片腦、諸香
花、錫。使回，廣東布政司管待，今附舶香山濠鏡澳貿易。」[2]

呂宋市舶

呂宋，指呂宋島。1571年西班牙人佔領呂宋全境，並建馬尼拉城。1580年
西班牙吞併葡萄牙，成立西葡王國之後，澳門與馬尼拉兩地開始交往，但因葡人
擔心西班牙人對其不利，因此千方百計阻止西班牙人來澳。

1586年（萬曆十四年）蔡汝賢稱：「呂宋在海之西南，其風俗、服食、婚姻
與佛朗機大同小異，國小而產黃金。人勤而稱富庶，質樸不喜爭訟，交易不立契
書，身衣衫褲，足穿皮履，出入佩刀自衛，時常禮佛誦經。犀角、象牙、珊瑚、
珠貝、諸香品料，其方物也。永樂三年遣使朝貢，賜以文綺。使回，廣東布政
司管待。今附舶香山濠鏡澳貿易。」[3] 此處所指萬曆年間的呂宋，很可能為西班
牙人。

1598年9月5日「呂宋國例由福建貢市，萬曆二十六年八月初五日經抵濠
鏡澳住舶，索請開貢，兩臺司道咸謂其越境違例，議逐之，諸澳夷亦謹守，不
得入。九月移舶虎跳門，言候丈量。越十月，又使人言：已至甲子門，舟破趨

1　〔明〕蔡汝賢，《東夷圖像・東夷圖說》，頁2、74。
2　〔明〕蔡汝賢，《東夷圖像・東夷圖說》，頁67-68。
3　〔明〕蔡汝賢，《東夷圖像・東夷圖說》，頁69-70。

還，遂就虎跳徑結屋群居不去。海道副使章邦翰飭兵嚴諭，焚其聚，次年九月始還。」[1]

婆羅洲之淳泥市舶

淳泥（Brunei/Boni），古稱婆羅洲，位於今加里曼丹島北部的文萊蘇丹國。《明史》載：「萬曆中，其王卒，無嗣，族人爭立。……後雖不復朝貢，而商人往來不絕。」[2]

據《澳門記略》載：「淳泥，在西南大海中。宋太宗時始通中國，明初遣使詔諭其王馬合謨沙入貢，永樂三年，封為國王，賜誥印。王率妃及弟妹、子女、陪臣泛海來朝，以六年八月入都，十月卒於館。帝哀悼、輟朝三日，祭賻甚厚，葬之安德門外石子岡，諡曰恭順。」記略還稱，淳泥與濠鏡航線的出現，早於葡人入澳（1557年）。[3]

1586年（萬曆十四年）蔡汝賢之《東夷圖像·東夷圖說》亦載「淳泥本闍婆屬國，在西南海中，統一十四州。俗以板為城，以銅鑄甲，煮海為鹽，釀秫為酒。喪葬有棺，飲食無器。室宇弘敞，田原豐利。習尚奢侈，愛敬華人，王服頗效中國之製。產片腦諸香、象牙、吉貝、玳瑁、鶴頂。洪武四年遣使朝貢。永樂三年，冊為淳泥國王。六年，王率妻子來朝，表獻方物。賜宴奉天門賞賚有差。是年王卒，會同館諡恭順，葬石子岡，樹碑祠祭，冊其子遐旺，嗣為王，封其國後山，賜名長寧鎮國。上為文刻石，遣使送歸。每貢使回，廣東布政司管待。今附舶香山濠鏡澳貿易。」[4]在嘉靖中期，有淳泥商人轉往濠鏡互市。相關文獻可參見《澳門記略》下卷《諸番附》一文。

蘇門答剌龍涎香

根據《明史》記載，蘇門答剌國在滿剌加之西，順風航行九晝夜可至。蘇門答剌國，是一個13世紀至16世紀時期的小王國，原稱須文達那，即：須文達那—巴塞國，[5]明洪武年間改稱蘇門答剌，位於今蘇門答臘島北岸今洛斯馬威附

1　〔明〕郭棐，《廣東通志》，卷六九·外志四，《番夷》。

2　〔清〕萬斯同、張廷玉等，《明史》，卷三二五·列傳第二一三，《外國》六，《淳泥》。

3　〔清〕印光任、張汝霖，《澳門記略》，頁150。

4　〔明〕蔡汝賢，《東夷圖像·東夷圖說》，頁65-66。

5　H. Mohammad Said, *Aceh Sepanjang Abad*, p. 203.

近，萬曆年間被亞齊所滅。

明人葉鈐稱：「世宗喜用龍涎香。查是香出蘇門答剌國西，有龍涎嶼峙南巫里，大洋之中，群龍交戲其上遺涎也。國人駕獨木舟伺采之。舟如龍形浮海面，人伏其中，隨風潮上下，旁亦槳，龍遇之不吞。每一刖值其國小銀錢一百九十二枚，准中國銅錢九千文。」[1] 龍涎嶼為今安達曼・尼科巴群島；南巫里，位於蘇門答臘島的西北角，今班達亞齊，後被亞齊所滅。

《廣東通志》〔萬曆版〕載：「嘉靖三十四年（1555）三月，司禮監傳諭戶部取龍涎香一百斤，遍市京師不得，下諸藩司採買，八月部文馳至，臺司集議，懸價每斤銀一千二百兩。浮梁縣商汪弘請同綱紀何處德往澳訪買，僅得十一兩。……自嘉靖至今，夷舶聞上供，稍稍以龍涎來市，民間鮮有售者，始定買解事例，每香一兩價一百金，然得此甚難。」[2]

張燮《東西洋考》中也提及上述事項：「嘉靖三十四年（1555）三月，司禮監傳諭戶部取龍涎香百斤。檄下諸藩，懸價每斤償一千二百兩。往香山澳訪買，僅得十一兩以歸。內驗不同，姑存之，亟取真者。廣州獄夷囚馬那別的貯有一兩三錢，上之，黑褐色。密地都密地山夷人繼上六兩，褐白色。問狀，云：『褐黑色者採在水，褐白色者採在山，皆真不贗。』而密地山商周鳴和等再上，通前十七兩二錢五分，馳進內辦。」[3]

1558年1月5日，「先是，遣主事王健等往閩廣採取龍涎香，久之無所得。至是健言，宜於海舶入之時酌處抽分事宜。凡有龍涎香投進者，方許交商，貨買則價不費，而香易獲，不必專官守取。部議以為然，請取回奉差各官，更下廣東撫按官，於沿海番舶往來處所，設法尋買，並將海船抽稅事宜議奏。詔從之。」[4]

1560年8月31日，「上諭戶部向所進龍涎香皆非真者，近有一二方是真，今用心採取以進。」[5]

1562年9月3日，「戶部尚書高耀購得龍涎香八兩獻之，上喜，即命給價銀七百六十兩，尋以耀用心公務，與欺怠者不同，加太子少保。耀辭不允，初大內

1　〔清〕葉鈐，《明紀編遺》，六卷，《四庫禁燬書叢刊》史部十九，北京：北京出版社，2000，卷二《諸番朝貢大略》。

2　〔明〕郭棐，《廣東通志》，卷六九，《番夷・蘇門答剌》。

3　〔明〕張燮，《西洋朝貢典錄、東西洋考》，頁248。

4　《大明世宗肅皇帝實錄》，卷四五四・嘉靖三十六年十二月乙未條。

5　《大明世宗肅皇帝實錄》，卷四八七，嘉靖三十九年八月甲辰條。

災，中人有密，收得龍涎香者至是會，上索之急，耀陰使人以重價購之，禁中用。」[1]10 月 24 日：「廣東布政使司進龍涎等香五十七兩有奇。」[2]

1563 年 4 月 28 日，「廣東進龍涎香六十二兩有奇。」[3]

1565 年 3 月 22 日，「上諭內閣曰：累年詔戶部訪取龍涎香，至今未足三四斤數。此常有之物，只不用心耳，昔梁材誹為世無之者，皇祖《永樂大典》內有此品，且昨斤兩不足虛費價，耀嘗加恩，如何似此忽諸？於是戶部尚書高耀，皇恐待罪，請遣使廣東、福建趣撫按官，百方購之。上曰，香品舊例用制萬歲香餅，非因齋修，梁材誹慢，爾等何為效之？其實訪取真品，每次以三五斤進用，已耀先購一斤八兩進之，云得之民間物也。」[4]

此外，萬曆二十一年（1593 年）及萬曆二十八年（1600 年）也有相關記錄：「萬曆二十一年十二月，太監孫順為備東宮出講，題買五斤，司割驗香，把總蔣俊訪買。二十四年正月，進四十六兩。再取，於二十六年十二月，買進四十八兩五錢一分。二十八年八月，買進九十七兩六錢二分。自嘉靖至今，夷舶閑上供，稍稍以龍涎來市，始定買解事例，每兩價百金，然得此甚難。」[5]

以上記錄講述了採買產自安達曼・尼科巴群島的龍涎香，並由蘇門答剌國商人運來香山濠鏡澳的過程，清晰記載了時間、地點和事宜。說明在葡萄牙人還未獲准進入濠鏡澳的嘉靖三十四年（1555）之前，已有蘇門答剌國的番船將民間難得一見的龍涎香運到濠鏡出售。該段記錄也提及嘉靖到萬曆年間，多次番船上供龍涎香的事例，也證實了自嘉靖到萬曆的期間，曾有番船多年航行於蘇門答臘北部到濠鏡澳的航線。

百花市舶

百花國，地點待考。陳佳榮先生稱有兩說：一說在爪哇島西部的加拉璜一帶，另一說指西爪哇的巴查查蘭王國，其都在今茂物附近。[6] 陳鴻瑜先生稱：百花國又稱那孤兒，位於蘇門答臘多峇湖周圍，為巴塔克族人所建立的國家，其港

1　《大明世宗肅皇帝實錄》，卷五一二，嘉靖四十一年八月丁巳條。

2　《大明世宗肅皇帝實錄》，卷五一三，嘉靖四十一年九月戊申條。

3　《大明世宗肅皇帝實錄》，卷五二〇，嘉靖四十二年四月甲寅條。

4　《大明世宗肅皇帝實錄》，卷五四三，嘉靖四十四年二月戊子條。

5　〔明〕張燮，《西洋朝貢典錄、東西洋考》，頁 248。

6　陳佳榮，《中西交通史》，頁 272。

口在北蘇門答臘的西岸，瀕臨印度洋的巴魯斯。[1] 據《明史》載：「百花，居西南海中。洪武十一年，其王剌丁剌者望沙遣使奉金葉表，貢白鹿、紅猴、龜筒、玳瑁、孔雀、鸚鵡、哇哇倒掛鳥及胡椒、香、蠟諸物。詔賜王及使者綺、幣、襲衣有差。國中氣候恆燠，無霜雪，多奇花異卉，故名百花。民富饒，尚釋教。」[2] 洪武十一年為1378年，而蔡汝賢所記錄的百花國有商船到達濠鏡澳的時間為萬曆十四年（1586年），期間間隔兩個多世紀：「百花在海之東南，依山為國。天氣常燠如春，無霜雪，多奇花嘉樹，四時不凋，蒼茂蔥鬱，以故得名。民俗富饒，尚釋教，產紅猴、龜筒、玳瑁、孔雀、胡椒、又有倒掛鳥，形如雀而羽五色，日焚好香，則收而藏之羽翼間，夜則張翼倒掛，以舒香氣，令絪縕滿室，芬芳襲人，亦珍禽也。洪武十一年，遣使朝貢，賜以錦綺。使回，廣東布政司管待，今附舶香山濠鏡澳貿易。」[3]

百花國究竟何處？其條件要能夠符合前述兩個（期間超過兩個世紀）的年份和地點。初步分析如下。

加拉璜是位於西爪哇異他·交留巴（今雅加達）以東三十二里處的城鎮；巴查查蘭王朝是15世紀末至16世紀後期在爪哇西南部的王朝。然而，就百花國人曾分別在1378及1586年來華入貢和貿易時間來看：1378年，在整個西爪哇處於異他王朝時期，則巴查查蘭王朝尚未開始；而到1586年，巴查查蘭王朝已經結束，西爪哇由萬丹王朝和井里汶王朝分治。由此排除了是巴查查蘭王朝的可能性。同時，這些國家均各有對華貿易，而另以百花國名義入貢的可能性不大。

至於那孤兒王朝是位於蘇門答臘島多峇湖北部、東臨馬六甲海峽的古國。以多峇湖為中心的今北蘇門答臘省，其原住民為巴塔克族人。那孤兒王朝屬於巴塔克族的卡羅部落，年代由6世紀初至13世紀末。南宋到元代的12-14世紀，曾有來自中國和印度商賈在「中國城」（今棉蘭市北）進行貿易，但時間上不在我們探討的範圍。而巴魯斯則是西臨印度洋的港口及古國，唐代高僧義淨曾達此地，稱之為「婆魯師洲」。[4] 從時間上看，1378年全蘇島只剩三個王國：滿者伯夷兼併了全島大部分王國；多峇湖西側、巴塔克族帕帕部落的哈多魯珊王國，港口巴魯斯；以及蘇島中部西岸（今蘇西省）、米南加保族的巴葛魯容王國，港口

1　陳鴻瑜，《印度尼西亞史》，頁157。

2　〔清〕萬斯同、張廷玉等，《明史》，卷三二五·列傳第二一三，《外國》六，《百花》。

3　蔡汝賢，《東夷圖像·東夷圖說》，頁68-69。

4　〔唐〕義淨，《大唐西域求法高僧傳校註》，王邦維校註，中華書局，2009，頁45-47。

為巴塘（俗稱巴東）。到 1586 年，哈多魯珊王國已改朝為巴卡拉王國；而巴葛魯容王國仍延續未變。兩者均在蘇門答臘西岸相鄰的偏遠山區，同具「依山為國」、讀音相近「百花」的特徵，究竟哪一個是歷史上的百花國，仍有待進一步考證。

以著者個人觀點，由於巴魯斯早在 7 世紀至 17 世紀已成為區域貿易中心，而巴塘港口是在 16 世紀後才發展起來，因此前者來華入貢的可能性較後者為高；同時，由於「百花」的名稱明顯來自音譯，與來自「帕帕」部落的音譯相似，但仍有待更多證據方可論定。

爪哇及蒲加龍市舶

明代對爪哇的稱謂源於元代，元世祖所遠征的爪哇，指的主要是爪哇島東部的「麻喏巴歇」王國。在明代文獻中，這個王國被稱為「滿者伯夷」，此國以蘇臘巴亞（今泗水）和馬都拉為中心，全盛時期，曾取代位於蘇門答臘南部巴鄰旁的強國三佛齊（又稱室利佛逝），成為東南亞版圖最大，統治馬來半島南部、婆羅洲、蘇門答臘、峇里等島的海洋強國。明初葉的洪武、永樂、宣德、正統朝，滿者伯夷皆曾遣使入貢，滿者伯夷在 16 世紀初式微並滅亡。因此，明代文獻所稱爪哇，主要指爪哇東部的蘇臘巴亞和中爪哇北岸的蒲加龍（今北加浪岸）、賈帕拉等港口。

在 16 世紀 50 年代末至 80 年代，北加浪岸被巴讓蘇丹國所佔領，至 90 年代則被馬塔蘭蘇丹國所統治。然而在馬塔蘭在 16 世紀末出現之前，國際化的海上貿易已在海峽各國港口取得巨大的成功，而這一時期，也是葡萄牙人在南洋群島活躍的時期。[1]

《澳門記略》中記載了爪哇曾經是在嘉靖中葡人入居濠鏡之前，已在濠鏡互市的國家之一。[2]《東夷圖說》載：「爪哇，即古闍婆國，又名蒲家龍。元稱爪哇，在海東南。……土產：金珠、瑪瑙、犀象、玳瑁、貓睛、鴉鶻石、倒掛鳥，紅白鸚鵡之屬。」[3]

1 Denys Lombard, *Nusa Jawa: Silang Budaya*, Bagian 2: Jaringan Asia, 1996, pp. 52-54.
2 〔清〕印光任、張汝霖，《澳門記略》，頁 141。
3 〔明〕蔡汝賢，《東夷圖像·東夷圖說》，頁 75-78。

異他市舶

自 13 世紀至 15 世紀，爪哇島在大多數時間被劃分為東西兩個部分：東部是滿者伯夷王國；西部便是異他王國。15 世紀末至 16 世紀初，異他為巴查查蘭所統治，30 年代，淡目國佔領了爪哇島北部沿岸區域；16 世紀下半葉，萬丹、井里汶兩國崛起，分治了西爪哇地區。

異他，中文文獻又稱順嗒，原本是位於西爪哇，擁有九百年歷史的古老王國，這裡泛指西爪哇地區。由於毗鄰異他海峽，蘇門答臘南部區域的出產主要在萬丹、順嗒—交留巴（今雅加達）進行貿易，因此萬丹和交留巴在 16 世紀下半葉逐漸成為區域貿易的中心，萬丹蘇丹國也日益強大。

《明史》載：「其國一名莆家龍，又曰下港，曰順塔。萬曆時，紅毛番築土庫於大澗東，佛郎機築於大澗西，歲歲互市。中國商旅亦往來不絕。其國有新村，最號饒富。中華及諸番商舶，輻輳其地，寶貨填溢。其村主即廣東人，永樂九年自遣使表貢方物。」[1]

在 16 世紀下半葉，荷蘭人佔據東部的異他・交留巴；葡萄牙人佔據西部的萬丹。有中國商人前往該地區（萬丹及交留巴）從事貿易，並在當地唐人區上居住下來，並延續至今。[2]

1586 年《東夷圖說》載：「順嗒不通貢而通市，安知無慕華之思，原之斯錄之也。……順嗒小國也，居海島中，不通朝貢。其人醜而黑，以布帛為衣，飲食生熟相半，婚姻不論貴賤，意合則從。地產：胡椒、象牙、丁香、豆蔻。時附舶香山濠鏡澳貿易。」[3] 根據史籍記載，異他王國滅亡於 1579 年。[4] 異他地區其時已為萬丹王國所統治，雖不與明朝通貢市，但仍有船隻前赴濠鏡澳互市。

古里市舶

古里，也被稱為西洋，為印度西部馬拉巴爾海岸的古都：卡里卡特。即葡人華士古・達・伽瑪首次抵達印度的地點。《明史》載：「古里，西洋大國。西濱大海，南距柯枝國，北距狼奴兒國，東七百里距坎巴國。自柯枝舟行三日可至，自

1　〔清〕萬斯同、張廷玉等，《明史》，卷三二四・列傳第二一二，《外國》五，《爪哇》。

2　Denys Lombard, *Nusa Jawa: Silang Budaya*, Bagian 2: Jaringan Asia, 1996, p. 217.

3　〔明〕蔡汝賢，《東夷圖像・東夷圖說》，頁 74。

4　陳鴻瑜，《印度尼西亞史》，頁 170-171。

錫蘭山十日可至，諸蕃要會也。」[1]

《澳門記略》載：在明正統（1436-1464）年之後，古里不復朝貢。而葡人居澳後，古里仍是西洋（印度洋）地區數個來澳互市的國家之一。[2]

撰於 1586 年的《東夷圖說》載：「西洋在海西南。與僧迦密邇，自錫蘭山放洋，順颶利舶，十晝夜可抵。其國當巨海之要嶼，乃諸番總會之區也。其俗傍海為市，聚貨通商。貿易以金銀為錢，以絹段、青花白磁器、燒珠水銀為貨。……土產：蘇木、胡椒、薔薇露、波羅蜜、印花被、手巾，各貯之以待商販。若珊瑚、琥珀、珍珠、金寶、諸種異香，皆來自別國，雖非所產，而市舶羅列燦然溢目，足稱富饒。故今稱富商大賈，必曰下西洋來云。」[3] 足見西洋古里在 16 世紀末曾在澳門互市。

柯枝市舶

柯枝，今印度西南海岸柯欽，名稱源於附近河流 Cocci。中國古籍作柯枝國，為阿拉伯語 Koci 的音譯，是印度重要的傳統貿易古港之一。

《澳門記略》稱，柯枝在葡人居澳（1557）之後來澳貿易，是印度洋地區數個來澳互市的國家之一。[4]

錫蘭山市舶

錫蘭，中文典籍稱錫蘭山，今斯里蘭卡。《明史》稱：「錫蘭山，或云即古狼牙修。梁時曾通中國。自蘇門答剌順風十二晝夜可達。……其國地廣人稠，貨物多聚，亞於爪哇。東南海中有山三四座，總名曰翠藍嶼。」[5]

1586 年，蔡汝賢曰：「錫蘭山國，古狼牙須也，在西洋大海中。與柯枝國對峙，自蘇門答剌順風駛舶，十二晝夜可抵。……其氣候常熱，宜稻不宜麥。市用金錢，重麝香、綺絹、青磁等器。海洲有珠池，日映光浮起閃閃射，日間歲一淘珠，諸番賈爭來市販。地廣人稠，貨物多聚，亞於爪哇，亦富饒之國也。其產

---

1 〔清〕萬斯同、張廷玉等，《明史》，卷三二六・列傳第二一四，《外國》七，《古里》。
2 〔清〕印光任、張汝霖，《澳門記略》，頁 141。
3 〔明〕蔡汝賢，《東夷圖像・東夷圖說》，頁 42-44。
4 〔清〕印光任、張汝霖，《澳門記略》，頁 141。
5 〔清〕萬斯同、張廷玉等，《明史》，卷三二六・列傳第二一四，《外國》七，《錫蘭山》。〔按〕此處《明史》有誤：錫蘭古稱「獅子國」，古狼牙修位於中南半島南部、馬來半島北部。另翠藍嶼為今尼科巴群島（Nicobar）。

青紅黃鴉鶻石、水晶、珊瑚、金戒指、西洋布、諸香之屬。永樂七年，遣太監鄭和等，齎詔勅持金銀供器，綵裝織金寶幡，施於寺及建石碑。其王負固不恭，和即潛備生擒歸獻闕下。上釋而遣之，命擇其支屬賢者封為錫蘭國王，後又遜位。十四年，遣使貢獻方物。正統、天順間猶來朝貢。使回，廣東布政司管待。今附舶香山濠鏡澳貿易。」[1]

《澳門記略》也記錄了錫蘭山曾與濠鏡通航，時間在葡人入澳之後：「西洋亦有數端：若古里、瑣里、西洋瑣里、柯枝、錫蘭山，於西洋為近。」[2]明鄭和下西洋後，也把印度洋納入西洋範疇。這說明了在 16 世紀下半葉，錫蘭山到濠鏡澳的航線曾有番船往來。

在 1582 至 1587 年，錫蘭的主要統治者是西塔瓦卡王朝的國王辛亞，此時的辛亞國王正處於權力的巔峰時期，統治西塔瓦卡為中心的區域，並向東部擴張，佔領了康達·烏達·拉塔。[3]1587 年 5 月，辛亞國王在科倫坡試圖推動蘇門答臘的亞齊人和南方的印度王子封鎖海洋，以抵禦葡萄牙人的進攻，但沒有成功；8 月 4 日，葡萄牙艦隊佔領了南部的迦勒、韋利格默、米瑞沙、馬塔拉。1588 年 2 月 18 日，一支由十八艘船和六百名士兵組成的葡萄牙艦隊先後從馬納爾、科欽和聖多美抵達，在曼努埃·索薩指揮下，佔領了內貢博、安多·安巴拉馬和奇洛，並進入科倫坡。

咭呤市舶

咭呤，古稱「羯陵伽」，位於印度半島中央東部，由默哈訥迪河口至哥達瓦里河口的沿海區域。

1586 年（萬曆十四年），根據蔡汝賢記載，咭呤也是一個不與明朝通貢，然而在濠鏡澳通市的國家：「咭呤小國也，居海島中，不通朝貢。其人以白布纏頭，身穿白小袖長衣，食多牛羊雞魚，以手不用匙箸，惟不食豕肉，見華人食者輒惡之，謂其厭穢也。地產胡椒、蘇木、荳蔻、象牙，時附舶香山濠鏡澳貿易。」[4]

1　〔明〕蔡汝賢，《東夷圖像·東夷圖說》，頁 63-65。

2　〔清〕印光任、張汝霖，《澳門記略》，頁 141-142。

3　Benjamin Videira Pires, S. J., *Taprobana e Mais Além…Presenças de Portugal na ásia*, p. 25.

4　〔明〕蔡汝賢，《東夷圖像·東夷圖說》，頁 2、73。

回回之默德那、天方市舶

回回，即阿拉伯半島，面向紅海，泛指阿拉伯伊斯蘭地區。默德那，又稱麥地那。天方，阿拉伯語「聖地」之意，指伊斯蘭教聖城麥加；也泛指阿拉伯半島國家。

1559 年 4 月 12 日，「土魯番、天方國、撒馬兒罕、魯迷、哈密等，番王速壇沙母咱法兒等，各遣夷使來貢馬駝方物，宴賚如例。」[1]

1581 年 11 月 5 日，「庚子，土魯番、天方國、撒馬兒罕、魯迷、哈密等伍地面頭目，各差人貢馬匹方物，賞賚如例。」[2]

1586 年，蔡汝賢曰：「回回即默德那國，地接天方。王生而聖靈，臣服西域諸國，諸國翕然敬事之。傳有佛經三千，藏凡三千六百餘卷，字兼篆草楷三體，能旨陰陽星律、醫禱諸技，靡不精究，而收奇功。又善鑒識，每於賈胡海市中，廉得奇貨。故今稱識寶者，必曰回回。其教專以事天為本，自隋開皇中始入中國，至今流衍四方。其國寒暑應候，土脈膏腴，有城池宮室、田園市肆，大類江淮間。民物阜蕃，衣服整潔，入皆窅目胡鼻，以白布纏頭，不問可知為色目中人。以蜜為酒，以牛為菜，好歌舞為樂。……地產織文雕鏤器皿，極其精巧，餘皆與西洋國同。宣德中遣使貢獻方物，使回，廣東布政司管待。今附舶香山濠鏡澳貿易（濠：胡刀切。音豪，水名，在鍾離）。」[3] 所提到的回回，即阿拉伯；默德那國，今麥地那（或馬迪納），而天方則是麥加的別稱。這是在 16 世紀末少數文獻提及有來自阿拉伯半島的麥地那蕃船，航行於中東至濠鏡澳航線的紀錄。

東南亞各國來澳互市的式微

不可否認的是，在 16 世紀末東南亞各國來澳互市番船逐漸稀少，究竟此一狀況何時開始？對此，《瀛環志略》為我們作出較為清晰的描述：萬曆（1573-1620）「中葉以後，歐羅巴諸國航海東來，蓄謀襲奪，番族愚懦不能與校，於是呂宋群島遂為西班牙所據，而蘇門答臘以東大小數十島，處處有荷蘭埔頭。萬曆後諸番國朝貢之舟，無復抵香山澳者。以為遠人之日久寢 ，而不知其流離瑣尾地

---

1 《大明世宗肅皇帝實錄》，卷四七〇，嘉靖三十八年三月丁丑條。

2 《大明神宗顯皇帝實錄》，卷一一七，萬曆九年十月庚子條。

3 〔明〕蔡汝賢，《東夷圖像・東夷圖說》，頁 60-63。

已為他族有也。」[1]萬曆中葉（大約在 16 世紀 90 年代）之後，來到濠鏡澳朝貢和互市的東南亞番船日漸減少，原因是東南亞各國已陸續被來自歐洲的國家所殖民佔領。具體年份應該是在蔡汝賢 1586 年來澳考察之後。而上文提及的荷蘭人在蘇門答臘興建埠頭，則為 17 世紀初年，由此推斷 17 世紀的前二十年是濠鏡澳番船大量減少及消失的時期。

　　從蔡汝賢到濠鏡澳考察的 1586 年，以及葡文獻 1595 年所載的情形來看，16 世紀下半葉應是濠鏡澳最為興盛的時期，而至 17 世紀初期萬曆末的四十八年（1620 年）之後，濠鏡澳似乎已為葡萄牙人全盤所據。

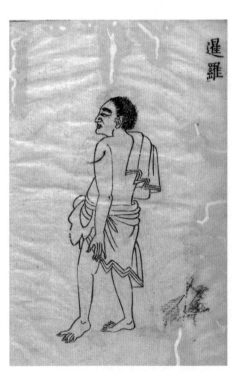

琉球，蔡汝賢《東夷圖像》
中國國家圖書館藏

暹羅，蔡汝賢《東夷圖像》
中國國家圖書館藏

---

1 〔清〕徐繼畬，《瀛環志略》，十卷本，道光二十八年刻本，井上春洋、森荻園、三守柳圃訓點，阿陽對嵋閣藏梓，卷二，《亞細亞南洋各島》。

渟泥，蔡汝賢《東夷圖像》
中國國家圖書館藏

真臘，蔡汝賢《東夷圖像》
中國國家圖書館藏

呂宋，蔡汝賢《東夷圖像》
中國國家圖書館藏

佛朗機，蔡汝賢《東夷圖像》
中國國家圖書館藏

第十二章　葡人日本南蠻貿易（1557-1600）

前文第九章曾提及葡人在 16 世紀 40 年代，在徽商（亦為海盜）王直的引領下，開通日本航線，至 50 年代初開始，又開通了自上川島到日本平戶的年度定期航線。

自 1557 年葡人入居濠鏡澳後，葡萄牙人利用濠鏡澳為基地，拓展了若干海外航線，其中最為重要的便是濠鏡澳至日本航線。葡萄牙人建立「果阿—馬六甲—濠鏡澳—日本」航線。它成為最有利可圖的航線。其貿易模式是：從馬六甲向濠鏡澳運送胡椒和香料，並在中國交易成絲綢和黃金；再將絲綢和黃金經濠鏡澳向日本出口，在日本市場交換成白銀和銅，以白銀再向中國購買絲綢；從濠鏡澳經馬六甲，向果阿運去絲綢、銅和貴金屬。

該航線以特許權的方式經營，由葡王室所委任的「中日航線主艦長」組織和統籌相關事宜。而獲得經營權者非富則貴，同時在 1623 年前，由於葡人在濠鏡澳沒有常駐長官，而且被委任的主艦長還被授權管理濠鏡澳葡人。因此，經營特

許航線的長官在進行貿易的季節，便成為這裏的最高行政長官。[1]

1576 年 1 月 23 日，羅馬教宗敕令成立天主教媽港教區，轄中國、日本、朝鮮、韃靼、暹羅、東京及群島。這也在一定程度中，鞏固了濠鏡澳往上述地區的宗教航線。[2]

濠鏡澳至日本航線，自 1557 始至 1640 年結束，為期 84 年。葡人到達日本的這一時期，正逢日本的「戰國時代」，當時日本的統治者先後是被譽為「戰國三傑」的織田信長、豐臣秀吉和德川家康。澳日航線得益於中日貿易關係中斷，葡人居中擔任貿易捐客，將日本所需的中國產品（主要是生絲、絲綢、瓷器等）運往日本，換成中國貿易所需要的白銀帶回濠鏡，成為商業利潤最為豐厚的重要航線。因此這條航線也被稱為「絲銀航線」。

葡人所開拓的對日貿易，被當年的日本人稱為「南蠻貿易」。「南蠻」是 16 世紀時期日本泛指東南亞各國稱呼，由此引伸至前來進行貿易的葡萄牙和西班牙等國。當時日本人還將其商品、文化等均冠以「南蠻」之名。

松浦平戶時期

平戶是王直在日本經營多年的貿易點，是平戶藩松浦隆信所掌管的地盤。1557 年葡人獲准入居濠鏡澳之後，由中日航線主艦長弗蘭西斯科‧馬廷斯率領的兩艘自上川前往日本平戶的葡船，於 11 月回航時，首度泊入阿媽港。[3]

自 1558 年起，濠鏡澳平均每年有兩至三艘葡船前往日本平戶港。在 1561 年，有五艘船抵達平戶。當年平戶發生「宮前事件」，葡人、傳教士與日人發生糾紛，十六名葡人被殺，導致次年沒有澳船到達平戶。據路易斯‧弗洛伊斯神父所述，糾紛是由一位日人和一些葡人就關於粗棉布的小事爭吵所引起，隨即有一批日本武士加入，於是悲劇發生，澳日航線主艦長費爾南‧蘇薩及其他十六葡人被殺，而當地大名（松浦）則拒絕為家臣的行為道歉。由於事發地點在平戶港的七郎宮前，故史學界稱之為「宮前事件」。[4]

1　Artur Basilio de Sá, *Documentação para a História das Missões do Padroado Português do Oriente, Insulíndia 5.° Vol. (1580-1595)*, Lisboa: Agência Geral do Ultramar, Divisão de Publicações e Biblioteca, 1958, p. 56.〔印度〕桑賈伊‧蘇拉馬尼亞姆（Sanjay Subrahmanyam），《葡萄牙帝國在亞洲：1500-1700 政治和經濟史》，頁 145。

2　Beatriz Basto da Silva, *Cronologia da História de Macau, Vol. 1-séculos XVI a XVIII*, p. 73.

3　Manuel Teixeira, *Macau no Sêc.XVI*, p. 41.

4　C. R. Boxer, *The Great Ship from Amacon: Annals of Macao and the Old Japan Trade 1555-1640*, p. 26.

平戶龜岡神社，「七郎宮」所在地，供奉招寶七郎，七郎信仰由寧波傳入（平戶，2016）
陳迎憲攝

1562 年起數年，濠鏡澳葡船抵達位於佐世保附近的橫瀨浦港。然而，1563 年，橫瀨浦又發生針對葡人的襲擊和放火事件，葡人蒙受損失；1564 年，當兩澳船航抵橫瀨浦時，遭受颱風侵襲，港口被毀。此後，葡人不再使用該港。

除平戶和橫瀨浦之外，1562 年，濠鏡澳至日本航線還延伸到九州的豐後國。1563 年，葡船到達信奉天主教的大名大村純忠轄下的福田浦；1565 年到達大村的福田港和本州的堺市；1567 年到達九州西部五島列島等港；1565 至 1568 年，到達有馬的口之津港。[1]

長崎開港

葡人賈斯帕 · 維萊拉神父乘坐澳日航線主艦長達瓦索的納烏船，於 1570 年從志岐、福田浦之後到達長崎，在考察長崎的開港情況之後，再由長崎返航阿媽港，這是首次從長崎港駛出前往阿媽港的船隻。濠鏡至長崎的海上航線就此開通了。雖然達瓦索在當年已經通航，但長崎的正式開港年份則定在 1571 年。

1571 年，葡人獲大名大村純忠的支持，九州的長崎正式開港。由本年開始，從阿媽港出發的葡船每年前往日本的地點改為長崎港。此外，葡船還前往九州豐後國的大分、本州的堺市等地。

據 1580 年代居住在果阿的荷蘭人稱，葡人出口到日本的絲綢數量達到約三千擔；而塞維利亞檔案館中一無名氏於約 1600 年的一份文件中提供的數字略低。除絲綢外，大船還帶去大量銀子、鉛、鋅以及棉質品和棉紗，還有三、四千兩黃金。[2]

天主教會日本傳教

除了貿易，葡萄牙領有羅馬天主教的遠東保教權。因此，葡人通過日本航線期望完成的另一個重要使命，便是在日本傳播天主教。在著名天主教耶穌會士方濟各 · 沙勿略 1549 年開啟了天主教在日本傳教事業的鼓舞下，大量傳教士由歐洲各地向葡萄牙里斯本集中，分批出發，經印度果阿前往遠東地區。1560 年，

1　Gonçalo Mesquitela, *História de Macau*, Vol. II, Tomo I, -*A Época em que Macau, Já Institucionalizada, Se Insere*, pp. 35-41.

2　C. R. Boxer, *The Great Ship from Amacon: Annals of Macao and the Old Japan Trade, 1555-1640*, pp. 179-181. 〔印度〕桑賈伊 · 蘇拉馬尼亞姆（Sanjay Subrahmanyam），《葡萄牙帝國在亞洲 1500-1700 政治和經濟史》，頁 112。

第一批耶穌會遠征隊抵達濠鏡澳，部分前往日本。

上面所述，在平戶發生的「宮前事件」，表面上是因貿易方面的小事所引起，但實際上則是由於天主教的傳播，以及信徒對佛教和其他本土宗教的衝擊引發的。自 1550 年葡人到達平戶貿易，隨之而來的天主教傳教士也在平戶周邊進行傳教活動。

「宮前事件」發生之後，貿易和傳教活動在 8 月轉移至佐世保灣內的橫瀨浦小鎮。科姆・托雷斯神父和路易斯・阿爾梅達神父開始在府內建立醫院，並繼續在平戶、豐後、鹿兒島等地傳教。1563 年，耶穌會士開始前往有馬傳教，並在次年建成有馬天主堂，在 1564 年前往京都傳教。[1]

耶穌會在日本的傳教獲得成功。在九州，科姆・托雷斯神父使長崎大名大村純忠皈依天主教，並通過他的關係在其管轄的長崎向葡人開放港口；路易斯・弗洛伊斯神父得到大名織田信長的信任，被批准在京都傳教；意籍耶穌會士奧爾岡蒂諾也在京都成功地使大名高山右近皈依天主教。在 1570 年，京都和鹿兒島有四十個天主教會組織，除平戶除眾多教會外，還有多達三萬人的天主教徒。[2] 1571 年，葡人在長崎建立了一座天主教堂；除在口之津，也已建有兩座天主教堂。[3] 1575 年，葡人在京都興建了一座「升天聖母教堂」。1578 年，耶穌會獲商人支持，在對日貿易中撥出五十擔絲綢的份額，以支撐耶穌會在日本的傳教事業。當年葡人的一千六百擔絲綢在長崎銷售後，共獲利四萬至六萬達克特。[4] 1579 年 6 月 24 日，耶穌會遠東巡視員范禮安乘坐萊昂內爾・布里托的大帆船，首次抵達日本口之津港，再前往豐後國，並在日本九州的有馬、豐後，以及本州的京都進行三場佈道演講。為了培訓神職人員，在日期間，他在有馬和安土分別設立了修道院，在臼杵設立傳習所和在大分設立府內神學院。他遊歷了日本多個

1　Gonçalo Mesquitela, *História de Macau*, Volume II, Tomo I, *-A Época em que Macau, Já Institucionalizada, Se Insere*, pp. 35-36.

2　Gonçalo Mesquitela, *História de Macau*, Volume II, Tomo I, *-A Época em que Macau, Já Institucionalizada, Se Insere*, pp. 35-38.

3　Nuno Miguel Dias Relvas Ramalho, *Memória do Património Edificado Cristão no Japão no contexto das relações Luso-Japonesas (1549-1689)*, Évora: Universidade de Évora, 2010, p. 31.

4　達克特（Ducats）：中世紀歐洲（威尼斯、匈牙利、荷蘭等）公國發行的錢幣。G. B. Souza, *The Survival of Empire: Portuguese Trade and Society in China and the South China Sea, 1630-1754*, Cambridge: Cambridge University Press, 1986. p. 37.

省份，獲得當時執掌日本政壇的大名織田信長接見。[1] 在 1580 年，耶穌會的日本信眾達到十五萬人之眾，擁有二百間教堂和八十五名耶穌會士，包括二十名日本會士及一百名助理；十年之後，更發展到擁有一百三十六名耶穌會士，一百七十名助理，還有三百名普通職員，神職人員總數達到六百人之眾。年度投入日本傳教事業的經費高達一萬到一萬二千克魯札多。[2] 為培訓神職人員，耶穌會除 1580 至 1586 年在豐後設立的一座府內神學院外，同年，在九州有馬和京都安土建立兩所招收日本學生的神學校。此外還在 1588 年至 1598 年間，在天草設立一座志岐神學院。[3]

范禮安與日本天正遣歐少年使節團（1582-1590）

耶穌會士在日本傳教最為輝煌的業績，便是在日本天正年間、由耶穌會遠東巡視員范禮安所組織的日本天正遣歐少年使節團。他在很短時間籌備，由豐後、有馬和大村的基督教大名派遣數名年輕的武士組成使節團，前往歐洲覲見菲律佩國王和教皇。[4]

九州的三個大名，豐後、有馬和大村的君主，受到范禮安神父的鼓勵，決定派他們的代表前往歐洲覲見羅馬教皇和葡萄牙及西班牙國王菲律佩。有意思的是，代表們仍然是 13 至 14 歲的青少年。來自豐後的大友宗麟選擇了他的侄子伊東祐益。有馬晴信和大村純忠決定派出千次羽紀，分別是他們的第一個和第二個表弟的侄子。這兩個年輕人由他們的兩個親戚：原瑪爾定和中浦儒略陪同。所有人都被託付給迪奧戈・梅斯基塔神父和佐治・羅約拉弟兄照顧。承擔本次任務的是「一艘由范禮安神父率領、葡萄牙貴族乘坐的葡萄牙納烏船『伊那修・利馬號』」。[5]

使節團於 1582 年 2 月 20 日由日本長崎港出發，3 月 9 日抵達阿媽港，並在

1　C. R. Boxer, *The Christian Century in Japan 1549-1650*, Berkeley and Los Angeles: University of California Press, 1967, p. 73.

2　C. R. Boxer, *The Christian Century in Japan 1549-1650*, p. 114.

3　戚印平，《澳門聖保祿學院研究》，北京：社會科學文獻出版社，2013，頁 41。Nuno Miguel Dias Relvas Ramalho, *Memória do Património Edificado Cristão no Japão no contexto das relações Luso-Japonesas (1549-1689)*, p. 31.

4　C. R. Boxer, *The Christian Century in Japan 1549-1650*, p. 73.

5　Ioanne Bonifacius, *Christiani Pveri Institvtio (1588)*, Edição anastática do exemplar da Biblioteca da Ajuda em Lisboa com um estudo prévio por Manuel Cadafaz de Matos, Macau: Instituto Cultural de Macau, 1988, p. 20-21.

濠鏡澳居留至年底，1582年12月31日啟程前往馬六甲。1583年1月27日抵達馬六甲，停留至3月4日再度出發，3月27日抵達錫蘭，4月抵達印度科欽，在科欽停留至翌年。1584年1月20日從科欽出發，4月10日航經非洲東南部的納塔爾，5月6日經過南非阿古勒斯角，10日到達好望角，並於1584年8月11日抵達里斯本。再經陸路前赴馬德里，再從亞利坎堤航行地中海至意大利半島的利沃諾，再沿陸路前往羅馬。[1]

羅馬教皇格里高利十三世在梵蒂岡為了表彰這些傑出的來訪者，明令鑄造一枚銀質獎章，上面刻有以下銘文：「日本國王對羅馬教皇派出的首個皈依的使節」。這些年輕的外交使節回到西班牙和葡萄牙，卻肩負了「重擔」：一套可移動字符的活字印刷機，他們將在返回自己的國家時隨身攜帶；還有一本書，這是若昂·博尼法西奧在幾年前編輯的一部作品《基督教男童修會》，作為年輕人的基督教教材。[2]

使節團於1586年4月13日自里斯本乘坐「聖菲律比號」（S. Filipe）納烏船返航，隨船的旅客包括「耶穌會的二十一位神父，其中包括主管努諾·羅德里格斯神父」；7月7日航經好望角；8月9日至11日抵達克利馬內，9月1日抵達莫桑比克，並在該處停留至1587年3月15日再度啟航。4月16日航經馬林迪，5月29日抵達果阿。1588年4月22日從果阿啟航，經科欽，於7月1日抵達馬六甲。7月13日由馬六甲出發前赴阿媽港，使節團於1588年8月17日抵達阿媽港。但由於1587年日本發生豐臣秀吉驅逐傳教士事件，日本局勢緊張，范禮安和使節團在濠鏡澳停留兩年，至1590年6月23日啟航，於7月才得以返抵長崎，前後共歷經九年之久。[3]

第一部歐洲活字印刷機

第一部由歐洲傳教士用活字印刷術在濠鏡澳印刷的作品是《基督教男童修會》。年輕的日本使節和負責陪同他們前往歐洲的神父抵達濠鏡澳後，立即繼續進行他們的排版工作。1588年8月中旬，活字印刷機被安裝在這座城市的耶穌會會館，直到9月底或10月中旬，日本人執行了印刷若昂·博尼法西奧作品的

1　António Rodrigues Baptista, *A Última Nau-Estudos de Macau,* Macau: A. R. Baptista, 2000, p. 158.

2　Ioanne Bonifacius, *Christiani Pveri Institvtio (1588)*, p. 21-22.

3　António Rodrigues Baptista, *A Última Nau-Estudos de Macau,* p. 158. Ioanne Bonifacius, *Christiani Pveri Institvtio (1588)*, p. 26.

古騰堡印刷機（複製品）　澳門博物館藏

任務。在 1590 年，同一地點再次被用來印刷孟三德神父的作品《論日本使節赴
羅馬教廷的使命及歐洲之行》。[1]

　　同年，這座印刷機再次踏上征程，這次是去日本。運送它的葡萄牙耶穌會士
開始在日本下述地方使用它們：在 1590 年至 1592 年期間，首先被安置在有馬；
隨後的 1592 年至 1598 年間在天草；最後是 1598 年至 1611 年間在長崎。1604
年及 1605 年，耶穌會士在長崎分別印刷出版至少兩個版本、若望·羅德里格斯
神父的《日本小文典》。[2]

　　1611 年這部印刷機在長崎印刷最後一部作品後，被運回濠鏡澳，保存在安
德烈·博托的房子直到 1620 年。期間於 1615 年，媽港的耶穌會天主之母學院，
再度印刷了若望·羅德里格斯神父的《日本小文典》，共三冊。從 1620 年起，
這台歷史悠久的印刷機的確切停靠點就不得而知了。雖然羅德勒斯神父堅稱這座
印刷機被賣給了馬尼拉聖奧古斯丁會，但西靈神父似乎不同意這種說法。或許，
真相從來不為人所知。[3]

1　Eduardo de Sande, *De missione legatorum Iaponensium ad Romanam curiam rebusq; in Europa, ac toto itinere animaduersis*, Macau: In Macaensi portu Sinici regni in domo Societatis IESV cum facilitate Ordinarij & Superiorum, 1590.

2　Ioão Rodriguez, *Arte Da Lingo A de Iapam*, Com Licença do Ordinario, e Svperiores em Nangasaqui no Collegio de Iapão da Companhia de IESV, 1604.

3　Ioanne Bonifacius, *Christiani Pveri Institvtio (1588)*, p. 29-31.

豐臣秀吉：伴天連追放令

1587 年，澳日航線主艦長多明戈斯·蒙地路駕一艘弗斯塔槳帆船往長崎，此時正值大友和島津在長崎開戰，因而未能進入長崎港，他應科埃略神父之請前往博多（今福岡），接載科埃略神父前往平戶住冬。[1] 據《1586 年度日本年報》記載，教會為科埃略此行僱用此船而花費約三十克魯札多。正在九州征戰的豐臣秀吉還登上蒙地路的弗斯塔槳帆船，[2] 他對葡萄牙造船技術大加稱讚，甚至要求租借葡萄牙戰船用於即將發動、針對朝鮮和中國的海上遠征。

然而就在 7 月 24 日當晚，豐臣秀吉在筑前（今福岡）發出驅逐傳教士的《伴天連追放令》，[3] 法令中只禁止外國傳教士在日本傳教，但並未禁止對南蠻貿易。在之後的一段時間內，並未實質禁止澳船運送傳教士和葡萄牙對日本教會的支持。豐臣秀吉同時對日本的天主教大名發出「最後通牒」，要求他們放棄天主教信仰。[4] 當年，豐臣秀吉將六十六名日本人流放到媽港。[5] 是年冬，同樣信奉天主教的九州大名大村純忠和大友宗麟相繼逝世。

自豐臣秀吉禁令後，日本教區也於 1588 年 2 月 14 日脫離媽港教區，在豐後大分成立了府內教區。[6] 天主教勢力的急劇膨脹對本土宗教和管治造成威脅，天主教的傳播事業開始遭受打擊。1589 年 2 月，豐臣秀吉開始沒收耶穌會領地，並逮捕耶穌會士。

1590 年范禮安率使節團返抵日本後，豐臣秀吉熱情接待，就像十年前的織田信長一樣。范禮安在日本停留兩年，於 1592 年 10 月離開日本返回濠鏡澳。隨後的六年他在濠鏡澳籌建「天主之母學院」（或稱「聖保祿學院」），並將日本和中國的傳教總部改設在該處，隨後他前往果阿。他最後一次抵達日本是在 1598 年 8 月至 1603 年 1 月期間。[7]

1　Gonçalo Mesquitela, *História de Macau*, Volume II, Tomo I, p. 68.

2　一種葡萄牙船型：吃水較淺，體型窄長，單桅或雙桅，裝備有 10 對或 35 對船槳，並配置有小規模火器的武裝船隻。

3　「伴天連追放令」又稱為「吉利支丹追放令」；「伴天連」為葡萄牙語「Padre」（神父）之意；「追放」為驅逐之意；吉利支丹為葡文「Cristão」（基督教）之意。

4　Gonçalo Mesquitela, *História de Macau*, Volume II, Tomo I.-*A Época em que Macau, Já Institucionalizada, Se Insere*, pp. 68-69.

5　António Rodrigues Baptista, *A Última Nau-Estudos de Macau*, p. 90.

6　Beatriz Basto da Silva, *Cronologia da História de Macau, Vol. 1-séculos XVI a XVIII*, p. 89.

7　C. R. Boxer, *The Christian Century in Japan 1549-1650*, p. 73.

二十六天主教徒長崎殉教

　　自從 1587 年豐臣秀吉發出驅逐令至 1595 年，葡萄牙耶穌會的活動轉以秘密方式進行，主要在九州地區進行，教徒人數恢復增長至五萬人。期間豐臣秀吉由於在 1592 年率二十萬日軍，跨海發動侵略朝鮮戰爭，同時顧及阿媽港南蠻貿易的利益，並未大規模迫害天主教徒。然而以下發生的事件，則導致了 1597 年在長崎發生的教難——豐臣秀吉下令處死二十六名歐洲天主教傳教士和日本信徒。

　　事件起因是 1596 年 10 月 19 日，一艘航行於馬尼拉到墨西哥阿卡布爾科航線的西班牙大帆船「聖菲律比號」（San Filipe），因遭遇颶風在日本四國島土佐國擱淺，領航船長建議把船開往長崎進行維修，被方濟各會弗賴·儒安·波柏神父拒絕，數日後因船隻破損，所有乘客和貨物被迫撤離船艙。由於船上貨物被四國武士和海岸居民所掠奪，西班牙人派出代表往京都向豐臣秀吉提出交涉。方濟各會拒絕讓耶穌會居中協調，亦拒絕了京都官員的友善建議。此時正值日本中部地震，官員們建議沒收聖菲律比號貨物，作為上天的禮物，用於補償地震所造成

《二十六聖徒殉難》油畫，此畫於 1640 年 8 月 3 日由澳門議事會委託畫家繪製（複製品）
天主教澳門教區藏

二十六天主教徒殉教地（長崎，2016）　陳迎憲攝

的損失。此項荒唐的判決令西班牙船長情緒失控，向豐臣秀吉的官員揚言西班牙海外征服力量的強大，傳教士將為征服日本好先期準備。這番言論完全證實了過往種種不利於傳教士的傳聞，致使一向反對佛教的豐臣亦無法迴避。[1] 此事史上稱為「聖菲律比號事件」。

1596 年 12 月，豐臣秀吉逮捕了在京都的二十六位天主教方濟各會士和其日本信徒，以及耶穌會年僅十歲和十二歲的小兄弟及一會士，[2] 並押送至長崎。在 1597 年 2 月 5 日寒冷的冬日，他們被釘在長崎西坂山崗的十字架上，以日本（劊子手以長槍行刑）的方式殉教。[3]

葡人倭奴買賣

有中文文獻提及，自 1592 年起，葡人開始大量買賣倭奴來澳。明朝王以寧在《東粵疏草》中曾提到：「濠鏡澳夷來自佛朗機諸國，從未有狡倭雜處其間者。有之，自萬曆二十年後始。初藉口防番，買倭以為爪牙；今且貪倭之利，潛與之通，又陰為之嚮導矣。」又「倭處東洋即狡焉思逞，勢不能連舟而來，獨計澳中收買倭奴、番鬼不止五六千人，而且甘為倭之居停，脫有不逞，夷必折而入於倭，又乘對馬島之便，蹂躪朝鮮，前車可鑒。」[4] 雖然難以斷定人數是否達到五、六千人之多，但說明了葡人收養之倭奴和黑奴的數量龐大。

此外，在葡文文獻中也提及，1597 年，葡人在「中國神名之城」獲得不良的信譽，包括發生內部的衝突和內訌，並導致流血事件收場，其中與日本的奴隸販子的勾結相關，而販奴在本年 4 月所公佈的法令中已被明文禁止：「任何日本人、不得在媽港居住或前往媽港，即使是作為葡萄牙人的奴隸也不允許。」[5]

1   C. R. Boxer, *The Christian Century in Japan 1549-1650*, pp. 164-166.

2   Gonçalo Mesquitela, *História de Macau*, Volume II, Tomo I, *-A Época em que Macau, Já Institucionalizada, Se Insere*, p. 85.

3   C. R. Boxer, *The Christian Century in Japan 1549-1650*, pp. 164-166.

4   〔明〕王以寧，《東粵疏草》，卷五《條陳海防疏》。

5   C. R. Boxer, *The Great Ship from Amacon: Annals of Macao and the Old Japan Trade 1555-1640*, p. 60.

16 世紀下半葉日本航線紀錄列表（1557-1600）

年份	航線主艦長 / 船長	停靠港口	船隻數量
1557	弗蘭西斯古‧馬廷斯（Francisco Martins） 安東尼奧‧佩雷拉（António Pereira）	平戶	2
1558	萊昂內爾‧蘇薩（Leonel de Sousa） 吉列爾梅‧佩雷拉（Guilherme Pereira）	平戶 （回程海難） 豐後	2
1559	路易‧巴列度（Rui Barreto） 吉列爾梅‧佩雷拉（Guilherme Pereira）	平戶 豐後	2
1560	曼奴埃爾‧門多薩（Manuel Mendonça) 艾利斯‧博特略（Aires Botelho）	豐後、薩摩 平戶	2（中式帆船）
1561	費爾南‧蘇薩（Fernão de Sousa） 阿豐素‧瓦斯（Alfonso Vaz）	平戶 薩摩	2
1562	佩德羅‧巴列度‧羅林（Pedro Barreto Rolim） 迪奧戈‧俾利喇（Diogo Pereira）	橫瀨浦 （Yokoseura） 平戶	2（克拉克船、 中式帆船）
1563	佩德羅‧格拉（Pedro da Guerra） 弗蘭西斯科‧博特略（Francisco Castão） 貢薩洛‧瓦斯‧德卡瓦略（Gonçalo Vaz de Carvalho）	橫瀨浦	3（大帆船、 加利恩船、 中式帆船）
1564	佩德羅‧阿爾梅達（Pedro de almeida） 巴爾托洛梅‧古維亞（Bartolomeu Gouvea）	橫瀨浦、平戶 平戶	2（克拉克船、 中式帆船）
1565	若昂‧俾利喇（João Pereira） 迪奧戈‧門內斯（Diogo de Meneses)	橫瀨浦、平戶 福田（Fukuda）	2（克拉克船、 小槳帆船）
1566	西蒙‧門多薩（Simão de Mendonça） 迪奧戈‧門內斯（Diogo de Meneses）	? （1 船海南島海難）	2-3?（加利恩 帆船）
1567	特里斯坦‧瓦斯達維加（Tristão Vaz da Veiga）	口之津 （Kuchinotsu）	3?
1568	安東尼奧‧蘇薩（António de Sousa） 迪奧戈‧瓦斯‧德阿拉貢（Diogo Vaz de Aragão）	福田浦	2（大帆船？）
1569	曼奴埃爾‧達瓦索（Manuel Travassos）	福田浦、天草 （Amasuka）	2（大帆船？）

年份	航線主艦長 / 船長	停靠港口	船隻數量
1570	曼奴埃爾・達瓦索（Manuel Travassos） 伊斯蒂旺・雷特（Estêvão Leite）	天草／志岐（Shiki）、福田浦、長崎	2（大帆船、中式帆船）
1571	特里斯坦・瓦斯達維加（Tristão Vaz da Veiga）	長崎	2（大帆船）
1572	若昂・阿爾梅達（João de Almeida）	長崎	1（大帆船）
1573	安東尼奧・維列納（António Vilhena）	（薩摩海難）	2（克拉克船、中式帆船
1574	西蒙・門多薩（Simão de Mendonça） 安德列・費約（André Feio）	長崎	3（大帆船） 1（中式帆船）
1575	華士古・佩雷拉（Vasco Perreira）	長崎	1
1576	多明戈斯・蒙地路（Domingos Monteiro）	長崎	1（克拉克船）
1577	多明戈斯・蒙地路（Domingos Monteiro）	長崎 （一船朝鮮海難）	2（克拉克船、中式帆船）
1578	多明戈斯・蒙地路（Domingos Monteiro） 安東尼奧・維列納（António de Vilhena）？	朝鮮、 Yukishima（生月島？）、 長崎	1（克拉克船）
1579	萊昂內爾・布里托（Leonel de Brito）	口之津	1（大帆船）
1580	米格爾・達伽馬（Miguel da Gama）	長崎 口之津	2（大帆船）
1581	伊格納西奧・利馬（Ignácio de Lima） 巴爾托洛梅・瓦斯・蘭蒂羅（Bartolomeu Vaz Landeiro）	長崎 長崎、越前、加賀	2（大帆船、中式帆船）
1582	安德列・費佑（André Feio） 安東尼奧・加爾塞斯（António Garcés）	（在台灣海岸擱淺）口之津	2（大帆船、小帆船）
1583	艾利斯・貢薩爾維斯・德米蘭達（Aires Gonçalves de Miranda）	長崎	1
1584	艾利斯・貢薩爾維斯・德米蘭達（Aires Gonçalves de Miranda） 弗蘭西斯科・巴耶斯（Francisco Paes） 維森特・蘭蒂羅（Vicente Landeiro）	長崎 長崎、平戶	2（大帆船、中式帆船）

續上表

年份	航線主艦長 / 船長	停靠港口	船隻數量
1585	弗蘭西斯科·巴耶斯（Francisco Paes）	長崎	2（克拉克船、平底船）
1586	多明戈斯·蒙地路（Domingos Monteiro）	平戶	2（克拉克船、平底船）弗斯特船？
1587	多明戈斯·蒙地路（Domingos Monteiro）（7月，西班牙平底船從馬尼拉或澳門前往天草）	平戶、博多天草	2（克拉克船、平底船）弗斯特船？
1588	哲羅尼姆·佩雷拉(Jerónimo Pereira)	長崎	1（克拉克船）
1589	哲羅尼姆·佩雷拉(Jerónimo Pereira)若昂·達伽馬（João da Gama）	長崎、薩摩天草、蝦夷地、千島群島	1（克拉克船）1（克拉克船）
1590	安東尼奧·科斯塔（António da Costa）	長崎	3（克拉克船）1（中式帆船）
1591	羅克·梅洛·佩雷拉（Roque de Melo Pereira）	長崎	1（大帆船）
1592	（本年度未有航班）	—	—
1593	加斯帕爾·平托·達羅沙（Gaspar Pinto da Rocha）	長崎	1（大帆船）
1594	弗蘭西斯科·薩(Francisco de Sá)	—	—
1595	曼奴埃·米蘭達(Manoel de Miranda)	長崎	1
1596	路易·門德斯·菲格雷多（Rui Mendes de Figueiredo）	長崎	1（克拉克船）
1597	弗蘭西斯科·古維亞（Francisco de Gouvea）	長崎	1（中式帆船）
1598	努諾·門東薩（Nuno de Mendonça）	長崎	3（克拉克船、大帆船、小帆船）
1599	（本年度未有航班）	—	—
1600	保羅·波圖伽爾（Paulo de Portugal）霍拉迪烏·尼雷德（HoratioNerete）－去程	長崎	1（大帆船）

資料來源：C. R. Boxer, *The Great Ship from Amacon* pp. 24-163.

第十三章　葡屬印度航線（16 世紀下半葉）

　　1510 年葡萄牙以武力佔據印度果阿，並將果阿建成葡萄牙海外屬地「葡屬印度」的首府之後，便開闢了由里斯本至印度果阿的恆常航線；葡人在 1511 年佔領馬六甲之後，葡人的恆常航線再由果阿延伸至馬六甲。16 世紀下半葉，伴隨葡人在 1557 年入居濠鏡澳，濠鏡澳隨即納入葡屬印度的年度恆常航線之中。

　　葡屬印度航線大致分為兩段。（1）自里斯本出發，從大西洋繞行非洲大陸最南端的好望角，進入印度洋，再由東非橫跨阿拉伯海，抵達印度半島西岸的果阿。（2）由果阿出發向南，繞行印度半島南端的科摩林角，東行穿過孟加拉灣入馬六甲海峽，抵達馬六甲後再分兩路：一路往東南前往「香料群島」之大、小巽他群島；另一路則北上，經馬來半島、暹羅、占婆，到達濠鏡澳。這條航線，是在澳葡人的重要補給和商貿航線，船隻往來十分頻繁，幾乎每年都有船隊自里斯本出發，在當年抵達果阿，再經過馬六甲，並在次年夏天抵達濠鏡澳。在葡萄牙人定居濠鏡澳前後，除葡萄牙商人從事貿易之外，由於葡萄牙領有羅馬天主教遠東地區的保教權，因此也有大量歐洲耶穌會士經此航線抵達濠鏡澳，再前往日本和中國進行傳教活動。

馬六甲聖保祿教堂遺址（馬六甲，2012）　陳迎憲攝

從馬六甲教區到媽港教區

自從葡萄牙人在 1511 年佔領滿剌加之後，改稱麻六甲[1]或馬六甲，馬六甲成為葡萄牙在東南亞極具戰略價值的據點。在 16 世紀下半葉，濠鏡澳前往印度、南亞及歐洲的航線，均經過馬六甲和馬六甲海峽。加上葡萄牙在南亞的商貿、行政和傳教士交往頻繁，幾乎每年都有澳船和葡船往返馬六甲和濠鏡澳間。

在濠鏡澳開放給葡人的第二年，1558 年 2 月 4 日，羅馬教宗頒佈敕令，成立馬六甲教區，將馬來亞、暹羅、柬埔寨、交趾、占城、亞齊、望加錫、索洛和帝汶、摩鹿加群島、媽港及包括中國在內的遠東地區，劃歸該教區的管轄範圍。[2]

葡人抵達媽港，還帶來了大量各地奴隸，當中還有相當數量的女奴。1563 年有二百名女奴被安排送往馬六甲。[3]

馬六甲船長迪奧戈·門內斯以及其槳帆船，1566 年轉而航行到日本。[4]

1　〔清〕萬斯同、張廷玉等，《明史》，卷三二五·列傳第二一三，《外國》六，《滿剌加》。

2　Manuel Teixeira, *Macau no Séc. XVI*, p. 42.

3　Manuel Teixeira, *Macau no Séc. XVI*, p. 44.

4　C. R. Boxer, *The Great Ship from Amacon: Annals of Macao and the Old Japan Trade 1555-1640*, pp. 31, 32.

賈尼勞主教銅像（澳門，2022） 陳迎憲攝

　　雖然葡人在 16 世紀初已經佔領馬六甲，但在 16 世紀下半葉，葡人對馬六甲海峽的控制受到來自蘇門答臘島北部亞齊的挑戰。亞齊和葡佔馬六甲的首次戰事發生在 1568 年，其後的 1573 至 1575 年，亞齊兩次襲擊馬六甲，但未獲得勝果。葡印總督為控制蘇門答臘島及東印度群島，特別將東印度群島和中國的「媽澳」劃歸一個區域，並委任莫尼茲·巴列圖管轄，稱為「蘇門答臘總督」，此處的蘇門答臘即為「須文達那—巴塞國」之意，但被委任的巴列圖不知何原因並未到任。[1]

1　H. Mohammad Said, *Aceh Sepanjang Abad*, pp. 202-203.

為籌備媽港教區，1576 年 1 月 23 日馬六甲主教和奧古斯丁會、方濟各會神父抵達媽港。[1]1576 年 1 月 23 日，天主教媽港教區成立，轄中國、日本、朝鮮、韃靼、暹羅、東京和鄰近島嶼，耶穌會士貝徹爾‧賈尼勞神父被委任為首任教區主教。[2]賈尼勞在媽港建立了仁慈堂和聖辣菲和聖拉匝祿兩座醫院後，於 1583 年逝世。[3]耶穌會士克里斯托旺‧高斯達神父於 1576 年自馬六甲抵媽港，他於 1582 年在此地逝世。[4]

與亞齊交惡的葡屬馬六甲

1576 年 3 月 2 日，葡王派遣兩艘戰艦「聖卡塔琳娜號」和「聖佐治號」前往馬六甲。為此，亞齊出動大批船艦準備攔截葡艦，但未知是葡艦更改時間還是繞行異他海峽，當亞齊人獲悉時，葡艦已經在 12 月抵達馬六甲港。[5]

1577 年 1 月 1 日，亞齊蘇丹率一萬士兵攜帶多門火炮，並聯同柔佛軍，向馬六甲堡壘發動攻勢，在馬六甲的十二艘葡萄牙艦船已做好準備，擊退亞齊進攻。[6]

因馬六甲遭受亞齊人的襲擊，馬六甲總督若奧‧席爾瓦於 1586 年 1 月 19 日，向媽港葡人致函求援。[7]

葡屬印度之果阿航線

自 1510 年起，葡屬印度的果阿成為葡萄牙在亞洲的大本營和首府，濠鏡澳葡人和馬六甲均屬於葡印總督所管轄，因此早期濠鏡澳通往歐洲的航線實際分為兩段：濠鏡澳至果阿；果阿至里斯本。由於航線較長，其時濠鏡澳到歐洲的往來航線常以船隊形式出發，以便相互照應。

濠鏡澳至果阿和里斯本的歐洲航線的設立，除用於商貿之外，還基於政治、行政管治方面的考慮，如派遣總督、運送傳教士、傳遞行政命令和滿足軍事方面

1　António Rodrigues Baptista, *A Última Nau - Estudos de Macau*, p. 90.

2　Beatriz Basto da Silva, *Cronologia da História de Macau, Vol. 1-séculos XVI a XVIII*, p. 73.

3　Bento da França, *Macau e Os Seus Habitantes Relações com Timor*, Lisboa: Imprensa Nacional, 1897, pp. 16-17.

4　Manuel Teixeira, *Macau no Séc. XVI*, p. 56.

5　H. Mohammad Said, *Aceh Sepanjang Abad*, pp. 203-204.

6　H. Mohammad Said, *Aceh Sepanjang Abad*, p. 204.

7　Beatriz Basto da Silva, *Cronologia da História de Macau, Vol. 1-séculos XVI a XVIII*, p. 88.

的需求等。果阿是澳船進出最為頻繁、時間跨度最大（由 16 世紀中葉至 19 世紀 80 年代，時間超過三個世紀）的重要航點。

在 16 世紀，濠鏡澳往返果阿、歐洲的船隻較為頻密，其中運送傳教士到遠東是其重要任務之一，同時也將中國的產品，如絲綢、瓷器，以及東南亞的香料等送往果阿，再轉運至里斯本。

1562 年 4 月，富商迪奧戈‧佩雷拉自果阿抵達馬六甲，他被任命為媽港航線主艦長至 1564 年，同時也是計劃中代表葡萄牙出使中國的首位候選人。[1] 12 月 26 日，畫家喬瓦尼神父自印度抵達媽港。[2]

1563 年，在濠鏡澳的葡人有九百人，但來自各地的奴隸就有一千人，而女奴更達到六百五十人之多。弗蘭西斯科‧蘇沙神父在其《征戰東方》一書中寫到：「有超過四百五十名高價女奴被送上開往印度的航船；在最後一艘前往馬六甲的大黑船，也將其他二百個最難應付的女奴們送走。這些大黑船，並沒有在馬六甲停留，而是繼續開往印度。」[3]

1567 年冬，曼奴埃‧特謝拉神父返回印度。[4]

1573 年 11 月 18 日，安東尼奧‧瓦茲稱：巡視員神父用人們的捐款建造了一所學校，宿舍面積很小，住了三位修士和四位神父，有兩位前往印度，一位前往日本。[5]

1577 年 9 月 20 日，范禮安神父離開果阿，在 10 月 19 日抵達馬六甲，並停留至 1578 年 8 月 1 日。他在 1578 年 11 月 16 日抵達媽港，至 1579 年 7 月 7 日前往日本。[6]

1578 年，耶穌會士羅明堅從媽港前往印度果阿。[7] 巡視員范禮安神父抵達媽港，視察準備前往中國的耶穌會傳教士。[8]

1　Manuel Teixeira, *Macau no Séc. XVI*, p. 43.

2　Gonçalo Mesquitela, *História de Macau*, Volume I, Tomo II, -Macau da "Povoação do Nome de Deos do Porto de Macau na Chyna" À Carta de Privilégios 1557-1586, p. 46.

3　Manuel Teixeira, *Macau no Séc. XVI*, p. 44.

4　Manuel Teixeira, *Macau no Séc. XVI*, p. 49.

5　Manuel Teixeira, *Macau no Séc. XVI*, p. 55.

6　Beatriz Basto da Silva, *Cronologia da História de Macau, Vol. 1-séculos XVI a XVIII*, p. 73.

7　Liam Matthew Brockey, *Journey to the East: The Jesuit Mission to China, 1579-1724*, London: The Belknap Press of Harvard University Press, 2007, p. 31.

8　António Rodrigues Baptista, *A Última Nau-Estudos de Macau*, p. 90.

1579 年，羅明堅從科欽乘船前往媽港。[1] 7 月，羅明堅自印度抵達媽港。[2]

1580 年 8 月 7 日，耶穌會士巴範濟自果阿抵達媽港。[3]

1582 年 3 月 9 日，范禮安率日本少年使節團由日本抵達媽港。[4] 8 月 7 日，耶穌會士利瑪竇抵達媽港。[5] 12 月 31 日，范禮安率使節團由濠鏡出發前往印度，並轉赴里斯本和羅馬。[6]

1584 年弗蘭西斯科·巴耶斯的大帆船在航行日本之後，於冬季前往果阿。[7]

在 1585 至 1591 年間遊歷東印度的英國旅行家拉爾夫·菲奇稱：葡人自果阿運白銀至阿媽港，每年達二十萬克魯札多，以便用來在廣州購物。[8] 葡萄牙人在媽港擁有六十萬克魯札多白銀及二十萬克魯札多印度白銀，而葡人是唯一將白銀運入廣州的外國人。[9]

1590 年，在媽港完成撰寫和印刷的一本拉丁文書籍《論日本使節赴羅馬教廷的使命及歐洲之行》[10]中提及：「這個地區盛產各種各樣的金屬，其中黃金非常豐富，因此以大量披索購買了中國黃金並運往印度，同時也被運往日本各國。據我所聞，今年在同一艘船上，就有二千塊金錠，葡人稱之為『黃金麵包』。而每一個『黃金麵包』價值接近一百達克特（*ducat*）金幣。」[11]

南亞各港的開拓

在葡王塞巴斯蒂昂一世統治期間（1557-1578），葡人掌控了印度莫臥兒帝國，並陸續在門格洛爾、巴列洛爾、霍納瓦爾等地建立貿易據點和要塞。[12]

1　Liam Matthew Brockey, *Journey to the East: The Jesuit Mission to China, 1579-1724*, p. 31.

2　Manuel Teixeira, *Macau no Séc. XVI*, p. 58. Beatriz Basto da Silva, *Cronologia da História de Macau, Vol. 1-séculos XVI a XVIII*, p. 74.

3　Beatriz Basto da Silva, *Cronologia da História de Macau, Vol. 1-séculos XVI a XVIII*, p. 76.

4　Beatriz Basto da Silva, *Cronologia da História de Macau, Vol. 1-séculos XVI a XVIII*, p. 79.

5　António Rodrigues Baptista, *A Última Nau-Estudos de Macau*, p. 90.

6　戚印平，《遠東耶穌會史研究》，北京：中華書局，2007，頁 415。

7　C. R. Boxer, *The Great Ship from Amacon: Annals of Macao and the Old Japan Trade 1555-1640*, p. 46.

8　C. R. Boxer, *The Great Ship from Amacon: Annals of Macao and the Old Japan Trade 1555-1640*, p. 182.

9　Manuel Teixeira, *Macau no Séc. XVII*, p. 2.

10　Eduardo de Sande, *De missione legatorum Iaponensium ad Romanam curiam rebusq; in Europa, ac toto itinere animaduersis*.

11　達克特（ducat）：歐洲中世紀後期各國發行的流通貨幣，有金幣和銀幣。C. R. Boxer, *The Great Ship from Amacon*, 1959, p. 54.

12　J. J. A. Campos, *History of the Portuguese in Bengal*, Calcutta: Medical Publishers, 1919, pp. 2, 15.

1595 年，出生於濠鏡澳的方濟各會修士保羅・特林塔特，經果阿前往勃生（今瓦賽）聖安東尼奧修道院。[1]

此外，16 世紀下半葉，在孟加拉地區，葡萄牙人主要使用兩個港口：一是在梅克納河口的「吉大港」，被葡人稱為「大港」；另一個在今印度境內的胡格利河上的「胡格利」，葡人稱為「小港」。1579 年前後，胡格利已建立定居點，並發展成為孟加拉的貿易中心，取代了歷史上曾經輝煌的 Sātgāon 港（今阿薩姆邦）。[2] 1590 年，葡人安東尼奧・蘇薩・迪尼奧用武力，從莫臥兒帝國奪取了吉大港，[3] 並建立定居點，但到 1602 年尚未完成。葡人在該年又奪取了面對吉大港的桑衛普島。[4]

除此之外，今緬甸境內的加叻丹，也是葡人曾達到的港口。

除了印度的果阿之外，媽港商船也前往南亞地區進行貿易。在 16 世紀的印度航點除果阿外，還有稍烏（又稱：焦耳）、古哲拉（又稱：胡茶辣）；此外南亞地區則有錫蘭（今斯里蘭卡）、勃固（緬甸）等港。

偶及的中東航線

來自印度的塔那，曾在 1559 年參加遠征波斯灣的艾利斯・貢薩爾維斯・米蘭達，於 1582 年前往日本航程中曾在台灣經歷了的海難。在 1583 年，他被委任為澳日航線主艦長。[5]

來自里斯本的天主教耶穌會士

16 世紀下半葉，由里斯本出發，經印度果阿、馬六甲到濠鏡澳的航線，是濠鏡澳重要的補給和商貿航線，船隻往來十分頻繁，幾乎每年都有船隊自里斯本出發，在當年抵達果阿，再經過馬六甲，並在次年夏季抵達濠鏡澳。在葡萄牙人定居濠鏡澳前後，除葡萄牙商人從事貿易之外，也有大量的耶穌會士經此航線抵達濠鏡澳，或繼續前往日本和中國進行傳教活動。1600 年，荷蘭船首次抵達日

1　Frei Paulo da Trindade, *Conquista Espiritual do Oriente*, Vol. 1, Lisboa: Centro de Estudos Históricos Ultramarinos, 1962, p. VI.

2　J. J. A. Campos, *History of the Portuguese in Bengal*, p. 21, 53.

3　*Archivo Portuguez Oriental*, Fascículo III p. 257, King's letter, 12th January 1591. J. J. A. Campos, *History of the Portuguese in Bengal*, p. 67.

4　J. J. A. Campos, *History of the Portuguese in Bengal*, p. 68.

5　C. R. Boxer, *The Great Ship from Amacon: Annals of Macao and the Old Japan Trade, 1555-1640*, p. 45.

本，為葡荷間的貿易衝突拉開帷幕。[1]

里斯本航線除了商貿之外，還運載了大量的耶穌會士前往亞洲（印度、中國、日本等）。這些耶穌會士從羅馬出發，他們中的大部分人前往東方傳教之前，先前往葡萄牙科英布拉大學進行專業的培訓，之後再到里斯本出發前往印度或遠東。為此，耶穌會組織了多次遠征隊，均從里斯本出發：

1555 年 11 月 23 日，葡萄牙耶穌會士巴萊多抵達阿媽港。[2]

1560 年，若爾熱·蘇沙率領六艘大黑船船隊，接載由四名耶穌會士組成的第十九批耶穌會遠征隊，從里斯本出發前往東方。[3]

1561 年 9 月，被派往中國的迪奧戈·佩雷拉自里斯本抵達果阿。[4]

1562 年 8 月 23 日，葡萄牙富商迪奧戈·佩雷拉作為皇家特使出使中國，於本日抵達媽港，他同時獲委任為媽港的首領，但最終他出使中國的使命並未獲得成功。[5]

1563 年 6 月 29 日，葡王室再派特使吉爾·戈伊斯出使中國，以及耶穌會士弗蘭西斯科·皮雷茲、曼奴埃·特謝拉，[6] 修士安德列·平托抵達媽港。[7] 本年，又有三位耶穌會士：貝徹爾·菲格雷多、若昂·弗朗西斯科·卡布拉爾、巴爾塔薩·科斯達抵達媽港。[8]

1567 年 8 月 15 日，三名西班牙籍耶穌會士——黎伯臘、黎耶臘、亞歷山大·雷吉奧，乘搭安東尼奧·蘇沙的一艘大黑船抵媽港。並於 1568 年 7 月 26 日抵達目的港——日本福田港。[9]

1568 年 6 月中，經過六千里格的航程，該時代的詩人、貧窮的路易斯·賈

1　João Bigode Chorão, *Enciclopédia Verbo Luso-Brasileira de Cultura, edição Século XXI*, p. 234.

2　Le P. Louis Pfister, S. J., *Notices Biographiques et Bibliographiques, sur Les Jésuites de L'ancienne Mission de Chine 1552-1773*, Tome I, XVIe & XVIIe siècles, Chang-Hai: Imprimerie de La Mission Catholique, Orphelinat de T'ou-Sè-Wè, 1932. p. 8.

3　Beatriz Basto da Silva, *Cronologia da História de Macau, Vol. 1-séculos XVI a XVIII*, p. 59.

4　Gonçalo Mesquitela, *História de Macau*, Volume I, Tomo I, -Do Sonho do "Catayo" À Realidade da "Chyna" 1498-1557, p. 50.

5　Beatriz Basto da Silva, *Cronologia da História de Macau, Vol. 1-séculos XVI a XVIII*, p. 61.

6　Beatriz Basto da Silva, *Cronologia da História de Macau, Vol. 1-séculos XVI a XVIII*, p. 63. 稱特謝拉於 1563.12.29 抵達澳門。

7　Manuel Teixeira, *Macau no Séc. XVI*, p. 44.

8　Domingos Maurício Gomes dos Santos, *Macau-Primeira Universidade Ocidental do Extremo-Oriente*, Macau: Fundação Macau, Macau: Universidade de Macau, 1994, p. 5.〔葡〕文德泉（Manuel Teixeira），《耶穌會士與澳門開教 400 週年》，頁 11。

9　Manuel Teixeira, *Macau no Séc. XVI*, p. 49.

梅士乘坐納烏船隊，在返回里斯本的途中到達莫桑比克，最後完成他的詩作《盧濟塔尼亞人之歌》。[1] 8 月，首位領導中國傳教事業的弗朗西斯科‧卡布拉爾神父抵達媽港。同年 6 月，賈內羅主教亦抵達媽港。[2] 本年，第二十四批耶穌會遠征隊乘五艘武裝大黑船從里斯本啟航前往東方，其中有新任葡印總督劉易斯‧阿泰爾和遠東巡視員貢薩洛‧阿爾瓦雷斯及兩名傳教士。[3]

1574 年，若奧‧利貝拉從日本返回歐洲途中，在莫桑比克遇見范禮安神父。[4]

1578 年 3 月 24 日，第三十批耶穌會遠征隊由馬廷‧席爾瓦率領十四名傳教士，從里斯本啟航前往東方，其中包括利瑪竇、孟三德、巴範濟、羅明堅等著名耶穌會士。[5]

1579 年 7 月 20 日，羅明堅神父抵達媽港。[6] 本年，第三十一批耶穌會遠征隊由佩德羅‧戈麥斯帶領前往東方。[7]

1581 年 4 月 11 日，第三十三批耶穌會遠征隊前往東方，由熱羅尼姆‧沙維爾率領。

1582 年 2 月 20 日，第三十四批耶穌會遠征隊由迪奧戈‧美士基打率領前往東方。

1583 年 4 月 8 日，第三十八批耶穌會遠征隊十五名耶穌會士，乘坐四艘大黑船，由葡印總督馬士加路也率領，離開里斯本前往東方。

1585 年 4 月 10 日，第三十九批耶穌會遠征隊六艘大黑船，離開里斯本前往東方，船上有十二名耶穌會士，包括第二任日本主教佩德羅‧馬廷斯，以及未來的中日傳教巡視員曼努埃‧迪亞士。

1586 年 4 月 12 日，日本天正遣歐少年使節團在訪問羅馬之後，連同第四十批耶穌會遠征隊二十一名傳教士，乘坐二十八艘大黑船，由里斯本出發，於 1588 年 8 月 11 日抵達媽港。

1 Diogo de Couto, *Da Asia de Diogo de Couto dos Feitos, que os Portugueses Fizeram na Conquista, e Descubrimento das Terras, e Mares do Oriente*, Lisboa: Na Regia Officina Typografica, 1788, p. 233.

2 Manuel Teixeira, *Macau no Séc. XVI*, p. 49.

3 Beatriz Basto da Silva, *Cronologia da História de Macau, Vol. 1-séculos XVI a XVIII*, pp. 67-100.

4 António Rodrigues Baptista, *A Última Nau-Estudos de Macau*, p. 90.

5 Beatriz Basto da Silva, *Cronologia da História de Macau, Vol. 1-séculos XVI a XVIII*, pp. 67-100.

6 Joseph Dehergne S. J., *Répertoire dês Jésuites en Chine de 1552 à 1800*, Roma: Institutum Historicum, Paris: Letouzey et Ané, 1973, p. 235.

7 Beatriz Basto da Silva, *Cronologia da História de Macau, Vol. 1-séculos XVI a XVIII*, pp. 67-100.

1588 年 4 月 6 日，第四十二批耶穌會遠征隊，接載日本新任主教塞巴斯蒂昂 · 莫拉伊斯和另外九名耶穌會士，離開里斯本。[1] 11 月 20 日，羅明堅神父返抵羅馬，籌備羅馬教廷委派特使前往中國的事宜。[2]

1592 年，第四十三批耶穌會遠征隊，十五名耶穌會士離開里斯本前往東方。同年，媽港耶穌會的一所高等學院，學院整合了兩個學科：一個是文學、哲學和神學學院；另一個是音樂和美術學校。[3]

1594 年 10 月 28 日，根據《年度書簡》所載，第一份媽港學院的信件，由耶穌會士孟三德所簽署，因此具有重要的文獻價值。11 月 30 日，自 1571 年開始教授以拉丁語閱讀和寫作的耶穌會之家更名為「耶穌會學院」，為六十名學生教授葡萄牙語和拉丁語、藝術、神學和案例課程。然後「耶穌會之家」被安置在聖安東尼亞修道院旁的單層房屋中，直到 1597 年，他們有一位共同的校長：老曼努埃 · 迪亞士神父。耶穌會士路易斯 · 弗洛伊斯於翌年 1 月，致媽澳克勞蒂烏 · 阿克瓜維瓦將軍的信函中稱，它被公認為一所大學學院。[4]

1595 年，范禮安神父印度巡視員的職務停止，經過調整，他擔任日本的巡視員。

1596 年，由十八名耶穌會士參加的第四十五批耶穌會遠征隊前往東方，其中十六名目的地前往日本。[5]

1597 年，范禮安神父離開果阿，經科欽和馬六甲，於 7 月 20 日抵達濠鏡澳，並在該處停留至 1598 年 8 月才前往日本。十七名耶穌會士參加的第四十六批耶穌會遠征隊，離開里斯本前往東方。[6]

1599 年 2 月 4 日，兩艘大黑船接載二十名耶穌會士參加第四十七批耶穌會遠征隊，目標是東方。[7]

1600 年，第四十八批耶穌會遠征隊，有二十名耶穌會士前往東方。

---

1 Beatriz Basto da Silva, *Cronologia da História de Macau, Vol. 1-séculos XVI a XVIII*, pp. 67-100.

2 António Rodrigues Baptista, *A Última Nau-Estudos de Macau*, p. 90.

3 Beatriz Basto da Silva, *Cronologia da História de Macau, Vol. 1-séculos XVI a XVIII*, p. 94.

4 Beatriz Basto da Silva, *Cronologia da História de Macau, Vol. 1-séculos XVI a XVIII*, p. 96.

5 Beatriz Basto da Silva, *Cronologia da História de Macau, Vol. 1-séculos XVI a XVIII*, p. 98.

6 Beatriz Basto da Silva, *Cronologia da História de Macau, Vol. 1-séculos XVI a XVIII*, p. 96, 99.

7 Beatriz Basto da Silva, *Cronologia da História de Macau, Vol. 1-séculos XVI a XVIII*, p. 100.

第十四章　新西班牙航線（16 世紀下半葉）

　　15 世紀至 16 世紀，是葡萄牙和西班牙兩國航海事業爭霸全球的時期。為了調解兩國航海紛爭，在 1494 年 6 月 7 日，羅馬教宗亞歷山大六世與葡萄牙、西班牙兩國國王在西班牙小鎮托爾德西利亞斯達成協議，即在佛得角群島以西三百七十里格[1] 處，由南至北劃出一條子午線，將地球劃分為東西兩個半球，在東半球新發現的土地歸屬葡萄牙；而在西半球新發現的土地，則屬於西班牙。這份協議史稱《托爾德西利亞斯條約》，所劃的界線俗稱「教宗子午線」。[2] 由是，葡萄牙的地理大發現航路是由歐洲向東，南經好望角前往亞洲。

　　而西班牙的地理大發現航路則由歐洲向西：自哥倫布發現美洲大陸後，受西班牙皇室派遣的葡萄牙航海家麥哲倫繞行南美洲南部的海峽進入太平洋，並於 1521 年 3 月航抵菲律賓。[3]1535 年起，西班牙人在北美洲南部（包括今美國西南地區：加利福尼亞州、內華達州、猶他州、科羅拉多州、亞利桑那州、新墨西哥州、德克薩斯州）和中美洲（今墨西哥、危地馬拉、洪都拉斯、哥斯大黎加、

1　里格（léguas）：歐洲古老長度單位，1 里格約等於 6660 公尺。

2　〔葡〕薩拉依瓦（José Hermano Saraiva），《葡萄牙簡史》，李均報、王全禮譯，石家莊：花山文藝出版社，1994，頁 130-131。

　3　*The New Encyclopædia Britannica*, Volume 7, Micropædia, Ready Reference, 15th edition, p. 669.

薩爾瓦多、尼加拉瓜等區域）建立了海外屬地——「新西班牙」，首府設於墨西哥城，由西班牙國王委任一位「副王」所管治。1565年4月，西班牙探險家黎牙實比受新西班牙副王派遣，率領五艘船從墨西哥阿卡布爾科，跨越太平洋抵達菲律賓南部宿霧島，建立首個定居點。[1]西班牙人於1571年佔領馬尼拉並開始建城，1594年正式佔領菲律賓全境。而後，菲律賓也成為了「新西班牙」的組成部分。因此，來往濠鏡澳和菲律賓的航線也可稱為：濠鏡澳—新西班牙航線。

1580年1月31日，葡萄牙國王恩里克一世逝世。由於葡王沒有子嗣，引發王室繼承權的危機。西班牙國王菲律浦二世聲稱擁有王位繼承權而派兵佔領了葡萄牙。此時起，濠鏡澳葡萄牙人和菲律賓西班牙人成為擁有共同宗主國的的海外地區。然而，由於濠鏡澳葡人擔心西班牙人來澳爭奪地盤，聲稱中國政府並不允許除葡萄牙以外的其他歐洲民族入居澳門，因此在西班牙統治葡萄牙期間，濠鏡澳仍保留相對獨立性。葡人議事會依舊懸掛葡萄牙旗幟。由於擔心失去濠鏡澳這一在華的橋頭堡，西班牙菲利浦國王亦多次頒令，禁止馬尼拉的西班牙人和船隻進入濠鏡澳。

馬尼拉絲綢航線

傳統上，根據明朝政府規定，菲律賓與中國通商的口岸設在福建。但因福建口岸自1549年驅逐葡萄牙人之後被關閉，直到1567年方才重新開放。在菲律賓的西班牙人，1575年也曾抵達福建省的廈門、泉州和福州，建立貿易聯繫。1576年，西班牙人曾經過濠鏡澳，抵達廣東。[2]

濠鏡澳和菲律賓航線持續時間長，也是濠鏡澳重要的傳統航線。兩地互航紀錄始見於1579年，當年有兩位方濟各會士自菲律賓前來濠鏡澳。濠鏡澳和馬尼拉航線在1580年正式開通往來，航點包括馬尼拉、甲米地等呂宋島港口。[3]雖年份偶有間斷，但航線基本持續整個西葡合併時期，最多每年有六至七艘船往返濠鏡澳和馬尼拉。

1　Benjamin Videira Pires, S. J., *Taprobana e Mais Além... Presenças de Portugal na Ásia*, 1995, p. 223.

2　Benjamin Videira Pires, S. J., *A Viagem de Comércio Macau-Manila nos Séculos XVI a XIX*, pp. 7-8.

3　Beatriz Basto da Silva, *Cronologia da História de Macau, Vol. 1-séculos XVI a XVIII*, pp. 74-75.

航線事例

在 1577 年至 1599 年間，有二百一十艘船隻抵達菲律賓港口，其中在 1588 年就有四十六艘船隻抵達菲律賓。這些船隻多數來自中國海岸，只有少量來自濠鏡澳。[1]

1579 年，來自菲律賓的七位方濟各會士自行進入廣州傳教，獲准居留三個月，其他人前往泉州乘船返回馬尼拉，其中兩位前來澳門。澳門主教勸說他們前往交趾傳教，但兩人均不願前往。[2]

1580 年，一位菲律賓代理商熱羅尼姆・羅曼來到媽港。[3]1580 至 1583 年貢薩洛・戎基羅擔任菲律賓總督時期，在西葡國王的多番禁令下，馬尼拉、媽港、馬六甲間的往來依然十分頻繁；另一方面，來自墨西哥的商人，也透過他們在馬尼拉和媽港的代理購買中國絲綢產品。[4]

1582 年春天，西班牙耶穌會士阿隆索・桑切斯向廣東總督遞交一封由菲律賓總督貢薩洛・龍基略・德佩尼亞洛薩簽署的中文信函，該信函說明該傳教士大使尋求獲得在中國海岸的居留地，如同葡萄牙人在 1557 年獲得的那樣。此外，耶穌會士羅明堅神父向廣東總督陳瑞提供了兩千士姑度進行外交斡旋，以營救在廣州的囚犯、多明我會士馬蒂亞斯・佩內拉。最後，桑切斯在 1582 年 5 月被帶到媽港。[5]5 月底，西葡合併的消息傳到馬尼拉，菲律賓總督派遣西班牙耶穌會士阿隆索・桑切斯神父前往媽港，促使媽港接受新政權。[6]6 月 24 日，媽港主艦長寫信給菲律賓總督，要求其勿派大使前往中國，否則將對媽港的商人產生嚴重的影響。[7]

1583 年 3 月 27 日，葡商藍地路的平底船，由塞巴斯蒂昂・若爾熱擔任船長，運載葡國酒、橄欖油、印度棉麻布、中式餅、塔夫綢、緞、絲綢、象牙、藥

1　Benjamin Videira Pires, S. J., *A Viagem de Comércio Macau-Manila nos Séculos XVI a XIX*, p. 16.

2　Manuel Teixeira, *Macau e a Sua Diocese, Vol. 3, As ordens e congregações religiosas em Macau*, Macau: Tip. do Orfanato Salesiano, 1961. pp. 413-414.

3　Beatriz Basto da Silva, *Cronologia da História de Macau, Vol. 1-séculos XVI a XVIII*, p. 75.

4　C. R. Boxer, *The Great Ship from Amacon: Annals of Macao and the Old Japan Trade, 1555-1640*, pp. 46-47.

5　Benjamin Videira Pires, S. J., *Taprobana e Mais Além... Presenças de Portugal na Ásia*, p. 224-225..

6　Benjamin Videira Pires, S. J., *A Viagem de Comércio Macau-Manila nos Séculos XVI a XIX*, p. 8.

7　Lúcio de Sousa, *The Early European Presence in China, Japan, The Philippines and Southeast Asia (1555-1590), -The life of Bartolomeu Landeiro*, Macao: Macao Foundation, 2010, p. 43.

材藥品，由媽港抵達馬尼拉。貨物銷情理想，雙方擬定每年繼續通航貿易。[1] 5 月 1 日，八位方濟各會神父抵達媽港，其中三位神父哲羅尼姆・阿吉拉爾、弗朗西斯科・蒙地里亞、迪奧戈・希門尼斯曾前往暹羅。但他們只呆了九個月，由於勃固遭受緬甸入侵，戰事不斷，就撤返馬尼拉等待局勢恢復平靜。[2] 6 月，一艘原訂當月由馬尼拉前往阿卡布爾科（Acapulco）的西班牙加利恩大帆船「聖瑪爾定號」（San Martin）的水手期望與中國開展商務合作，說服船長弗朗西斯科・梅爾卡多將船開來媽港，加載貨物後準備開往祕魯，他們計劃在當地渡過富裕的餘生。[3]

1584 年 3 月，葡商藍地路的兩艘滿載商品的平底船再度抵達馬尼拉，傳出「聖瑪爾定號」叛變的消息。5 月 1 日，迭戈・隆奎樂接載西班牙使團皇家監督祖安・包蒂斯塔・羅曼及耶穌會士阿隆索・桑切斯來媽港接收「聖瑪爾定號」等事宜。10 月 1 日，西班牙使團離開媽港，往海南接載船難者，再到安南、交趾、柔佛、馬六甲。[4]

1585 年 6 月，西班牙使團返抵馬尼拉。

1589 年多明我會士托馬斯抵達媽港，並在該處生活二十年。[5] 本年，由於西班牙人不斷違反王室命令而激怒「神名之城」的居民，他們決定拿起武器，以防止來自菲律賓的卡斯蒂利亞人的競爭。[6]

1590 年 1 月，菲律賓總督劉易斯・達斯馬利涅斯，以修建軍事設施為由，派一艘大船前赴「神名之城」。媽港土生葡人以違反禁令為由，將該船的錢扣留。[7]

1591 年 1 月 12 日，王室大法官馬查多・巴波沙將所有西班牙人趕出媽港，包括西班牙方濟各會士，用船運回馬尼拉。[8]

1594 年 2 月 18 日，西葡國王菲律浦二世要求葡印總督關注媽港政府，不容許該地居民藐視關於與菲律賓和新西班牙及中國的貿易禁令，並指示將扣留西班

1　Benjamin Videira Pires, *A Viagem de Comércio Macau-Manila nos Séculos XVI a XIX*, p. 9.

2　Paulo da Trindade, *Conquista Espiritual do Oriente* Vol. 3, p. 438.

3　Benjamin Videira Pires, *A Viagem de Comércio Macau-Manila nos Séculos XVI a XIX*, p. 9.

4　Benjamin Videira Pires, *A Viagem de Comércio Macau-Manila nos Séculos XVI a XIX*, pp. 9-10.

5　Artur Basilio de Sá, *Documentação para a História das Missões do Padroado Português do Oriente, Insulíndia 5.º Vol. (1580-1595)*, p. 504.

6　Benjamin Videira Pires, *Taprobana e Mais Além...Presenças de Portugal na Ásia*, p. 228.

7　Benjamin Videira Pires, *A Viagem de Comércio Macau-Manila nos Séculos XVI a XIX*, p. 69; *Taprobana e Mais Além... Presenças de Portugal na Ásia*, p. 228.

8　Manuel Teixeira, *Macau e a Sua Diocese*, Vol. 3, pp. 431-432.

牙船長羅德里古·科鐸的錢歸還。[1]本年，一艘來自馬尼拉的西班牙船隻嘗試進入媽港與中國進行談判，被葡萄牙人縱火。[2]

1598年，呂宋人從他們的土地來到大嶼山，尋找硝石和金屬，請求在港口和松林島停舶。土生葡人一如既往地堅決反對西班牙與中國進行直接貿易，但「海道」肯定是針對菲律賓特使的禮物和未來的貿易收入，向廣州衙門提出上訴。「都堂」或廣州清總督證實了地方官的決定：西班牙人在儒安·查姆地烏的指揮下，獲准碇舶在松林島直到下一個季風，但不允許建造房屋，因不符合慣例。至於稅金——法院補充說——按南邊來的人支付，多付百分之五十。與此同時，達斯馬里尼亞斯（D. Luís Pérez Dasmariñas）率領的西班牙赴柬埔寨遠征隊在離澳門不遠的地方遭遇風暴。一百二十名西班牙倖存者，拯救了兩艘失事的船隻，攜帶一些較有價值的東西、武器和口糧，前往松林島與他們的同胞會合。達斯馬里尼亞斯派兩名士兵前往澳門，另派兩名前往廣州尋求幫助。葡萄牙當局拘留了這兩名西班牙士兵，並盡一切努力說服廣東相信西班牙人是海盜。[3]

1599年初，儒安·查姆地烏按照官吏的命令離開松林島。隨後，他購買一艘平底船，在澳門的視線範圍內穿過。堂·保羅·波圖伽爾命令他離開海岸，如果他不想被捕並被送往印度的話。在他身後，達斯馬里尼亞斯、少尉弗朗西斯科·羅德里格斯與三名同伴，乘坐一艘小舢舨，前往馬尼拉，尋求幫助和指示。西班牙指揮官要求釋放他的兩名士兵，否則需對可能造成的後果負責。然後，主艦長帶著幾名武裝人員離開了，隨後發生了一場衝突，迫使西班牙人撤退到松林島。德洛斯里奧斯說，一位修士和一些葡萄牙人被殺。幾天後，一艘船抵達馬尼拉，帶著羅德里格斯和一些士兵，此外還有命令要達斯馬里尼亞斯返回菲律賓。在松林島埋葬了一些死者，包括修士阿隆索之後，西班牙人返回馬尼拉。這是澳門與馬尼拉之間最嚴重的貿易摩擦。

1　Benjamin Videira Pires, *A Viagem de Comércio Macau-Manila nos Séculos XVI a XIX*, p. 12. Benjamin Videira Pires, *Taprobana e Mais Além... Presenças de Portugal na Ásia*, p. 228.

2　Arquivo Nacional da Torre do Tombo, *Convento da Graça*, Lisboa, Caixa 16 D, Tomo VI, fls. 133-134. Benjamin Videira Pires, *A Viagem de Comércio Macau-Manila nos Séculos XVI a XIX*, p. 12.

3　Benjamin Videira Pires, *Taprobana e Mais Além... Presenças de Portugal na Ásia*, pp. 229-230.

16 世紀末濠鏡澳－馬尼拉航線列表

年份	來自		前往	
1580	1 西班牙船	菲律賓		
1582	1 西班牙船	馬尼拉	1 西班牙船	馬尼拉
1583	1 西班牙船 1 加利恩船 「聖瑪爾定號」	馬尼拉	1 葡商船	馬尼拉
1584	1 西班牙船	馬尼拉	2 葡商船 1 西班牙船	馬尼拉 海南、安南、交趾、柔佛、馬六甲、馬尼拉
1586	1 西班牙船	馬尼拉	-	-
1588			1 葡商船	馬尼拉
1590	2 西班牙船	馬尼拉	-	-
1591			1 葡商船	馬尼拉
1594	1 西班牙船	馬尼拉	-	-
1598	2 西班牙船	馬尼拉	2 西班牙船	馬尼拉
1599	1 西班牙船	馬尼拉	1 西班牙船	松林島－馬尼拉

資料來源：Benjamin Videira Pires, *A Viagem de Comércio Macau-Manila nos Séculos XVI a XIX*, pp. 5-16.

濠鏡澳的墨西哥直航

　　一艘西班牙加利恩大帆船「聖瑪爾定號」（*San Martin*），原定於 1583 年 6 月由馬尼拉前往阿卡布爾科，因水手譁變將船開抵媽港，加載貨物後準備前往祕魯。1584 年 3 月，消息傳到馬尼拉，西班牙派皇家監督祖安・包蒂斯塔・羅曼及耶穌會士阿隆索・桑切斯來媽港接收「聖瑪爾定號」等事宜。在羅曼重新僱用新的船員後，該加利恩大帆船隨即開往阿卡布爾科。[1] 這是濠鏡澳歷史上首次有航船橫跨太平洋、直航前往美洲的紀錄。

　　1585 至 1591 年，原產自墨西哥和祕魯的西班牙白銀銀元，有比索、里亞

1　Benjamin Videira Pires, *A Viagem de Comércio Macau-Manila nos Séculos XVI a XIX*, p. 9.

等，經由西班牙港口塞維拉和里斯本轉運至印度，再由果阿運到媽港。[1]

1587 年 4 月 3 日，三名多明我會士自墨西哥阿卡布爾科啟程前往媽港。8 月 1 日，來自墨西哥多明我會士安東尼奧・阿瑟迪安努和兩位同伴乘坐葡籍船長的聖馬廷紐號（*S. Martinho*）抵達媽港。[2] 潘日明神父稱，1587 年西班牙船「聖瑪爾定號」由墨西哥阿卡布爾科開返媽港，隨船搭載了三名西班牙多明我會士：安東尼奧・阿瑟迪安努、阿隆索・德爾加多、巴托羅米・洛佩茲來澳。同年 9 月 1 日，多明我會士在媽港創建聖母玫瑰堂。[3] 同年，由於馬尼拉的中國貿易和盈利增長，「聖安娜號」（*Santa Ana*）也自新西班牙直接開往媽港。王室警告，從墨西哥到媽港的直航將摧毀兩個王國，因為中國人會將商品的價格提高到葡萄牙人和卡斯蒂利亞人都無法維生的程度。[4]

1588 年，在一封日期為 6 月 30 日的信中，國王被要求授權澳門葡人可以直接運載商品往新西班牙（墨西哥），以便他們得以維持教堂、仁慈堂和兩家醫院，其中一家是為麻風病人而設。[5]

1589 年，一艘六百噸，由若昂・達伽馬任船長，來自馬六甲的克拉克葡船，由阿媽港航行墨西哥，因遭遇風暴前往天草避難。在修理好船隻後，他們於 10 月前赴墨西哥，途經「蝦夷地」（北海道）和千島群島。他在最終抵達阿卡普爾科時被逮捕，船隻被扣留[6]並被沒收全部商品。這是媽港葡人穿過太平洋至美洲的首次航行紀錄。[7]

1590 年 3 月，媽港議事會派遣的一艘於上年 4 月 3 日離開媽港前往墨西哥的媽港葡船，抵達墨西哥阿卡布爾科，但被墨西哥當局拘押並被沒收全部商品。[8]這是媽港葡人穿過太平洋至美洲的第二次航行紀錄。5 月，馬尼拉新任總督戈墨斯取消了軍火和海關的關稅，並規定葡人和華人的進口價格，經營墨西哥進

1 C. R. Boxer, *The Great Ship from Amacon: Annals of Macao and the Old Japan Trade 1555-1640*, pp. 63-64.

2 Beatriz Basto da Silva, *Cronologia da História de Macau, Vol. 1-séculos XVI a XVIII*, p. 89.

3 Benjamin Videira Pires, *A Viagem de Comércio Macau-Manila nos Séculos XVI a XIX*, p. 11.

4 G. B. Souza, *The Survival of Empire: Portuguese Trade and Society in China and the South China Sea, 1630-1754*, p. 67.

5 Benjamin Videira Pires, *Taprobana e Mais Além...Presenças de Portugal na Ásia*, pp. 227-228.

6 C. R. Boxer, *The Great Ship from Amacon: Annals of Macao and the Old Japan Trade, 1555-1640*, p. 51.

7 Benjamin Videira Pires, *A Viagem de Comércio Macau-Manila nos Séculos XVI a XIX*, p. 12.

8 Benjamin Videira Pires, *A Viagem de Comércio Macau-Manila nos Séculos XVI a XIX*, p. 12.

口的馬尼拉中國商人隨即提出請願，總督允許西班牙和葡萄牙人進行交易。[1]

1592 年初，另一位未被拘押的葡萄牙商人則攜帶用於交易大量的白銀，經馬尼拉返回媽港。這位葡商讓伊比利亞官員和商人捲入一場貿易糾紛當中。[2]

來自阿卡布爾科的白銀

1579 年起，西班牙商人開通了自馬尼拉到達阿卡布爾科的航線。隨著墨西哥中部的薩卡特卡斯和秘魯波托西相繼發現銀礦，新西班牙具備充足的資源進行中國貿易，因此墨西哥對中國產品的需求一時大增，從而帶動馬尼拉對中國絲綢需求的大幅增加。[3] 加上葡萄牙在 1580 年併入西班牙哈布斯堡王朝，隨後的 16 世紀末，西班牙人與濠鏡葡人間的貿易合作得到加強。

由於菲律賓併入「新西班牙」，因此菲律賓歸屬新西班牙管轄，也就此建立了定期往來的航線。而濠鏡澳與墨西哥的航線，對濠鏡澳而言，雖然只是由個別的偶發事件所導致，但卻是難得的經驗。由於西班牙人擔心濠鏡澳葡人介入屬於他們的貿易業務，因此更多的時候葡人只能將來自中國的產品賣給馬尼拉，而由西班牙人經營自馬尼拉至墨西哥的航線業務。

1584 年，有墨西哥商人委託馬尼拉代理商，來阿媽港購買中國絲綢，以西班牙銀幣比索支付。[4]

1588 年 6 月 30 日，國王授權媽港葡人可以直接運載商品往新西班牙（墨西哥）。[5] 同年，一艘滿載墨西哥白銀的西班牙船抵達媽港，隨船也載來多明我會士安東尼奧·聖瑪利亞。[6]

1592 年，中國的生絲進口取代了墨西哥養蠶業的原料供應。[7]

1　G. B. Souza, *The Survival of Empire: Portuguese Trade and Society in China and the South China Sea, 1630-1754*, pp. 68-69.

2　G. B. Souza, *The Survival of Empire: Portuguese Trade and Society in China and the South China Sea, 1630-1754*, p. 68,.

3　G. B. Souza, *The Survival of Empire: Portuguese Trade and Society in China and the South China Sea, 1630-1754*, p. 65.

4　C. R. Boxer, *The Great Ship from Amacon: Annals of Macao and the Old Japan Trade 1555-1640*, p. 47.

5　Benjamin Videira Pires, *A Viagem de Comércio Macau-Manila nos Séculos XVI a XIX*, p. 11.

6　*Boletim da Filmoteca Ultramarina Portuguesa, Arquivo Histórico Ultramarino*, No. 15, pp. 58, 587-588.

7　G. B. Souza, *The Survival of Empire: Portuguese Trade and Society in China and the South China Sea, 1630-1754*, p. 68, 70.

16 世紀末濠鏡澳－墨西哥航線列表

年份	來自		前往	
1583	1「聖瑪爾定號」（*San Martin*）加利恩大帆船	馬尼拉	-	-
1584	1 西班牙船	馬尼拉	1「聖瑪爾定號」（*San Martin*）加利恩大帆船	墨西哥阿卡布爾科（Acapulco）
1587	1「聖瑪爾定號」（*San Martin*）加利恩大帆船	阿卡布爾科	-	-
1588	1 西班牙船	阿卡布爾科	1 西班牙船	阿卡布爾科
1589	-	-	1 葡船	阿卡布爾科

資料來源：Benjamin Videira Pires, *A Viagem de Comércio Macau-Manila nos Séculos XVI a XIX*, pp.5-16.

美洲秘魯的帆船

新西班牙的墨西哥—菲律賓—媽港航線的成功，催生了由秘魯經菲律賓到媽港的直航的願望，媽港商人始終擔心未能獲得王室代表的支持。但這一擔心消除了，在葡萄牙當局扣押了喀內德的西班牙船隻後，另一位王室代表、秘魯總督和利馬商人結盟，裝備西班牙船隻，於 1590 年從利馬開往遠東。[1]

1592 年，中國的紡織品通過走私方式，不再經墨西哥的航線，而直接由菲律賓進入秘魯，以致當地平民和印地安人也能用中國的紡織品縫製衣裳。[2]

1　G. B. Souza, *The Survival of Empire: Portuguese Trade and Society in China and the South China Sea, 1630-1754*, pp. 67-68.

2　G. B. Souza, *The Survival of Empire: Portuguese Trade and Society in China and the South China Sea, 1630-1754*, p. 70.

第十五章　葡船東南亞航線（16 世紀下半葉）

16 世紀中葉起，由於濠鏡澳往來日本的航線帶來了豐厚利潤，在 16 世紀末到 17 世紀中葉期間，由濠鏡澳前往東南亞貿易的澳船並不多。葡人在東南亞的航線主要可分為兩個區域：南洋群島地區（含大小巽他和摩鹿加群島）、中南半島地區。

1560 年開始，葡人設澳日航線主艦長一職，除濠鏡澳至日本的航線外，澳日航線主艦長也負責幾條東南亞支線的航行，如巽他、柬埔寨、占城、彭亨、索洛、北大年等，隨著年份不同而變更。[1]

南洋群島

歷史上中國人所稱的「南洋群島」，葡人將之稱為「東印度群島」，這些稱謂均非一個嚴謹的概念。其泛指今印度尼西亞群島、菲律賓群島，通常還會包括馬來半島。

今天的印度尼西亞群島在歷史上被劃分為四個主要區塊：大巽他群島、小巽

---

1 〔德〕普塔克（Roderich Ptak），《普塔克澳門史與海洋史論集》，趙殿紅、蔡潔華等譯，廣州：廣東人民出版社，2018，頁 26。

他群島、摩鹿加群島及巴布亞群島。在地理上，前三個區塊屬於亞洲，而巴布亞群島則屬於澳大利亞板塊的大洋洲。

異他的名稱，原本是指爪哇島西部地區、歷史悠久的異他王國。而異他群島則是歷史名稱，泛指印度尼西亞群島的西部地區。大異他群島包括蘇門答臘、爪哇、婆羅洲（今加里曼丹）、西里伯斯（今蘇拉威西）及其附屬群島；小異他群島包括峇厘島、龍目島、松巴哇島、弗羅勒斯島、韋塔島、帝汶島等。[1] 位於蘇門答臘島和爪哇島之間的海峽稱為異他海峽，是除馬六甲海峽以外，南海通往印度洋的另一條主要通道。

在 16 世紀，馬來世界的交易中心主要在亞齊（蘇門答臘）、柔佛（馬來半島）和馬塔蘭（爪哇）。16 世紀末，望加錫（西里伯斯，今蘇拉威西）逐漸成為馬魯古香料的集散地。

摩鹿加群島的香料

摩鹿加群島，又稱馬魯古群島，因盛產香料，歷史上歐洲國家稱之為「香料群島」。位於歐亞大陸棚和澳大利亞、巴布亞新幾內亞大陸棚之間的海域。這裏海區地質結構複雜，海流交錯極具風險。馬魯古群島大致分為南、北兩部分，北部以哈馬黑拉島為最大島，然而最著名的香料則在其西部的數個小島上。其中由北至南的四個小島：德那第、蒂多雷、馬基安、巴占，是群島中最富庶的地方，以生產多種果實和丁香、肉豆蔻等香料而聞名於世。南部以斯蘭島、布魯島等為大島，比較聞名的香料島同樣是其附近的小島，如：安汶島、班達島等。

如前所述，葡萄牙人最早抵達馬魯古群島是在 1512 年初，由安東尼奧·阿布留率三船，在全面考察大、小異他群島後到達摩鹿加群島的阿魯群島、安汶，以及盛產肉豆蔻的班達。此時阿布留因船艦損壞返航，而弗朗西斯古·瑟朗則自班達繼續北上，前往蒂多雷和盛產丁香的德那第等香料產地諸島。

航線事例

1558 年 2 月 15 日，阿瓦羅·門多薩被委任為葡萄牙駐摩鹿加將領。[2]

1　今稱奴沙登卡拉（Nusa Tenggara）群島，不包括峇厘島。

2　Artur Basilio de Sá, *Documentação para a História das Missões do Padroado Português do Oriente, Insulíndia 4.º Vol. (1580-1595)*, p. 47.

1565 年 2 月至 4 月，若昂‧安達德率十至十二艘大船，由印度航行至馬魯古的旅程，途經馬拉巴爾、科摩林角、馬六甲、中國（濠鏡澳）、馬魯古，再前往勃固、孟加拉，返回克羅曼德爾，共航行八十多天。4 月，莫士基打的船隻也航往馬魯古。[1] 由主艦長門內斯率領裝備有優良火炮的四艘加利恩大帆船、六艘弗斯塔帆船和一艘加利約船，自果阿啟航，經馬六甲、婆羅洲、宿務，前往摩鹿加的德那第島和安汶島。[2]

1568 年，前往摩鹿加群島的葡人主艦長貢薩羅‧馬魯拉馬克擬取道婆羅洲的菲律賓水道前往安汶，在拜見西班牙艦隊司令皮斯卡印紐時，不慎洩露前往中國和日本的海圖，被對方高價購下。貢薩羅先後經過德那第、巴占，與其他船隻在安汶會合。[3]

1575 年年底，葡萄牙將領在德那第向國王巴阿烏拉投降。此舉大大削弱了葡萄牙在摩鹿加群島的殖民軍隊的實力，只有安汶的碉堡得以倖存。[4] 有一些葡萄牙人和神父由印度前往安汶，居住在城堡中。

1577 年，葡萄牙人在蒂多雷建造了另一個城堡，該處距離德那第僅一至二里格。[5]

1579 年 11 月 4 日，由英國探險家法蘭西斯‧德瑞克率領的船隊進行環球探險，由英國出發沿麥哲倫的航路，前往南美，沿著麥哲倫海峽進入太平洋，經棉蘭老島抵達摩鹿加德那第，獲德那第國王巴普拉蘇丹接待，此舉引起在當地葡人的不快。[6] 在一份關於摩鹿加居民的文獻顯示，當年進入摩鹿加的船隻主要來自馬六甲和果阿。馬六甲距摩鹿加四百里格，葡人先後於 8 月自婆羅洲、12 月自爪哇和安汶出發，但並未能在當年返回馬六甲，前往馬六甲的航行方式和前往中國

1　Diogo de Couto, *Da Asia de Diogo de Couto dos Feitos, que os Portugueses Fizeram na Conquista, e Descubrimento das Terras, e Mares do Oriente*, pp. 57-59.

2　Artur Basilio de Sá, *Documentação para a História das Missões do Padroado Português do Oriente, Insulíndia 4.º Vol. (1580-1595)*, p. 175.

3　Diogo de Couto, *Da Asia de Diogo de Couto dos Feitos, que os Portugueses Fizeram na Conquista, e Descubrimento das Terras, e Mares do Oriente*, pp. 172-176.

4　Manel Ollé i Rodríguez, "A Inserção das Filipinas na Ásia Oriental (1565-1593)", *Revista de Cultura*, Edição Internacional 7, Julho 2003, Instituto Cultural, p. 10.

5　Artur Basilio de Sá, *Documentação para a História das Missões do Padroado Português do Oriente, Insulíndia 4.º Vol. (1580-1595)*, p. 151.

6　George Miller, *Indonesia Timur Tempo Doeloe 1544-1992*, p. 9.

及日本的有所不同。[1]

自 1580 年起，只有亞洲的三條航線仍由葡萄牙王室經營：果阿至莫桑比克、斯里蘭卡科隆坡、摩鹿加航線。[2]

1581 年，在西班牙國王成為葡萄牙國王之前，在菲律賓的西班牙人被禁止與摩鹿加的葡萄牙人接觸。[3]

1582 年，3 至 4 月，在菲律賓的西班牙人組織了首次摩鹿加遠征，主要目的在於向加入西葡王國的摩鹿加葡人瞭解當地軍事情況。9 月，由葡萄牙將領阿占普查率領五百菲律賓士兵進行第二次遠征，目標為蒂多雷。[4]

1580 年代初，於 1557 年入居媽港的葡人船主藍地路受西班牙王室委託，舾裝了數艘船隻，派其船隊自媽港前往摩鹿加，以對抗德那第。他損失其中一艘船隻，因此要求王室授予兩次的前往日本的特權。[5]

1583 年，德那第蘇丹夏希德幾乎統一了所有馬魯古群島，稱一時之盛。[6]

1583 年及 1584 年，媽港葡人藍地路的艦隊，受西班牙人委派兩次前往蒂多雷，並挫敗了當地土著和中國人對西班牙人的反抗。[7]

1586 年 4 月 19 日，媽港葡人船主藍地路接受菲律賓的西班牙人邀請擔任主艦長，率兩艘船隻（其中一艘為加利約船）前往摩鹿加群島的蒂多雷島，於當日抵達馬尼拉。根據藍地路提供的訊息，稍後他以總艦長的身份抵達蒂多雷島。藍地路隨後前往印度、帝汶、暹羅、中國、日本和菲律賓。[8]

1590 年代在瑟朗抵達八十多年之後，安東尼奧‧布利圖抵達德那第，並居

1　Artur Basilio de Sá, *Documentação para a História das Missões do Padroado Português do Oriente, Insulíndia 4.º Vol. (1568-1579)*, pp. 151-152.

2　〔印度〕桑賈伊‧蘇拉馬尼亞姆（Sanjay Subrahmanyam），《葡萄牙帝國在亞洲：1500-1700 政治和經濟史》，頁 145。

3　Manel Ollé i Rodríguez, "A Inserção das Filipinas na Ásia Oriental (1565-1593)", *Revista de Cultura*, Edição Internacional 7, Julho 2003, Instituto Cultural, p. 10.

4　Manel Ollé i Rodríguez, "A Inserção das Filipinas na Ásia Oriental (1565-1593)", *Revista de Cultura*, Edição Internacional 7, Julho 2003, Instituto Cultural, pp. 10-11.

5　G. B. Souza, *The Survival of Empire: Portuguese Trade and Society in China and the South China Sea, 1630-1754*, p. 38.

6　王任叔，《印度尼西亞近代史》，頁 30。

7　Lúcio de Sousa, *The Early European Presence in China, Japan, The Philippines and Southeast Asia (1555-1590), -The life of Bartolomeu Landeiro*, p. 146.

8　Lúcio de Sousa, *The Early European Presence in China, Japan, The Philippines and Southeast Asia (1555-1590), -The life of Bartolomeu Landeiro*, pp. 115-116, 158.

住在巴占島。[1]

1598 年，媽港葡人藍地路接受西班牙人的使命前往蒂多雷，最終導致伊比利亞和荷蘭在亞洲的戰爭。荷蘭人拓威的船隻自鹿特丹啟航，經過西班牙的南美，在智利戰鬥後，橫渡太平洋抵達摩鹿加群島。一行人在受到葡軍蒂多雷駐地的歡迎後，被葡西地區當局逮捕。[2]

巽他海峽的萬丹港

根據一份葡文文獻《旅程就是如此》稱：「這些來到媽港的外國人來自包括：孟加拉、馬拉巴爾、丹那沙林、孟加拉灣至柬埔寨交會處、巽他、婆羅洲、索洛和帝汶等東方島嶼，而來自北大年、暹羅、巽他、索洛和帝汶，是倍受尊敬的來華商旅。」[3] 說明在 16 世紀末，巽他及以下的索洛和帝汶，均有船隻往來濠鏡澳。

航線事例

1561 年 4 月 29 日，一位遭遇海難者曼奴埃‧阿瓦勒斯在獲救之後抵達萬丹港，他發現此地有許多葡萄牙人居住。他還在萬丹港看到一支由巴列圖指揮的葡萄牙船隊正在裝運胡椒並準備運往中國。此外，辣椒也是輸往中國的產品，巴塔林在一封信中曾寫到：「中國人吃了許多巽他辣椒。」[4]

1564 年，有一艘前往日本的葡船船長路易斯‧美洛在來澳途中，曾航經巽他。[5]

1596 年 10 月 24 日，荷蘭人首次抵達萬丹。在荷蘭人抵達前五天，葡萄牙五艘滿載胡椒的船隻已經到達此地。葡萄牙人將馬六甲的火藥賣給國王，並在當地購買大米運回馬六甲，以及將辣椒運往中國。葡萄牙人和萬丹王的良好關係使荷蘭人感到擔憂。[6] 荷蘭人首次抵達爪哇西北的萬丹港時，發現當地有許多來自中

1　João de Barros, *Da Asia de João de Barros dos Feitos,que os Portugueses Fizeram no Descubrimento, e Conquista dos Mares, e Terras do Oriente*, pp. 580-581.

2　Lúcio de Sousa, *The Early European Presence in China, Japan, The Philippines and Southeast Asia (1555-1590), -The life of Bartolomeu Landeiro*, pp. 146-147.

3　Geoffrey C. Gunn, Ao Encontro de Macau-Uma Cidade-Estado portuguesa na periferia da China, 1557-1999, p. 47.

4　Claude Guillot, "Les Portugas et Banten (1511-1682)", *Revista de Cultura,* No.13/14.

5　Manuel Teixeira, *Macau no Séc. XVI*, p. 45. Beatriz Basto da Silva, *Cronologia da História de Macau*, Vol.1-séculos XVI a XVIII, p. 63.

6　Claude Guillot, "Les Portugas et Banten (1511-1682)", *Revista de Cultura,* No.13/14.

國、印度、葡萄牙的商人居住並從事貿易。[1]

1597 年，荷蘭船隻出現在萬丹水域的消息傳到果阿，葡人決定採取果斷措施防止這類事件再度發生。7 月，總督弗朗西斯科‧達伽瑪派遣一支船隊，由布列圖指揮，前往萬丹。[2]

1598 年初，葡人船隊抵達萬丹，但他們在遏制國王接受其他歐洲人出現在他們港口的問題上，卻表現出野蠻行為：一艘當地船隻和二艘中國船隻遭到他們搶劫。7 月，布列圖再度出發，由於葡萄牙人的好戰態度，他們不得不被迫離開萬丹。[3]

索洛、帝汶的檀香木

自從 1512 年葡人探索前往異他和馬魯古的航線後，在 1556 年，當耶穌會士正集中目標前往中國、日本、中南半島派遣傳教士之際，多明我會士安東尼奧‧塔維拉便已進入索洛和帝汶群島，建立天主教堂。

葡人於 1566 年，在海傍設立碉堡。葡人還到達小異他群島的周邊島嶼，包括羅地島（今稱 Rote）；帝汶島，早期航點主要是利福港；索洛群島，包括弗羅勒斯島（今稱東奴沙登加拉島），早期航點在拉蘭圖卡、恩德島（在弗羅勒斯島南，今與弗羅勒斯島相連接）、拉馬拉島（今稱阿多納拉）、索洛島、龍布陵島、潘塔爾島、阿洛島等地。1585 年起，英國軍艦和荷蘭人也相繼經過這一地區。[4]

帝汶和索洛是濠鏡澳往小異他航線中最為重要的航點。位於南洋小異他群島最東方的 Timor 在馬來語為「東方」之意。中國典籍早期譯為「地滿」「地悶」，葡人中譯為「地捫」。自葡萄牙人 1557 年居澳之後，濠鏡澳至帝汶航線不久開通。在 16 世紀下半葉，濠鏡葡船有多次往返帝汶、索洛和班達群島的航海紀錄。前往帝汶的船隻，主要以販運檀香木為主，因此，濠鏡澳至帝汶的航線，也可稱作「檀香木航線」。

1　Ernst Van Veen, "Dutch Trade and Navigation in the South China Sea during the 17h Century", *Revista de Cultura,* Edição Internacional, Vol. 11, Julho 2004, p. 116.

2　Claude Guillot, "Les Portugas et Banten (1511-1682) ", *Revista de Cultura,* No.13/14.

3　Claude Guillot, "Les Portugas et Banten (1511-1682) ", *Revista de Cultura,* No.13/14.

4　Humberto Leitão, *Os Portugueses em Solor e Timor de 1515 a 1702,* Lisboa: Tip. de Liga dos Combatentes da Grande Guerra Lisboa, 1948, pp. 65-66, 79-80, 108.

航線事例

1559 年 12 月 3 日，耶穌會士巴爾塔沙爾‧迪亞士自馬魯古的報告，講述關於索洛人的食物、語言和文化，以及基督教與伊斯蘭教在當地傳播的情況，其中提及有葡人和華人同時到訪該島。[1]

1560 年，有九百多外邦人開始進入和開發這一地區，其中有大量來自安汶的馬來人、少數印度人和卡菲爾人，此外，當地出生的土著部落也有大量人口。而此處的名字，是來自於「聖神之名的媽港」。Ama 是阿媽神的意思，而 Gao 是港口的意思，合稱為 Amagao「阿媽港」。這個罕見的訊息使第一時間入據此地的葡萄牙人意識到在尚未有政府架構設置的情況下，共同信仰也許是所有人都遵守的法則。這就是說明他們為何一開始便建造寺廟。顯然果阿政府並未重視它的存在，儘管這些廟宇在上川、漳州，特別在寧波等地都存在。[2]

1560 年代，多明我會士在索洛建立一間修道院，並成功地使索洛、帝汶和弗羅勒斯五千名當地人皈依天主教。[3]

1566 年，為抵禦來自爪哇和西里伯斯的穆斯林入侵，葡多明我會士在索洛建立了石頭城堡，並駐紮軍隊，一開始其軍官由多明我會士挑選，後來則由馬六甲總督指派，以保護來自馬六甲和媽港的商人進行檀香木貿易，以及這些商人與當地婦女婚生、被稱為「托拔士」的土生族群。[4]

1582 年是索洛宗教和商業重要時期，這些成就以手寫形式記錄在城市的典籍之中：年度的貿易價值在三千至四千克魯扎多，帝汶的紅檀和白檀是利潤豐厚的來源，這些品種經馬六甲銷往印度，值五百克魯扎多；而更為有利的是從帝汶銷往媽港，可達到一千克魯扎多。[5]

1586 年，居住媽港的葡人藍地路率兩船前往蒂多雷後，再前往印度、帝

1　Fr. Baltasar Dias SJ to Fr. Provincial Antonio de Quadras SJ, Goa, 3 December 1559, Malacca, in flubert Jacobs SJ (ed.), *Documenta Malucensia (1542-1577)*, Rome: Jesuit Historical Institute, 1980. Anonymous, *History of Timor*, ISEG-Lisbon School of Economias and Management, Lisboa: Universidade de Lisboa, p. 18, 25.

2　Bento da França, *Macau e Os Seus Habitantes Relações com Timor*, p. 14.

3　Anonymous, *History of Timor*, p. 18, 25.

4　C. R. Boxer, *Fidalgos in the Far East 1550-1770, Fact and Fancy in the History of Macao*, pp. 174-175.

5　Anonymous, *History of Timor*, p. 18, 25.

汶、暹羅、中國、日本和菲律賓等地。[1]

1589 年底至 1590 年初，有多明我傳教士抵達索洛及其他群島，以及小異他的小島；貝西爾·路茲神父到達帝汶北方的美那港，並在該處建立一座教堂。[2]

1590 年，馬六甲主教若奧·利俾盧·凱烏在城堡將領幫助下，為美那港的居民施洗。科欽主教弗蘭西斯科·佩德羅·席爾瓦提及經媽港運載檀香木到中國銷售的情況：檀香木在中國很受重視，平時價格為每擔二十帕塔卡；但在帝汶船隻相對少的年份，媽港的檀香木售價達到一百五十帕塔卡。[3]

1593 年 3 月 18 日，船長安東尼奧·安瑞亞抵達索洛和帝汶群島。[4]

1595 年 9 月，安東尼奧·維勒卡斯被派駐當地，還授予徵收罰款的權力，但未獲果阿最高法院許可，無執行死刑權力。[5] 本年，有澳船前往帝汶、索洛和班達等地。

1598 年，索洛的拉貝安那炮台被本土的叛軍部分焚毀，但不久被重建和修復。[6]

在 16 世紀，帝汶島的檀香木每年出口一千五百至二千條，每條約為四公擔（每公擔為六十公斤）。除荷蘭人外，主要是葡人購買，每年有一艘至兩艘大船前來採集。這些檀香木主要供應東方市場，是交易的主要商品，中國有很大的需求。這些年來，媽港市的船隻主要裝載檀香木。本年，該市的總艦長和查辛度神父裝載了兩艘大船的檀香木。[7]

在 16 世紀下半葉，濠鏡澳葡人集中經營澳日貿易，同時馬魯古群島航線由葡王室經營，故多由果阿派船前往，因此濠鏡澳派往馬魯古方向的船隻不多。零散紀錄顯示，在 90 年代有船隻前往帝汶、索洛、班達等地，而 80 年代來自異他、淳泥等地的船隻。

1 Lúcio de Sousa, *The Early European Presence in China, Japan, The Philippines and Southeast Asia (1555-1590), -The life of Bartolomeu Landeiro*, p. 117.

2 Humberto Leitão, *Os Portugueses em Solor e Timor de 1515 a 1702*, p. 165.

3 Humberto Leitão, *Os Portugueses em Solor e Timor de 1515 a 1702*, pp. 166-175.

4 Humberto Leitão, *Os Portugueses em Solor e Timor de 1515 a 1702*, p. 165.

5 C. R. Boxer, *Fidalgos in the Far East 1550-1770, Fact and Fancy in the History of Macao*, p. 175.

6 Anonymous, *History of Timor*, p. 18.

7 Artur Basilio de Sá, *Documentação para a História das Missões do Padroado Português do Oriente: Insulíndia 4.º Vol. (1568-1579)*, pp. 489-490.

中南半島

中南半島，為中國以南和印度以東的半島，因此也被稱為印度支那半島或中印半島。就地理位置而言，馬來半島也屬於中南半島，但從歷史和文化方面，因其與群島使用相同語言，在歷史上常被歸入群島區域。

在 16 世紀末，澳船前往中南半島的航點有：丹那沙林、阿瑜陀耶、真臘（柬埔寨）、東京、清化、交趾、占婆、賓童龍、北大年、彭亨等地。

由香山澳往暹羅

暹羅是早在葡人入居濠鏡澳之前便已有的傳統航點，葡萄牙人冒充暹羅人混入濠鏡澳，也說明了兩地航線在葡人入居前的存在。平托稱，葡人自 1540 年便與暹羅進行貿易。[1] 以下是葡人入居濠鏡澳之後與暹羅往來的一些零散紀錄。

航線事例

佚名葡萄牙人在 1560 年繪製了《從暹羅灣到日本的遠東海圖》，在珠江口東岸標有 Maco 字樣。[2]

1580 年，史書上載有自香山澳至暹羅的通航事例：「庚辰八月（9-10 月），暹羅亦使使者握坤哪喇請予制，置使劉堯誨曰：（林道）乾今更名曰林浯梁，所居在臣國海澳中，專務剽略商賈，聲欲會大泥國，稱兵犯臣國，臣國請招徠乾，乾乃欲歃血為盟誓，誓無令漢使得執我也，於是臣國不得已，佯與乾盟。今乾已行至頭關，敢聞是時香山澳人吳章、佛郎機人沉馬囉殊及船主囉鳴衝文氏奴、通事蔡典全等二十餘人，並踵制府上謁，請自治裝往擊乾。」[3]

1582 年底，奧古斯丁奴‧托德西利亞斯神父和若昂‧波泊神父從媽港前往暹羅，但因奧古斯丁奴患病嚴重，他們在暹羅停留了兩個月，在當地葡人建議下返回媽港。[4]

1　Benjamin Videira Pires, "A Diplomacia de D. João V no Extremo Oriente", *Revista de Cultura,* No. 11/12.

2　原圖藏里斯本東坡塔國立檔案館，見吳志良、湯開建、金國平，《澳門編年史》，第一卷（明中後期），頁 119。

3　〔明〕瞿九思，《萬曆武功錄》，卷三《廣東‧林道乾、諸良寶、林鳳列傳》。

4　Paolo da Trindade, *Conquista Espiritual do Oriente*, Vol. 3, p. 438.

1583 年 5 月 1 日，有八名方濟各會士自馬尼拉出發並抵達媽港，其中三位神父：哲羅尼姆·阿吉拉爾、弗蘭西斯科·蒙迪利亞和迪奧戈·吉眉內斯決定前往暹羅。九個月後，由於勃固遭到入侵，他們撤回馬尼拉等候局勢平穩。

1587 年，有葡船自濠鏡出發前往暹羅，再前往日本。

1593 年，暹羅軍攻入柬埔寨，在監獄中發現三位方濟各會士名字：格列高利奧、安東尼奧·馬達利納、達米昂·多勒，他們是首批抵達暹羅的葡萄牙方濟各會士。但由於口譯錯誤的原因，神父們死於非命。[1]

信奉天主教的安南東京公主

16 世紀的安南本為黎朝統治時期，但王室權利被莫、鄭、阮三個家族削弱。1527 年，莫登庸篡權，建立莫朝，引起大明朝廷的不滿。[2]1591 年，鄭松在紅河三角洲推翻莫氏，1592 年鄭松重建後黎朝，定都昇龍，但實際政權掌握在鄭松之手；而阮氏控制南方的交趾地區，並繼續向南侵奪占婆的土地。[3]

航線事例

1578 年，安南北方莫朝派出使團到澳門，邀請葡萄牙傳教士前往當地傳教。[4]

1579 年，安南南部黎朝攝政的占公主派使者至澳門，求見澳門教區署理主教賈尼勞，要求派傳教士至越南傳教，未果。

1583 年，黎朝攝政王占公主又派使者攜帶國書來澳門，再次要求派傳教士到越南南部傳教，因教區無人可派，只送了一些宗教用品。[5]

1585 年，在澳門休養的西班牙方濟各會士巴托羅梅·魯意茲從澳門前往安南，他帶了一名在澳門方濟各會修道院學習的越南婦女當翻譯，來到昇龍（河內），莫朝國王對其十分歡迎，允許他自由傳教。但由於國王沒有下令可以信

1　Paolo da Trindade, *Conquista Espiritual do Oriente*, Vol. 3, p. 438.

2　〔越〕陳重金，《越南通史》，頁 195。

3　Benjamin Videira Pires, "A Diplomacia de D. João V no Extremo Oriente", *Revista de Cultura,* No. 11/12.

4　Ö Viêt Nam, Giáo Hôi Cõng Giáo, p. 63，見吳志良、湯開建、金國平，《澳門編年史》，第一卷（明中後期），頁 180。

5　Ö Viêt Nam, Giáo Hôi Cõng Giáo, p. 64，見吳志良、湯開建、金國平，《澳門編年史》，第一卷（明中後期），頁 208。

教，故其居安南一年，僅為一瀕臨死亡的嬰孩受洗，他於次年從安南返回馬尼拉。[1]

1589年，黎朝占公主第三次派使者到澳門，要求澳門教區派傳教士赴越南南部傳教，兩位耶穌會神父隨黎朝使者前往清化。[2]

前往安南交趾的傳教士

交趾，為中國秦漢時期的地名。在今越南中部地區，原本屬占婆王國的領土，後被安南的阮氏入侵，而阮氏又與北方的鄭氏分庭抗禮，西方文獻中多稱之為「交趾」，或「交趾支那」。

16世紀初，有葡萄牙人前去貿易。1524年中，杜瓦特·科埃略抵達費福（會安），並刻石紀念。1555年，平托抵達時曾見過該石碑。[3]

航線事例

1582年12月，兩名澳門方濟各會修道院學習的交趾人奉路卡雷利·巴沙路之命回國傳教，其中一位晉升司鐸；另一位為安東修士。[4]

1583年3月16日，哲羅尼姆神父返回馬尼拉，派遣八位傳教士前往中國媽港，其中兩人：羅伊茲神父和另一位未署名的同伴，出發前往交趾。羅伊茲神父在交趾停留了兩年。[5]

1　Ö Viêt Nam, Giáo Hõi Cõng Giáo, p. 57，見吳志良、湯開建、金國平，《澳門編年史》，第一卷（明中後期），頁217-218。

2　Ö Viêt Nam, Giáo Hõi Cõng Giáo, pp. 64-65，見吳志良、湯開建、金國平，《澳門編年史》，第一卷（明中後期），頁235-236。

3　Benjamin Videira Pires, A Diplomacia de D. João V no Extremo Oriente, *Revista de Cultura,* No. 11/12.

4　Ö Viêt Nam, Giáo Hõi Cõng Giáo, p. 55，見吳志良、湯開建、金國平，《澳門編年史》，第一卷（明中後期），頁176。

5　Paolo da Trindade, *Conquista Espiritual do Oriente*, Vol. 3, pp. 495-496.

明末澳門海洋活動（17 世紀上半葉）

第十六章　明末的朝貢航線

本書第三部分將探討 17 世紀上半葉的明末後期，具體時間段為 1601 至 1644 年，期間共經歷了萬曆末期（1601-1620）、泰昌（1620）、天啟（1621-1627）、崇禎（1628-1644）四朝，至崇禎十七年（1644）明朝滅亡，共四十四年。

進入 17 世紀，葡萄牙的海上霸權受到荷蘭的挑戰。荷蘭船在 1600 年到達日本豐後，揭開了葡荷相爭的時代序幕。1602 年 3 月 20 日，荷蘭東印度公司（簡稱 VOC）成立，該公司的目標很明確，就是與葡萄牙人爭奪在亞洲的利益。

與此同時，濠鏡澳諸番互市的情況發生變化，由於葡人議事會的刻意經營，並逐步將其他國家排斥在外，加上 20 年代起葡荷在濠鏡澳周邊征戰，也致使各國來澳番船數量大為減少，取而代之的是葡萄牙人開闢的對外航線。

明朝末年的 17 世紀初，也是濠鏡澳航線最為燦爛和輝煌的時期。濠鏡澳擁有四條主要航線：（一）日本航線；（二）安南東京、交趾航線；（三）馬尼拉航線；（四）望加錫、帝汶航線。其中的日本和馬尼拉航線，是獲利最為豐盛的重要航線。

16 世紀末，濠鏡澳葡人的對日貿易曾一度非常興旺，但在 17 世紀末 20 年代起遭受到荷蘭人的圍追堵截和 30 年代日本禁教的影響，最終對日貿易全面結

《亞洲新地圖》（1635）　奧福爾，威廉‧布勞（1571-1638）設色　銅版畫　澳門博物館藏

束。在 17 世紀初，葡人開闢了至安南東京和交趾航線，但也在 17 世紀 40 年代遭到安南禁教的影響。在 1580 至 1640 年間，葡萄牙被西班牙兼併，使濠鏡澳和西班牙的馬尼拉加強了貿易聯繫，但最終 1640 年葡萄牙再度獨立影響了兩地的交往。而濠鏡澳和葡萄牙的聯繫也因為荷蘭佔領馬六甲而幾乎陷於中斷的狀態。三大航線連續的受挫，使明末的濠鏡澳航線經歷了一波又一波的嚴峻考驗。最終，望加錫航線的開闢，使濠鏡葡人在絕處逢生，看到了一線曙光。

　　到 17 世紀初的明末時期，東南亞各國陸續遭到歐洲各國的入侵，加上大明亦處於內外憂患的境地，入貢國家已寥寥無幾。相反，歐洲各國則普遍覬覦葡萄牙在濠鏡澳的優越地位，急於打開中國貿易的大門，紛紛來華求貢。此時，濠鏡澳有如下貢舶航線。

虔誠朝貢的暹羅國

　　暹羅是東南亞中比較強大的國家之一，同時也是對大明保持長期友好關係的國家之一。在 17 世紀明末的四十四年中，據《明史》記載，暹羅共有九年入貢

紀錄：1611 年、1617 年、1619 年共有三年入貢紀錄；[1]1622 年、1623 年，暹羅連續兩年入貢；[2]1634 年、1635 年、1636 年暹羅連續三年入貢。[3]

1643 年，暹羅在明末的「崇禎十六年，猶入貢。……其貢物，有象牙、犀角、孔雀尾、翠羽、龜筒、六足龜、寶石、珊瑚、片腦、米腦、糠腦、（腦）油、腦柴、薔薇水、碗石、丁皮、阿魏、紫梗、藤黃、硫黃、藤竭、沒藥、烏爹泥、安息香、羅斛香、速香、檀香、黃熟香、降香、乳香、木香、丁香、烏胡椒、蘇木、豆蔻、蓽茇、烏木、大楓子、撒哈剌、西洋諸布。其國有三寶廟，祀中官鄭和。」[4]這是明代結束前的最後一次入貢。

琉球人何時最後使用濠鏡澳

琉球、暹羅和朝鮮三國，長期以來被明廷視為「冠帶之國」，是最為虔誠的朝貢者。但自 1609 年「（萬曆）三十七年三月倭入琉球，虜其中山王以歸。」[5]此後，琉球國力已不復當年，入貢次數也隨即減少。在進入 17 世紀後，琉球人的朝貢紀錄如下。

1601 年 8 月 18 日，「宴琉球國進貢使臣蔡奎等十四員，侍郎朱國禎待。」12 月 9 日，「命兵部給事中洪瞻、行人王士楨冊封琉球國王。先是，琉球國王尚永覺，世子尚寧奏請襲爵，仍援據《會典》請以文臣冊封，既許之。」[6]

1602 年 11 月 19 日，「宴琉球國進貢使臣鄭逅等十二名，命尚書曾朝節待。」[7]

1604 年 2 月 7 日，「琉球國中山王世子尚寧差王舅毛繼祖等，齎表文方物進賀。冊立東宮並謝賜還本國漂流人口，各賜衣服帽帶靴襪。」[8]

1605 年 8 月 19 日，「戊寅命冊封琉球兵科給事中夏子陽、行人王士楨，作速渡海竣事，以彰大信，仍傳諭彼國，以後領封海上，著為定規。」[9]

1　〔清〕萬斯同、張廷玉等，《明史》，卷二一‧本紀第二十一，《神宗》二，《光宗》。

2　〔清〕萬斯同、張廷玉等，《明史》，卷二二‧本紀第二十二，《熹宗》。

3　〔清〕萬斯同、張廷玉等，《明史》，卷二三‧本紀第二十三，《莊烈帝》一。

4　〔清〕萬斯同、張廷玉等，《明史》，卷三二四‧列傳第二一二，《外國》五，《暹羅》。

5　《大明神宗顯皇帝實錄》，卷四九八，萬曆四十年八月丁卯條。

6　《大明神宗顯皇帝實錄》，卷三六一，萬曆二十九年七月丙辰條，卷三六五，萬曆二十九年十一月己酉條。

7　《大明神宗顯皇帝實錄》，卷三七七，萬曆三十年十月甲午條。

8　《大明神宗顯皇帝實錄》，卷三九二，萬曆三十二年正月己未條。

9　《大明神宗顯皇帝實錄》，卷四一一，萬曆三十三年七月戊寅條。

1606 年 6 月 8 日，「冊封琉球使臣兵科右給事中夏子陽等，疏請戒嚴海防，報聞。」[1] 10 月 18 日，「癸未，琉球國中山王世子尚寧遣長史等進貢方物。」[2]

1607 年 10 月 23 日，「琉球國中山王尚寧奏獻前使所郤金。上嘉其款誠，並以禮金還其來使。初，兵科右給事中夏子陽、行人司行人王士禎冊封琉球事竣將行，國王饋宴金及諸代儀者人各黃金六斤，二臣固郤不受也。至是王遣其舅毛鳳儀及正議大夫阮國等再齎原金，言二臣銜命遠使親督造舟三年，勞瘁於閩中，萬里間關於海外，勤勞辛苦倍逾昔日。小國荒涼宴款之際，所代黃金各九十六兩，世緣為例。而二臣屢辭，堅持大義。二臣清白自勵，實聖朝臣節之光，外國使臣之表。而勞苦數年，風濤萬里，臣與通國實不自安，謹將原金二封鈐記，乞敕二使臣分受舊禮，無缺微誠獲伸。上命禮部諭來使，齎回原金，亦嘉子陽等廉正得使臣之體焉。」[3]

1609 年 1 月 8 日，「丙辰，宴琉球國進貢使臣鄭子孝等一十三員。」[4] 本年發生薩摩島津入侵琉球的「慶長琉球之役」，擄走尚寧王等人往日本薩摩的鹿兒島。此次戰役使琉球成為日本薩摩藩的附屬國，直至 1879 年，琉球國被日本吞併。

1610 年 9 月 5 日，「琉球國中山王尚寧，咨遣陪臣王舅毛鳳儀、長史金應魁等，急報倭儆致緩貢期。福建巡撫陳子貞以聞，下所司議，奏許續修貢職，賞照陳奏事例減半，仍賜毛鳳儀等金織彩段各有差。」[5]

1612 年 8 月 3 日，「福建巡撫丁繼嗣奏：琉球國夷使柏壽陳華等執本國咨文言，王已歸國特遣修貢。臣等竊見琉球列在藩屬，固已有年，但邇來奄奄不振，被系日本，即令縱歸，其不足為國明矣，況在人股掌之上，寧保無陰陽其間，且今來船只，方抵海壇，突然登陸，又聞已入泉境，忽爾揚帆出海，去來倏忽，跡大可疑，今又非入貢年分，據云已歸國報聞，海外遼絕，歸與不歸，誰則知之？使此情果真，而貢之入境有常體，何以不服盤驗，不先報知，而突入會城？貢之尚方有常物，何以突增日本等物於硫磺馬布之外？貢之齎進有常額，何以人伴多至百有餘名？此其情態已非平日恭順之意，況又有倭夷為之驅哉。但彼所執有

1 《大明神宗顯皇帝實錄》，卷四二一，萬曆三十四年五月辛未條。
2 《大明神宗顯皇帝實錄》，卷四二六，萬曆三十四年十月壬子條。
3 《大明神宗顯皇帝實錄》，卷四三八，萬曆三十五年九月癸巳條。
4 《大明神宗顯皇帝實錄》，卷四五三，萬曆三十六年十二月丙辰條。
5 《大明神宗顯皇帝實錄》，卷四七三，萬曆三十八年七月辛酉條。

舊洋船石（澳門，2016） 陳迎憲攝

詞，不應驟阻，以啟疑貳之心。宜除留正使及夷伴數名，候題請處分，餘眾量給廩餼，遣還本國，非常貢物一並給付帶回。」[1]

從以上史料我們可以看到1609年是琉球王國與明廷朝貢關係的轉捩點，其後琉球雖然仍有「入貢」，實際上已為日本所脅迫。日本擬假藉琉球入貢，而實質為了開啟對華貿易，但該企圖被福建巡撫識破。以過往琉球人在入貢之前一年，必派船前往東南亞採買貢品的情況來看，琉球人結束使用濠鏡澳的時間，很可能是1608年。

力求通貢的紅毛番

荷蘭，《明史》稱和蘭，俗稱「紅毛番」。「萬曆中，福建商人歲給引往販大泥、呂宋及交留巴者。和蘭人就諸國轉販，未敢窺中國也。自佛郎機市香山，據呂宋，和蘭聞而慕之。二十九年[2]，駕大艦，攜巨炮，直薄呂宋。呂宋人力拒之，則轉薄香山澳。澳中人數詰問，言欲通貢市，不敢為寇。當事難之。稅使李道即

1 《大明神宗顯皇帝實錄》，卷四九七，萬曆四十年七月己亥條。
2 萬曆二十九年為1601年。

召其酋入城，遊處一月，不敢聞於朝，乃遣還。澳中人慮其登陸，謹防禦，始引去。」[1]

《廣東通史》亦載：「紅毛鬼，不知何國。萬曆二十九年冬，二、三大舶頓至濠鏡之口。其人衣紅，眉髮連鬚皆赤，足腫及趾，長尺二寸，形壯大倍常，似悍澳夷。數詰問，輒譯言不敢為寇，欲通貢而已。兩臺司道皆訝其無表，謂不宜開端。時李榷使召其酋入見，遊處會城將一月始遣還。諸夷在澳者，尋共守之，不許登陸，始去。繼聞滿剌加伺其舟回，遮殺殆盡。」[2]

明末荷蘭人來華欲求通貢共有三次：

1601年8月，三艘荷蘭武裝商船在范·奈克的指揮下抵達珠江口，要求向中國進貢。由於荷蘭從未向明朝進貢，沒有朝廷規定的進貢表文，因此朝貢不獲接納。之後荷艦開往濠鏡澳。[3]10月27日，荷蘭人往廣州請求通貢不遂，荷蘭三艘船隊駛往缺乏防禦的濠鏡澳，俘獲兩艘濠鏡澳葡船。由於荷艦隊有四門火炮和其他武器，葡航線總艦長保羅只能加強防守。[4]

1604年荷蘭艦長瓦爾維克率一艦前往廣州，但通商的要求被濠鏡澳葡人拒絕。[5]

1607年8月18日，荷蘭海軍上將科爾內留斯·馬特利夫率四艦前往中國，在海上與廣東官員談判，要求往廣州通商，再度被拒。[6]9月9日，荷艦隊停泊在媽港海面。澳日航線總艦長安德烈·帕索瓦派船出擊荷艦，荷艦逃離濠鏡澳海域。[7]

利瑪竇覲見明神宗

根據明清兩代的官方文獻，利瑪竇於萬曆九年（1581）抵達廣州之香山澳，

1　〔清〕萬斯同、張廷玉等，《明史》，卷三二五·列傳第二一三，《外國》六，《和蘭》。章文欽先生稱：李道，應為李鳳之誤。

2　〔明〕郭棐《廣東通志》，卷六九·外志四，《番夷》。

3　吳志良、湯開建、金國平，《澳門編年史》，第一卷（明中後期），頁286。

4　Benjamin Videira Pires, *A Viagem de Comércio Macau-Manila nos Séculos XVI a XIX*, p. 17.

5　Anders Ljungstedt, *Um Esboço Histórico dos Estabelecimentos dos Portugueses e da Igreja Católica Romana e das Missões na China & Descrição da Cidade de Cantão*, p. 77. Hosea Ballou Morse , The International Relations the Chinese Empire, London: Longmans, Green and Company 1910.

6　〔荷〕包樂史（Leonard Blussé），《中荷交往史（1601-1999）》，莊國土、程紹剛譯，北京：路口店出版社，1999，頁40，見吳志良、湯開建、金國平，《澳門編年史》，第一卷（明中後期），頁310。

7　〔葡〕徐薩斯，《歷史上的澳門》，頁34。Manuel Teixeira, *Macau no Séc. XVII*, p. 10.

二十九年（1601）往北京覲見明神宗皇帝，上《貢獻方物疏》，被視為是來自意大里亞的入貢。[1] 進貢方物包括：天主及聖母像、《萬國坤輿全圖》、自鳴鐘及大西洋琴等。

　　根據《利瑪竇中國札記》和《利瑪竇書信集》，利瑪竇應於 1582 年 8 月 7 日抵達濠鏡澳。[2] 1583 年 9 月，跟隨羅明堅神父前往肇慶。1589 年 8 月離開肇慶前往韶州。1595 年 5 月抵達南京，但未獲准居留而折返南昌。1598 年 6 月 25 日離開南昌，7 月抵達南京，並在 9 月 6 日抵達北京，適逢豐臣秀吉進犯朝鮮，局勢緊張，利瑪竇未能留在北京，於 1599 年 2 月 6 日再度折返南京。1600 年再度赴京，於 1601 年 1 月 24 日抵達北京。其向明神宗進獻的自鳴鐘、大西洋琴等，深獲神宗皇帝喜愛。皇帝因此下詔批准利瑪竇在北京居住。直至 1610 年，利瑪竇在北京逝世，並獲准下葬北京。

1　〔清〕梁廷枏，《海國四說》，中華書局，1993，《粵道貢國說》，卷四《西洋諸國》，頁 217。

2　〔意〕利瑪竇（Mathew Ricci）、〔法〕金尼閣（Nicolas Trigault），《利瑪竇中國札記》，何高濟、王遵仲、李申譯，北京：中華書局，1983，頁 2。《利瑪竇書信集》，下冊附錄《羅明堅神父致麥爾古里亞諾神父書》，頁 439。

第十七章　葡船日本航線

進入 17 世紀，葡萄牙人的對日貿易引來荷蘭人的競爭，1600 年，荷蘭船首次抵達日本，葡荷間的貿易衝突開始醞釀。1603 年，即將前往日本貿易的大黑船在媽港被兩艘荷蘭船隻所搶劫，損失一千四百擔生絲。[1]1622 年荷蘭曾試圖武力以奪取濠鏡澳，進而取代葡人的對華貿易地位，但因戰事失敗，荷艦再轉往澎湖試圖建立對華貿易基地，亦被明軍驅離。由於荷蘭人未能取得中國絲綢和其他產品，便在周邊地區劫掠濠鏡澳赴日葡船，騷擾濠鏡澳的對日貿易。

在天主教傳播方面，德川家康執政之後，對來自阿媽港的葡萄牙商人表示歡迎，但於 1614 年頒佈禁令，將所有傳教士驅逐出日本。[2]

關原之戰和德川家康

在 1598 年豐臣秀吉逝世之後，由於繼任人豐臣秀賴只有六歲，豐臣秀吉主政之權落入德川家康之手。

1　Beatriz Basto da Silva, *Cronologia da História de Macau, Vol. 1-séculos XVI a XVIII*, p. 106.

2　C. R. Boxer, *The Great Ship from Amacon: Annals of Macau and the Old Japan Trade, 1555-1640*, p. 84.

1600 年，日本發生關原之戰，交戰雙方是德川家康的東軍，和以石田三成為首的西軍。此戰後，日本國完成了統一，德川家康也奠定了在日本的統治地位。在德川家康時代，日本正式完成了由室町幕府代表的權門體制向幕藩體制（bakuhan taisei）的轉變。

1603 年德川家康自己使用「將軍」名號（或稱為「幕府將軍」），成為日本實際最高統治者。由於德川幕府設置於江戶（東京），歷史上也稱為「江戶時代」（1603-1868）。

絲割符制度

1602 年，由阿媽港大船運到日本的絲綢大部分未能成交，原因是日本商人抱怨葡人叫價太高，呼籲德川家康作出調查。

終於在 1604 年，德川家康將京都、堺市和長崎三個城市的日本絲商龍頭，聯繫起來成立一個組織，實施「絲割符制度」，即以議定價格買下整批生絲，再分配給個體商人，避免因相互之間競價而導致絲價上升，以此控制來自阿媽港的葡商和馬尼拉的西班牙商人之生絲價格。葡人只有兩種選擇：一是一次將商品賣給日本聯合商會；二是持貨不賣。同年 8 月，荷蘭人在平戶設立一個貿易站。荷蘭人的出現和「絲割符制度」的推行，使葡人在貿易方面陷入雙重打擊。[1]

1631 年，「絲割符制度」再增加了江戶、大阪兩座城市。1635 年，該制度適用於荷蘭貿易。1641 年，平戶成為第六座實行該制度的城市。

朱印船媽港事件（1608）

16 世紀末期至 17 世紀初，日本有大量船隻頻繁往返東南亞各港，因持有日本官方發出的「海外渡航許可証」，而許可証上蓋有紅色印章，因此這種船被稱為「朱印船」。自 1592 至 1604 年間，有八十二個船主被授予「海外渡航許可証」。期間錄得一百八十二次航行。這些船隻曾到達安南、柬埔寨、占城、交趾、東京等港口。八十艘船隻往印度支那，二十六艘往東京、二十三艘往柬埔寨、三十七艘到暹羅、少量往馬來半島的北大年和彭亨，還有不少於三十艘往呂宋。在 1604 年至 1616 年間，有十九艘日本船隻前往阿媽港，部分再轉往印度支

1　C. R. Boxer, *The Christian Century in Japan, 1549-1650*, pp. 273-274.

那；有兩艘日船（或以其他國籍名義）獲准進入福建的泉州港。兩艘曾往菲律賓維薩亞斯群島的班乃島，兩船往婆羅洲、馬魯古、錫亞克和台灣高砂（日人稱為Tagasago，今台南熱蘭遮城）。[1]

1606 年起，廣州和珠江三角洲有傳聞稱葡人、日倭寇和荷蘭人將聯合入侵廣東省，葡人正在強化媽港的防禦，日本天主教徒武士則將輔助葡人。恐慌導致媽港發生動亂，傳媽港天主教徒在廣州充當間諜被緝獲（按：為耶穌會士郭居靜事件）。[2]

1607 年，六艘葡船抵達阿媽港，澳日航線總艦長安德烈·帕索瓦（André Pessoa）曾與入侵的荷蘭艦船進行戰鬥，在靠近廣東海岸時入侵者退卻。這些戰事的發生和謠言使本地居民感到恐慌。[3]

不幸事件終於發生。事緣日本天主教大名有馬晴信的兩艘朱印船自印度支那運載沉香木，但由於其中一艘船因故破損，因而抵達濠鏡澳住冬。1608 年 11 月 30 日，兩船頭領煽動約三、四十名日本水手，攜帶武器，在海傍糾眾喧嘩鬧事。當地華人要求議事會將日人驅逐出境，指出中國不允許葡人的敵國荷蘭人進入中國港口；葡人亦不能允許中國的敵國日本人進入濠鏡澳。此事讓葡人陷入兩難境地，葡人不欲開罪任何一方，以保持在廣州和長崎之間的貿易。當葡大法官出面試圖叫停一眾暴徒時，被日人襲擊受傷，法官部屬亦被殺害。頓時所有教堂敲響警鐘，澳日航線主艦長安德烈·帕索瓦（澳日航線主艦長兼任管治澳門軍事首領）召集軍人趕到，將鬧事日人圍困在若干房屋內。帕索瓦向日人招降，表示寬恕投降者，但只有少數人願意投降；帕索瓦向其中一房屋發動進攻，屋內負隅頑抗者最終被殺死。之後教會介入衝突，要求其他日人簽署承擔責任的宣誓書，方才保證其可自由離開和人身安全。約有五十餘日人簽署承擔責任的文書，帕索瓦拘留了其中兩位頭子，其餘均予釋放，事件遂得以平息。[4]

恩寵聖母號長崎事件（1610）

1609 年夏天，澳日航線主艦長安德烈·帕索瓦駕「恩寵聖母號」（*Nossa*

1　C. R. Boxer, *The Christian Century in Japan 1549-1650*, pp. 263-264.

2　C. R. Boxer, *The Great Ship from Amacon: Annals of Macao and the Old Japan Trade 1555-1640*, p. 70.

3　Manuel Teixeira, *Macau no Séc. XVII*, p. 10. C. R. Boxer 則稱與日本人發生衝突，見 C. R. Boxer, *The Christian Century in Japan, 1549-1650*, pp. 269-270

4　C. R. Boxer, *The Christian Century in Japan, 1549-1650*, pp. 270-271.

Senhora da Graça）大黑船由阿媽港前往日本途中，在台灣海峽近距離遭遇兩艘前往平戶的荷蘭船隻，正好此時幸運地遇上「天賜之霧」，避過危險，於 7 月 29 日平安航抵長崎。

帕索瓦將去年日本人在阿媽港發生糾紛的說明提交給長崎奉行長谷川藤広，要求其將日人在阿媽港簽署的「宣誓書」轉交給法庭，被長谷川極力勸阻，被告之德川家康已察覺到日人在海外的暴行，倘若葡人提告，相關事件便需要進行調查，而前將軍將被迫站在其同胞一邊。帕索瓦通過關係，向靜岡法院的後藤省三郎提交一份媽港事件的簡報，為此，德川家康用紅印簽署了致媽港議事會的函件，稱：「鑒於日本船隻對媽港當地造成危害之無庸置疑的事實，此事未來將被嚴格禁止。如任何日人前往媽港，必須根據當地法律辦事。慶長十四年七月二十五日。」[1]

自從 7 月 29 日帕索瓦的「恩寵聖母號」在長崎港下錨的那天起，長谷川一直在部署一項不友善的行動。一些武裝人員的船隻，在附近制止船上人員和貨物上岸。在主艦長制止這些人登上葡船後，長谷川又試圖利用兩名海關人員以評估船上商品為由登船，也被主艦長以商品可在岸上評估而拒絕了。不久，阿媽港商人和他們的絲綢平安上岸，長谷川的人員包圍了外商交易的房屋。商品表面上是由德川家康的代表以官方固定的價格所購下，但耶穌會士有理由相信是由長谷川所購，並準備在黑市高價倒賣圖利。不僅如此，海關人員更粗暴對待葡人，一改過往對外國人謙卑的禮貌態度。[2]

此刻，日本「朱印船」媽港事件的倖存者向有馬晴信及德川家康提供事件的另一種版本，德川指示長谷川嚴查。長谷川在事件報告中偏袒了有馬晴信，並稱西班牙人在馬尼拉兩次對日人施以極刑而德川幕府未提出抗議，情況如不加以制止，將導致事件的擴散。然而德川家康始終為擔心喪失南蠻貿易而舉棋不定。[3]

由於去年在濠鏡澳發生的衝突事件，以及葡萄牙當局強力干預，帕索瓦主艦長為維持秩序而殺害了相當數量有馬晴信的日人。在得知帕索瓦來到長崎，有馬晴信特地前來長崎實行復仇計劃。他於 1610 年 1 月 3 日週六的凌晨，糾集了

1　根據 Rodriguez Girão 神父於 1610 年 3 月在長崎手稿《關於長崎 1610 年帕索瓦總艦長「恩寵聖母號」大黑船被焚燒》，見 C. R. Boxer, *The Christian Century in Japan, 1549-1650*, pp. 271-272.

2　C. R. Boxer, *The Christian Century in Japan, 1549-1650*, pp. 272-273.

3　Rodriguez Girão 神父於 1610 年報告，見 C. R. Boxer, *The Christian Century in Japan, 1549-1650*, pp. 276-277, 486, notes 14.

一千二百名武士前往港口碼頭尋找主艦長。帕索瓦隨即召喚商人們上岸，但更多商人選擇和商品一起而留在船上。有部分商人試圖登船被日人制止，只有七至八人登船。船上只有近四十位船員，十至十二門不同口徑的輕型火炮。襲擊開始之前，長谷川和村山等將此事通報了耶穌會士，要求葡人交出帕索瓦，一切都將友好解決。與此同時，有馬帶領人馬登上其船隊並高舉火炬，有官員向帕索瓦建議向暴徒開火，但遭到主艦長拒絕，他不打算採取敵對行動。正當帕索瓦準備啟航之際，被約三十艘日船所包圍。日人以火槍和箭頭來襲，帕索瓦鳴放兩側舷各五槍作為試探，並奏號角示威。由於缺乏風力，大黑船只能順潮水漂流，駛向碇舶點福田浦。戰鬥持續了三晚，直到 1 月 5 日，有馬向帕索瓦釋放談判信息，帕索瓦為表示善意，友好地釋放了船上的日本人質：有馬之子和村山之子等，並表示自己將前往福田，要求安全離開。有馬表示並未獲准與之談判，而來自德川家康的命令是要將主艦長處死。長谷川表示，如果帕索瓦投降及將所有船上的貨物以既定的價格賣給德川家康，他將代表葡人在法庭上調解，但未能保證結果。1 月6 日上午，帕索瓦成功用牽引小船將大黑船駛出港口，下午到達靠近福田浦的海灣，被日人船隊追擊，一些日船隻靠近，兩個跳上船企圖殺害主艦長的日本武士被殺死。葡船開火使日船浮塔受到輕度損毀，突然一顆流彈擊中葡兵投出的手雷，爆炸的碎片點燃火藥，並蔓延到船帆，船員未能同時兼顧戰鬥和撲火，眼看葡船迅即陷入火海之中。帕索瓦決定寧死不降，隨即引燃船上的火藥桶，在兩道連續爆炸聲中，全船三十二人連同船上貨物（絲綢三千擔，價值一千餘兩黃金）沉入茫茫大海。[1]

在與日人衝突的四天中，葡人傷亡不大，只有約四、五個葡人死亡；而在大爆炸中，則有不少葡人死亡，但也有一些倖存者，其中包括一位西班牙奧古斯丁會修士祖安・達莫林，他是船上唯一的神職人員；而日人的傷亡人數則多達數百人之多。同時絲綢包還在船艙，船上還有相當數量的銀錠，損失總數超過百萬黃金。從 1610 至 1933 年，只打撈出為數不多的銀錠、一些客艙牡蠣殼窗、青銅炮，以及船上的天文儀器。日本人最終只贏了戰鬥，但帕索瓦令人震撼的英雄氣概則在日人，特別是在武士心目中留下不可磨滅的深刻印象。[2]

1 C. R. Boxer, *The Christian Century in Japan, 1549-1650*, pp. 279-282.

2 C. R. Boxer, *The Christian Century in Japan, 1549-1650*, p. 282.

德川幕府禁教（1604-1640）

1604 年，有人向德川投訴，《反天主教法令》已成為一紙空文，要求耶穌會士必須從新設立的京都據點撤離，並將其他入侵者驅離日本。[1]

1608 年，葡萄牙耶穌會士魯德照乘坐「勝利聖母號」（*N^a. S^{ra}. do Vencimento*）前往日本。[2]

1612 年及 1613 年，德川幕府再次重申禁教令，在 1612 開始放逐傳教士，同年 9 月 24 日又將四十八名教徒流放海外。1614 年，德川清晰重申該禁令只針對傳教士，來自阿媽港的商人可繼續從事貿易。[3]

1616 年，幕府規定所有外國來船只能在長崎和平戶停泊和貿易。[4]

1620 年，濠鏡澳給予日本耶穌會五十擔生絲份額，投資五千克魯札多，獲得二千五百克魯札多的利潤。[5]

1621 年，澳日航線主艦長哲羅尼姆・馬塞多・卡瓦略在大村被日本當局逮捕。理由是於 1615 年至 1618 年間，協助及教唆媽港二十位傳教士偽裝成商人和士兵非法入境，並竭力拯救被關押在平戶的西班牙修士。[6]哲羅尼姆在大村被判囚十年，但他仍獲准繼續其貿易活動，據稱他後來成為鉅富，並於 1632 年逝世。

1622 年幕府在長崎將若干傳教士和基督徒釘在十字架，史稱「元和大殉教」。[7]是年 8 月，幕府當局將天主教徒弗洛雷斯和祖尼加，以及日本、朝鮮信徒施以火刑和斬首之刑。根據一些史學家的說法，殉教場面有三萬人目擊。當柴火被點燃時，殉教者高呼 sayonara（永別），圍觀者有人開始吟誦《聖母頌》《讚美主》等詩篇。[8]殉教者中有不少女性和兒童，而著名的耶穌會士、澳門聖保祿學院天主之母教堂的設計者加路・史皮諾拉也在本次的火刑中殉教。[9]

1　C. R. Boxer, *The Great Ship from Amacon: Annals of Macao and the Old Japan Trade, 1555-1640*, pp. 68-69.

2　Joseph Dehergne S. J., *Répertoire dês Jésuites en Chine de 1552 à 1800*, p. 245.

3　C. R. Boxer, *The Great Ship from Amacon: Annals of Macau and the Old Japan Trade, 1555-1640*, p. 84.

4　戚印平，《遠東耶穌會史研究》，頁 600。

5　《關於本會會員在中國與日本之間進行貿易的報告》（1620 年 2 月 10 日，澳門），見戚印平，《遠東耶穌會史研究》，頁 338-339。

6　Fr. Luís Flores, O. P., and Fr. Pedro de Zuñiga, O. E. S. A. both finally martyred in 1622. C. R. Boxer, *The Great Ship from Amacon: Annals of Macau and the Old Japan Trade, 1555-1640*, p. 98.

7　戚印平，《遠東耶穌會史研究》，頁 599-600。

8　C. R. Boxer, *The Christian Century in Japan, 1549-1650*, pp. 342-343.

9　Joseph Broeckaert, S. J., *Life of the Blessed Charles Spinola, of the Society of Jesus: With a Sketch of the Other Japanese Martyrs*, New York: John G. Shea, 1869, pp. 189-209.

天主之母教堂遺址前壁（澳門，2021） 陳迎憲攝

　　1632 年是日本天主教徒遭受迫害的不幸年頭，並導致了葡人的貿易面臨全面崩盤的境地：葡萄牙奧古斯丁教士弗里奧‧格拉薩與一隊來自馬尼拉的方濟各會士乘坐一艘中國船於 6 月抵達日本，他的一封未完成的信件，落入追捕者的手中。信中列出所有幫助過他逃避追捕和逮捕人的名字，當中包括媽港在長崎的代理人——自從 1623 年就被監禁在大村的哲羅尼姆‧馬塞多‧卡瓦略，但他得到資助而獲相應的活動自由。由於此封信件，由長崎奉行親自向葡萄牙人宣讀了罪

名的判決：「並且按照嚴謹的法律，他們都應該被燒死，無人可以獲得倖免。」[1]

日本幕府在 1633 年首次頒佈「鎖國令」，共十六條。主要內容：禁止「奉書船」（持有幕府老中出海證書的船隻）以外的船隻出海；准許在海外僑居不滿五年的日本人歸國；並嚴禁耶穌教；外國船貨需呈報江戶；外船生絲價格確定後分配五處（京都、大坂、堺、江戶、長崎）；其他貨物在二十天內交易完畢；外國船歸期限於 9 月 20 日前，遲到之船在五十日內離開；交易剩下貨物禁止寄存日本。[2]

1634 年，幕府再度頒佈「鎖國令」，內容與去年相同，並開始在長崎建設一個對外貿易的人工島：出島。本年只有一艘槳帆船「聖安東尼奧號」抵達長崎。其中一位葡商為在濠鏡澳的日籍神父保羅・桑托斯攜帶的一封信件被海關人員查獲，該葡商即刻被當局監禁。次年，媽港議事會收到長崎當局致函，要求將該日籍神父遣送印度或其他偏遠地區，不得再與日本聯繫。儘管劇烈抗議，該日籍神父還是被遣送到了交趾的其他教區。葡人在長崎被禁止在公開場合攜帶經書和十字架，許多在日本的葡萄牙子民因此未能得到洗禮。[3]

1635 年 8 月 9 日，貢薩洛・西爾韋拉率三艘滿載七百至九百四十包絲綢的加利約船抵達長崎，10 月底，三船滿載一千五百箱白銀返抵濠鏡澳。[4]同年，幕府第三次頒佈「鎖國令」。

1636 年 7 月底，貢薩洛・西爾韋拉以主艦長身份，再率四艘加利約船前往日本。當葡人在 8 月 8 日到達長崎時，他們受到嚴格搜查，並被集中在長崎一處新建造好、面積約一萬五千平方公尺的人工島，此人工島就是「出島」。當四艘槳帆船在 10 月返航濠鏡澳時，他們攜帶超過二千三百五十箱銀錠，較荷蘭人九艘船的貨值還多出一倍。[5]

1637 年，澳日航線主艦長弗朗西斯科・卡斯迪・布朗庫率六艘槳帆船於 8 月 21 及 22 日抵達長崎。在葡船離開日本的前夜，一位多年逃避追捕的日籍奧古

1 C. R. Boxer, *The Great Ship from Amacon: Annals of Macau and the Old Japan Trade, 1555-1640*, p. 128.

2 中川清次郎，《西力東漸本末》，1943，頁 196-198。

3 C. R. Boxer, *The Great Ship from Amacon: Annals of Macau and the Old Japan Trade, 1555-1640*, p. 137.

4 C. R. Boxer, *The Great Ship from Amacon: Annals of Macau and the Old Japan Trade, 1555-1640*, pp. 141-144.

5 C. R. Boxer, *The Great Ship from Amacon: Annals of Macau and the Old Japan Trade, 1555-1640*, pp. 145-147.

斯丁會士被當局逮捕，在嚴刑拷打下供出曾獲資助的四位葡萄牙商人名字，而當中牽涉到其中一艘葡船船長杜瓦特・科雷亞。長崎奉行因此下令提審杜瓦特，並將其拘押在大村的監獄。[1]

1638 年，兩艘加利約樂帆船返抵濠鏡澳，傳遞了長崎奉行的最後通牒。「若果再有任何來自菲律賓的宗教人士進入日本，將會毫不留情地焚毀 1639 年來自媽港的船隻。」日人還加上附註：「葡萄牙人聲稱媽港無法控制馬尼拉是一個藉口，西班牙和葡萄牙擁有相同的君主，因此負有共同的責任。因此馬尼拉的西班牙人任何違反日本法律的行為，將對媽港商人進行嚴重的報復。」[2]

葡人意識到日本當局通牒的嚴重性，隨即向馬尼拉發出緊急呼籲，乞求總督和大主教禁止修士和耶穌會士再行試圖進入日本。然而因「島原之亂」，意大利籍耶穌會士馬歇洛・馬斯特里利在 1637 年 10 月 17 日壯烈殉教的消息，更大程度地激化了勇於獻身的傳教士前往日本傳教的熱情。[3]

島原之亂（1637-1638）

「島原之亂」，又稱「島原教案」，是 1637 至 1638 年間，在日本九州的島原和天草發生的大規模天主教徒叛亂。事緣德川家康 1612 年再頒佈禁教令後，處死了破壞和焚燒領地內佛寺神社、企圖改變民間信仰的天主教大名有馬晴信。1614 年下令將外國傳教士逐出國外，代替晴信的藩主松倉開始鎮壓天主教徒。1627 至 1631 年間，在雲仙地獄（溫泉）以酷刑迫使天主教徒放棄信仰，三十三名教徒殉教，自此天主教活動轉入地下。

1637 年前後，島原、天草地區發生連年天災。10 月，有農民無法交租，其妻子被領主松倉家臣田中擄走，憤怒的村民放火燒毀田中家宅。有馬村藩吏探悉有村民供奉天主像，破門而入欲抓捕，卻被村民殺死。10 月 25 日，人們在有馬村集合，島原藩有三分之二的村民拿起武器，對抗德川，並擁立十六歲的天草四郎時貞為領袖，率一揆起義軍佔領了島原半島南部的原城，豎立十字架和聖像的

1　C. R. Boxer, *The Great Ship from Amacon: Annals of Macau and the Old Japan Trade, 1555-1640*, pp. 149-150, 152.

2　*Arquivos de Macau*, No.1, pp. 238-240. C. R. Boxer, *The Great Ship from Amacon: Annals of Macau and the Old Japan Trade, 1555-1640*, p. 157, note 339.

3　C. R. Boxer, *The Great Ship from Amacon: Annals of Macau and the Old Japan Trade, 1555-1640*, pp. 157-158.

《聖米格爾大天神》（17世紀） 倪雅谷　木板油畫　天主教澳門教區藏

旗幟。參加起義的農民多達三萬七千餘人。

12 月幕府派板倉重昌鎮壓起義軍，發動兩次進攻均告失敗。1638 年元旦，板倉再發動突擊，大敗，損失三千九百人，板倉戰死。幕府再派松平信綱率十二萬大軍平亂，圍城至 2 月 28 日，因彈盡糧絕，戰力下降，原城陷落，天草四郎及起義軍壯烈戰死。

島原之亂被日本當局殘酷鎮壓，荷蘭人指控起義為葡人所策動。因此日本政府決定將葡人驅離日本。日本江戶幕府以濠鏡澳商船多次違犯禁令，偷運傳教士入境、提供物資、促成島原叛亂為由，於 1639 年將濠鏡澳商船驅離日本，並勒令其永遠不得返回。[1]

1639 年春天，幕府雖然對來自濠鏡澳的南蠻貿易難以割捨，但經過「島原之亂」後，為了阻止外國人到日本傳教，決意與親天主教的西班牙和葡萄牙斷交。本年 7 月，幕府第五次頒佈「鎖國令」，禁止葡萄牙船隻來日本，只允許荷蘭和中國船隻到長崎貿易。在大村監獄被囚禁了兩年的杜瓦特船長，5 月 28 日在長崎被活活燒死。[2]

長崎航線的結束（1638-1640）

1638 年，來自濠鏡澳、裝載市政要員和商品的兩艘大船抵達日本，獲得巨額的利潤。[3]

1640 年，當濠鏡澳日本貿易結束的消息以及來自濠鏡澳的求助傳到羅馬教宗、馬德里國王、果阿葡印總督和馬尼拉總督。國王要求即時恢復濠鏡澳和馬尼拉航線貿易，並允許航線延長至阿卡普爾科（墨西哥）。在馬尼拉方面，總督和教會當局也最終向濠鏡澳方面作出保證。因此濠鏡澳方面將希望再一次寄託於向日本當局的祈求。在 3 月 13 日的議事會議中，決定派遣四名特使，聯同七十名隨員、水手等前赴日本。[4]

1　C. R. Boxer, *The Christian Century in Japan, 1549-1650*, pp. 383-384.

2　此段記述來自卡侖神父（F. Caron）在 1639 年 10 月 26 日的一封長信，見 C. R. Boxer, *The Great Ship from Amacon: Annals of Macau and the Old Japan Trade, 1555-1640*, pp. 158-159.

3　Padre Antonio Francisco, *Gloriosa Morte de Quatro Embaixadores Portuguezes, da Cidade de Macao, com Sincoenta, & Sete Christaõs de sua companhia, digo lados todos pela see de Christo em Mangassaqui, Cidade de Iappaõ*, artes de Agosto de 1640, p. A.

4　C. R. Boxer, *The Great Ship from Amacon: Annals of Macau and the Old Japan Trade, 1555-1640*, pp. 163-164.

6月22日（周五），由路伊斯‧巴耶士擔任主艦長領航的一艘槳帆船「聖佩德羅‧聖保羅號」，攜帶六千兩白銀用於盤川，沒有任何商人隨船，帶著拯救城市的希望自濠鏡澳啟航，在眾人祈禱下開往長崎。他於開航十五天後的7月6日（周五）抵達長崎出島，長崎奉行三郎左衛門接收使節信函和請願書，答應轉呈江戶當局。[1]

在得知葡萄牙人再度到來後，德川和他的閣員很快便作出決定。德川派出兩名專員攜帶幕府諭令前往長崎，專員向葡萄牙人宣佈：「你們這些惡棍！你們竟然違抗已經被永遠禁止返回日本的命令，去年你們已經負有死罪，但我仁慈地賦予你們生還，因此你們此次得到的只是最痛苦的死亡。但由於你們沒有商人來，只是要乞求一些東西，此話就被視為乞求一個簡單的死亡。」葡人隨即被監禁，第二天被帶往長崎烈士山，除了幸運的十三名外，濠鏡澳四名使者及五十七名隨從被斬首。在看到他們六十一名同胞被處決後，倖存者又眼看著他們的槳帆船連同船上的物品被焚毀。9月1日，十三名水手、醫師和雜役被送上長崎一艘中國式小船，在侮辱聲中駛離日本，以便將幕府的諭令傳遞回濠鏡澳。[2]

日本自此進入鎖國時期，葡萄牙舶被永遠禁止來到長崎，而濠鏡澳的對日貿易也至此結束。1641年，幕府將平戶的荷蘭商館遷往長崎「出島」，至此鎖國政策宣告完成。[3]

1682至1690年間，葡商曾被接受前往日本九州其他港口貿易。1685年，澳船「聖保祿號」抵達長崎，但仍未獲准貿易。[4]

1　Padre Antonio Francisco, *Gloriosa Morte de Quatro Embaixadores Portuguezes, da Cidade de Macao, com Sincoenta, & Sete Christaõs de sua companhia, digo lados todos pela see de Christo em Mangassaqui, Cidade de Iappaõ*, artes de Agosto de 1640, Lisboa: Officina de Lourenço de Anueres, 1643, p. A2-5. C. R. Boxer, *The Great Ship from Amacon: Annals of Macau and the Old Japan Trade, 1555-1640*, p. 164.

2　C. R. Boxer, *The Great Ship from Amacon: Annals of Macau and the Old Japan Trade, 1555-1640*, pp. 164-165.

3　戚印平，《遠東耶穌會史研究》，頁 599-600。

4　Beatriz Basto da Silva, *Cronologia da História de Macau, Vol. 1-séculos XVI a XVIII*, pp. 191, 193.

出島貨倉（長崎，2012）　陳迎憲攝

明末日本航線紀錄列表（1600-1640）

年份	航線主艦長 / 船長	停靠港口	船隻數量
1601	（本年度未有正式航班） 保羅・波圖伽爾（Paulo de Portugal） 霍拉迪烏・尼雷德（Horatio Nerete）一回程	長崎	1（大帆船）
1602	保羅・波圖伽爾（Paulo de Portugal）	長崎	1（大帆船）
1603	（本年度未有正式航班） 貢薩路・羅德里格斯・蘇薩（Gonçalo Rodrigues de Sousa） （船長不詳）	一	1（克拉克船） （荷蘭船劫持） 1（中式帆船）
1604	若昂・甘博亞（João Caiado de Gamboa）	長崎	1（大帆船）
1605	努諾・達科斯塔（Nuno da Costa） 安東尼奧・達科斯塔（António da Costa）	長崎	1（大帆船）
1606	迪奧戈・瓦斯康塞洛斯（Diogo de Vasconcelos）	長崎？	1（大帆船）
1607	安德列・帕索瓦 (Abdré Pessoa)	一	一
1608	安德列・帕索瓦 (Abdré Pessoa)	一	一
1609	安德列・帕索瓦 (Abdré Pessoa)-Nossa Senhora da Graça	長崎	1（大帆船）
1610	（本年度未有航班）	一	一
1611	努諾・索托邁奧爾（Nuno Soutomaior）	薩摩、靜岡 （福建海岸船難）	1（中式帆船）
1612	佩德羅・馬丁斯・伽佑（Pedro Martins Gaio）- São Felipe e Santiago	長崎	1（槳帆船）
1613	若昂・瑟朗・達庫尼亞（João Serrão da Cunha）-Nossa Senhora da Vida	一	一
1614	若昂・瑟朗・達庫尼亞（João Serrão da Cunha）-Nossa Senhora da Vida,	長崎	1（大帆船） 2（平底船）

年份	航線主艦長 / 船長	停靠港口	船隻數量
1615	馬廷・達庫尼亞（Martim da Cunha）-Nossa Senhora da Vida.	長崎	1（大帆船）
1616	洛波・薩爾門托・賈瓦略（Lopo Sarmento da Carvalho）-Cristão novo,	—	—
1617	洛波・薩爾門托・賈瓦略（Lopo Sarmento da Carvalho）-Cristão novo,	長崎、福田浦	1（克拉克船）
1618	安東尼奧・奧利維拉・莫拉伊斯（António de Oliveira de Moraes）	長崎（颱風、回澳）	4（槳帆船）2（槳帆船）
1619	哲羅尼莫・馬塞多・賈瓦略（Jeónimo de Macedo de Carvalho）	長崎	8（槳帆船）
1620	哲羅尼莫・馬塞多・賈瓦略（Jeónimo de Macedo de Carvalho）	長崎、大村、平戶（遇荷船返澳）	5（槳帆船）1（槳帆船）
1621	洛波・薩爾門托・賈瓦略（Lopo Sarmento de Carvalho）	長崎	6（槳帆船）
1622	洛波・薩爾門托・賈瓦略（Lopo Sarmento de Carvalho）	—	—
1623	多明戈斯・賈多素・梅洛（Domingos Cardoso de Melo）	長崎	7（槳帆船）
1624	奧古斯丁努・洛波（Agostinho Lobo）	長崎	5（槳帆船）
1625	奧古斯丁努・洛波（Agostinho Lobo）	長崎	5（槳帆船）
1626	路易斯・派斯・帕切科（Luís Pais Pacheco）-	長崎	5（槳帆船）
1627	（本年度未有航班）	—	—
1628	安東尼奧・平托・蒙泰羅（António Monteiro Pinto）	長崎	5（槳帆船）
1629	安東尼奧・奧利維拉・阿朗雅（António Oliveira Aranha）洛波・薩爾門托・卡瓦略（Lobo Sarmento de Carvalho）	長崎	2（槳帆船）3（平底船）

年份	航線主艦長 / 船長	停靠港口	船隻數量
1630	哲羅尼莫·西爾韋拉（Jerónimo da Silveira） 貢薩洛·西爾韋拉（Gonçalo da Silveira）	長崎	4（槳帆船） 1（平底船）
1631	曼奴埃·喀瑪拉·諾羅也（Manuel da Camara de Noronha） 西蒙·瓦斯·派瓦（Simão Vaz de Paiva）	長崎	2（槳帆船）
1632	洛波·薩爾門托·卡瓦略（Lobo Sarmento de Carvalho）	長崎、薩摩	3（槳帆船）
1633	洛波·薩爾門托·卡瓦略（Lobo Sarmento de Carvalho） 曼努埃爾·諾羅尼亞（Manuel da Câmara de Noronha）	長崎	2（槳帆船）
1634	洛波·薩爾門托·卡瓦略（Lobo Sarmento de Carvalho）	長崎	1（槳帆船）
1635	安東尼奧·塔沃拉·平托（António de Távora Pinto） 貢薩洛·西爾韋拉（Gonçalo da Slveira）	長崎	3（槳帆船）
1636	貢薩洛·西爾韋拉（Gonçalo da Slveira）	長崎	4（槳帆船）
1637	弗朗西斯科·卡斯迪·布朗庫（Francisco de Castelbranco） 西蒙·瓦斯·派瓦（Simão Vaz de Paiva） 杜瓦特·科雷亞（Duarte Correia） 弗朗西斯科·卡斯迪·布朗庫（Francisco de Castelbranco）	長崎 長崎、江戶	6（槳帆船）
1638	若奧·佩雷拉（João Pereira） 佩羅·費爾南德斯·卡瓦略（Pêro Fernandez de Carvalho）	長崎出島	2（槳帆船）
1639	瓦斯科·阿爾梅達（Vasco Palha de Almeida）	長崎出島	2（雙桅帆船）
1640	路伊斯·巴耶士（Luis Paes）*	長崎出島	1（槳帆船）

資料來源：C. R. Boxer, *The Great Ship from Amacon: Annals of Macao and the Old Japan Trade 1555-1640*, pp.24-163. Lúcio de Sousa, *The Jewish Diaspora and the Perez Family Case in China, Japan, the Philippines, and the americas (16th Century)*, pp.82-85.

*Antonio Francisco Cardim, *Relação da Gloriosa Morte de Quatro Embaixadores Portuguezes, da Cidade de Macao, com Sincoenta, & Sete Christaõs de sua companhia, digolados todos pella fee de Christo em Nagassaqui, Cidade de Iappaõ, artes de Agosto de 1640: com todas as circunstancias de sua embaixada*, p. A2.

第十八章　葡西王國航線

　　如果說 16 世紀下半葉濠鏡澳與馬尼拉間航線是因葡萄牙人與西班牙人相互競爭而出現，那麼到了 1580 年西葡兩國合併之後，兩地雖有航線往來，但仍處於一種自我保護、心懷猜忌和勾心鬥角的局面。同時，葡人為免濠鏡澳被西班牙人吞併，分別在中國官員和葡印總督方面進行遊說以維持葡人利益。為免濠鏡澳被中國所收回，葡西聯合王國國王也曾多次明令禁止濠鏡澳和馬尼拉之間的貿易和航線往來，然而在實際上兩地的航線和貿易往來一直沒有間斷。

　　自從進入 17 世紀起，兩地共同面臨了來自荷蘭人的挑戰。荷蘭人先後襲擊了馬魯古、馬六甲和濠鏡澳，即葡萄牙在遠東鼎足而立的三個支點。在這種形勢之下，馬尼拉和濠鏡澳才開始實質性的合作：濠鏡澳負責取得來自中國的絲綢和其他商品運往馬尼拉；而馬尼拉則負責將中國商品轉運至墨西哥等「新西班牙」地區。從而兩地創造了一個對雙方有利的合作局面。

　　17 世紀初，明朝末年的濠鏡澳至馬尼拉航線，以及通過馬尼拉延伸至美洲的航線，是除日本航線之外的又一個利潤豐厚的航線。自 1623 年至 1633 年間，兩地航線禁令一度解除，該航線更成為中國絲綢和其他商品遠銷美洲新西班牙的主要渠道。這條航線的貿易額佔據了馬尼拉港航運的絕大部分份額。

1640 年，是濠鏡澳對日貿易終結的一年，雖然西葡國王在獲悉濠鏡澳葡人失去日本市場之後，曾提出讓濠鏡澳—馬尼拉航線合法化，並允許將該航線延伸至阿卡布爾科。[1] 然而正好就在本年，葡萄牙在歐洲擺脫了西班牙的統治而重新獨立。兩年之後，在遠東的葡屬濠鏡澳和西班牙屬地的馬尼拉也開始分道揚鑣。濠鏡澳相繼失去兩大最主要航線的收益，同時面臨明末清初的一段動盪時期，經濟開始步入嚴冬季節。

濠鏡澳與馬尼拉蜜月期

在這一時期，馬尼拉有艍船航行於中國的廣州、泉州和福州的港口，並且在東南亞地區主要與暹羅、柬埔寨、婆羅洲、日本和摩鹿加進行貿易。另一方面，馬尼拉作為西班牙附屬地區——美洲「新西班牙」的一部分，與墨西哥、秘魯有著行政和商貿的往來，因此馬尼拉每年有往來墨西哥阿卡布爾科的定期航線。

濠鏡澳至馬尼拉航線主要用菲律賓產品（糖、大米、可可、臘、貝殼、百葉窗、熱帶水果等）交換來自中國的絲綢、塔夫綢、錦緞、瓷器、銅、玉器等其他稀有產品，將它們運往美洲，交換墨西哥銀元再運回馬尼拉。[2]

濠鏡澳至馬尼拉航線的商品具有很高的利潤。以 1601 至 1605 年為例，馬尼拉港的海關關稅為 30,104.20 比索，佔了全部貿易總數的 70.03%。對於新西班牙而言，沒有哪一條航線能達到濠鏡澳至馬尼拉航線如此高的利潤和價值。[3]

1602 年，由於葡萄牙人的財政豐裕，門多薩得以在馬尼拉舾裝其船隊，並從菲律賓總督獲得急需的彈藥。[4]

1604-1606 年，先後有五艘濠鏡澳葡船、兩艘濠鏡澳葡船、一艘濠鏡澳葡船和一艘日本紅印船前往馬尼拉。

1609 年，濠鏡澳和馬尼拉簽訂供貨協定，前者提供絲綢、水銀。該時期，濠鏡澳葡船輸入馬尼拉的商品包括：來自孟加拉的香料、非洲奴隸、各種印度棉布、床帷幔、被子等；來自印度的琥珀、象牙、珠寶、玩具和其他珍品；來自波

1 C. R. Boxer, *The Great Ship from Amacon: Annals of Macao and the Old Japan Trade 1555-1640*, p. 163.

2 Benjamin Videira Pires, *A Viagem de Comércio Macau-Manila nos Séculos XVI a XIX*, pp. 14-15.

3 Benjamin Videira Pires, *A Viagem de Comércio Macau-Manila nos Séculos XVI a XIX*, p. 19.

4 G. B. Souza, *The Survival of Empire: Portuguese Trade and Society in China and the South China Sea, 1630-1754*, p. 70.

斯、土耳其的地毯、床、筆盒；濠鏡澳製造的鍍金傢俱和其他新奇完美的商品。濠鏡澳葡船通常在每年的 6 月或 7 月抵達，而在翌年 1 月間返回阿媽港。[1]

1612 年，濠鏡澳有七艘大帆船開赴馬尼拉貿易。[2]

1617 年，儘管有荷蘭和英國在遠東的競爭，濠鏡澳商人仍持續在盈利豐厚的日本航線和馬尼拉航線進行貿易。從中國來的絲綢並非銷往長崎，而是銷往阿卡布爾科。此時的馬尼拉貿易航線有相當數量的加利約船由印度出發，經過濠鏡澳再到達菲律賓，返航時也是走經過濠鏡澳的相同路線。除了商品貿易，盈利豐厚的奴隸買賣，其市場也在馬尼拉。[3] 在濠鏡澳，明朝政府也針對葡人和土生葡人違反和無視中國法律，收養大量日本倭奴和中國「妹仔」，進行人口販運、私自修建新房屋等不法行為，向葡人議事會提出指控。

1619 年，哲羅尼莫・馬塞多・賈瓦略擔任澳日年度航線主艦長。除日本航線外，他還率領破紀錄的十艘加利約樂帆船航行於阿媽港和馬尼拉之間航線。[4] 本年 7 月 2 日，菲律賓政府向濠鏡澳購買一艘漂亮的加利恩大帆船，於該日離開濠鏡澳航向菲律賓，兩個月後該船遭遇颶風，海難後它在缺少桅桿的情況下返回濠鏡澳。[5]

這艘加利恩大帆船在濠鏡澳重新舾裝後於 1620 年 5 月離澳，於本年 6 月 7 日航抵甲米地港。一封寫於本年 6 月 14 日的信稱，本年有十艘葡萄牙大帆船從濠鏡澳開赴馬尼拉貿易，運來價值巨大的商品。[6] 本年，濠鏡澳有五艘船前往馬尼拉。[7]

1621 年，勞倫斯・利茲在濠鏡澳—馬尼拉航線的貿易中，為濠鏡澳創造了六萬克魯札多的盈利。在獲得中國人同意後，該費用將用於濠鏡澳防禦工事的修築。從事濠鏡澳至馬尼拉航行的人士聲稱，該航行無害於皇家，應該獲得法律上

1　C. R. Boxer, *The Great Ship from Amacon: Annals of Macao and the Old Japan Trade 1555-1640*, p75.

2　Benjamin Videira Pires, *A Viagem de Comércio Macau-Manila nos Séculos XVI a XIX*, p. 19.

3　António Bocarro, *Década 13 da Historia da India, Lisboa: Typographia da Academia Real das Sciencias, 1876*, pp. 696-698.

4　C. R. Boxer, *The Great Ship from Amacon: Annals of Macao and the Old Japan Trade 1555-1640*, p. 97.

5　Emma Helen Blair & James Alexander Roberston, *The Philippine Islands, 1493-1898*, Vol. 19, Cleveland Ohio: The Arthur H. Clark Company, 1906, p. 69.

6　Emma Helen Blair & James Alexander Roberston, *The Philippine Islands, 1493-1898*, p. 69.

7　Benjamin Videira Pires, *A Viagem de Comércio Macau-Manila nos Séculos XVI a XIX*, p. 19.

的認可，並認為中國絲綢的供應應包括日本、菲律賓和印度市場。[1] 本年 7 月，有三艘加利約葡船開往馬尼拉貿易，運去大量絲綢和貨物。與此同時，一艘皇家船隻抵達，為濠鏡澳運去城市防禦所需的火炮，並在回程時運返一船的絲綢。12 月底，為加強濠鏡澳城市防禦，葡人派遣一艘船隻護送耶穌會士熱羅尼姆・羅德禮格斯神父抵達馬尼拉，要求菲方提供重型武器。菲方提供了六門火炮（一門三十磅、三門二十五磅、兩門十八磅），並在下年 1 月運抵濠鏡澳。[2]

1622 年，濠鏡澳城市開始建城牆設防，並從馬尼拉運來六門大炮和另外五門火炮。在年前離開馬尼拉、一艘雙桅帆船的船長迪奧戈，將六門火炮運回濠鏡澳。[3]

1623 年 7 月，被任命為媽港主艦長的馬斯卡雷尼亞斯率二百名長槍手和數門臼炮，自馬尼拉抵達濠鏡澳。[4]

1624 年 4 月 17 日，葡印總督拒絕了媽港議事會關於濠鏡澳—馬尼拉航線貿易合法化的申請，並規定須嚴格遵守現有禁令。[5] 但媽港總督和商人顯然沒有重視這個決定，在新任總督的推動之下，濠鏡澳和馬尼拉的貿易達到前所未有的程度。[6]

1625 年 7 月 7 日，荷蘭大船「熱蘭遮武裝號」（Wapen Van Zeelandt）離開馬尼拉駛往濠鏡澳，在濠鏡澳海面劫奪兩艘葡萄牙快艇前往澎湖。[7]

1627 年，澳日航線因西班牙封鎖台灣海峽而濠鏡澳未有船隻前往。但馬尼拉當局派遣了有護衛的兩艘槳帆船「聖德豐索號」（San Ildefonso）和「佩納弗蘭西亞聖母號」（Nuestra Señora de la Peña de Francia）接載葡商前往馬尼拉貿易，此行程由西班牙支付兩萬比索，由儒安・阿爾卡拉索領航，成功往返馬尼拉和濠

---

1 C. R. Boxer, *The Great Ship from Amacon: Annals of Macao and the Old Japan Trade 1555-1640*, p102. Benjamin Videira Pires, *A Viagem de Comércio Macau-Manila nos Séculos XVI a XIX*, pp. 19-20.

2 Emma Helen Blair & James Alexander Roberston, *The Philippine Islands, 1493-1898*, Vol. 20, pp. 31-33.

3 Cöen 稱有「12 門炮」。Benjamin Videira Pires, *A Viagem de Comércio Macau-Manila nos Séculos XVI a XIX*, p. 19.

4 C. A. Montalto de Jesus, *Macau Histórico*, pp. 87-88.

5 Benjamin Videira Pires, *A Viagem de Comércio Macau-Manila nos Séculos XVI a XIX*, pp. 21-22.

6 Benjamin Videira Pires, *A Viagem de Comércio Macau-Manila nos Séculos XVI a XIX*, pp. 21-22.

7 江樹生譯，《荷蘭台灣長官致巴達維亞總督書信集 I：1622-1626》，第一冊，1625 年 10 月 29 日，《德・韋特寄總督卡本提耳函》，南投：國史館台灣文獻館，台南：台灣歷史博物館，2010，頁 190。

鏡澳。[1] 本年夏天，西班牙耶穌會士哥德斯自菲律賓維薩亞斯群島航抵濠鏡澳。[2]

1630年6月4日，議事會安排一艘大帆船於9月間航行馬尼拉航線。[3] 濠鏡澳有六艘帆船開赴馬尼拉貿易。[4]

1631年6月，濠鏡澳有三艘帆船開赴馬尼拉貿易。[5] 本年起，廣東禁止葡人前往廣州貿易，改由商人前來濠鏡澳交易。[6]

1632年8月底，有一艘大帆船的裝載，前往馬尼拉。11月11日，有數艘馬尼拉大帆船，帶來日本貿易的資本。[7] 濠鏡澳有四艘帆船開赴馬尼拉貿易。[8]

1633年，不僅是澳日貿易出現困難，當菲律賓總督強制貸款九萬披索，濠鏡澳至菲律賓航線也遭遇困難時刻。當安東尼奧滿載大量白銀回航、葡人還以為航線帶來利潤之時，菲律賓總督向皇室報告：葡萄牙人的貿易影響菲律賓和中國的貿易。濠鏡澳隨即收到國王明確禁止貿易的命令。而本年度馬尼拉從濠鏡澳進口的商品達到一百五十萬披索，明顯地，濠鏡澳不會輕易放棄馬尼拉貿易。[9] 曼努埃爾·諾羅尼亞致葡印總督信中表示，願意試圖在濠鏡澳實施新的禁令，但指出禁令既不明智又不切實際，馬尼拉航線的盈利支付了駐地和維護費用，這是難以取代的。濠鏡澳葡人宣稱，他們寧願死亡而不是提交新的稅收。[10] 本年，濠鏡澳有三艘帆船開赴馬尼拉貿易。[11]

1634年，葡印總督和媽港議事會對濠鏡澳至馬尼拉的航行禁令，重申不可

1　C. R. Boxer, *The Great Ship from Amacon: Annals of Macao and the Old Japan Trade 1555-1640*, p. 115.

2　Le P. Louis Pfister, S. J., *Notices Biographiques et Bibliographiques, sur Les Jésuites de L'ancienne Mission de Chine 1552-1773*, Tome I, XVIe & XVIIe siècles, p. 195.

3　*Arquivos de Macau*, Vol. 1, N.° 6, Novembro de 1929, pp. 301-302.

4　G. B. Souza, *The Survival of Empire, Portuguese Trade and Society in China and the South China Sea, 1630-1754*, p. 56.

5　G. B. Souza, *The Survival of Empire, Portuguese Trade and Society in China and the South China Sea, 1630-1754*, p. 75.

6　〔瑞典〕龍思泰（Anders Ljungstedt），《早期澳門史：在華葡萄牙居留地簡史、在華羅馬天主教會及其佈道團簡史、廣州概況》，頁100-101。

7　*Arquivos de Macau*, Vol.III, N.° 3, Abril de 1931, pp. 119, 121.

8　G. B. Souza, *The Survival of Empire, Portuguese Trade and Society in China and the South China Sea, 1630-1754*, p. 75.

9　Cf. reports on the Macao-Manila trade by José de Naveda Alvarado and others, 1632-1636. C. R. Boxer, *The Great Ship from Amacon: Annals of Macao and the Old Japan Trade 1555-1640*, p. 135.

10　Manuel da Câmara de Noronha to the Conde de Linhares, 20 December 1633. C. R. Boxer, *The Great Ship from Amacon: Annals of Macao and the Old Japan Trade 1555-1640*, p. 135.

11　G. B. Souza, *The Survival of Empire, Portuguese Trade and Society in China and the South China Sea, 1630-1754*, p. 75.

刻有葡萄牙十字徽號的 1633 年石碑（澳門，2020）˙陳迎憲攝

在這種情況下執行。較為可行的做法是限制每年只准一艘船行駛該航線，用於運載供應馬尼拉駐軍的彈藥，以及供應足夠菲律賓本地消費的絲綢，而非轉口供應墨西哥的商品。當年有四十艘福建大船抵達馬尼拉，帶來大量絲綢而無法在當年轉運至墨西哥。[1] 本年，有來自馬尼拉的傳教士抵達聖克拉拉修道院。[2]

1635年，根據葡印總督的兩次命令，媽港議事會決定每年派出不多於一艘船隻航行馬尼拉航線。2月6日，濠鏡澳商人請求議事會向航線主艦長申請足夠的船隻，以便將貨物運往馬尼拉，否則他們將瀕臨破產。[3] 本年，濠鏡澳有四艘帆船前往馬尼拉貿易。[4]

1636年，濠鏡澳有一艘帆船前往馬尼拉貿易。[5]

1637年，載有黃金、藥材的澳船「耶穌·瑪利亞·若澤號」（*Jesus Maria José*）前往馬尼拉，在新加坡海峽被荷蘭船隻劫持。船上信件落入荷蘭人手中，其中一封前議員路易茲·帕切科的信中提及：1636年葡西國王的稅收達到二十萬零四千兩白銀之多。[6] 本年，濠鏡澳有三艘帆船前往馬尼拉貿易。[7]

1638年，在澳日航線陷入困境的時候，濠鏡澳至馬尼拉航線也暫時遭到困難。本年度由菲律賓開往阿卡布爾科的航線，因墨西哥港口的中國商品積壓而暫時停航，由此影響了馬尼拉使用大量儲備的白銀購買中國絲綢，並因此拖欠債務，從而影響到1637年和1638年在中國和濠鏡澳的債權人破產。[8] 本年，濠鏡澳有三艘帆船開往馬尼拉貿易。[9]

1639年，濠鏡澳有三艘帆船開往馬尼拉貿易。[10]

---

1   C. R. Boxer, *The Great Ship from Amacon: Annals of Macao and the Old Japan Trade 1555-1640*, pp. 140-141.

2   Bento da França, *Macau e Os Seus Habitantes, relações com Timor*, p. 23.

3   Beatriz Basto da Silva, *Cronologia da História de Macau, Vol. 1-séculos XVI a XVIII*, p. 150.

4   G. B. Souza, *The Survival of Empire, Portuguese Trade and Society in China and the South China Sea, 1630-1754*, p. 75.

5   G. B. Souza, *The Survival of Empire, Portuguese Trade and Society in China and the South China Sea, 1630-1754*, p. 75.

6   Beatriz Basto da Silva, *Cronologia da História de Macau, Vol. 1-séculos XVI a XVIII*, p. 153.

7   G. B. Souza, *The Survival of Empire, Portuguese Trade and Society in China and the South China Sea, 1630-1754*, p. 75.

8   C. R. Boxer, *The Great Ship from Amacon: Annals of Macao and the Old Japan Trade 1555-1640*, p 155.

9   G. B. Souza, *The Survival of Empire, Portuguese Trade and Society in China and the South China Sea, 1630-1754*, pp. 56-57.

10   G. B. Souza, *The Survival of Empire, Portuguese Trade and Society in China and the South China Sea, 1630-1754*, p. 75.

1640 年，濠鏡澳商人米格爾・馬瑟多曾往馬尼拉貿易。[1] 本年，濠鏡澳三艘商船赴馬尼拉貿易。[2]12 月 1 日，葡萄牙貴族在里斯本發動政變，恢復葡萄牙獨立，擁立布拉甘沙公爵為國王。15 日，《布拉甘沙正式加冕成為葡萄牙國王，稱若奧四世。[3]

1641 年 1 月 14 日，濠鏡澳有兩艘船前往馬尼拉貿易，一艘船在本日遭遇風暴沉沒；另一艘亦於 1642 年沉沒。[4]9 月 9 日，「中國神名之城」（cidade do nome de Deos na china）市議會派遣一艘平底槳船和一艘蜑家船前往馬尼拉。[5]

1642 年 4 月，馬尼拉總督要求「中國神名之城」用一些鐵炮來作支付。[6] 從濠鏡澳銷售馬尼拉的產品「許多世界上最好的鑄鐵火炮、鑄銅火炮……步槍彈藥、生薑、安息香、阿吉拉、肉桂、檀香、精美瓷器、各類絲綢、黃金，麝香，紅寶石，珍珠。」[7] 本年，濠鏡澳一艘商船赴馬尼拉貿易。[8]

1643 年 8 月 11 日，議事會通知卡斯蒂利亞（西班牙）人，允許他們抵達「神名之城」（cidade do Nome de Deus），但需要支付關稅。葡人還要求歸還被卡斯蒂利亞人扣留、屬於聖保祿學院的三萬帕塔卡。[9]

1644 年，濠鏡澳一艘商船赴馬尼拉貿易。[10]

17 世紀中葉，因葡萄牙於 1640 年脫離西班牙重新獨立。葡西分立後，西班牙要求濠鏡澳葡人繼續效忠不果，西班牙人立即下令禁止濠鏡澳葡人在馬尼拉貿易。1642 年濠鏡澳和菲律賓關係中斷。但至 1649 年，兩地仍有零星船隻往來。

1　Benjamin Videira Pires, *A Viagem de Comércio Macau-Manila nos Séculos XVI a XIX*, p. 30.

2　G. B. Souza, *The Survival of Empire, Portuguese Trade and Society in China and the South China Sea, 1630-1754*, p. 75.

3　〔葡〕查・愛・諾埃爾（Charles E. Nowell），《葡萄牙史》，頁 253-254。

4　Benjamin Videira Pires, *A Viagem de Comércio Macau-Manila nos Séculos XVI a XIX*, p. 30.

5　*Arquivos de Macau*, Vol.III, N.° 4, Julho de 1931, pp. 221-222.

6　*Arquivos de Macau*, Vol.III, N.° 4, Julho de 1931, pp. 225-226.

7　Benjamin Videira Pires, *A Viagem de Comércio Macau-Manila nos Séculos XVI a XIX*, p. 29.

8　G. B. Souza, *The Survival of Empire, Portuguese Trade and Society in China and the South China Sea, 1630-1754*, p. 75.

9　Benjamin Videira Pires, *A Viagem de Comércio Macau-Manila nos Séculos XVI a XIX*, pp. 31-32.

10　G. B. Souza, *The Survival of Empire, Portuguese Trade and Society in China and the South China Sea, 1630-1754*, p. 75.

17 世紀初濠鏡澳葡船前往菲律賓航線列表

年份	濠鏡澳葡船數量	出發港 / 目的港	馬尼拉西船數量	出發港 / 目的港
1601	2 葡船	濠鏡澳—馬尼拉		
1604	5 葡船	濠鏡澳—馬尼拉		
1605	2 葡船	濠鏡澳—馬尼拉		
1606	1 葡船、1 日朱印船	濠鏡澳—馬尼拉		
1608	1 葡船	濠鏡澳—馬尼拉	1 西班牙船	呂宋－濠鏡澳
1609	1 葡船	濠鏡澳—馬尼拉		
1610	1 葡船	濠鏡澳—馬尼拉		
1612	7 葡船	濠鏡澳—馬尼拉		
1617	1 葡船	濠鏡澳—馬尼拉		
1619	10 葡船	濠鏡澳—馬尼拉		
1620	10 葡船	濠鏡澳—馬尼拉	1 加利恩大帆船（上年菲律賓政府向濠鏡澳購買）	濠鏡澳－甲米地
1621	4 葡船（1 艘雙桅帆船）	濠鏡澳—馬尼拉	1 西班牙皇家船	馬尼拉－濠鏡澳
1622	4 葡船	濠鏡澳—馬尼拉	4 西班牙船	馬尼拉－濠鏡澳
1623	1 葡船	濠鏡澳—馬尼拉	1 西班牙船 1 西班牙船	馬尼拉－濠鏡澳 濠鏡澳－馬尼拉
1624	1 葡船	濠鏡澳—馬尼拉	1 西班牙船	馬尼拉－濠鏡澳
1625	1（船難）	濠鏡澳—馬尼拉	1 西班牙船	馬尼拉－濠鏡澳
1626	6 葡船	濠鏡澳—馬尼拉		
1627	6 葡船（2 艘加利恩大帆船、3 艘加利約槳帆船、1 艘舢舨）	濠鏡澳—馬尼拉		

年份	濠鏡澳葡船數量	出發港／目的港	馬尼拉西船數量	出發港／目的港
1628	3 葡船	濠鏡澳—馬尼拉	2 西班牙軍艦	馬尼拉—濠鏡澳
1629	2 葡船	濠鏡澳—馬尼拉		
1630	6 葡船（槳帆船）	濠鏡澳—馬尼拉	6 艘西班牙軍艦	馬尼拉—濠鏡澳
1631	3 葡船（槳帆船）	濠鏡澳—馬尼拉	3 艘西班牙軍艦	馬尼拉—濠鏡澳
1632	4 葡船（槳帆船）	濠鏡澳—馬尼拉	4 艘西班牙軍艦	馬尼拉—濠鏡澳
1633	3 葡船（加利約槳帆船）	濠鏡澳—馬尼拉		
1635	4 葡船（槳帆船）	濠鏡澳—馬尼拉		
1636	1 葡船（大帆船）	濠鏡澳—馬尼拉		
1637	3 葡船（大帆船）	濠鏡澳—馬尼拉	1 西班牙船	馬尼拉—濠鏡澳
1638	3 葡船（大帆船）	濠鏡澳—馬尼拉		
1639	3 葡船（大帆船）	濠鏡澳—馬尼拉		
1640	3 葡船	濠鏡澳—馬尼拉	2 船	馬尼拉—濠鏡澳
1641	2 葡船（平底槳船、蜑家船）	濠鏡澳—馬尼拉		
1642	1 葡船	濠鏡澳—馬尼拉	2 船／3 船	馬尼拉—濠鏡澳
1644	1 葡船	濠鏡澳—馬尼拉		

資料來源：Benjamin Videira Pires, S. J., *A Viagem de Comércio Macau-Manila nos Séculos XVI a XIX*, pp.14-32.

墨西哥水銀貿易

　　1626 年，西班牙在台灣北部的基隆設立了新據點，此舉不僅是為了和荷蘭人 1624 年在台灣南部設立的熱蘭遮城相抗衡，同時也希望開闢直接對華貿易的通道，進而取代濠鏡澳的對華貿易地位。當年有五十艘中國船隻前往台灣，但他們只為西班牙人帶來了很少量的四十擔生絲，然而他們的敵人荷蘭則獲得九百擔生絲（無紡織品）。如果沒有來自濠鏡澳的中國絲綢，新西班牙（墨西哥）的船隻就沒有貨物可運，西班牙人只能繼續依賴馬尼拉和濠鏡澳的貿易來供應中國絲綢，而濠鏡澳商人也希望由此換取對華貿易所需、來自西班牙的銀元。[1]

　　由於西班牙人壟斷所有馬尼拉至墨西哥航線，不允許葡人介入其中，因此進入 17 世紀，濠鏡澳直接前往美洲的航線一片沉寂。但前往墨西哥和祕魯的新西班牙年度航線的船隻，在馬尼拉卸貨之後，會前往媽港裝載絲綢、產品及其他商品。[2]

　　墨西哥的新西班牙向中國採購的大宗商品還包括水銀。由於哈布斯堡在提煉白銀的過程中需要大量的水銀，因此水銀成為新西班牙向國際市場採購的商品，初期的水銀來自西班牙的阿爾馬登、秘魯的萬卡韋利卡，在 1620 年至 1645 年，則來自今斯洛文尼亞的伊德里亞、墨西哥的米卻肯以及中國。[3]

航線事例

　　1612 年，西班牙人通過濠鏡澳葡人，從中國購買二百英擔的水銀，通過馬尼拉運往新西班牙，使雙方貿易額出現戲劇性增長。[4]

　　1615 年，由於中國人自行出口水銀往馬尼拉，導致濠鏡澳和馬尼拉的水銀交易數量跌至僅僅三十六英擔。濠鏡澳停止向西班牙人供應所需的水銀，隨後西

1　C. R. Boxer, *The Great Ship from Amacon: Annals of Macau and the Old Japan Trade, 1555-1640*, pp. 113-114.

2　Torre do Tombo, Col. São Vicente, Vol. XIX, fls. pp. 157-159. *Arquivo Potuguez Oriental, VI*, 1206, pp. 942. Benjamin Videira Pires, S. J., *A Viagem de Comércio Macau-Manila nos Séculos XVI a XIX*, p. 20.

3　G. B. Souza, *The Survival of Empire, Portuguese Trade and Society in China and the South China Sea, 1630-1754*, p. 71.

4　G. B. Souza, *The Survival of Empire, Portuguese Trade and Society in China and the South China Sea, 1630-1754*, p. 72.

班牙人則前往濠鏡澳交易。[1]

比利時傳教士顏爾定於 1616 年自墨西哥啟航，歷十四年，於 1629 年抵達濠鏡澳。[2]

1637 年，英人彼得・蒙迪也在阿卡布爾科看見一艘裝載白銀的加利恩大帆船停靠在安德列費由灣。該船來自毗鄰媽港的馬尼拉，購買了絲綢和其他商品前往新西班牙，船長是出生於比斯開的祖安・安多伊納。[3]

1640 年，一艘來自阿卡布爾科的加利恩大帆船帶來二百萬比索的白銀抵達菲律賓，用於購買中國絲綢。[4]

台灣基隆的西班牙要塞（1626-1633）

在馬尼拉的西班牙政府於 1626 年 5 月派遣船隊，由儒安・曹厄斯、安東尼奧・維拉、伯尼圖・弗羅勒斯統領三個步兵連前往台灣，佔領了北部的基隆港，在基隆建築了聖薩爾瓦多堡壘和其他要塞，以期盼能與福州進行通商貿易。但在十六年後（1642 至 1643 年間）被荷蘭人驅離，撤出北台灣。由於當時正值西葡王國合併時期，因此除馬尼拉至基隆的補給航線外，也出現了來自濠鏡澳葡人至基隆港的來往航線。

航線事例

1626 年，擔任「聖三位一體號」船長的阿隆索・羅渣斯奉命前赴台灣島援助，但因船難而被迫停靠濠鏡澳，為了維修該船，馬尼拉當局曾給他一筆款項，計一百三十八比索四多幣九格拉諾，支付給墊支款項的濠鏡澳市民曼努埃・貢薩勒，以便其繼續台灣之旅。後來他被控告欠帳，在訴訟期間曾被關在荷蘭敵人的監獄裡一年半，出獄後無法還債，最後要靠朋友救濟方才付清。[5]

1627 年 8 月 11 日至 9 月 7 日，以及 10 月 13 日至 1628 年 6 月 13 日，「聖

1　G. B. Souza, *The Survival of Empire, Portuguese Trade and Society in China and the South China Sea, 1630-1754*, pp. 72-73.

2　Joseph Dehergne S. J., *Répertoire dès Jésuites en Chine de 1552 à 1800*, p. 259.

3　Benjamin Videira Pires, *A Viagem de Comércio Macau-Manila nos Séculos XVI a XIX*, p. 27.

4　William Little Schulz, *The Manila Galleon, 1886*, New York, pp. 189-190. Benjamin Videira Pires, *A Viagem de Comércio Macau-Manila nos Séculos XVI a XIX*, p. 29.

5　《十七世紀北台灣的西班牙帳簿》第一冊（1626-1633），方真真主譯，南投：台灣歷史博物館，台南：國史館台灣文獻館，2017，頁 lvi、10。

基隆社寮（和平）島外望，原西班牙薩爾瓦多要塞所在地（基隆，2020） 陳苑駿攝

依雷豐素號」（*San Ylefonsso*）大帆船前往台灣島要塞和濠鏡澳。「佩納弗蘭西亞聖母號」（*Nuestra Señora de la Peña de França*）軍艦前往台灣島，因遇險而到濠鏡澳來守衛本年來此城的加利約小帆船。[1]

1629 年 7 月 27 日，一艘葡萄牙船「阿托查聖母號」（*Nuestra Señora de Atocha*）被派往台灣島聖薩爾瓦多要塞。為此，王室金庫預算一萬零二百零一比索的費用用於本次航程和大副的費用。[2]

1630 年，納烏船「聖三位一體號」離開台灣島聖薩爾瓦多要塞，返航馬尼拉城。由於暴風雨而遇險到達濠鏡澳，此船從台灣運來布料，因此需要租用房子來放置貨品。8 月 21 日，開列房租四百比索和其餘三百比索的費用。9 月 27 日，經辦員貢薩洛‧蒙地路‧卡拉巴魯以媽港城的名義，將二十二比索六多幣存入王室金庫。結算後共達六百八十二比索四多幣，這筆金額從台灣島由「聖三位一體號」船運來，在本年 1 月 15 日保存在媽港議事會官員之手，分別是此城不同居民的帳目。其餘的六百五十九比索六多幣是買一些武器的款項，匯到此城，並記載著繳交到（馬尼拉）營地的王家金庫。[3]

1　《十七世紀北台灣的西班牙帳簿》第一冊（1626-1633），頁 118、166、248。

2　同上，頁 lii、104。

　3　同上，頁 164、228。

第十九章　葡船歐非航線

　　17 世紀開始，荷蘭人開始和葡萄牙人爭奪亞洲市場。1599 年 6 月 21 日，海軍將領弗德歷・侯特曼率兩艦「雄獅號」（*De Leeuw*）和「雌獅號」（*De Leeuwin*）抵達亞齊，聲稱購買胡椒。亞齊人想借用荷蘭人來對抗馬六甲葡人，原因是自 1511 年葡人佔領馬六甲之後，亞齊便與馬六甲葡人發生長期的衝突，但荷人並不想招惹葡人。由於同屬西班牙的葡王禁止將東方產品賣給荷蘭人，荷蘭人需要自行尋找新的渠道。[1]

　　1600 年，荷蘭船首次抵達日本，葡荷間的貿易衝突開始醞釀。1602 年，荷蘭東印度公司成立，葡荷開始爭奪亞洲市場。1606 年，荷蘭人和葡人在馬六甲的大戰，開始動搖葡人對馬六甲海峽的控制。1620 年荷蘭東印度公司二十船封鎖馬六甲海峽。

　　1622 年 6 月，荷蘭組十三船艦隊和一千三百士兵進犯濠鏡澳，葡荷在濠鏡澳爆發戰事，葡軍最終以少勝多，僥倖保住濠鏡澳。1641 年 1 月 14 日，荷軍佔領馬六甲，結束了葡人在馬六甲長達一個多世紀的統治時期。[2]

1　H. Mohammad Said, *Aceh Sepanjang Abad*, pp. 210-211.

2　João Bigode Chorão, *Enciclopédia Verbo Luso-Brasileira de Cultura, edição Século XXI*, p. 234.

荷蘭艦隊封鎖海峽

1600 年，荷軍將領保羅・凡卡登抵達亞齊，與蘇丹結為好友。

1603 年 2 月 25 日，一艘一千五百噸級的媽港納烏船「聖凱特琳娜號」（*Santa Catarina*）在前往印度途中，艦長瑟朗在柔佛海峽遭遇荷蘭將領雅各布・凡・黑姆斯克爾克所率荷艦，並被劫持至阿姆斯特丹。[1] 船上的生絲和瓷器被拍賣，阿姆斯特丹遂成為歐洲最大生絲和瓷器市場，克拉克瓷（又稱「加櫓瓷」）因此成為明末時期青花外銷瓷品類的代名詞。

葡荷首次戰事發生在 1606 年。當年 4 月，荷軍將領馬德里耶夫率十一艘戰艦和六艘小艦，一千三百五十七名士兵抵達馬六甲，隨即發生激烈戰事，其中七百荷軍成功登陸城北的丹戎吉吟和東南方的烏戎巴思。8 月 14 日，葡軍將領馬斯喀連亞斯率十七艘卡利恩大戰艦、一艘卡拉維拉艦、四艘加利約艦和二十一艘賓納薩雙桅艦，三千葡軍和三百印度軍抵達，與荷軍在拉薩圖岬發生海戰，雙方苦戰不下，各損失兩艘艦船。稍後，雙方拋棄了那個時代的騎士精神，荷軍請來柔佛軍，而葡軍也請來馬六甲軍。[2] 葡將門多薩在日本朱印船的協助下，在馬六甲擊退荷軍長達五個月的圍攻。12 月，葡萄牙人在對靠近吉打的布頓島發動的襲擊中失利。[3]

1614 年 5 月，洛波・薩爾門托・卡瓦略參加了對馬六甲的增援。他在一年之後來到濠鏡澳，和一位歐亞混血女孩結婚，並在此居住四十餘年。[4]

1620 年，安東尼奧・塔沃拉・平托在前往馬六甲航行時，曾被荷蘭人劫持，之後獲得釋放，並在遠東地區生活了多年，後來成為澳日航線主艦長。[5]

1623 年 6 月，前任澳日航線主艦長洛波・薩爾門托・賈瓦略在新加坡海峽航行中被荷蘭船隻劫持，他被當作囚犯押送至巴達維亞。[6]

1631 年，被荷蘭人囚禁的一些馬六甲葡萄牙人，被媽港市營救，「他們在前往碼頭的小路上，以巡遊的形式，向奧特魯童貞聖母（*Virgem N. S. de Outeiro*）

1　Beatriz Basto da Silva, *Cronologia da História de Macau, Vol. 1-séculos XVI a XVIII*, p. 106.
2　Manuel Pintado, *A Stroll Through Ancient Malacca*, Macau: Instituto Cultural de Macau, 1990. p. 22.
3　C. R. Boxer, *The Christian Century in Japan, 1549-1650*, p. 287.
4　C. R. Boxer, *The Great Ship from Amacon: Annals of Macao and the Old Japan Trade 1555-1640*, p. 90.
5　C. R. Boxer, *The Great Ship from Amacon: Annals of Macao and the Old Japan Trade 1555-1640*, p. 148.
6　C. R. Boxer, *Fidalgos in the Far East 1550-1770, Fact and Fancy in the History of Macao*, pp. 94-95.

表示感謝，在教堂裡的每個人都非常虔誠地祈禱，並對那個城市修道院的耶穌會神父們表示敬意。」[1]

1633年，四艘葡船前往果阿途中，在新加坡海峽遭荷艦擊沉。[2] 自本年始，荷蘭東印度公司開始在馬六甲海峽定期巡邏；三年後開始封鎖果阿。[3]

1634年，荷蘭船隻頻頻攔截從果阿、馬六甲、望加錫等地駛往媽港的船隻。[4]

1636年5月，葡將高丁紐·卡瓦嘉率二十艘艦、小船五艘自果阿航抵馬六甲，荷蘭派遣副司令奧蘭圖·鐵包德率三艘戰艦，雙方激戰。葡將卡瓦嘉中炮身亡，葡軍戰敗。7月及8月，葡荷兩場海戰，葡方皆敗，損失戰船十餘艘，失去海峽控制權。[5]

1637年，為了打破荷蘭人對馬六甲的封鎖，濠鏡澳市民和議事會自費裝備了一支六艘武裝雙桅帆船，其中旗艦裝備了十至十二門火炮，並配備四十人，準備遠征馬六甲。[6]

1638年1月12日，荷蘭人對往來馬六甲海峽的英國船隻「凱特琳號」（Catherine）進行檢查，禁止裝載葡人或葡萄牙商品。同月22日，獲英國王授權的英船「龍號」（Dragon）和「太陽號」（Sun）協助葡人，並裝載葡貨品穿越馬六甲海峽。[7]

荷軍攻佔馬六甲（1640-1644）

1639年，巴達維亞已結集了三千士兵，裝備炮兵部隊，準備出征馬六甲。

1640年6月，荷蘭人在巴達維亞部署出征馬六甲，揚言「或是簽訂條約，

1　Manuel Teixeira, *Macau e A sua Diocese, VI, A missão Portuguesa de Malaca*, Lisboa: Agência Geral do Ultramar, 1963. p. 220.

2　《荷蘭巴城總督 Hendrick Brouwer 報告（1634.8.15）》，《荷蘭人在福爾摩薩：1634-1662》，程紹剛譯註，台北：聯經出版公司，2000，頁150-151。

3　Marcus P. M. Vink, *The Entente Cordial The Dutch East India Company and Portuguese Shopping Through the Straits of Malacca 1641-1663, Revista de Cultura,* Portugues/English, No. 13/14.

4　《荷蘭巴城總督恩德里克布勞沃爾（Hendrick Brouwer）報告》(1634.8.15)，見《荷蘭人在福爾摩薩：1634-1662》，頁150-151。

5　張禮千，《馬六甲史》，上海：商務印書館，1941，頁203-204。

6　C. A. Montalto de Jesus, *Macau Histórico*, p. 89.

7　Sir Richard Carnac Temple, *The Travels of Peter Mundy in Europe and Asia 1608-1667, Vol. III, Travels in England, India, China, etc. 1634-1638, Part II. Travels in Achin, Mauritius, Madagascar and St. Helena, 1638, Second Series No. 46*, London: The Hakluyt Socíety, Issued for 1919. pp. 325-327.

或者亮劍」，並派出由十二艘大船和六艘小船組成的艦隊包圍馬六甲。7 月，柔佛派出四十艘船和一千五百士兵，荷柔聯軍共計三千人圍困馬六甲城。[1] 8 月 9 日，濠鏡澳議事會決議請求全體市民捐款，以救援被十二艘荷蘭戰船圍困五十天之久的馬六甲城。[2] 10 月 11 日，議事會支援馬六甲兩艘戰船出發，但途中遭遇風暴，本來十五天的航程航行了兩個月，一條船被沖上岸而留在望加錫。伊納西奧·薩爾明托抵達後隨即投入戰鬥，此時馬六甲被荷蘭二十二艘大船、三百艘馬來船包圍，為了悄悄進入導致船隻擱淺，只能乘坐輕舟進入，並縱火燒光大船上的糧食和槍彈，之後被荷蘭人俘虜。[3]

1641 年 1 月 11 日，荷軍發動攻擊，在經過連續七個月的殊死和持續戰鬥，雙方死傷慘重，馬六甲城的抵抗也發生變化。14 日上午 10 時，葡軍將領高甸紐升起白旗向荷軍投降，馬六甲被荷軍攻陷。[4] 自此，馬六甲航線被全面切斷，濠鏡澳前往印度和歐洲航線自此受阻。6 月 12 日，葡荷兩國在海牙簽訂為期十年的停戰協定《海牙協議》，一年後生效。1641 年，荷蘭人佔領馬六甲時擔任馬六甲耶穌會學院校長的若昂·卡布拉爾，從該處前往濠鏡澳。[5]

1641-1645 年，馬六甲海峽經歷了一段戰後不穩定的和平時期。雖然葡萄牙在 1640 年已經擺脫西班牙的統治，同時葡荷也簽訂了為期十年停戰協定，但荷蘭東印度公司並未在亞洲執行相關協定。

1642 年 10 月 7 日，巴達維亞政府形式上宣佈停戰，但六個月之後，荷蘭人卻宣佈停戰無效。[6]

1643 年 4 月 27 日，荷蘭議員皮耶德·波里爾在加勒附近的肉桂產區，宣佈協議無效。6 月 30 日，荷蘭總督凡·威列聲稱，今後來自果阿、印度沿岸或錫蘭，試圖通過海峽的船隻將被當作敵國船隻扣押；而來自聖多美、納加帕蒂南和媽港將受到友好接待。

1　Manuel Pintado, *A Stroll Through Ancient Malacca*, p. 22.

2　Beatriz Basto da Silva, *Cronologia da História de Macau, Vol. 1-séculos XVI a XVIII*, p. 160.

3　〔葡〕文德泉（Manuel Teixeira），〈伊納西奧·薩爾明托〉，《文化雜誌》，中文版第 9 期，1992，頁 92-93。

4　Manuel Teixeira, *Macau no Séc. XVII*, p. 76.

5　Manuel Teixeira, *Macau e A sua Diocese, VI, A missão Portuguesa de Malaca*, p. 149.

6　Marcus P. M. Vink, "The Entente Cordial The Dutch East India Company and Portuguese Shopping Through the Straits of Malacca 1641-1663", *Revista de Cultura,* Portugues/English, No. 13/14.

果阿及印度

17世紀上半葉，因荷蘭封鎖馬六甲海峽，前往南亞的航道受阻，只有少數澳船前往勃固、馬斯喀特等南亞、東非各港。

每年一度由濠鏡澳前往日本的克拉克船，通常由一名主艦長統領，於4至5月間自果阿啟航，滿載羊毛、猩紅色布料，水晶和玻璃器皿、佛蘭芒鐘錶、葡萄牙酒、印度棉布、棉花、印花布等，在馬六甲將部分商品換成香料、檀香木、鷹、沉香木，以及來自暹羅的鯊魚皮和鹿皮。克拉克船乘季風從馬六甲開往濠鏡澳。在濠鏡澳通常需要停留十至十二個月，因為每半年一次的廣州交易會在1月和6月舉行，克拉克船通常在6至8月抵達港口，而笨重的克拉克船並沒有沿河上溯至廣州或像18世紀的東印度商人般抵達黃埔，而是停舶在「媽港航路」，而所購買的絲綢和其他商品則由輕型商船沿珠江和西江運抵廣州。克拉克船最終於次年6月底至8月初，乘西南季風抵達日本九州，航程約十二至三十天。船隻停泊港口等到10月底至11月初的東北季風，再啟程航往濠鏡澳。由濠鏡澳前往印度的船隻則裝運中國絲綢、麝香、珍珠、象牙和瓷器等商品，還有在20年代聞名東亞的博卡魯鑄炮廠的銅炮。[1] 運抵果阿的貨物，一部分在當地銷售，一部分運到中東的霍爾木茲，一部分運往里斯本。

航線事例

1601年，三艘克拉克船由印度前往濠鏡澳，其中一艘在廣東海岸遭遇海難，損失價值四十萬帕多斯[2] 香料，無法繼續前往日本。由印度葡商帶來的交易銀元（如披索、雷拉爾等），主要生產自墨西哥和秘魯的銀礦。[3]

1607年，洛波·薩爾門托·卡瓦略到達印度，曾參與多次戰役，如1613年8月的勃生[4] 戰役。之後他參加了1614年5月對馬六甲的增援，在1615年來到濠鏡澳長期居留。[5]

1610至1611年，為加強濠鏡澳的防衛，以預防荷蘭人在中國海的襲擊，六

1　C. R. Boxer, *Fidalgos in the Far East 1550-1770, Fact and Fancy in the History of Macao*, pp. 15-16.

2　帕多斯（pardau），歷史上葡屬印度錢幣，1帕多斯價值在220-250雷斯（reis）之間。

3　C. R. Boxer, *The Great Ship from Amacon: Annals of Macao and the Old Japan Trade 1555-1640*, pp. 62-64.

4　今名「瓦賽」Vasai-Virar，為一島嶼上的古港，座落於印度孟買以北約50公里。

5　C. R. Boxer, *The Great Ship from Amacon: Annals of Macao and the Old Japan Trade 1555-1640*, p. 90.

艘西班牙大帆船、一艘小艇、兩艘貨運帆船從果阿被調往濠鏡澳，同時也協助馬尼拉的西班牙人將荷蘭人從馬魯古群島驅逐出去。但實際上，儘管菲律賓總督再三要求協助，媽港指揮官則拒絕離開濠鏡澳前往馬尼拉。[1]

1611 至 1612 年，葡人迪奧戈率領其四艘滿載貨物的船隊，從濠鏡澳返航至印度馬拉巴海岸，及回到果阿。[2]

1615 年，安東尼奧・奧利維拉・莫拉伊斯由印度航行到馬六甲。1616 至 1617 年，他由馬六甲前往阿媽港。[3]

1615 至 1618 年間，擔任 1614 年澳日航線主艦長的若昂・瑟朗・達庫尼亞在完成日本航行後，從阿媽港前往印度，在 1618 年離開印度繼續他的航程。[4]

1616 年 8 月 31 日，濠鏡澳地方指揮官兼王室大法官羅伯斯・卡拉斯科自果阿抵澳。[5]

1619 年度的澳日航線主艦長哲羅尼莫・馬塞多・賈瓦略也在 1615 年自印度航行至馬六甲，並在 1616 至 1617 年由馬六甲前往濠鏡澳，之後返航果阿，並投得三年的澳日航線主艦長。[6]

1623 年，濠鏡澳發生反對總督弗蘭西斯科・馬士加路也的暴動，總督躲進一艘開往印度的船隻，避開這場暴亂。[7]

1625 年，鑄炮師曼奴埃・塔瓦雷斯・博卡羅為了強化本地的火炮裝備而抵達本市，並直到 1672 年，他病逝於果阿。[8]

1626 年 4 月 24 日，總督弗蘭西斯科・馬士加路也離任返回果阿。[9]

1630 年，菲律賓總督被要求供應阿媽港三至四艘卡利恩帆船，用於以媽港為基地，行走媽港至果阿的航線。但該要求沒有被執行，因為其時菲律賓正在尋

1 C. R. Boxer, *The Great Ship from Amacon: Annals of Macao and the Old Japan Trade 1555-1640*, p. 80.
2 C. R. Boxer, *The Great Ship from Amacon: Annals of Macao and the Old Japan Trade 1555-1640*, pp. 80-81.
3 C. R. Boxer, *The Great Ship from Amacon: Annals of Macao and the Old Japan Trade 1555-1640*, p. 97.
4 C. R. Boxer, *The Great Ship from Amacon: Annals of Macao and the Old Japan Trade 1555-!640*, p. 83.
5 Beatriz Basto da Silva, *Cronologia da História de Macau, Vol. 1-séculos XVI a XVIII*, p. 119.
6 António Bocarro, *Década XIII da Historia da India*, p. 696-697. C. R. Boxer, *The Great Ship from Amacon: Annals of Macao and the Old Japan Trade 1555-1640*, p. 97.
7 C. A. Montalto de Jesus, *Macau Histórico*, p. 88.
8 Beatriz Basto da Silva, *Cronologia da História de Macau, Vol. 1-séculos XVI a XVIII*, p. 132.
9 Beatriz Basto da Silva, *Cronologia da História de Macau, Vol. 1-séculos XVI a XVIII*, p. 140.

求果阿海軍的協助。[1]

1631年，根據議事會的屬意，葡人洛倫索購得自印度麥拉坡的一個航程，根據合約將動用五艘槳帆船進行此次航程。根據荷方的記錄，只有三艘在8月間抵達長崎，另外兩艘將延後至11月份方能成行。為此洛倫索向果阿方面投訴其違反1629年的合約。[2]

1633年10月17日，主艦長沙坦尼亞稱兩次從濠鏡澳運送製造鐵炮的鐵礦石至果阿，在經新加坡海峽時丟失。[3] 在本年，濠鏡澳往果阿航線，有四艘小船遭到毀損，加上一艘由濠鏡澳往日本的船隻翻沉，僅本年便損失了二百五十萬荷蘭盾。[4]

1635年1月，葡人委託英船倫敦號（London）艦長韋利斯，由濠鏡澳運送日本的銅礦石以及博加魯銅炮，前往印度果阿，以規避荷蘭人在馬六甲海峽的封鎖，此次航行獲得成功。[5]

1636年4月13日，新任航線主艦長多明戈斯·羅郎也自果阿抵達濠鏡澳，於8月正式就職。[6]

1638年8月8日葡印總督信稱：濠鏡澳派一艘加利恩船經馬六甲海峽前往果阿。[7] 11月13日，議事會將未能進入日本傳教的耶穌會士史皮安奴神父送回印度。[8] 1638年至1640年，一艘加利恩船「聖本篤號」航行往印度。[9]

1639年，一艘屬於耶穌會的船隻「聖保羅號」（S. Paulo）前往安南、馬來亞港口、望加錫（多次）、印度等地。[10]

1644年6月4日，新任澳督劉易斯·蘇沙抵達濠鏡澳。[11]

1　Arquivo Histórico do Estado da Índia, Goa, Livro das Monções, XIV, fls. 230-232. C. R. Boxer, *The Great Ship from Amacon: Annals of Macau and the Old Japan Trade, 1555-1640*, p. 123, note 253.

2　C. R. Boxer, *The Great Ship from Amacon: Annals of Macau and the Old Japan Trade, 1555-1640*, p. 124.

3　*Arquivos de Macau*, 3ª série, Vol. II, Nº 2-Agosto de 1964, p. 124.

4　G. B. Souza, *The Survival of Empire: Portuguese Trade and Society in China and the South China Sea, 1630-1754*, pp. 33-34.

5　C. R. Boxer, *The Great Ship from Amacon: Annals of Macau and the Old Japan Trade, 1555-1640*, p. 145.

6　Beatriz Basto da Silva, *Cronologia da História de Macau, Vol. 1-séculos XVI a XVIII*, pp. 151-152.

7　*Arquivos de Macau*, 3ª série, Vol. II, N.° 2-Agosto de 1964, p. 128.

8　*Arquivos de Macau*, Vol. III, N.° 3, Abril de 1931, pp. 149-151.

9　Manuel Teixeira, *Os Militares em Macau*, Macau: Comando Territorial Independente de Macau, 1976, p. 132.

10　Benjamin Videira Pires, *A Vida Marítima de Macau no Século XVIII*, Macau: Instituto Cultural de Macau, 1993, p. 127.

11　Manuel Teixeira, *Macau no Séc. XVII*, p. 80.

里斯本、羅馬航線

在 17 世紀初，歐洲天主教傳教士，其中主要是耶穌會傳教士，大量通過葡萄牙的遠東航線，由羅馬和歐洲各國向里斯本集中，再自里斯本出發，到達印度果阿，再轉往遠東的中國和日本。

羅馬耶穌會堂是最古老的巴洛克建築，天主之母教堂前壁的原型（羅馬，2012） 陳迎憲攝

科英布拉大學是歐洲最古老的大學之一，耶穌會士來華前在此受訓（科英布拉，2013） 陳迎憲攝

航線事例

　　1601 年 4 月 11 日，葡萄牙耶穌會士陽瑪諾，自葡萄牙乘坐加利恩大帆船「聖地牙哥號」（*Santiago*），經印度果阿，在六年後抵達濠鏡澳。9 月 1 日，意大利耶穌會士杜祿茂自里斯本經果阿抵達濠鏡澳。[1]

　　1602 年 3 月 25 日，意大利耶穌會士熊三拔於里斯本乘坐「秋海棠聖母號」（*N[a]. S[ra] da Bigonha*）前往果阿，於 1603 年抵達濠鏡澳。[2]

　　1604 年 2 月，費奇觀乘坐「聖巴托羅密歐號」（*S. Bartolomeu*）抵達濠鏡澳。[3] 7 月，意大利耶穌會士王豐肅與兩名葡萄牙耶穌會士黎寧石、[4] 林斐理於本年抵達濠鏡澳。[5]

　　1609 年 3 月 23 日，意大利耶穌會士艾儒略、畢方濟自里斯本乘坐「憐憫聖母號」（*N[a]. S[ra]. da Piedade*）前往東方，1610 年 1 月經印度撒爾塞特島，1610 年抵達濠鏡澳。[6]

　　1610 年，《利瑪竇中國札記：基督教遠征中國史》撰寫人之一，比利時耶穌會士金尼閣經果阿抵達濠鏡澳。[7]

　　1611 年，法國耶穌會士史惟貞自里斯本乘船抵達濠鏡澳。他於 1609 年抵達印度，再由果阿前往中國濠鏡澳。[8]

　　1613 年 2 月 9 日，金尼閣承擔傳教團檢察員的使命，離開濠鏡澳乘船前往羅馬，他於 1614 年 10 月 11 日經埃及抵達羅馬。[9] 本年，葡萄牙耶穌會士曾德昭（又名謝務祿、魯德照）自葡萄牙經果阿抵達濠鏡澳。[10]

1　Joseph Dehergne S. J., *Répertoire dês Jésuites en Chine de 1552 à 1800*, pp. 76, 267.

2　DE URSIS, *di Giuliano Bertuccioli-Dizionario Biográfico deli Italiani* - Volume 39 (http://www.treccani.it/enciclopedia/sabatino-de-ursis_(Dizionario-Biografico)/, 2018.09.05). Joseph Dehergne S. J., *Répertoire dês Jésuites en Chine de 1552 à 1800*, p. 75.

3　Joseph Dehergne S. J., *Répertoire dês Jésuites en Chine de 1552 à 1800*, p. 91.

4　Liam Matthew Brockey, *Journey to the East: The Jesuit Mission to China, 1579-1724*, 2007, p. 55. Joseph Dehergne S. J., *Répertoire dês Jésuites en Chine de 1552 à 1800*, pp. 91, 218, 278.

5　Joseph Dehergne S. J., *Répertoire dês Jésuites en Chine de 1552 à 1800*, p. 249. 費賴之稱其 1605 年抵達。

6　Joseph Dehergne S. J., *Répertoire dês Jésuites en Chine de 1552 à 1800*, p. 6.

7　Joseph Dehergne S. J., *Répertoire dês Jésuites en Chine de 1552 à 1800*, p. 274.

8　Le P. Louis Pfister, S. J., *Notices Biographiques et Bibliographiques, sur Les Jésuites de L'ancienne Mission de Chine 1552-1773*, Tome I, XVIe & XVIIe siècles, p. 147.

9　Joseph Dehergne S. J., *Répertoire dês Jésuites en Chine de 1552 à 1800*, p. 274.

10　Le P. Louis Pfister, S. J., *Notices Biographiques et Bibliographiques, sur Les Jésuites de L'ancienne Mission de Chine 1552-1773*, Tome I, XVIe & XVIIe siècles, pp. 143-144.

1615 年，克羅地亞耶穌會士鄔若望自里斯本登船，於 1616 年抵達濠鏡澳。[1] 曾在 1606 年擔任澳日航線主艦長的迪奧戈・瓦斯康塞洛斯在 1611 至 1612 年返回印度馬拉巴海岸及果阿後，在 1615 年駕駛他的克拉克船「光明聖母號」航向葡萄牙，他是少數幾位在葡萄牙亞速爾群島之法亞爾島海難中的倖存者之一。[2]

1616 年，葡萄牙耶穌會士陸若漢抵達濠鏡澳。[3]

1617 年 4 月 21 日，葡萄牙耶穌會士班安德自里斯本乘坐「指引聖母號」（*N*. *S^{ra}. da Guia*）前往印度馬拉巴和果阿，於 1624 年 12 月 21 日前往中國和日本，1626 年 7 月 18 日抵達濠鏡澳。[4]

1618 年 4 月中旬，意大利耶穌會士羅雅各乘坐「聖卡洛斯號」（*S. Carlos*），經印度果阿前往中國。[5] 葡萄牙耶穌會士費瑪諾抵達濠鏡澳。[6]

1619 年 7 月 15 日，金尼閣招募的耶穌會士：德國湯若望、葡萄牙傅汎濟、波西米亞人祈維材抵達濠鏡澳。[7] 耶穌會士金尼閣於 1618 年 4 月中自里斯本出發，於 1619 年 5 月途經果阿，再前往濠鏡澳，在 1619 年 7 月 22 日到達。[8]

1621 年，金尼閣招募的瑞士耶穌會士鄧玉函等，於 1618 年 4 月 16 日從里斯本出發，本年抵達濠鏡澳。[9]

1622 年，意大利耶穌會士羅雅谷抵達濠鏡澳，並參加了 6 月抗擊荷蘭人的媽港保衛戰。[10] 6 月 22 日，金尼閣招募的葡萄牙耶穌會士費樂德及費瑪諾抵達濠鏡澳，他們在里斯本乘坐「聖阿瑪魯號」（*S. Amaro*）於 1618 年 4 月中出發。[11]

1　Le P. Louis Pfister, S. J., *Notices Biographiques et Bibliographiques, sur Les Jésuites de L'ancienne Mission de Chine 1552-1773*, Tome I, XVIe & XVIIe siècles, p. 149.

2　C. R. Boxer, *The Great Ship from Amacon: Annals of Macau and the Old Japan Trade, 1555-1640*, p. 81.

3　Joseph Dehergne S. J., *Répertoire dês Jésuites en Chine de 1552 à 1800*, pp. 226, 291.

4　Joseph Dehergne S. J., *Répertoire dês Jésuites en Chine de 1552 à 1800*, p. 193.

5　Joseph Dehergne S. J., *Répertoire dês Jésuites en Chine de 1552 à 1800*, p. 215.

6　Joseph Dehergne S. J., *Répertoire dês Jésuites en Chine de 1552 à 1800*, p. 93.

7　Joseph Dehergne S. J., *Répertoire dês Jésuites en Chine de 1552 à 1800*, pp. 103, 193, 241. 費賴之稱抵達年份為 1620 年。Le P. Louis Pfister, S. J., *Notices Biographiques et Bibliographiques, sur Les Jésuites de L'ancienne Mission de Chine 1552-1773*, Tome I, XVIe & XVIIe siècles, pp. 152, 160, 162.

8　Liam Matthew Brockey, *Journey to the East: The Jesuit Mission to China, 1579-1724*, p. 73. Joseph Dehergne S. J., *Répertoire dês Jésuites en Chine de 1552 à 1800*, p. 274.

9　Le P. Louis Pfister, S. J., *Notices Biographiques et Bibliographiques, sur Les Jésuites de L'ancienne Mission de Chine 1552-1773*, Tome I, XVIe & XVIIe siècles, p. 154.

10　Joseph Dehergne S. J., *Répertoire dês Jésuites en Chine de 1552 à 1800*, p. 215.

11　Le P. Louis Pfister, S. J., *Notices Biographiques et Bibliographiques, sur Les Jésuites de L'ancienne Mission de Chine 1552-1773*, Tome I, XVIe & XVIIe siècles, p. 158.

11 月 4 日，葡萄牙耶穌會士伏若望抵達濠鏡澳。[1]

1623 年 3 月 18 日的一封信向里斯本報告上一年歐洲敵人曾進犯濠鏡澳、葡人獲勝的消息。[2] 本年，羅歷山神父自羅馬抵達濠鏡澳。[3]

1624 年 2 月 10 日，「天堂聖母號」（*Nossa Senhora de Paraizo*）自里斯本抵達濠鏡澳。[4] 葡萄牙耶穌會士瞿西滿抵達濠鏡澳。[5]

1626 年，立陶宛耶穌會士盧安德於 1624 年出發，途經果阿，於本年抵達濠鏡澳。[6] 本年，耶穌會中國巡視員班安德抵達濠鏡澳。[7]

1629 年 4 月 3 日，意大利耶穌會士聶伯多抵達（濠鏡澳）。他於 1622 年 10 月離開羅馬，1627 年在里斯本登船。[8]

1630 年 10 月 3 日，法國耶穌會士方德望、金彌格、意大利耶穌會士謝貴祿抵達濠鏡澳，同乘坐「聖禮號」（*Sacramento*）於 1629 年 4 月 3 日自里斯本啟航。[9] 本年 10 月，葡萄牙耶穌會士陸若漢及皮耶勒·馬濟士也同期抵達濠鏡澳。[10]

1631 年，意大利耶穌會士杜奧定於 1627 年乘坐「聖地亞哥號」（*Santiago*）；再於 1629 年 4 月 3 日乘「聖禮號」，於本年抵達濠鏡澳。[11]

1634 年 3 月 21 日，葡萄牙耶穌會士安文思自里斯本登船，其在 1640 年抵達濠鏡澳。本年，葡萄牙耶穌會士郭納爵抵達濠鏡澳。[12]

1635 年，意大利籍神父若望·雷利亞從里斯本前往東方，他曾在交趾、暹羅、老撾、東京、柬埔寨和濠鏡澳，並曾前往日本。他於 1665 年 8 月 21 日在濠

1　Joseph Dehergne S. J., *Répertoire dês Jésuites en Chine de 1552 à 1800*, p. 102.

2　*Arquivos de Macau*, 2ª série, Vol. I, N° 1-Janeiro de 1941, p. 60.

3　Le P. Louis Pfister, S. J., *Notices Biographiques et Bibliographiques, sur Les Jésuites de L'ancienne Mission de Chine 1552-1773*, Tome I, XVIe & XVIIᵉ siècles, p. 185.

4　*Arquivos de Macau*, 2ª série, Vol. I, N° 1-Janeiro de 1941, pp. 57-63.

5　Le P. Louis Pfister, S. J., *Notices Biographiques et Bibliographiques, sur Les Jésuites de L'ancienne Mission de Chine 1552-1773*, Tome I, XVIe & XVIIᵉ siècles, p. 198.

6　Le P. Louis Pfister, S. J., *Notices Biographiques et Bibliographiques, sur Les Jésuites de L'ancienne Mission de Chine 1552-1773*, Tome I, XVIe & XVIIᵉ siècles, p. 192.

7　Liam Matthew Brockey, *Journey to the East: The Jesuit Mission to China, 1579-1724*, p. 86.

8　Joseph Dehergne S. J., *Répertoire dês Jésuites en Chine de 1552 à 1800*, p. 43.

9　Joseph Dehergne S. J., *Répertoire dês Jésuites en Chine de 1552 à 1800*, pp. 85, 118, 273.

10　Le P. Louis Pfister, S. J., *Notices Biographiques et Bibliographiques, sur Les Jésuites de L'ancienne Mission de Chine 1552-1773*, Tome I, XVIe & XVIIᵉ siècles, p. 214.

11　Joseph Dehergne S. J., *Répertoire dês Jésuites en Chine de 1552 à 1800*, p. 276.

12　Le P. Louis Pfister, S. J., *Notices Biographiques et Bibliographiques, sur Les Jésuites de L'ancienne Mission de Chine 1552-1773*, Tome I, XVIe & XVIIᵉ siècles, pp. 251-252, 218.

鏡澳逝世。[1] 瑞士耶穌會士徐日昇和德國耶穌會士萬密克本年抵達濠鏡澳。[2]

1636 年，意大利耶穌會士利類思和葡萄牙耶穌會士孟儒望抵達濠鏡澳。[3]

1637 年 11 月 21 日葡印總督致蘇拉特主席的信中稱，上年有一艘隸屬林嘉勒斯伯爵的船隻、從印度果阿出發往里斯本的克拉克船在葡萄牙近海沉沒。[4] 耶穌會中國副省派曾德昭神父赴羅馬，本年從濠鏡澳啟程，1640 年抵達里斯本，1642 年抵達羅馬。[5]

1638 年 3 月 11 日，由總艦長多明戈斯・諾郎也、署理主教彼得羅・若望和理事官多明戈斯・阿古亞參加的議事會作出決議：派一艘雙桅船直航里斯本，中間不停印度，以便直接向國王報告與日本貿易的終止和英國船隻出現的嚴峻情勢。[6] 3 月 13 日，「玫瑰聖母號」（*N^a. S^{ra}. do Rosario*）被指派航行王國航線。[7]

1639 年 11 月 2 日，意大利耶穌會士盧安東抵達濠鏡澳。[8]

1640 年，葡萄牙耶穌會士梅高、意大利耶穌會士李方西抵達濠鏡澳。[9] 本年，印度總督門內斯協助將一門由博卡羅鑄造的火炮運往里斯本（現藏里斯本軍事博物館，第 42 號）。[10]

1642 年 5 月 31 日，在大明皇朝瀕臨滅亡之際，由濠鏡澳土生葡人菲利喇帶回一封來自葡王若奧四世的訓令，要求濠鏡澳葡人「接受和順從新的政權」。[11]

1643 年，意大利耶穌會士衛匡國於 1640 年 3 月 26 日乘「阿塔萊亞聖母號」（*N^a. S^{ra}. d'Atalaia*）啟航，在本年抵達。[12]

1644 年 1 月 29 日（或 2 月 5 日），被葡王若奧四世提名為特使的貴族蘇薩

1　Vide BA, Jesuítas na Ásia 49-V-32, *Vida do padre João Maria Leria tirada da carta anua da Provincia do Japão de 1665*, fól. 78v-83; Isabel Augusta Tavares Mourão, *Portuguese em Terras do Dai-Viêt (Cochinchina e Tun Kim) 1615-1660*, Macau: Instituto Português do Oriente, 2005, p. 41.

2　Le P. Louis Pfister, S. J., *Notices Biographiques et Bibliographiques, sur Les Jésuites de L'ancienne Mission de Chine 1552-1773*, Tome I, XVIe & XVIIe siècles, pp. 246-247.

3　Joseph Dehergne S. J., *Répertoire dês Jésuites en Chine de 1552 à 1800*, pp. 39, 179.

4　Sir Richard Carnac Temple, *The Travels of Peter Mundy in Europe and Asia 1608-1667*, Vol. III, p. 321.

5　Joseph Dehergne S. J., *Répertoire dês Jésuites en Chine de 1552 à 1800*, p. 245.

6　Beatriz Basto da Silva, *Cronologia da História de Macau*, Vol. 1–séculos XVI a XVIII, p. 154.

7　*Arquivos de Macau*, Vol.III, N.° 4, Julho de 1931, pp. 195-196.

8　Joseph Dehergne S. J., *Répertoire dês Jésuites en Chine de 1552 à 1800*, p. 234.

9　Le P. Louis Pfister, S. J., *Notices Biographiques et Bibliographiques, sur Les Jésuites de L'ancienne Mission de Chine 1552-1773*, Tome I, XVIe & XVIIe siècles, pp. 248-249.

10　Manuel Teixeira, *Os Militares em Macau*, p. 131.

11　Beatriz Basto da Silva, *Cronologia da História de Macau, Vol. 1-séculos XVI a XVIII*, p. 161.

12　Joseph Dehergne S. J., *Répertoire dês Jésuites en Chine de 1552 à 1800*, p. 166.

和主艦長費雷拉乘坐兩艘加利恩大帆船——「聖安德列號」（*Santo André*）和「聖安東尼奧‧阿維羅號」（*Santo António de Aveiro*），由里斯本前往濠鏡澳。本次航程充滿挫折：船隊在巽他海峽遭遇巨大風暴而失散；11 月 6 日，船隊在巴達維亞附近的安格爾港死傷多人，其中一船被巴達維亞總督范‧迪門拘留，以報復「孔雀號」（*Pauw*）在果阿被收購一事；12 月 6 日，另一艘失散的加利恩船則裝載二十五名倖存者，搖搖欲墜地抵達科羅曼德爾的納加帕塔姆；次年 2 月 4 日，抵達科倫坡；11 日抵達科欽，並在 25 日抵達果阿。[1]

里斯本經莫桑比克、霍爾木茲航線

17 世紀濠鏡澳的非洲——歐洲航線到達的港口包括馬斯喀特（安曼）、莫桑比克、好望角、安哥拉等地，再由以上港口出發至里斯本，轉往歐洲各國。

1622 年 11 月 30 日，兩艘武裝卡拉維拉帆船自里斯本啟航，抵達莫桑比克後，一艘前往霍爾木茲，再往南前往馬六甲及濠鏡澳，另一艘則攜帶信件前往果阿。此時，馬六甲正遭受來自南部叛軍以及亞齊國王的威脅。該船援助馬六甲市，將人員、武器、彈藥和用品運往濠鏡澳。本年，納烏船「天堂聖母號」（*Nossa Senhora de Paraizo*）經好望角、安哥拉、馬德里，返回里斯本。[2]

1　António Marques Esparteiro, *Portugal no Mar (1608-1923)*, Lisboa: Composto e impresso na Gráfica Santelmo, 1954, p. 57.

2　*Arquivos de Macau*, 2ª série, Vol. I, Nº 1-Janeiro de 1941, pp. 58-59.

第二十章　葡船中南半島航線

　　17 世紀是濠鏡澳船前往東南亞，特別是安南的東京、交趾貿易的興旺時期。澳船主要前往的港口包括：安南（今越南北方）的東京（又稱北圻，今河內）；交趾（今越南中部）的會安、土倫（今峴港）、廣南；暹羅、柬埔寨等地港口。其中，1617-1637 年，是濠鏡澳和安南商貿的黃金期，有五十至六十位濠鏡澳葡人在土倫和費福（會安舊稱）成家立室。[1]自 1617 年起至 1637 年，濠鏡澳葡商將東京絲綢供應日本市場，是濠鏡澳往返中印半島航線興旺的其中一個主要原因。此外，在 1614 年日本大規模驅逐傳教士後，耶穌會士在 1615 年 1 月 18 日起便進入交趾，及前往中南半島國家傳教。[2]

　　進入 17 世紀的明代末年，在原本南北割據的基礎上，安南進入鄭阮紛爭的時代。[3]開始形成：東京（由鄭氏統治）、交趾（由阮氏統治）兩個政權的對峙時期。17 世紀，在現今越南境內表面上有四個政權分治，分別是：北部的安南國東京、中部的安南國交趾、中南部賓童龍地區的占婆國以及南部湄公河流域的柬

1　Beatriz Basto da Silva, *Cronologia da História de Macau, Vol. 1-séculos XVI a XVIII*, p. 119.

2　Benjamin Videira Pires, "A Diplomacia de D. João V no Extremo Oriente", *Revista de Cultura,* No. 11/12.

3　〔越〕陳重金，《越南通史》，頁 205-212, 213-220, 239-240。

埔寨國，但此時的占婆國實際已成為交趾國的附庸。

安南的東京絲貿易（1617-1644）

由於明政府對濠鏡澳葡人在 1622 年被荷蘭人襲擊之後加速修建沿岸炮台的行為十分擔憂，因此限制葡人前往廣州貿易，葡人轉而向東京尋求當地出品的東京絲綢供應日本市場。由 1626 至 1660 年，葡船每年經常自濠鏡澳前往東京貿易。[1]

航線事例

1617 年，弗蘭西斯古·賓那神父從濠鏡澳抵達越南傳教，並開始使用拼音及以本地語言傳教，他還教授了羅歷山神父越南語。[2]

1623 年 5 月 29 日，法國耶穌會士羅歷山自馬魯古抵達濠鏡澳，並準備前往安南。葡萄牙耶穌會士嘉斯帕·阿馬留前往東京傳教，至 1631 年的七年間，有四萬人入教。[3]

1624 年，羅歷山神父前往交趾傳教至 1626 年。1627 年 3 月 19 日他前往東京，直至 1630 年。[4]

1626 年 2 月 2 日，教區委派朱利安·巴爾迪諾蒂和皮亞尼，乘坐由嘉斯帕·馮塞卡船長領航的商船由濠鏡澳出使東京。[5] 3 月 7 日抵達東京（河內）。東京國王對其數學和天文知識感興趣，想把神父留在身邊，但其為了報告東京情況，仍於 9 月 26 日返回濠鏡澳。[6] 通過本次航程和東京鄭氏政權建立了定期貿易關係，濠鏡澳商船運去白銀、黃金、中國生絲和絲織品、棉布、瓷器、鐵鍋。[7]

1627 年 3 月 19 日，羅歷山神父前往東京，直至 1630 年返回濠鏡澳。[8] 船主

1　G. B. Souza, *The Survival of Empire: Portuguese Trade and Society in China and the South China Sea, 1630-1754*, p. 113.

2　Isabel Augusta Tavares Mourão, *Portuguese em Terras do Dai-Viêt (Cochinchina e Tun Kim) 1615-1660*, pp. 52-53.

3　Joseph Dehergne S. J., *Répertoire dês Jésuites en Chine de 1552 à 1800*, pp. 215-216, 11.

4　Joseph Dehergne S. J, *Répertoire dês Jésuites en Chine de 1552 à 1800*, pp. 215-216.

5　Manuel Teixeira, *Macau e a Sua Diocese*, Vol. 3, pp. 84-85.

6　〔西〕梅狄納（Juan Ruiz de Medina），〈耶穌會士亞歷山大·德·羅德斯在科欽支那和東京：1591-1660〉，《文化雜誌》，第 45 期，2002，頁 23。

7　Manuel Teixeira, *Macau e a Sua Diocese*, Vol. 3, pp. 84-85.

8　Joseph Dehergne S. J., *Répertoire dês Jésuites en Chine de 1552 à 1800*, pp. 215-216.

若望‧馮塞卡陪伴佩羅‧馬克斯及羅歷山神父由濠鏡澳前往東京，在海南遭遇海難。[1]

1630 年，濠鏡澳有一艘船前往東京。[2] 東京鄭氏政權驅逐傳教士，羅歷山神父由東京返回濠鏡澳。[3]

1631 年，濠鏡澳商船抵達東京，同船前往的還有譚瑪爾、嘉爾定和安德列‧伊斯賓涅神父。10 月，佩德羅‧安圖內斯船長的商船抵達東京時，觸礁沉沒在內河，試圖打撈不果，國王提供了所需木材，為他們建造一艘新船。[4]

1632 年，濠鏡澳有一艘船開赴東京。[5]

1633 年 10 月 7 日，議事會收到消息，荷蘭人在交趾貿易。[6] 本年，濠鏡澳有一艘帆船開赴東京貿易。[7]

1634-1635 年：濠鏡澳每年分別有一艘帆船前往東京。

1636 年 2 月 8 日，東京京城發生大火，向濠鏡澳求援，要求購買一批緊急物資。加上當時日本禁止居民出海，濠鏡澳希望取而代之。因此本年濠鏡澳大量船隻前往東京，運去大批物資。[8] 本年，濠鏡澳有三艘商船，一艘為耶穌會的小型槳帆船，以及屬於莫拉伊斯的一艘艍船和一艘曾在海南遭遇海難的加利約帆船，運載白銀、黃金、錦緞、天鵝絨和布匹前往東京，運回九百五十六擔東京生絲返澳，此乃東京生絲年產量的三分之一。[9]

1637 年 1 月，佩羅‧平托‧菲格雷多駕駛自己的帆船，離開濠鏡澳前赴

1　Isabel Augusta Tavares Mourão, *Portuguese em Terras do Dai-Viêt (Cochinchina e Tun Kim) 1615-1660*, pp. 305-306.

2　G. B. Souza, *The Survival of Empire, Portuguese Trade and Society in China and the South China Sea, 1630-1754*, p. 114.

3　Joseph Dehergne S. J., *Répertoire dês Jésuites en Chine de 1552 à 1800*, pp. 215-216.

4　Isabel Augusta Tavares Mourão, *Portuguese em Terras do Dai-Viêt (Cochinchina e Tun Kim) 1615-1660*, p. 306.

5　G. B. Souza, *The Survival of Empire, Portuguese Trade and Society in China and the South China Sea, 1630-1754*, p. 114.

6　*Arquivos de Macau*, Vol.II, N.° 4, Abril de 1930, p. 165.

7　G. B. Souza, *The Survival of Empire, Portuguese Trade and Society in China and the South China Sea, 1630-1754*, p. 114.

8　Isabel Augusta Tavares Mourão, *Portuguese em Terras do Dai-Viêt (Cochinchina e Tun Kim) 1615-1660*, p. 263.

9　G. B. Souza, *The Survival of Empire, Portuguese Trade and Society in China and the South China Sea, 1630-1754*, p. 114.

東京。[1]2 月，濠鏡澳二艘腙船和一艘槳帆船前往東京貿易，其中一艘腙船載有二十四箱白銀和八百兩黃金；槳帆船載有十二箱白銀和價值三千兩白銀的手工業產品。4 月 19 日，一艘腙船將五百四十擔的東京絲運返濠鏡澳。[2]

1638 年，本年有三艘船前赴東京，其中兩艘因東京天氣惡劣發生意外，另一艘耶穌會腙船「帕特爾斯號」（*Paters*）赴東京貿易。[3]

1639 年，若望·藍貝亞船長駕駛耶穌會所屬船隻由濠鏡澳前往東京，在本年初抵達。[4]12 月 6 日，議事會安排一艘平底槳船前往東京。[5]

1640 年，濠鏡澳一艘商船赴東京貿易。[6]

1641 年，一艘來自日本的船隻，在濠鏡澳葡人的協助下抵達東京，購買了五萬兩的東京絲綢。

1642 年，船長安東尼奧·蘇薩在本年的元旦日抵達東京。[7]濠鏡澳一艘腙船帶著耶穌會年度資本抵達東京貿易，該船進口鐵鍋、黃金和珍珠，荷蘭東印度公司估計其價值有一萬兩白銀。[8]

在該時期，由耶穌會士帶進安南的禮品和物品包括：鐘錶、珠寶飾品、繪畫、白蠟燭、一枝精美手槍、中文書籍、歐幾里德書籍、地圖、絲製床罩、歐洲水果（無花果、葡萄）、濠鏡澳土產等。[9]

1 Isabel Augusta Tavares Mourão, *Portuguese em Terras do Dai-Viêt (Cochinchina e Tun Kim) 1615-1660*, p. 307.

2 Benjamin Videira Pires, *A Viagem de Comécio Macau Manila nos Séculos XVI a XIX*, p. 119. 而 G. B. Souza 資料只有 1 艘船抵達東京。

3 G. B. Souza, *The Survival of Empire, Portuguese Trade and Society in China and the South China Sea, 1630-1754*, p. 114.

4 Isabel Augusta Tavares Mourão, *Portuguese em Terras do Dai-Viêt (Cochinchina e Tun Kim) 1615-1660*, p. 307.

5 Benjamin Videira Pires, *A Vida Marítima de Macau no Século XVIII*, p. 119.

6 G. B. Souza, *The Survival of Empire, Portuguese Trade and Society in China and the South China Sea, 1630-1754*, p. 114.

7 ARSI, Jap/Sin, 88, "*Princípio da Missão de Tun Kim e progressos della*", fól. 9v, 見 Isabel Augusta Tavares Mourão, *Portuguese em Terras do Dai-Viêt (Cochinchina e Tun Kim) 1615-1660*, p. 308.

8 G. B. Souza, *The Survival of Empire, Portuguese Trade and Society in China and the South China Sea, 1630-1754*, p. 114.

9 Isabel Augusta Tavares Mourão, *Portuguese em Terras do Dai-Viêt (Cochinchina e Tun Kim) 1615-1660*, pp. 265-266.

17 世紀初澳門葡船前往東京航線列表

年份	數量 / 船型 / 時間	來自	數量 / 船型 / 時間	前往
1626	1 加利約船（galiota）	濠鏡澳	1 加利約船（8 月 15 日離開）	濠鏡澳
1627	1 船	濠鏡澳		
1628	0 船	濠鏡澳		
1629	0 船	濠鏡澳		
1630	1 船（耶穌會）	濠鏡澳	1 船（4 月）	濠鏡澳
1631	2 船（耶穌會，於 2 月 18 日及 10 月 19 日）	濠鏡澳	2 船（第二次離開時沉沒於東京新建設的河道）	濠鏡澳
1632	1 船（10 月）	濠鏡澳		
1633	1 船（耶穌會，4 月）	濠鏡澳	住冬	
1634		濠鏡澳	1 船（5 月 17 日離開）	濠鏡澳
1635	1 船（耶穌會，11 月 5 日）	濠鏡澳		
1636	2 船（耶穌會，於 4 月及 11 月）；2 船（使節 3 月 / 12 月）；1 雙桅船（patacho，海難）	濠鏡澳	離開（6 月）	
1637	2 船（1 月 / 耶穌會，12 月）；2 平底船；1 加利約船	濠鏡澳	離開	
1638	1 船	濠鏡澳	1 船	濠鏡澳
1639	1 船（耶穌會）	濠鏡澳	1 船	濠鏡澳
1640	1 船（耶穌會，1 月 5 日）	濠鏡澳		
1641	3 船（聖方濟各・沙勿略號）1 船（8 月）	濠鏡澳望加錫		
1642	1 船（1 月）澳船海難 1 船	濠鏡澳望加錫	離開（5 月）	濠鏡澳
1643	1 船（耶穌會 chô 船）	濠鏡澳	1 船	
1644	1 船（耶穌會 chô 船，4 月）	濠鏡澳		

資料來源：Isabel Augusta Tavares Mourão, *Portugueses em Terras do Dai-Viêt (Cochinchina e Tun Kim) 1615-1660*, pp. 300-301.

會安港口（會安，2019）　陳迎憲攝

安南交趾的商貿和傳教（1614-1644）

　　交趾，又稱「交趾支那」，在今越南中南部，有著很長的海岸線和眾多港口，是往來南海船隻重要的中繼站和補給點。在阮潢稱主安南南方（越南中部）之後，安南實際上被劃分為兩個部分：鄭松控制北方，被稱為東京；阮潢控制南方，被稱為交趾。由於交趾不斷向南部侵奪占城領土，因此之前原本屬於占城的港口，逐步轉變成為交趾的港口。

　　相比起安南的東京，濠鏡澳葡人更多前往交趾，其中濠鏡澳葡人經常到達的港口是：占婆島、費福（今會安）和土倫（今峴港），此外也常到達甘比爾島和潘朗。濠鏡澳葡人運入交趾的商品包括：歐式服裝、日用品、首飾，以及為部分地區供應寶石、金屬、貨幣等；自交趾進口濠鏡澳的產品包括：檀香木、胡椒、檳榔、鷹、燕窩、象牙、籐、海鮮產品、珍珠、安息香、麝、白銀。[1]

1　Isabel Augusta Tavares Mourão, *Portuguese em Terras do Dai-Viêt (Cochinchina e Tun Kim) 1615-1660*, pp. 70, 260, 262.

航線事例

1614 年，有一位名為讓・德・拉・格瓦的葡萄牙人來到順化，開設鑄造槍械的作坊。[1]

1615 年 1 月 18 日，有一些耶穌會士進入交趾傳教。[2]

1617 年，葡人哲羅尼姆・阿澤維圖自交趾港口前往馬尼拉及濠鏡澳。[3] 有葡人開始在土倫（今峴港）、費福和甘比爾島進行貿易。[4]

1617 至 1618 年，在濠鏡澳出生和結婚的土生葡人拉斐爾・卡內羅・薛凱拉曾作為濠鏡澳使節被派往交趾，其後遭到迫害。[5] 拉斐爾・卡內羅在 1635 年在交趾的土倫再度結婚。[6]

從 1617 年至 1637 年的二十年間，是濠鏡澳與安南貿易的高峰時期，期間有五十至六十個濠鏡澳家庭獲安南國王阮福瀾批准在峴港和會安定居。[7]

1620 或 1621 年，為防範與荷蘭人的貿易，「勇敢的船長」費爾南・戈斯達作為「媽港之城」（nome da cidade de Macau）的使節來到交趾。[8]

1621 年，葡人特使施奎拉帶領耶穌會士菲南德斯進入交趾，並取得一些成功。12 月 29 日，特使一行自濠鏡澳啟航，當晚遭遇風暴，他們用四天的時間靠近交趾海岸，在第五天抵達一條河流的入海口，兩天後的 1622 年 1 月 5 日，到

1　〔越〕陳重金，《越南通史》，頁 252。

2　Benjamin Videira Pires, "A Diplomacia de D. João V no Extremo Oriente", *Revista de Cultura,* No. 11/12.

3　Isabel Augusta Tavares Mourão, *Portuguese em Terras do Dai-Viêt (Cochinchina e Tun Kim) 1615-1660*, p. 236.

4　Benjamin Videira Pires, "A Diplomacia de D. João V no Extremo Oriente", *Revista de Cultura,* No. 11/12.

5　Manguin, Pierre-Yves, *Les Portugais sur les Côtes du Viêt-Nam et du Campa, Étude sur les routes maritimes et les relations commerciales, d'après les sources portugaises (XVIe, XVIIe, XVIIIe siècles)*, Paris: École Française d'Extrême-Orient, 1972, p. 194. Isabel Augusta Tavares Mourão, *Portuguese em Terras do Dai-Viêt (Cochinchina e Tun Kim) 1615-1660*, p. 305.

6　Archivio Romano Societatis Iesú, *Japonica/Sinensis 71, Carta Geral da Cochinchina anno de 1635*, fól. 149. Isabel Augusta Tavares Mourão, *Portuguese em Terras do Dai-Viêt (Cochinchina e Tun Kim) 1615-1660*, p. 305.

7　Benjamin Videira Pires, *A Vida Marítima de Macau no Século XVIII*, pp. 12-13.

8　Borri, *Relation de la Nouvelle Mission dês Père de la Compagnie de Iesvus au Royaume de la Cochinchine*, p. 93, 94. Isabel Augusta Tavares Mourão, *Portuguese em Terras do Dai-Viêt (Cochinchina e Tun Kim) 1615-1660*, p. 305.

達土倫港。[1]

　　1622年6月6日，菲南德斯神父在耶穌會省的報告中，詳細報告了本次特使之行程。

　　1624年2月22日，濠鏡澳在1614年派至交趾傳教的狄奧戈·卡瓦略神父在當地殉教。[2] 12月，以加布里埃·馬托斯神父為首的媽港教會使節團，抵達交趾。[3]

　　1625年，弗蘭西斯古·賓那神父在交趾的海難中去世。[4]

　　1626年，隨同馬托斯神父進入交趾的羅歷山神父在居住十八個月後返回濠鏡澳。[5]

　　1627年，葡萄牙耶穌會士林本篤抵達交趾，1630年10月離開前往海南，1640年從海南返回濠鏡澳。[6]

　　1631年[7]，南方上主阮福瀾下令禁止西方人傳教，並建立大炮鑄造廠「置炮匠司及左右炮匠二隊」。進出口稅則規定上海和廣東的船隻納稅三千貫，回程三百貫；濠鏡澳和日本船隻納稅四千貫，回程四百貫；暹羅、呂宋船隻，納稅二千貫，回程二百貫。[8] 本年，來自印度的媽港主艦長曼努埃·諾羅尼亞的船在交趾的土倫港停靠。[9]

　　1634年，濠鏡澳一艘船運載了一名傳教士前往交趾。[10] 兩位姓名不詳的葡人在費福逝世，由神父協助料理善終事宜。[11]

1　Benjamin Videira Pires, "A Diplomacia de D. João V no Extremo Oriente", *Revista de Cultura,* No. 11/12.

2　Beatriz Basto da Silva, *Cronologia da História de Macau, Vol. 1-séculos XVI a XVIII*, p. 132.

3　Archivio Romano Societatis Iesú, *Japonica/Sinensis 60, Annua da Missão de Cochinchina do ano de 1624*, fól. 397v. Isabel Augusta Tavares Mourão, *Portuguese em Terras do Dai-Viêt (Cochinchina e Tun Kim) 1615-1660*, p. 305.

4　Isabel Augusta Tavares Mourão, *Portuguese em Terras do Dai-Viêt (Cochinchina e Tun Kim) 1615-1660*, pp. 52-53.

5　Le P. Louis Pfister, S. J., *Notices Biographiques et Bibliographiques, sur Les Jésuites de L'ancienne Mission de Chine 1552-1773*, p. 185.

6　Joseph Dehergne S. J., *Répertoire dês Jésuites en Chine de 1552 à 1800*, p. 170.

7　按：原著為「辛未年（1613年）」而辛未年應為1631年。

8　〔越〕陳重金，《越南通史》，頁238-239、252。

9　ARSI, Jap/Sin 71, *Annua da Cochinchina de 1631*, fól. 219v; Isabel Augusta Tavares Mourão, *Portuguese em Terras do Dai-Viêt (Cochinchina e Tun Kim) 1615-1660*, p. 306.

10　Benjamin Videira Pires, *A Vida Marítima de Macau no Século XVIII*, p. 119.

11　ARSI, Jap/Sin 71, *Annua da Cochinchina de 1634*, fól. 114v. Isabel Augusta Tavares Mourão, *Portuguese em Terras do Dai-Viêt (Cochinchina e Tun Kim) 1615-1660*, p. 306.

1635 年，一位在濠鏡澳的日籍神父保羅・桑托斯被遣送到了交趾的其他教區。原因是他在 1634 年委託一位葡商攜帶一封信件往長崎，信件被長崎海關人員查獲。長崎當局致函媽港議事會，要求將該日籍神父遣送印度或其他偏遠地區，並不得再與日本聯繫。[1] 同年，當濠鏡澳船長迪奧戈・卡多佐在土倫時，聲稱他們有一封來自濠鏡澳城寫給已逝世國王的書信，但由於不適合呈交新的君主，因此造成傳教事業的不穩定的情況。安東尼奧・席爾瓦出任使節，成功說服國王信教。[2]

1637 年，兩艘綜船和一艘加利約帆船前往交趾，其中一艘綜船攜帶二十四箱白銀和八十條黃金，每條為十兩。[3]

1638 年 9 月 22 日，在交趾工作十四年的加斯帕爾・路易斯被任命為日本教區大主教離開交趾，與布佐米也神父回到媽港省教會。[4] 路易斯・迪亞士船長的船隻，從馬尼拉駛往交趾。[5]

1640 年 1 月 30 日，一艘由哲羅尼姆・羅伊茲擔任船長船隻離開濠鏡澳，在 2 月 5 日抵達交趾，船上載有羅歷山神父和迪奧戈・巴列度修士。[6]

1641 年 2 月 1 日，法籍耶穌會士羅歷山乘坐一艘葡船從濠鏡澳前往交趾費福，同來的還有一名精通安南語的教士和一名西班牙教士，但兩位修士隨船返航，僅羅歷山一人留在交趾。[7] 本年，葡萄牙耶穌會士林本篤從濠鏡澳前往交趾，至 1644 年返回濠鏡澳。[8]

1642 年，羅歷山被驅離交趾，第二次返回濠鏡澳。[9]

1644 年，一艘由若望・菲格若瓦船長駕駛的濠鏡澳葡船抵達交趾。7 月他曾

1　C. R. Boxer, *The Great Ship from Amacon: Annals of Macao and the Old Japan Trade 1555-1640*, Lisboa, 1959, p. 137.

2　ARSI, Jap/Sin 71, *Annua da Cochinchina de 1634*, fól. 155v. Isabel Augusta Tavares Mourão, *Portuguese em Terras do Dai-Viêt (Cochinchina e Tun Kim) 1615-1660*, p. 307.

3　Benjamin Videira Pires, *A Vida Marítima de Macau no Século XVIII*, p. 119.

4　〔西〕梅狄納（Juan Ruiz de Medina），〈耶穌會士亞歷山大・德・羅德斯在科欽支那和東京：1591-1660〉，《文化雜誌》，第 45 期，2002。

5　AHM, Leal Senado Termos dos conselhos Gerais n° 530,Cx 127, fól. 52.

6　ARSI, Jap/Sin 71, *Carta da missão de Macao para a Cochinchina de 1640*, fól. 165. Isabel Augusta Tavares Mourão, *Portuguese em Terras do Dai-Viêt (Cochinchina e Tun Kim) 1615-1660*, p. 307.

7　〔西〕梅狄納（Juan Ruiz de Medina），〈耶穌會士亞歷山大・德・羅德斯在科欽支那和東京：1591-1660〉，《文化雜誌》，第 45 期，2002，頁 33。

8　Joseph Dehergne S. J., *Répertoire dês Jésuites en Chine de 1552 à 1800*, p. 170.

9　Le P. Louis Pfister, S. J., *Notices Biographiques et Bibliographiques, sur Les Jésuites de L'ancienne Mission de Chine 1552-1773*, p. 185.

抵達費福協助羅神父就釋放天主教徒，向官員致送禮物，並爭辯說明圖畫和十字架是屬於自己的。[1] 該船的導航員是巴爾塔薩·雷伊斯。[2]

17 世紀初濠鏡澳葡船前往交趾航線列表

年份	船型及數量	來自	船型及數量	前往
1614	1 加利約船（galeota）	濠鏡澳		
1615	1 船	濠鏡澳		
1616	1 船	濠鏡澳		
1617	1 船	濠鏡澳	2 船 9 交趾加勒船（galés）/ 使節船	柬埔寨
1618	1 船	濠鏡澳		
1619	1 使節船	濠鏡澳		
1620	1 船	濠鏡澳	4 交趾大帆船（每船 30 划手）/ 使節船	柬埔寨
1621	1 加利約船（galeota） 1 勒嘉度使節船（recado）	濠鏡澳	1 日船 1 使節船	經澳門返日 往柬埔寨
1623	1 船	濠鏡澳		
1624	1 使節船 1 船	濠鏡澳 濠鏡澳—望加錫	1 交趾使節船	往暹羅
1625	1 船 1 使節船	濠鏡澳—柬埔寨 濠鏡澳		部分往柬埔寨（9 月）
1626	1 船	濠鏡澳	1 船	澳門（6 月底或 7 月）

1 CARDIM, Batalhas···, p. 189, 190, 191. Isabel Augusta Tavares Mourão, *Portuguese em Terras do Dai-Viêt (Cochinchina e Tun Kim) 1615-1660*, p. 308.

2 ARSI, Jap/Sin 68, *Carta de relaciona sobre los sucessos de los castelhanos q saliendo de Macau por el mês de Otubre de 1644 arribaram à Cochinchina...*, Isabel Augusta Tavares Mourão, *Portuguese em Terras do Dai-Viêt (Cochinchina e Tun Kim) 1615-1660*, p. 308.

年份	船型及數量	來自	船型及數量	前往
1627	3 船（2 船海難） 1 船（海難）	濠鏡澳 望加錫	1 使節船	暹羅
1628	2 船（1 月使節船 / 5 月）	濠鏡澳	1 船	柬埔寨
1629	1 葡船襲擊往雅加達的日船和華船 2 船（8 月 / 海難未抵達）	濠鏡澳		
1630	2 船（1 月 / 8 月底或 9 月）	濠鏡澳		
1631	4 船（1 使節船） 3 船（停靠土倫港）	濠鏡澳 印度		
1632	0？	濠鏡澳		
1633	0？	濠鏡澳		
1634	2 船（1 使節船 / 1 船難）	濠鏡澳		
1635	2 船（土倫 / 非使節）	濠鏡澳		
1636	1 葡船（在占城海岸被荷艦劫持）	馬六甲	1 船	濠鏡澳
1637	1 船（Luís Dias 號）	馬尼拉		
1638	1 船	濠鏡澳	1 船	濠鏡澳
1639	0	濠鏡澳		
1640	4 船（2 月土倫、費福 / 3 月 / 12 月 / 馬尼拉） 3 葡船（費福）	濠鏡澳		
1641	多艘葡船（土倫）		多艘葡船	濠鏡澳、馬尼拉
1642	多艘葡船（據荷蘭資料）		1 葡船（7 月）	濠鏡澳
1643	2 船（5 月 / ？月）	柬埔寨、 濠鏡澳		
1644	1 船（3 月） 多艘葡船	濠鏡澳		

資料來源：Isabel Augusta Tavares Mourão, *Portugueses em Terras do Dai-Viêt (Cochinchina e Tun Kim) 1615-1660*, pp.293-295.

海云關，14-15 世紀占婆王國和大越的分界線，據傳是 1 世紀東漢時期馬援立銅柱之地（越南，2019）　陳迎憲攝

占城航線的凋零

占城，又稱「占婆」，原本位於今越南中部。自明洪武年間起，被安南的交趾屢次征伐，[1] 因此占城的港口也由原本的會安，南遷至歸仁，歷史上稱為新洲港）、潘郎等地。

航線事例

1615 年，荷蘭船隻搶劫了來自占城的葡萄牙艍船「聖安東尼奧號」（*Santo António*），並將船上貨物帶往平戶出售，船上載有大量烏木、金條或金錠、蜜餞等。而這已是第五次在海上的劫持。[2]

1　〔越〕陳重金，《越南通史》，頁 167、187、189。

2　C. R. Boxer, *The Great Ship from Amacon: Annals of Macau and the Old Japan Trade, 1555-1640*, p. 87.　**267**

暹羅的傳教及商貿

葡人的暹羅航線，在 17 世紀 10 年代，多從里斯本或果阿出發。20 年代開始有濠鏡澳至暹羅的航線，主要被記錄在教會的文獻中。

航線事例

1624 年，葡人在暹羅灣海域奪取了一艘荷蘭小艇，而暹羅國王則逼迫葡人歸還該艇，引發居住在當地的葡人不滿。[1]

1626 年 3 月，濠鏡澳耶穌會派葡籍神父嘉爾定、羅曼・尼西，還有來自馬六甲的意大利籍神父馬基古到暹羅阿瑜陀耶傳教，而嘉爾定神父的目的地是老撾，1629 年前往馬尼拉。[2]

1630 年，暹羅國王在葡人的協助下，派遣一百艘船隻征討及懲罰北大年。[3]

1631 年，嘉爾定神父又赴暹羅，欲入老撾而未能成行，遂返澳。[4]

1639 年，葡人再度獲得在暹羅貿易和派遣傳教士的權利，1640 年葡萄牙耶穌會士安東尼奧・多明戈斯和雅辛・西門內斯赴暹羅傳教。[5]

1640 年 11 月 12 日，從望加錫、賈帕拉、暹羅，及其他島嶼的海岸進口的產品有不同質量的絲綢、黃金、銅、罐子、中國元寶、薑等。[6]

柬埔寨商貿

17 世紀 20 年代之前，柬埔寨掌控著中南半島南部湄公河口的區域，這個區域地處暹羅灣的有利位置，有許多優良港口，歷史上被稱為「水真臘」或「下柬埔寨」。17 世紀始，柬埔寨成為暹羅和安南兩強爭奪的對象，由於受到暹羅的威脅，國王吉・哲塔四世（Chey Chettha IV）求助於順化的阮氏王朝，結盟抵

1　W. A. R. Wood, *A History of Siam*, p. 168.

2　Manuel Teixeira, *A Missão Portuguesa no Sião, Órgão Oficial da Diocese, Boletim Eclesiástico da Diocese de Macau, Janeiro de 1962* - N°. 693., pp. 333-335.

3　Dutch Papers, *Extracts from the "Dagh Register" 1624-1642*, Bangkok: Vajirañāna National Library, 1915, p. 4.

4　Le P. Louis Pfister, S. J., *Notices Biographiques et Bibliographiques, sur Les Jésuites de L'ancienne Mission de Chine 1552-1773*, p. 183.

5　António da Silva Rego, *Documentação para a História das Missões do Padroado Português do Oriente: Índia, Vol. 7*, Lisboa: Agência Geral do Ultramar, 1952, pp. 463-464.

6　*Arquivos de Macau*, Vol.III, N.° 2, Agosto de 1930, pp. 61-63.

抗暹羅。作為回報，他允許安南人進入湄公河的波雷‧諾哥（Prey Nokor）地區開墾土地，並建立定居點，但漸漸失去了對該地區的控制。[1] 安南人將此地改稱「嘉定」（Gia Dinh），直到法國統治時期的 1860 年代才改回本地人所稱「柴棍」（Saigon），華人中譯為「西貢」，今稱胡志明市。

航線事例

1603 年，葡商若奧‧蒙德斯自濠鏡澳登船，前往柬埔寨，於 1604 年 7 月自柬埔寨再前往日本，途中 7 月遭遇風暴，漂流至朝鮮。[2]

1639 年 12 月 6 日，卡瓦利紐的一艘船隻被派往航行柬埔寨。[3]

1640 年 11 月 12 日，從柬埔寨、交趾和東京進口的產品有各式絲綢、水銀、藍靛、紅顏料、中國元寶、小手槍、地毯、安息香、罧酒、紅酒、鷹、魷魚、胡椒等。[4]

1　Henry Kamm, *Cambodia: Report from a Stricken Land*, New York: Arcade Publishing, 1998, pp. 23-24.

2　奎章閣韓國學研究所藏，《謄錄類抄》，卷十四，《邊事》一，頁 16。

3　*Arquivos de Macau*, Vol. III, N.° 2, Agosto de 1930, p. 57.

4　*Arquivos de Macau*, Vol. III, N.° 2, Agosto de 1930, pp. 61-63.

第二十一章　葡船南洋群島航線

17 世紀開始，荷蘭人開始進入東南亞地區，特別是南洋群島地區。1618年，荷蘭東印度公司將總部設在雅加達，次年，將雅加達更名為巴達維亞。由於日本處於動亂的戰國時代，濠鏡澳葡人開始重視東南亞地區的商貿航線。17 世紀中葉，澳日貿易中斷，為了彌補失去的市場，葡人議事會決定開闢新的航線，其中東南亞的傳統航線倍受關注。其中之一，便是前往西里伯斯（今蘇拉威西）的望加錫航線，以及前往帝汶和巴達維亞的異他航線。

荷蘭爭奪馬魯古香料群島

1601 年 1 月，荷船「忠誠號」（*Liefde*）曾襲擊蒂多雷島上的要塞，但被葡軍擊退。[1]

1602 年 3 月，荷蘭東印度公司成立。[2]

1605 年 2 月 23 日，荷蘭艦長范・德・哈根抵達安汶島，安汶碉堡葡人守軍

1　C. R. Boxer, *The Christian Century in Japan, 1549-1650*, p. 286.

2　C. R. Boxer, *The Christian Century in Japan, 1549-1650*, p. 287.

巴達維亞荷蘭東印度公司造船廠舊址（雅加達，2012）　陳迎憲攝

加斯帕·梅洛投降就擒。[1] 本年，蒂多雷也將香料群島交給荷蘭人管理。[2] 同年，葡萄牙人在馬魯古北部的碉堡也紛紛落入荷蘭人手中。[3]

　　1606 年 2 月 20 日和 4 月，馬尼拉的西班牙人再度奪取德那第和蒂多雷。但在 12 月，荷軍佔領了由萬丹至馬魯古群島。[4]

　　1607 年 6 月，荷軍從西班牙人手中奪得半個德那第島，並在島上建立奧蘭遮碉堡。

　　1609 年，班達群島也遭遇了相同命運。荷蘭人自此進行了長達二百年的統治。荷蘭人將西班牙人逐離本地區，葡萄牙人在小巽他群島被擊退至索洛群島、弗洛勒斯島和帝汶島。[5]

　　1619 年，法國耶穌會士羅歷山自果阿抵達馬魯古，直至 1623 年，離開馬魯

1　Humberto Leitão, *Os Portugueses em Solor e Timor de 1515 a 1702*, p. 121.

2　C. R. Boxer, *The Christian Century in Japan, 1549-1650*, p. 287.

3　George Miller, *Indonesia Timur Tempo Doeloe 1544-1992*, p. xxv.

4　C. R. Boxer, *The Christian Century in Japan, 1549-1650*, p. 287.

5　George Miller, *Indonesia Timur Tempo Doeloe 1544-1992*, p. xxv.

古前往濠鏡澳。[1]

1621 年，濠鏡澳葡人加入西班牙商人的船隊前往望加錫，為蒂多雷和德那第的駐軍購買大米，並將丁香運往馬尼拉。[2]

帝汶檀香木之保衛戰

由於帝汶出產的檀香木是濠鏡澳銷往廣州利潤豐厚的重要產品，同時，島上擁有豐富廉宜的碳資源，適合製造火藥。[3] 因此，濠鏡澳的帝汶航線是葡人長期維繫的重要東南亞航線，除了商船外還有軍艦航行，而和其他以商貿為主的航線有本質上的區別。

繼 16 世紀中葉濠鏡澳葡人開拓索洛、帝汶航線後，葡萄牙人在帝汶島南部的古邦建立港口和城市並設防。進入 17 世紀初，濠鏡澳往帝汶的檀香木航線持續興旺，而且利潤豐厚。與此同時，荷蘭人也開始染指這一地區：1613 年，荷蘭人首次奪取了古邦，將葡人趕走；[4] 1621 年 2 月，荷蘭人進入索洛島並佔領碉堡；1624 年，一名荷蘭將領說有人要毒害他，因而逃往拉蘭圖卡。

航線事例

1613 年，在經歷十二年葡荷東方停戰協議之後，荷蘭人再次抵達索洛。1 月 27 日，荷蘭人明知有許多從事檀香木生意的葡人將在貿易季抵達帝汶，但他們選擇了在此時進行襲擊。荷艦長阿波利安紐・斯哥特率納烏船「蒂威號」（Teweer）及「哈維 - 馬恩號」（Havei-maen），有資料稱還有其他三艘船艦，向炮台發動攻擊。[5] 葡將阿瓦勒斯率三十葡兵及一千土著軍抵抗。4 月 18 日，荷軍佔領索洛炮台，葡天主教多明我會士遷往弗羅勒斯島東部的拉蘭圖卡。[6]

1　Joseph Dehergne S. J., *Répertoire dès Jésuites en Chine de 1552 à 1800*, p. 215.

2　George Bryan Souza, *The Survival of Empire: Portuguese Trade and Society in China and the South China Sea, 1630-1754*, p. 92.

3　Artur Basilio de Sá, *Documentação para a História das Missões do Padroado Português do Oriente, Insulíndia 4.o Vol. (1568-1579)*, p. 492.

4　〔瑞典〕龍思泰（Anders Ljungstedt），《早期澳門史：在華葡萄牙居留地簡史、在華羅馬天主教會及其佈道團簡史、廣州概況》，頁 145。

5　Humberto Leitão, *Os Portugueses em Solor e Timor de 1515 a 1702*, pp. 122, 134.

6　Artur Basilio de Sá, *Documentação para a História das Missões do Padroado Português do Oriente, Insulíndia 4.o Vol. (1568-1579)*, p. 495. 陳鴻瑜，《印度尼西亞史》，頁 181。

1615 年，葡軍重佔索洛島。1618 年，荷軍又佔領該島。[1]

1624-1625 年，有大量來自小薩武島（今為羅地島，Roti）的土著居民前往拉藍圖卡，要求天主教多明我會的羅沙里奧神父為島上的當地人施洗。這說明了在此日期前，多明我會的神父已在該島傳教。[2] 葡萄牙人每年從帝汶島運走一千五百至二千巴爾的檀香木，多年來維持此一數量；荷蘭人每年也運走一至兩艘納烏船。此外購買檀香木的還有望加錫人、馬來人、阿拉伯人等。[3]

1629 年，天主教巡視專員、科欽主教朗傑爾要求中國媽港市向索洛總督波特路提供火炮。[4] 1629 至 1630 年間，荷人放棄該島，葡人重返索洛島。[5] 本年，由帝汶運往媽港的檀香木利潤達到 200%，而平常只有 150%。[6]

在 17 世紀 30 年代初期，濠鏡澳葡商銷售帝汶檀香木的利潤，可達 150%-200%。[7]

1633 年，米格爾·朗喬神父離開拉藍圖卡，前往西拉邦王國。[8]

1634 年，有一艘葡船自索洛和帝汶啟航返回濠鏡澳。[9]

1635 年，索洛群島的檀香木轉運到濠鏡澳銷往中國，便能賺取 100%-150% 的巨額利潤，而這些都是王室專營的，而航行是國王的特權。[10] 此外，檀香木貿易對於供養濠鏡澳的駐軍、籌建防禦工事也至關重要。議事會還將大部分利潤用於供養本城的窮人、寡婦、孤兒。因此根據葡萄牙海外事務委員會關於濠鏡澳檀香貿易報告稱：「除了檀香貿易之外，濠鏡澳的居民既無土地可耕，也沒有讓他

1　陳鴻瑜，《印度尼西亞史》，頁 181。

2　Humberto Leitão, *Os Portugueses em Solor e Timor de 1515 a 1702*, pp. 166-167.

3　巴爾（Bare）：印度的古代重量單位，相當於約四擔（quintal）。Artur Basilio de Sá, *Documentação para a História das Missões do Padroado Português do Oriente, Insulíndia 4.o Vol. (1568-1579)*, p. 489.

4　Artur Basilio de Sá, *Documentação para a História das Missões do Padroado Português do Oriente, Insulíndia 4.o Vol. (1568-1579)*, p. 485.

5　陳鴻瑜，《印度尼西亞史》，頁 181。

6　G. B. Souza, *The Survival of Empire: Portuguese Trade and Society in China and the South China Sea, 1630-1754*, p. 109.

7　〔印度〕桑賈伊·蘇拉馬尼亞姆（Sanjay Subrahmanyam），《葡萄牙帝國在亞洲：1500-1700 政治和經濟史》，頁 218。

8　Humberto Leitão, *Os Portugueses em Solor e Timor de 1515 a 1702*, p. 167.

9　G. B. Souza, *The Survival of Empire, Portuguese Trade and Society in China and the South China Sea, 1630-1754*, p. 94.

10　〔澳大利亞〕杰弗里·C·岡恩（Geoffrey C. Gunn），《澳門史 1557-1999》，北京：中央編譯出版社，2009，頁 37。

仁慈堂孤兒院石碑碑文：此孤兒院成立於 1637 年 1 月 6 日，建立者：米格爾・馬瑟多
（澳門，2022） 陳迎憲攝

們賴以為生的資源。」[1]

1636 年 6 月 8 日，湯姆伯根率荷軍攻打索洛，島上多明我會朗傑爾主教離
開，但其他會士奮力抵抗，擊退荷軍。[2] 另一個說法是：面對荷蘭軍隊的包圍，
索洛再度投降，但荷蘭人並未立即在該地設防，該市在隨後的十年間無人守衛，
至 1646 年間荷蘭人建立亨里克斯城堡，葡人向帝汶和弗洛勒斯轉移。[3]

1639 年 11 月 18 日，皮棉達的船隻未有前往賈帕拉，很可能去了望加錫、
索洛和帝汶。[4]

1640 年代初，多明我會牧師弗里亞爾・哈辛托開始在古邦建立城堡。[5]

1641 年，葡屬馬六甲被荷蘭人攻陷，部分葡人遷居帝汶。[6]

新興的望加錫市場

望加錫，位於西里伯斯島（今蘇拉威西島）西南端，在 17 世紀開始，成為

1　Artur Teodoro de Matos, *Timor Portugues, 1515-1769: Contribuição para a sua História*, Lisboa: Faculdade de Letras da Universidade de Lisboa, 1974, pp. 182-183.

2　C. R. Boxer, *Fidalgos in the Far East (1550-1770)*, Fact and Fancy in the History of Macao, p. 179.

3　〔印度〕桑賈伊・蘇拉馬尼亞姆（Sanjay Subrahmanyam），《葡萄牙帝國在亞洲：1500-1700 政治和經濟史》，頁 218。

4　*Arquivos de Macau*, Vol.III, N.º 1, Julho de 1930, p. 2.

5　〔印度〕桑賈伊・蘇拉馬尼亞姆（Sanjay Subrahmanyam），《葡萄牙帝國在亞洲：1500-1700 政治和經濟史》，頁 218。

　6　C. R. Boxer, *Fidalgos in the Far East (1550-1770)*, Fact and Fancy in the History of Macao, p. 179.

馬魯古群島香料出口的重要集散地。濠鏡澳葡人自 17 世紀初葉至中葉，派大量澳船前往望加錫，特別是在 40 年代日本貿易終結之後，望加錫航線更成為替代澳日貿易航線的重要航線。1605 年，荷蘭人佔領了安汶。1606 年，西班牙取代葡人佔領了部分德那第和蒂多雷。而德那第蘇丹繼續擴展其領地至斯蘭島西部、布魯、布頓和西里伯斯（今蘇拉威西）的東部和北部。1618 年，荷蘭人企圖在伊斯蘭地區的安汶群島——斯蘭西部、希度，獲得丁香，但受到來自爪哇和望加錫商人的競爭。1623 年，英國東印度公司控制了安汶的香料產地，並集中在自 1613 年開設的望加錫貿易中心交易。[1]

17 世紀初，濠鏡澳只有零星船隻前往帝汶和巴達維亞。到 20 年代，望加錫航線開始受到重視。在 1621 年，濠鏡澳往望加錫船隻達到十二艘之多，1625 年也有十艘之多。葡人以絲綢從望加錫換取帝汶檀香木、馬魯古的丁香、浡泥的珠寶。[2] 自 20 年代至 30 年代末期，濠鏡澳葡人從望加錫購買黃金運往果阿。[3] 在 20 年代至 60 年代，特別是澳日貿易中斷後的 1639 年，望加錫航線成為葡人在異他航線中最為重要的貿易航線。

來自濠鏡澳的葡人在望加錫市場，從群島西部的米南加保土著商人處購買胡椒，占碑是其中一個市場。而濠鏡澳的葡人在 1621 年至 1643 年間，每年派遣一至兩艘船隻來到此地交易。[4]

航線事例

1621 年，自本年至 1643 年，濠鏡澳葡人平均每年派遣一至二艘船隻到望加錫。在 1644 年起至 1660 年，則派遣一至五艘船隻到望加錫。[5] 根據占·朱士騰的報告，每年有約十二艘葡船抵達望加錫，購買丁香和大米。丁香價格持續上升至每巴哈爾一百五十至一百六十里爾。而居住在本地的葡人社群約有二十至三十

1　G. B. Souza, *The Survival of Empire, Portuguese Trade and Society in China and the South China Sea, 1630-1754*, p. 89.

2　C. R. Boxer, *Fidalgos in the Far East (1550-1770)*, Fact and Fancy in the History of Macao, p. 177.

3　G. B. Souza, *The Survival of Empire: Portuguese Trade and Society in China and the South China Sea, 1630-1754*, p. 105.

4　G. B. Souza, *The Survival of Empire: Portuguese Trade and Society in China and the South China Sea, 1630-1754*, pp. 98-99.

5　G.B. Souza, *The Survival of Empire, Portuguese Trade and Society in China and the South China Sea, 1630-1754*, p. 99.

個家庭。[1]

1625 年，一位英商在望加錫的紀錄稱：每年從濠鏡澳、馬六甲、科羅曼德爾沿岸到望加錫的葡萄牙加利約帆船有十至二十二艘，有時上岸者多達五百人，當地的穆斯林蘇丹讓他們自由貿易。這些葡萄牙商人每年 11-12 月抵達，次年 5 月離開。他們銷售中國絲綢和印度棉布，換取帝汶的檀香木、馬魯古群島的丁香和浡泥的鑽石。他們每年的貿易值達五十萬，而濠鏡澳的加利約帆船運載的貨物就值六萬，因此葡人將望加錫視為第二個馬六甲。[2] 和荷蘭東印度公司的願望相反，到望加錫貿易的商船持續增加，由葡、英、丹麥商人供應的丁香價格在市場上持續走高。[3]

1629 年，一支葡屬印度的望加錫部隊前往襲擊班達，但在抵達安布勞島和布魯島時被叫回。本年有一艘船自望加錫返航濠鏡澳。[4]

1630 年，荷蘭東印度公司獲悉，隨即派出一支由魯卡松率領的精銳部隊前往香料群島以武力對付當地居民。本年，濠鏡澳有一艘船赴望加錫貿易。

1631 年，葡荷簽訂停戰協議，但荷蘭人仍在望加錫關押葡人。[5]

1634 年，葡屬印度總督規定濠鏡澳至望加錫航線由葡西王室所壟斷和監督，船隻限制二艘，而且規定每艘船隻不得裝載超過十擔的中國生絲和絲織品，以免該商品落入荷蘭東印度公司、英國人及丹麥人之手。本年，有兩艘來自濠鏡澳帆船抵達望加錫貿易，有兩船自望加錫返回濠鏡澳。[6]

1635 年，果阿派出四十三艘艎船和二千名士兵抵達斯蘭島，援助摩鹿加。[7]

1637 年，有一艘船隻自望加錫前往濠鏡澳。[8]

1638 年，有兩艘來自濠鏡澳帆船抵達望加錫貿易。

1　同上 , p. 92.

2　C. R. Boxer, *Fidalgos in the Far East 1550-1770, Fact and Fancy in the History of Macao*, p. 177.

3　George Bryan Souza, *The Survival of Empire: Portuguese Trade and Society in China and the South China Sea, 1630-1754*, p. 93.

4　G. B. Souza, *The Survival of Empire, Portuguese Trade and Society in China and the South China Sea, 1630-1754*, pp. 93-94.

5　Beatriz Basto da Silva, *Cronologia da História de Macau, Vol. 1-séculos XVI a XVIII*, p. 146.

6　G. B. Souza, *The Survival of Empire, Portuguese Trade and Society in China and the South China Sea, 1630-1754*, pp. 94,100.

7　G. B. Souza, *The Survival of Empire, Portuguese Trade and Society in China and the South China Sea, 1630-1754*, p. 93.

8　G. B. Souza, *The Survival of Empire, Portuguese Trade and Society in China and the South China Sea, 1630-1754*, p. 94.

1639年，有一艘來自濠鏡澳帆船抵達望加錫。[1] 屬於耶穌會的一艘船隻「聖保羅號」（S. Paulo）前往安南、馬來亞港口、望加錫（多次）、印度等地。[2] 本年，里莫斯的船隻從濠鏡澳前往果阿，途經望加錫，自望加錫派遣一艘船隻裝運一批黃金作為徵收的關稅。[3]

1640年，11月12日，從望加錫、賈帕拉、暹羅，及其他島嶼沿岸進口的產品有不同質量的絲綢、黃金、銅、罐子、中國元寶、薑等。[4]

1641年，葡屬馬六甲被荷蘭人攻陷，部分葡人遷居望加錫。一位葡人弗蘭西斯古曾經營望加錫至濠鏡澳、帝汶、弗洛勒斯和科羅曼德爾沿岸的貿易。[5]

1644年，有五艘來自濠鏡澳帆船抵達望加錫貿易，有五船自望加錫返回濠鏡澳。[6]

濠鏡澳前往望加錫葡船列表（1629-1644）

年份	自濠鏡澳抵達望加錫船隻數量	離開望加錫前往濠鏡澳船隻數量
1629	-	1
1630	1	-
1634	2	2
1637	-	1
1638	2	-
1639	1	-
1644	5	5

資料來源：George Bryan Souza, *The Survival of Empire, Portuguese Trade and Society in China and the South China Sea, 1630-1754*, p.94.

1　*Arquivos de Macau*, Vol.II, N.° 6, Junho de 1930, pp. 289-290.

2　Benjamin Videira Pires, *A Vida Marítima de Macau no Século XVIII*, p. 127.

3　G. B. Souza, *The Survival of Empire, Portuguese Trade and Society in China and the South China Sea, 1630-1754*, p. 100.

4　*Arquivos de Macau*, Vol.III, N.° 2, Agosto de 1930, pp. 61-63.

5　C. R. Boxer, *Fidalgos in the Far East (1550-1770)*, Fact and Fancy in the History of Macao, p. 179.

6　G. B. Souza, *The Survival of Empire, Portuguese Trade and Society in China and the South China Sea, 1630-1754*, p. 94.

重啟蘇門答臘胡椒貿易

蘇門答臘是胡椒的主要產區，而胡椒是葡萄牙人購買的主要商品。1613 至 1620 年間，亞齊壟斷了胡椒主要產區的出口，也使亞齊在經濟上得以壯大並掌控柔佛、彭亨、吉打和霹靂等馬來地區。在 1624 年之後，亞齊控制的地區更擴大至蘇門答臘中部的丁機宜、馬來半島的金寶和北大年，並在 1629 年襲擊葡人的馬六甲。由於葡人與亞齊人之間的長期衝突，葡人難以從蘇門答臘產地購買胡椒。[1]

在葡屬印度的外交努力下，1631 年葡荷政府在安特衛普簽署停戰協議。媽港議事會和葡商，利用機會加強與南海國家的聯繫，派出使節聯絡馬塔蘭、巴鄰旁、占碑的蘇丹王，並獲得友善的回應。

航線事例

1644 年，媽港議事會派遣一艘小船，在蘇薩的指揮下，前往巴鄰旁與王爵磋商重啟葡萄牙人的胡椒貿易。蘇薩為此帶去一船的中國絲綢和生絲。蘇薩發現，代表王爵與自己聯繫的港口貿易負責人是來自望加錫的土生葡人，他因此獲得成功，不僅獲得胡椒價格上的優惠，更獲巴鄰旁同意開放港口讓葡王家艦隊停靠。然而，葡船的胡椒卻被荷蘭東印度公司所扣押，葡人被阻止在巴鄰旁採購胡椒。一艘來自馬塔蘭的船隻將胡椒從巴鄰旁擔保下來，並讓葡人前往爪哇的賈帕拉和望加錫交易。[2]

1639 年 6 月 18 日，議事會討論一位馬辰[3]男孩來濠鏡澳避難的事件，因為他是國王博阿的侄兒，所以議事會決定給予支援，讓他借居於玫瑰堂修道院。[4]

1640 年 11 月 12 日，從望加錫、賈帕拉[5]、暹羅，及其他島嶼的海岸進口的產品有不同質量的絲綢、黃金、銅、罐子、中國元寶、薑等。[6]

1644 年，葡船前往馬塔蘭的首府賈帕拉，賈帕拉為對外貿易的利益所吸

1　G. B. Souza, *The Survival of Empire: Portuguese Trade and Society in China and the South China Sea, 1630-1754*, p. 96.

2　G. B. Souza, *The Survival of Empire: Portuguese Trade and Society in China and the South China Sea, 1630-1754*, p. 107.

3　班賈爾馬辰（Banjar Massim），簡稱馬辰，位於婆羅洲（今加里曼丹島）東南部。

4　*Arquivos de Macau*, Vol. II, N.° 6, Junho de 1930, pp. 289-290.

5　賈帕拉（Japara），位於爪哇中部北岸，為馬塔蘭王國的首府。

6　*Arquivos de Macau*, Vol. III, N.° 2, Agosto de 1930, pp. 61-63.

引，但自從阿貢蘇丹在 1646 年逝世之後，其兒子改變了對外貿易政策。[1]

重回萬丹及巴達維亞

巴達維亞在 17 世紀初成為荷蘭東印度公司總部，鑑於葡荷的敵對關係，在 17 世紀的初期與濠鏡澳並沒有航線往來。由於荷蘭曾經多次嘗試直接打開對華貿易的渠道不果，由 1643 年起，遂允許葡人航行中國濠鏡澳至巴達維亞航線。

濠鏡澳的葡萄牙獨立商人在巴達維亞的貿易是逐漸發展起來的。自 17 世紀中葉開始，一些葡萄牙土生商人開始與爪哇的荷蘭商人建立聯繫。直到 1660 年代後期，他們每年都派遣一艘商船和荷蘭人進行談判。隨著南海其他市場對葡萄牙人的封鎖，濠鏡澳對巴達維亞市場的興趣變大。[2]

航線事例

1601 年，果阿再次發動對萬丹的遠征，葡萄牙艦隊由門多薩指揮。葡人抵達萬丹灣，發現由赫門斯指揮的五艘荷蘭船隻。聖誕節，雙方在萬丹發生一場海戰。事實上，從那天起，葡萄牙人不再試圖阻止荷蘭人出現在群島水域。而荷蘭人後來才明白，這場戰鬥已成為他們命運的轉折點。[3] 本年，英國東印度公司購買和舾裝五艘大船，裝載二萬七千英鎊貨物和資金，進行了首次航行。他們在馬六甲海峽奪取了一艘葡萄牙船，在亞齊和萬丹裝載了胡椒和香料，還在萬丹設置了商館，於 1603 年返回。[4]

1604 年，英國東印度公司派遣四艘大船進行第二次航行，前往萬丹、班達和安汶。

1605 年，荷軍將領馬特里葉夫的兩艘船艦，被派往東印度群島。至本年，荷蘭人已在「香料群島」的爪哇萬丹、馬來亞的北大年、班達群島等地設立商館。[5]

1 G. B. Souza, *The Survival of Empire, Portuguese Trade and Society in China and the South China Sea, 1630-1754*, p. 108.

2 G. B. Souza, *The Survival of Empire, Portuguese Trade and Society in China and the South China Sea, 1630-1754*, p. 158.

3 Claude Guillot, *"Les Portugas et Banten (1511-1682)"*, *Revista de Cultura*, No.13/14.

4 Hosea Ballou Morse, *The Chronicles Of The East India Company tardinha to China 1635-1834*, Vol. I, p. 7.

5 C. R. Boxer, *The Christian Century in Japan, 1549-1650*, pp. 287-288.

1607 年，英國東印度公司派遣三艘大船進行第三次航行前往萬丹，但在前往馬魯古群島時被荷蘭人和葡萄牙人阻止。在本年後，英東印度公司幾乎每年都派出一至三艘船隻，並在多處地點設置商館。[1]

1609 年 4 月，荷蘭將領韋荷文劍指被葡人牢牢控制的萬丹，但未能突破葡萄牙人的防衛。此時，他獲悉媽港有一艘滿載貨物的克拉克船，正準備前往日本進行貿易。他隨即命令在新加坡海峽的兩艘船隻，立即前往台灣海峽試圖進行堵截，然而未見該船隻的蹤影。[2]

1611 年，荷蘭人將公司總部由萬丹遷往雅加達。[3]

1615 年，英東印度公司已在萬丹和雅加達設置商館。[4]

1619 年，荷蘭人正式佔領雅加達，並將地名改為巴達維亞。[5]

1620-1626 年，英東印度公司將總部遷往巴達維亞，而此前的總部設在萬丹。[6]

1641 年，在荷蘭人佔領馬六甲之後，首位進入馬六甲的傳教士是西班牙方濟各會士安東尼奧・賈伯里路，他在本年從巴達維亞監獄被轉移到該處，他一直被關押在監獄，之後前往馬尼拉。[7]

1643 年，有一艘葡船自濠鏡澳前往巴達維亞。[8]

1644 年，有一艘葡船自濠鏡澳前往巴達維亞，有一艘葡船自巴達維亞返航濠鏡澳。

---

1   Hosea Ballou Morse, *The Chronicles Of The East India Company tardinha to China 1635-1834*, Vol. I, p. 7.

2   C. R. Boxer, *The Christian Century in Japan, 1549-1650*, p. 288.

3   Hosea Ballou Morse, *The Chronicles Of The East India Company tardinha to China 1635-1834*, Vol. I, p. 8.

4   Hosea Ballou Morse, *The Chronicles Of The East India Company tardinha to China 1635-1834*, Vol. I, p. 7.

5   G. B. Souza, *The Survival of Empire, Portuguese Trade and Society in China and the South China Sea, 1630-1754*, pp. 96-97. Hosea Ballou Morse, *The Chronicles Of The East India Company tardinha to China 1635-1834*, Vol. I, p. 8.

6   Hosea Ballou Morse, *The Chronicles Of The East India Company tardinha to China 1635-1834*, Vol. I, p. 7.

7   Manuel Teixeira, *Macau e A sua Diocese, VI, A missão Portuguesa de Malaca*, p. 149.

8   G. B. Souza, *The Survival of Empire, Portuguese Trade and Society in China and the South China Sea, 1630-1754*, p. 216.

第二十二章　歐洲各國來澳航線

　　17 世紀是貿易壟斷普遍的時代，歐洲除了葡萄牙和西班牙之外，再有荷蘭人和英國人沿著葡萄牙人和西班牙人的航道，加入侵奪及壟斷亞洲市場的行列。歐洲各國航船來自：荷蘭、英吉利海峽、西班牙、法國等地。

荷蘭人的媽澳航線

　　荷蘭人充分吸取葡萄牙人在葡屬印度和亞洲的經驗，並以企業的形式和武裝力量進行了新型的亞洲開拓。荷蘭人於 1602 年，以六百五十萬弗羅林為資本、三十八艘武裝船艦，在異他的萬丹成立了荷蘭東印度公司。[1] 該公司的成立以葡屬西班牙在東亞地區為主要的敵對目標。

　　1601 年 9 月 27 日，三艘荷蘭船隊 —— 大帆船「阿姆斯特丹號」（Amsterdam）、帆船「乾酪號」（Gouda）及一艘雙槍帆船，由范‧尼克艦長率領駛入媽港，二十名荷人被葡人所俘獲，除兩名男孩和一名神父外全部被處以死

1　Benjamin Videira Pires, *A Viagem de Comércio Macau-Manila nos Séculos XVI a XIX*, pp. 17-18.

刑。[1] 10 月 2 日，艦長沒有開過一槍便返回北大年。[2]

1603 年 7 月 30 日下午，范・雲率大帆船「納索號」（*Nassau*）、「伊拉姆斯號」（*Erasmus*）和一艘雙桅船出現在濠鏡澳，但港口空無一人，一艘大黑船「已經前往中國和日本」，「只有堆集的一千四百擔生絲準備啟運」。航線主艦長蘇薩遭受損失「接近一千黃金」，或是荷蘭人所評估的一百四十萬弗羅林。[3]

1604 年，由韋麻郎率領的一支荷蘭艦隊出現在濠鏡澳，但恰巧碰上颱風，8 月 7 日被迫前往澎湖停靠。[4] 6 月 27 日，韋麻郎司令率荷蘭艦隊從大泥啟航，7 月 25 日至廣東附近之濠鏡澳海面。要求到廣州互市，但因葡人對廣東的影響而被拒絕。28 日，海上颱風驟起，艦隊更無法在濠鏡澳靠岸，遂改變航向，於 8 月 7 日抵達澎湖。[5]

1605 年 3 月 26 日，荷蘭海軍上將韋麻郎船隊之西巴蒂安司在北大年奪取正在返航的濠鏡澳葡船「聖安東尼奧號」（*S. António*）。船上載有白糖二千擔、錫四千五百擔、中國龍腦二百二十三包、沉香九十束、麝九十八箱、硃砂十一箱、中國扇二十二箱、生絲二百零九綑、劣黃絲七十五綑、雜色瓷器六千件、粗細瓷器十箱。[6]

1607 年 6 月，荷蘭海軍將領戈納利斯・馬特里葉夫航行往中國海岸，並在濠鏡澳附近巡航數週，直至安德列・帕索瓦在 8 月抵達。[7] 9 月 9 日，馬特里葉夫率三艘大軍艦、一艘雙桅帆船及一艘快船，載二百八十五名荷人、三十名印人及二十五名華人出現在濠鏡澳海面，航線主艦長安德列・帕索瓦出動六艘船，他以三艘弗斯塔艦攻擊荷蘭雙桅帆船，荷軍不敢應戰，損失一艘雙桅船，逃離濠鏡澳海域。[8]

---

1 Manuel Teixeira, *Macau no Séc. XVII*, p. 4.〔美〕達飛聲（James W. Davidson），《福爾摩沙島的過去與現在》，上冊，陳政三譯註，台南：台灣歷史博物館、南天書局有限公司，2014，頁 12。

2 Manuel Teixeira, *Macau e a sua diocese, IX, O culto de Maria em Macau*, Macau: Tipografia da Missão do Padreoado, 1969 p. 298.

3 Benjamin Videira Pires, *A Viagem de Comércio Macau-Manila nos Séculos XVI a XIX*, p. 17. Manuel Teixeira, *Macau no Séc. XVII*, p. 6. 文德泉神父稱日期為 6 月 30 日。

4 曹永和，〈十七世紀作為東亞轉運站的台灣〉，見石守謙，《福爾摩沙：十七世紀的台灣・荷蘭與東亞》，台北：故宮博物院，2005，頁 20。

5 韋麻郎，〈航海日記〉，轉自廖漢臣〈韋麻郎入據澎湖考〉，見《文獻專刊》創刊號，《澳門編年史》，第一卷（明中後期），頁 299。

6 張禮千，《馬六甲史》，頁 196。

7 C. R. Boxer, *The Christian Century in Japan 1549-1650*, p. 287.

8 Manuel Teixeira, *Macau no Séc. XVII*, p. 10.

荷蘭艦隊襲擊濠鏡澳

1622 年，荷蘭人策劃和部署奪取濠鏡澳。

4 月 10 日，離開巴達維亞灣的八艘荷蘭艦隊，駛向印度支那東海岸，科恩已事先向英荷聯合艦隊的海軍上將威倫‧揚森發出命令，該艦隊當時正在封鎖馬尼拉灣，科恩讓他部署一些船隻，以配合雷爾森進攻澳門。有趣的是，科恩在給揚森上將的信中寫道，後者可以接受英國的任何支持，但僅限於純粹的海上行動，不允許他們參與任何登陸澳門的嘗試。最重要的是，嚴格限制英國人參與佔領及雷爾松佔領澳門後要建造的堡壘。這些指示引起了揚森的注意，因為要協調四艘帆船（二艘荷蘭船和二艘英國船）無法封鎖澳門，而當雷爾森 6 月抵達時這些船還在那裡。[1]

6 月 8 日，雷爾森抵達金蘭灣，會合了由尼恩魯德率領的另外四艘荷船，將其編入他的艦隊，並通知菲律賓撤消其中一艘船。10 日，十一艘艦續開往中國。

6 月 21 日，艦隊抵達濠鏡澳海面，與四艘（荷艦兩艘、英艦兩艘）艦會合。這些船隻已在 5 月 20 日抵達，但他們沒有捕捉到葡萄牙船隻，因葡萄牙主艦長卡瓦略已察覺敵人的動向，「他急忙派出七艘裝備精良的平底槳船，負責保護來自印度和其他地區，如索洛、婆羅洲和望加錫的船隻。」雷爾森率十三艘荷艦，另兩艘英艦，總共十五艦。這些增援使兩艘荷蘭登陸部隊增加到每艘五十人，歐洲人的總數增加到六百人。英國人因為荷蘭人表現出對輕鬆獲勝的信心，並且知道後者不想分享戰利品，所以拒絕參與這項戰事，「因為荷蘭人擁有土地，不會分享它」。

6 月 22 日，三名荷人在一名華人的陪同下船前往華人區，想知道華人會支持誰，或是否保持中立。然而並沒有人出現在他們面前，在沒有任何消息的情況下華人都撤離了。

6 月 23 日，在施洗者聖約翰日的前夕，雷爾森本人在他的軍官陪同下偵察了城市和附近地區，並決定第二天在剷狗環海灘登陸，他認為這是最佳地點。然而，為了轉移注意力，23 日下午，三艘艦艇與加思欄堡壘進行了激烈的炮火對決。期間，荷蘭人「大聲呼喊告訴堡壘上的人，第二天他們將成為媽港的領主」，在日落時分撤退，即使在天黑後，敵人仍然舉行了「大派對，有蘆笛、鼓

---

1 《澳門天主教區教會公報》1938 年 8 月，413 號，頁 99-106。

和喇叭」。主艦長卡瓦略命令「從我們的據點以相同的方式回應他們，以便敵人明白我們更有理由慶祝上帝賜予我們的巨大恩惠。」

6月24日，在施洗者聖約翰日的清晨，荷蘭艦隊開始轟炸加思欄炮台，炮台的駐軍以同樣的方式回應。葡萄牙人的火炮很快對荷艦造成了嚴重破壞，「加利亞斯號」被擊中了二十餘次，造成的傷害如此之大，以至於它在戰鬥後幾週的12月1日沉沒。在日出後兩小時，三十二艘小艇離開了松山一側的荷蘭艦隊，將登陸部隊運往剄狗環海灘。此次登陸，葡人不僅被四處大火所掩蓋，敵人甚至「會從迎風面放火燒火藥桶，以便在濃煙的掩護中更安全地登陸」。在保衛剄狗環小海灘上的壕溝過程中，卡瓦略率六十名葡人和九十名土生進行阻擊，但荷蘭人毫不費力地組建了他們的中隊，向葡人的壕溝進發。雙方的火槍手沒有太大傷亡，然而雷爾森本人卻在下船時被流彈擊中，只好折返船上，換上老將漢斯·魯芬（Hans Ruffijn）指揮繼續進攻。葡方在荷軍進攻下邊打邊撤。此時，荷蘭人把三門火炮中的一門搬上岸，並在灘頭留下兩個連隊，每隊一百人，固守灘頭陣地，大部隊則沿田野，穿越松山山腳的草地向市區推進。當敵人到達一處有山泉水的地方時，他們遭遇了從聖保祿炮台上三枚炮彈的其中一枚擊中，燒焦了一些人、炸死了兩三名荷蘭人。這是當天成功至關重要的一炮，由剛到達濠鏡澳的意大利數學家傑羅尼姆·羅神父所發炮。荷蘭人雖遭遇突如其來的襲擊，但很快恢復勇氣，他們轉而進攻松山西側，卻遭到埋伏該處的羅德里格斯等八名葡人、二十名土生葡人和奴隸的伏擊。

由於一方面受到羅德里戈·費雷拉火槍手的襲擊，另一方面又受到卡瓦略的伏擊，以及來自蒙特山（柿山）大炮的打擊，荷蘭人因害怕陷入陷阱而停下了腳步，不敢繼續前進。他們在進行簡短協商後，決定佔據「位於基亞山（松山）附近的一處房屋」，並同時固守剄狗環海灘，以穩住陣腳。

雖然這場戰鬥，或者更確切地說是小規模衝突，持續了兩個小時左右的時間，但城中要塞的守軍並沒有閒著，「在海岸的兩個堡壘上觀看兩艘納烏船戰鬥的艦長們，知道敵人正在佔領部分土地，派出若昂·蘇亞雷斯·維瓦斯（João Soares Vivas）率50火槍手提供增援。當他們到達該地時，很快會合了日本航線主艦長卡瓦略，他的出現引起敵人的恐懼和混亂，使他們從該地撤退。」援軍很快征服了準備登上山頂的敵軍中隊，勝利極大地鼓舞了守軍的士氣，他們以巨大聲量的吶喊阻喝敵人的火槍手。此時，挺身而出的荷軍指揮官魯芬中彈身亡，

聖保祿炮台徽號（澳門，2014）
陳迎憲攝

戰勝荷蘭紀念碑，為紀念 1622 年
葡荷之戰勝利，於 1871 年建立
（澳門，2015）陳迎憲攝

導致荷軍陣前大亂。荷軍紛紛拋下旗幟、武器和鼓，爭相逃跑，為了爭船而互相殺戮，並將一些人棄留在海灘上，讓他們自行游泳上船，有多達七百人死於鄉村、海灘和海中。[1]

據荷軍戰報：有八百名荷軍在媽澳登陸，但被擊退了，喪失許多軍官、士兵和水手，計一百三十六人被殺、一百二十四人受傷、四十人被俘。[2] 本日，荷將雷爾松率十五艦艇及八百士兵準備攻佔城市，當地土生葡人在卡瓦略領導下，以及途經媽澳的耶穌會士羅神父的配合下，擊敗了荷軍。由於這一天是聖徒若望‧巴普蒂斯塔主保日，後來該日被稱為「城市日」。[3]

6月29日，荷軍艦隊航離濠鏡澳。7月11日，荷軍艦隊順利抵達澎湖，荷軍雖曾派船巡視福爾摩沙（台灣）大員（台南）尋找合適的港口，但認為不及澎湖，因此在澎湖建造了一座城堡。[4]

澎湖荷軍遷大員

1623年6月，巴達維亞總督要求前往澎湖的荷軍派一支艦隊前往濠鏡澳，但駐紮澎湖的荷軍沒有船隻可以派往濠鏡澳。荷人獲悉濠鏡澳的葡萄牙人和廣東人已經裝備了一支艦隊，要協助福州（福建）省將荷蘭人趕出澎湖。[5]

1624年1月25日，荷蘭人部署在季風一開始，便派船攔截來自濠鏡澳的葡萄牙船和馬尼拉的西班牙船。[6] 2月8日，荷軍發現中國總兵在澎湖北部集結了四十到五十艘艍船。[7] 6月，原為班達長官的宋克被巴達維亞總督派往澎湖，接替

---

1 Fernão de Queiroz, *Fida do Irmão Pedro de Basto*, p. 270; 見《澳門天主教區教會公報》1938年8月，413號，頁106。

2 荷蘭將領雷爾松（Cornelis Reijersen）1622年9月10日致巴達維亞總督顧恩函，江樹生譯著，《荷蘭聯合東印度公司台灣長官致巴達維亞總督書信集 I（1622-1626）》，頁3-5。〔美〕達飛聲（James W. Davidson），《福爾摩沙島的過去與現在》，上冊，頁12、30註8。

3 Beatriz Basto da Silva, *Cronologia da História de Macau, Vol. 1-séculos XVI a XVIII*, p. 128.

4 荷蘭將領雷爾松（Cornelis Reijersen)1622年9月10日致巴達維亞總督顧恩函，江樹生譯著，《荷蘭聯合東印度公司台灣長官致巴達維亞總督書信集 I（1622-1626）》，頁3-5。〔美〕達飛聲（James W. Davidson），《福爾摩沙島的過去與現在》，上冊，頁12、30註8。

5 雷爾松1623年9月26日致巴達維亞總督顧恩函，江樹生譯著，《荷蘭聯合東印度公司台灣長官致巴達維亞總督書信集 I (1622-1626)》，頁61-62。

6 雷爾松1624年1月25日致巴達維亞總督卡本提耳函，江樹生譯著，《荷蘭聯合東印度公司台灣長官致巴達維亞總督書信集 I (1622-1626)》，頁91-92。

7 雷爾松1624年2月20日致巴達維亞總督卡本提耳函，江樹生譯著，《荷蘭聯合東印度公司台灣長官致巴達維亞總督書信集 I (1622-1626)》，頁115-116。

雷爾松擔任長官。由於荷軍在 8 月遷往台灣大員，他因此成為台灣首任長官。[1] 8 月 17 日，明軍總兵（李旦）從大員到達澎湖，命令荷人拆毀城堡並離開澎湖。中國人在澎湖北面建造一座要塞（澎湖鎮海營），駐有一千中國士兵和一百五十艘各種戰船，每艘船均配備士兵。稍後，荷軍收到情報，澎湖的明軍已增加至一萬士兵和約二百艘各式戰艦。荷蘭人於 21 日決定遷往大員，並在大員建造城堡。10 月，荷蘭人在大員聽到消息，媽澳已關閉貿易，中國皇帝已經獲悉葡萄牙人在那裡居留，下令要把葡萄牙人趕走。[2]

1625 年 7 月 7 日，荷艦「熱蘭武裝號」（*Wapen van Zeelandt*）離開馬尼拉往媽澳，在媽澳近海奪取兩艘葡快船後到澎湖停泊，此舉引起中國人的不快，兩艘葡快船稍後被轉往大員。荷蘭人獲悉，去年在媽澳的中國人和葡人的戰爭已結束，葡人已將新造的要塞拆除，並且每年都要繳納關稅三萬八千里爾。[3]

1626 年 3 月，一位出生於媽澳、為荷蘭人擔任翻譯的混血兒迪亞士·薩爾瓦多趁夜搭乘兩艘平底船從大員逃往媽澳。6 月 26 日，一位名叫彌兵衛殿的日本人，搭船在媽澳諸島逗留數月後，被一場暴風吹離，然後抵達大員。10 月 19 日，荷人接到消息，有五艘媽澳的快速帆船去了長崎，將於 11 月自長崎返回媽澳，船上載有大批白銀。[4]

1627 年 7 月，大員荷蘭人派四艘快船前往南澳、白礁之間巡弋，以抓捕媽澳的葡萄牙快船。[5]

博卡羅鑄炮廠

博卡羅來自 17 世紀初葡萄牙著名的鑄炮世家，為了防範荷蘭人的入侵，他被派往印度果阿建立鑄炮廠。由於果阿缺乏鑄造工匠和原材料，他於 1625 年被派往濠鏡澳，在燒灰爐村建立了一座鑄造廠，生產銅質、鐵質火炮，以及教堂銅鐘。火炮除供給濠鏡澳各大炮台防禦之用外，也銷往中國大陸、越南、日本、菲

1　江樹生譯著，《荷蘭聯合東印度公司台灣長官致巴達維亞總督書信集 I (1622-1626)》，頁 127。

2　宋克（Martinus Sonck)1624 年 11 月 5 日致巴達維亞總督卡本提耳函，江樹生譯著，《荷蘭聯合東印度公司台灣長官致巴達維亞總督書信集 I (1622-1626)》，頁 129-130、133、139、156。

3　德·韋特 1625 年 10 月 29 日致巴達維亞總督卡本提耳函，江樹生譯著，《荷蘭聯合東印度公司台灣長官致巴達維亞總督書信集 I (1622-1626)》，頁 226-227、238、244。

4　德·韋特 1626 年 11 月 15 日致總督卡本提耳函，江樹生譯著，《荷蘭聯合東印度公司台灣長官致巴達維亞總督書信集 I (1622-1626)》，頁 291、298-299、307、319、327。

5　彼德·納茨（Pieter Nuijts)1627 年 7 月 22 日致總督函，江樹生譯著，《荷蘭聯合東印度公司台灣長官致巴達維亞總督書信集 II (1627-1629)》，頁 6、14。

律賓、馬六甲等地。

1621 年 2 月 20 日，「需要派遣一名火炮鑄造大師到媽港。」[1] 葡印總督阿普奎克向國王報告，稱卡瓦略從媽港來信，邀請著名的博卡羅前往媽港。博卡羅於 1625 至 1656 年在該處建立了一間鑄炮廠。[2]

1625 年，博卡羅在澳門設立了「配合其防禦工事所需大炮」的鑄炮廠，他將留在這座讓他在政治社會中脫穎而出的城市。[3]

1627 年，博卡羅鑄炮廠鑄造了「聖勞倫斯」銅炮，其炮鈕鑄成獵狗頭狀。1717 年 9 月 2 日，兩廣總督通過廣州葡萄牙神父畢登庸求購一門銅炮，澳門耶穌會長建議議事會捐獻兩門銅炮給中國皇帝，遂將部署在聖地亞哥炮台上的「聖勞倫斯炮」及另一門銅炮送往廣州。[4] 1841 年鴉片戰爭後，英軍在虎門繳獲該炮，並作為戰利品送往英國。該炮現藏於倫敦塔軍械庫博物館，[5] 其複製品現存於澳門博物館。

1630 年，米格爾·朗喬神父建議拉藍圖卡主艦長弗朗西斯科·費爾南德斯前往濠鏡澳尋求足夠興建要塞的工程資金。朗喬神父不顧有病在身，放下教會事務隨船前往。他不負所託，從媽港籌得七百帕塔卡的資金，還帶了六名技工、一台用於製作火藥的碾磨機、十五門性能優良的大炮和槍械，返回索洛。[6]

1635 年，博卡羅稱：基亞山（松山）是這座城市最高的地方，因此要在它的山頂上建造了一座堡壘，基亞炮台配置有五門火炮。其一是使用八磅炮彈的輕型長炮；一門可發射六磅石彈的臼炮；三門使用九磅鐵子彈的岸基炮。全部皆為金屬火炮。他們在這座山頂上建成一座能夠容納一個修會的房屋和一座蓄水池。[7]

1635 年至 1638 年是博卡羅鑄炮廠火炮鑄造的鼎盛期。鑄炮廠最初鑄造銅炮，後來多鑄造鐵炮。[8]

1　N. Valdez dos Santos, *Manuel Bocarro o Grande Fundidor, in Boterim do Museu de Estudos Maritimos*, n.° 3, Macau, s/d. p. 75. Beatriz Basto da Silva, *Cronologia da História de Macau, Vol. 1-séculos XVI a XVIII*, p. 123.

2　博卡羅在澳門的年份均為博塞克所述，但有 1623-1645、1627-1650、1624-1647 等多種說法，見 Manuel Teixeira, *Macau e a sua diocese, IX, O culto de Maria em Macau*, p. 310.

3　Beatriz Basto da Silva, *Cronologia da História de Macau, Vol. 1-séculos XVI a XVIII*, p. 132.

4　Beatriz Basto da Silva, *Cronologia da História de Macau*, Vol. 2, p. 229.

5　Manuel Teixeira, *Os Militares em Macau*, p. 133.

6　Relação das Cristandade e Ilhar de Solor-cap. o V-Frei Miguel Rangel. Humberto Leitão, *Os Portugueses em Solor e Timor de 1515 a 1702*, Lisboa, 1948. p. 138.

7　Manuel Teixeira, *Macau e a sua diocese*, IX, O culto de Maria em Macau, p. 239.

8　Beatriz Basto da Silva, *Cronologia da História de Macau, Vol. 1-séculos XVI a XVIII*, p. 172.

「浴火重生」鐵炮 雅加達歷史博物館藏（雅加達，2012） 陳迎憲攝

　　1641 年葡萄牙人掌控的馬六甲被荷蘭人攻陷。有兩門來自濠鏡澳博卡羅鑄炮廠出品的火炮被荷軍繳獲，當成戰利品運往巴達維亞，被安置於巴達維亞城堡上，用於守衛港口。其中一門名為 Si Jagur 的鐵炮，炮身長三點八一米，重三點五噸，口徑為廿四厘米，可發射三十六磅石彈或一百磅鐵彈。該鐵炮炮身鑄有一行拉丁銘文：Es me ipsa renata sum，意思是「我已重生」。故此炮很可能是重新翻鑄的鐵炮。其獨特之處在於炮身後面的紋飾如同繡花圖案，炮鈕被認為是一位女性的拳頭，從繡花的袖口中伸出，拳頭的拇指從食指和中指間穿出，此手勢葡文稱為 Figa，表達對敵人蔑視的態度。[1] 該炮現安放在雅加達歷史博物館。文德泉神父稱，博卡羅鑄炮廠出品的炮鈕有三種制式：護身符手式；蓮花頭式；獵狗頭式。[2]

　　1647 年 6 月 30 日，一艘名為「聖禮號」（Sacramento）的葡萄牙加利恩大帆船在行經南非伊莉莎白港附近的鞋匠村海面時，遭遇惡劣天氣，觸礁沉沒。

1　引自雅加達歷史博物館說明文稿。

2　Manuel Teixeira, *Os Militares em Macau*, p. 136.

七十二名倖存者步行一千三百公里到達莫桑比克，另外九名倖存者於 1648 年 1 月 5 日抵達德拉戈亞灣（今馬布托灣）。大衛·艾倫和格里·范尼克於 1977 年在沉船水域打撈出四十門由博卡羅在澳門鑄造的青銅大炮。其中一門於 1640 年鑄造，炮長四百六十九厘米，重兩千五百公斤。[1]

1651 年，博卡羅加入議事會。在前任主艦長逝世後，他便擔任該職位直到 1664 年。[2]

1655 年，紐霍夫對本年的博卡羅鑄造廠作如下描述：「這座城市擁有比所有其他城市都巨大的火炮，並能以合理的價格在那裡獲得，他們有著大量業務，因為它們被認為是全葡印地區最好的，火炮用中國和日本的銅鑄造，被送往鄰近地區和遠方。」[3]

1672 年，這個被認為是博卡羅逝世的日期，其時他已返回果阿。[4]

葡荷果阿、馬六甲之戰

1636 年 11 月 9 日，荷蘭人聚集七艘加利恩船、一艘克拉克船、兩艘賓納薩雙桅船、數艘護衛艦，五艘英國船隻，計劃襲擊果阿炮台。12 月 31 日，荷蘭人完成對果阿灣的封鎖。[5]

1637 年 1 月 20 日，西葡軍方用旗幟裝飾完畢。清晨，西葡艦隊六艘加利恩船、十艘護衛艦、三艘炮艇和一些船隻，以極短時間發動攻擊，摧毀荷軍兩艘加利恩船艦，並讓兩艘指揮艦陷入危險境地，指揮官本傑明·伯奇被擊斃，副指揮雅各則掉頭逃逸。由於果阿戒備森嚴，同月 27 日，荷軍再部署六艘艦隊前往亞齊、馬六甲及媽港。[6]

1641 年，葡萄牙人很早就在馬六甲興建了針對荷蘭人的防禦工事，在荷蘭人圍困和封鎖馬六甲五個月後，葡萄牙人進行了英勇的防禦戰。而亞齊和柔佛國

1　南非伊莉莎白港鞋匠村（Schoenmakerskop）「聖禮號沉船大炮紀念碑」（Sacramento Cannon Monument）碑文。

2　Beatriz Basto da Silva, *Cronologia da História de Macau*, Vol. 1, p. 172.

3　Manuel Teixeira, *Macau e a sua diocese, IX, O culto de Maria em Macau*, p. 311.

4　Beatriz Basto da Silva, *Cronologia da História de Macau*, Vol. 1, p. 132.

5　Sir Richard Carnac Temple, *The Travels of Peter Mundy in Europe and Asia 1608-1667*, Vol. III. pp. 470-472.

6　Sir Richard Carnac Temple, *The Travels of Peter Mundy in Europe and Asia 1608-1667*, Vol. III. pp. 472-473.

聖地亞哥城堡遺址（馬六甲，2012）　陳迎憲攝

王也參加了這場荷蘭人反對葡萄牙人的戰爭。[1]

1642 年 5 月 30 日，荷蘭艦船「聖殿號」（*Capella*）抵達。此時，葡萄牙復國消息傳到媽港。[2]

英吉利商船首航媽港

相對於荷蘭人，由於資金不足，加上當時的英國東印度公司也不如荷蘭東印度公司獲得國家大力支持，英國人只以一種較低的姿態介入亞洲貿易。同時由於軍事力量不足，在 1625 年之前，英國還未能與葡屬印度的海軍實力抗衡。由於荷蘭人封鎖馬六甲海峽，英人有機會居中仰賴葡屬印度的訂單，派遣首艘英船來到中國海域。

對於首艘英船來澳的時間，葡文資料和英文資料有不同的日期：葡文編年史中稱在「1633 年，與果阿訂有合約的首艘英國東印度公司船隻，盡責地抵達中國媽港。」[3]而英文資料稱首艘英船來澳時間在 1635 年。

1635 年 5 月，葡屬印度總督致濠鏡澳總艦長的信函中稱，已秘密與英船「倫敦號」（*London*）協議運輸四十二門火炮和二百人，但信中囑咐總艦長禁止英人與中國官員接觸。10 月 20 日，「倫敦號」自果阿啟航，葡印總督派人隨船前往。[4]

1636 年 2 月，「倫敦號」偽裝成葡船抵達濠鏡澳。8 月，「倫敦號」自濠鏡澳返抵果阿，與在馬六甲和媽港一樣拒絕支付關稅，並拒絕交出從濠鏡澳運回印度的商品而直接將其運往倫敦。新任葡印總督向西葡國王聲稱，由於與「倫敦號」簽署合約的是前任總督，因此他無法向英方追討。[5]

1　John Crawfurd, *History of the Indian Archipelago. Containing an Account of the Manners, Arts, Languages, Religions, Institutions, and Commerce of its Inhabitants, With Maps and Engravings*, In Three Volumes, Vol. 2, Edinburgh: Archibald Constable & Co., 1820, p. 432.

2　Manuel Teixeira, *Macau no Séc. XVII*, p. 76.

3　Beatriz Basto da Silva, *Cronologia da História de Macau, Vol. 1-séculos XVI a XVIII*, p. 148.

4　Rogério Miguel Puga, *The British Presence in Macau*, 1635-1793, pp 30-31.

5　Rogério Miguel Puga, *The British Presence in Macau*, 1635-1793, p31.

《眺望澳門市鎮與城堡》1746　哈里斯·約翰　銅版畫　澳門博物館藏

科廷商會武力開啟中英貿易

以威廉·科廷為首的多位英國商人在 1635 年組成商會，組建武裝商船船隊，準備以武力開啟中英貿易。

1635 年，英皇室通過有影響力的恩第門·波特，向威廉·科廷、基納斯頓、波內爾等商人組成的科廷商會發出許可証。12 月 6 日，由威廉·科廷等英商合股一萬英鎊，組成具有皇家背景的科廷商會，委任約翰·威德爾為指揮官，並以四艘大船——「龍號」（Dragon）、「太陽號」（Sunne）、「凱瑟琳號」（Catherine）、「播種號」（Planter），以及兩艘賓納薩快艇「安妮號」（Anne）和「探索號」（Discovery），組成遠征船隊，計劃前往果阿、馬拉巴、中國等地。[1]

1636 年 4 月 14 日，由查爾斯一世國王支持，威廉·科廷率大小六艘船隊自英國多佛港啟航前往中國。自啟航前夕起，威廉爵士感覺有一些不適，在啟航後

1　Sir Richard Carnac Temple, *The Travels of Peter Mundy in Europe and Asia 1608-1667*, Vol. III, pp. 429, 437. Hosea Ballou Morse, *The Chronicles Of The East India Company tardinha to China 1635-1834*, Vol. I, pp. 15-16.

的三個月間，繁重的商務導致其心臟破裂，他在途中逝世。[1] 10月7日，船隊抵達果阿。[2]

　　1637年1月17日，正值荷蘭人和葡萄牙人在果阿港口作戰之際，威德爾率船隊離開果阿，經巴特卡爾、科欽、和亞齊，前往馬六甲。[3] 6月27日，由船長約翰・威德爾率領的英國船隊，到達濠鏡澳南部的小島（氹仔），這是英商首次來華貿易的航行。然而，遭到濠鏡澳葡人開火阻止英商船隊進入內港。船隊上有一位商人、旅行家和作家彼特・蒙迪，在日記中記錄了此次航程。[4] 7月23日，葡萄牙六船船隊離港前往日本貿易。與此同時，威德爾派遣「安妮號」尋找前往廣州的河口。8月6日，英船隊開往珠江口。8日，抵達距氹仔四十八浬的阿娘鞋，但受到來自中國官員的抗議，艦隊被要求返回氹仔錨地等待。12日，英船「龍號」抵近阿娘鞋炮台（威遠炮台），發炮數次，但沒有打到。隨後中方向四艘英艦開炮，但未有作用。英軍的火力迅猛，僅半小時便攻陷炮台，英軍登陸，繳獲四十四門小炮、二艘平底船和一艘漁船。15日，威德爾派遣前往廣州談判的諾勒第返回，稱獲公平接待，若無其他事情發生，他獲廣州的高級官員保證能滿足他們的願望，如果英人發還所繳槍炮及退出所佔炮台，並如同葡人一樣支付皇帝稅項，則允許貿易。兩天後，諾勒第帶兩名英商前赴廣州。21日，諾勒第帶回海道和總兵的一份中文公文和一名葡文翻譯，稱葡人反對英人在濠鏡澳貿易，如英人支付皇帝稅項，便可前往廣州交易。24日，諾勒第帶另外兩名英商、八個內含二萬二千里爾銀幣的箱子和兩小箱日本銀元前赴廣州。29日，因颱風來臨，英船要求轉移往內河的大虎島避風，但被拒絕。至9月8日，英商支付二萬八千里爾，運回一千擔的糖。9月10日，凌晨二時退潮時分，三艘軍艦準時被派往驅趕英船隊，船隻被割斷纜繩後陷入危險境地，軍艦向船隊駛來，並猛烈開火，但沒有擊中。威德爾的期望備受打擊，但他需要顧忌商人仍在廣州中國人之手、防止葡人從中挑撥及避免中國加劇敵對行動。18日，威德爾焚燒二艘艍

1　Sir Richard Carnac Temple, *The Travels of Peter Mundy in Europe and Asia 1608-1667*, Vol. III. pp. 424-425.

2　Hosea Ballou Morse, *The Chronicles Of The East India Company tardinha to China 1635-1834*, Vol. I, p. 16.

3　Hosea Ballou Morse, *The Chronicles Of The East India Company tardinha to China 1635-1834*, Vol. I, p. 17.

4　Austin Coates, *Macao and the British, 1637-1842, Prelude to Hong Kong*, Hong Kong: Hong Kong University Press, 2009, p. 1.

船，並佔領阿娘鞋炮台，第二天再焚燒一艘大船。24 日，一封中國官方的信件送達，要求英人在十日內撤離，英人獲悉福建艦隊將前來圍剿。26 日，威德爾離開伶仃洋。27 日到達距離濠鏡澳四里格海域。兩天後，威德爾獲允許在媽港作有限度的貿易。10 月 18 日，在廣州的英商支付二千八百兩（四千二百五十里爾）關稅。11 月 26 日，英船隊返回到濠鏡澳。[1]

彼特・蒙迪記錄了 1637 年 12 月由中國濠鏡澳出發、航經馬六甲，並抵達蘇門答臘島亞齊的過程及以下事例：「12 月 20 日，英商船『凱瑟琳號』裝載糖、薑、絲綢、瓷器及黃金等，約值六萬八單位雷阿爾的中國貨物先行返英。27 日，英船將一批來澳避難的日本天主教徒運往印度。」[2]

1638 年，彼特・蒙迪「凱瑟琳號」和殘缺的小船「安妮號」後來被賣給西班牙人；「龍號」和「太陽號」自媽港三里格處啟航。1 月 11 日，穿過柬埔寨灣，16 日抵達並錨泊在馬六甲港。19 日自馬六甲啟航，23 日船隻停靠蘇門答臘島。26 日離開蘇門答臘島。4 月，經毛里求斯島、馬斯克林群島。6 月 2 日，抵達聖勞倫斯島的奧古斯定灣。9 月 24 日，經過好望角。10 月 13 日，停靠聖海倫娜。12 月 2 日，抵達阿速爾群島的聖瑪麗島。12 月 16 日，返抵倫敦。由中國至英倫，行程共計三萬六千二百零四海里。[3]

1639 年，根據彼特・蒙迪的說法，當年馬六甲有一位英國女士曾照料「聖家」。她是十八或十九年前來自英國，其乘坐「獨角獸號」前往日本，在中國海岸遭受海難後，去了濠鏡澳，然後回到馬六甲，在那裡她獲得「聖家」的支持。[4]

1640 年 3 月 18 日，葡印總督來函通知，英國艦長威德爾率領四艘納烏船隊前往中國海域，將對濠鏡澳構成嚴重威脅。[5]

1643 年 7 月 12 日，威廉・高勒船長領航的英國科廷商會「好望號」（*Boa Esperança*）裝載紅珊瑚、木材、肉桂、象牙等貨物，從果阿前往媽港，在試圖通過馬六甲海峽時，被截停在皮桑島，被劫往馬六甲。船上還搭載了由果阿

1　Hosea Ballou Morse, *The Chronicles Of The East India Company tardinha to China 1635-1834*, Vol. I, pp. 19-25.

2　Peter Mundy, *The Travels of Peter Mundy in Europe and Asia: 1608-1667*, Vol. VIII, Part 1, p. 292.

3　Sir Richard Carnac Temple, *The Travels of Peter Mundy in Europe and Asia 1608-1667, Vol. III. Travels in England, India, China, etc. 1634-1638, Part II, Second Series No. XLVI*, London: The Hakluyt Socíety, Issued for 1919, pp. 317-328, 344, 363, 408, 419-423.

4　Manuel Teixeira, *Macau e A sua Diocese, VI, A missão Portuguesa de Malaca*, p. 214.

5　*Arquivos de Macau*, 3a série, Vol. II, No. 2 Agosto de 1964, p. 128.

派出的媽港總艦長劉易斯・蘇沙和媽港署理主教曼奴埃爾・費爾南德斯神父等人員。荷蘭人先後釋放葡人和四十五名英國水手，但沒收了船上價值六萬三千四百六十二荷蘭盾的貨物。[1]

1644 年，「欣德號」（*Hinde*）被派往濠鏡澳貿易以增加公司的利潤，於 8 月 9 日抵達，根據丈量，需繳付三千五百里爾（八單位）稅金，其裝載了瓷器和黃金。[2]

1　Marcus P. M. Vink, *"The Entente Cordial The Dutch East India Company and Portuguese Shopping Through the Straits of Malacca 1641-1663"*, *Revista de Cultura*, Portuguese/English, 13/14, 1993.

2　Hosea Ballou Morse, *The Chronicles Of The East India Company tardinha to China 1635-1834*, Vol. I, p. 32.

結語

自史前始,澳門便與海洋結下不解之緣,自明中葉始,憑藉其地理優勢,逐漸形成一個優良港口。

澳門海上遠洋航線起源於 1445 年琉球人因風暴偶然漂流到濠鏡港,隨後長期使用濠鏡作為琉球前往東南亞各國貿易的中途補給港。1529 年林富上疏開放廣東蕃市,1535 年濠鏡開埠成為澳口,澳門正式作為朝貢和互市貿易的航線。在 1557 年之前,已有五國商人在此貿易。1557 年葡人獲准入居濠鏡澳。自此,由葡萄牙人代表的歐洲地理大發現航線與中國的東亞海上絲綢之路朝貢貿易航線在澳門交匯,影響深遠。自葡萄牙人入居澳門的明代中葉,直至清中葉(1849)的近三百年間,澳門是東亞地區環球航運的重要樞紐港口。

中英鴉片戰爭之後,1842 年,香港被割讓給英國,中國還被迫開放上海、寧波、福州、廈門、廣州五口通商。澳門也在 1849 年起,被葡萄牙強行佔領。清末至抗日戰爭前夕的九十年間,雖然澳門海洋航運樞紐港的地位被其他港口所取代,但澳門仍然是許多國家來華停靠的主要國際自由港口之一。

澳門的海洋航線有著延續時間長、地域範圍廣、航點多、影響範疇深遠的特點。澳門海洋航線自 1445 年起至今,延續時間逾五個半世紀,即使在明、清海禁時期,澳門海洋航線仍然保持對外交往,是少數延續時間長而未曾中斷的海洋

航線之一。澳門海洋航線在不同歷史時期有著不同的航線和航點。航線覆蓋世界上的主要洋區和數十個各大海區，港口遍及五大洲，是世界各地航點最多的海洋航線之一。

澳門海洋航線不僅是一條商貿航線，更重要的是其所涉及的範疇，包括：政治、經濟、軍事、科技、民族、宗教、文化、航運、人口遷徙等諸多領域。這條海洋航線對溝通世界各主要文明，特別是對中、歐兩大文明間的相互認識、瞭解和交流，產生廣泛、深遠和重要的影響，是影響世界近代史和世界海洋史的重要航線之一。

參考書目、文獻

中文

1. 〔漢〕司馬遷,《史記》,一三〇卷本,北京:中華書局,1997。

2. 〔東漢〕班固,《漢書》,一〇〇卷本,北京:中華書局,1997。

3. 〔南朝宋〕范曄,《後漢書》,一二〇卷本,北京:中華書局,1997。

4. 〔南朝梁〕顧野王,《玉篇》,三〇卷本。

5. 〔唐〕魏徵等,《隋書》,貞觀三年八五卷本,北京:中華書局,1997。

6. 〔唐〕姚思廉,《梁書》,五六卷本,北京:中華書局,1997。

7. 〔唐〕義淨,《大唐西域求法高僧傳校註》,王邦維校註,中華書局,2009。

8. 〔後晉〕劉昫等,《舊唐書》,二〇〇卷本,北京:中華書局,1997。

9. 〔宋〕陳彭年,《廣韻》,大中祥符元年五卷本。

10. 〔宋〕丁度,《集韻》,景祐四年十卷本。

11. 〔宋〕歐陽修、宋祁等,《新唐書》,二二五卷本,北京:中華書局,1997。

12. 〔宋〕朱彧,《萍洲可談》,三卷本,李偉國整理,鄭州:大象出版社,2006。

13. 〔南宋〕周去非，《嶺外代答》，淳熙五年十卷本，北京：中華書局，楊武泉校註，1999。

14. 〔南宋〕趙汝適，《諸蕃志》，木刻兩卷影印本，李調元校。

15. 〔元〕脫脫、阿魯圖，《宋史》，至正三年四九六卷本，北京：中華書局，1997。

16. 〔元〕汪大淵原著，《島夷志略校釋》，蘇繼廎校釋，北京：中華書局，1981。

17. 〔明〕宋濂、王褘，《元史》，二一〇卷本，北京：中華書局，1997。

18. 〔明〕鞏珍，《西洋番國志、鄭和航海圖、兩種海道針經》，向達校，北京：中華書局，1959。

19. 〔明〕費信原著，《星槎勝覽校註》，馮承鈞校，北京：中華書局，1954。

20. 〔明〕馬歡，《瀛涯勝覽》，北京：中華書局，1985。

21. 〔明〕黃省曾原著，《西洋朝貢典錄、東西洋考》，謝方校註，北京：中華書局，1981。

22. 〔明〕鄧遷、黃佐，《香山縣志》，《日本藏中國罕見地方志叢刊》，嘉靖二十七年八卷木刻本，北京，書目文獻出版社，1991。

23. 〔明〕鄭若曾，《籌海圖編》，十三卷本，嘉靖三十五年木刻本，日本內閣文庫藏。

24. 〔明〕黃佐，《廣東通志》，七〇卷，嘉靖三十九年，京都大學數字圖書館藏本。

25. 〔明〕郭棐，《粵大記》，《日本藏中國罕見地方志叢刊》，三二卷木刻本，北京：書目文獻出版社，1990。

26. 〔明〕黃佐，《黃泰泉先生全集》，六〇卷，萬曆七年著，康熙二十一年重梓，黃氏寶書樓藏版，學海書樓藏本。

27. 〔明〕嚴從簡，《殊域周咨錄》，萬曆十一年，余思黎點校，北京：中華書局，1993。

28. 〔明〕蔡汝賢，《東夷圖像‧東夷圖說》，萬曆十四年，北京：國家圖書館藏。

29. 〔明〕蔡汝賢，《東南夷圖說》二卷，《嶺海異聞》一卷，《續聞》一卷，萬曆十四年木刻本，濟南：齊魯書社，1996。

30. 〔明〕李言恭、郝傑，《日本考》，萬曆二十一年，汪向榮、嚴大中校，北

京：中華書局，2000。

31. 〔明〕郭棐，《廣東通志》，七二卷，萬曆三十年木刻本。

32. 〔明〕王以寧，《東粵疏草》，五卷，萬曆三十八年。

33. 〔明〕章潢，《圖書編》，一二七卷，萬曆三十九年。

34. 〔明〕翟九思，《萬曆武功錄》，十四卷，萬曆四十年木刻本。

35. 〔明〕張燮原著《西洋朝貢典錄、東西洋考》，謝方校註，北京：中華書
　　局，1981。

36. 〔明〕茅元儀，《武備志》，二四〇卷，天啟元年。

37. 〔明〕鄭若曾，《籌海圖編》，十三卷，天啟四年木刻本，台北國家圖書
　　館藏。

38. 〔明〕方以智，《通雅》，五二卷，《欽定四庫全書》本。（《中國哲學書電
　　子化計劃》版）。

39. 〔明〕陳子龍，《皇明經世文編》，五〇〇卷、補遺四卷，崇禎十一年。

40. 《大明英宗睿皇帝實錄》，三六一卷，成化三年。

41. 《大明武宗毅皇帝實錄》，一九七卷，嘉靖四年。

42. 《大明世宗肅皇帝實錄》，五六六卷，萬曆五年。

43. 《大明穆宗莊皇帝實錄》，七〇卷，萬曆二年。

44. 《大明神宗顯皇帝實錄》，五九六卷，崇禎三年。

45. 《大明熹宗悊皇帝實錄》，八四卷，崇禎末年。

46. 〔清〕尤侗，《外國竹枝詞》，一一〇首木刻本，康熙辛酉，大西山房。

47. 〔清〕黎則、大汕原著，《安南志略·海外紀事》，武尚青、余思黎點校，
　　北京：中華書局，2000。

48. 〔清〕屈大均，《廣東新語》，北京：中華書局（全二冊），1985。

49. 〔清〕徐葆光，《中山傳信錄》，六卷，康熙六十年。

50. 〔清〕印光任、張汝霖、祝淮等，《澳門記略、澳門志略》（全二冊），北
　　京：國家圖書館出版社，2010。

51. 〔清〕萬斯同、張廷玉等，《明史》，三三二卷，北京：中華書局，1997。

52. 〔清〕周煌，《琉球國志略》，十六卷，乾隆二十四年漱潤堂藏版。

53. 〔清〕羅善徵繪，《皇清職貢圖》，八卷，《四庫全書》史部，乾隆四十三
　　年手抄影印本。

54. 〔清〕杜臻，《粵閩巡視記略》，六卷，乾隆四十五年木刻本。

55. 〔清〕龍文彬，《明會要》，八十卷，北京：中華書局，1956。

56. 〔清〕徐松，《西域水道》（外二種），北京：中華書局，2005。

57. 〔清〕梁廷枏，《粵海關志》，三十卷，道光十九年木刻本，粵東省城龍藏街業文堂版。

58. 〔清〕梁廷枏，《夷氛聞記》，北京：中華書局，1959。

59. 〔清〕梁廷枏，《海國四說》，北京：中華書局，1993。

60. 〔清〕黃本驥，《歷代職官表》，上海：上海古籍出版社，2005。

61. 〔清〕徐繼畬，《瀛環志略》，十卷本，道光二十八年刻本，井上春洋、森荻園、三守柳圃訓點，阿陽對嵋閣藏梓。

62. 〔清〕夏燮，《中西紀事》，十一卷，同治四年木刻本。

63. 〔清〕王之春，《清朝柔遠記》，趙春晨點校，北京：中華書局，1989。

64. 〔清〕田星五、陳澧，《香山縣志》，二十二卷，光緒五年木刻本。

65. 〔清〕葉鈐，《明紀編遺》，六卷，《四庫禁燬書叢刊》史部十九，北京：北京出版社，2000。

66. 佚名，《香山縣鄉土志》，民國一年手抄本，北京：中國科學院圖書館藏本。

67. 張禮千，《馬六甲史》，上海：商務印書館，1941。

68. 程演生、李季、王獨清，《倭變事略》，中國歷史研究社編，上海：神州國光社出版，1946。

69. 馮承鈞，《星槎勝覽校註》，北京：中華書局，1954。

70. 馮承鈞，《瀛涯勝覽校註》，北京：中華書局，1955。

71. 馮承鈞，《中國南洋交通史》，上海：上海古籍出版社，2005。

72. 梁嘉彬，《廣東十三行考》，廣州：廣東人民出版社，1999。

73. 王文達，《澳門掌故》，澳門：澳門教育出版社，2003。

74. 戴裔煊，《〈明史・佛郎機傳〉箋正》，北京：中國社會科學出版社，1984。

75. 陳佳榮，《中外交通史》，香港：學津書店，1987。

76. 黃文寬，《澳門史鈎沉》，澳門：星光出版社，1987。

77. 元邦建、袁桂秀，《澳門史略》，香港：中流出版社有限公司，1988。

78. 朱鑒秋、李萬權等，《新編鄭和航海圖集》，海軍海洋測繪研究所、大連海運學院航海史研究室編制，北京：人民交通出版社，1988。

79. 趙春晨，《澳門記略校註》，澳門：文化司署，1992。

80. 王任叔，《印度尼西亞近代史》上、下冊，北京：北京大學出版社，1995。

81. 張榮芳、黃淼章，《南越國史》，廣州：廣東人民出版社，1995。

82. 楊萬秀、鍾卓安，《廣州簡史》，廣州：廣東人民出版社，1996。

83. 劉芳，《漢文文書──葡萄牙國立東波塔檔案館庋藏澳門及東方檔案文獻》，澳門：文化司署，1997。

84. 章文欽，《澳門歷史文化》，北京：中華書局，1999。

85. 湯開建，《澳門開埠初期史研究》，北京：中華書局，1999。

86. 中國第一歷史檔案館、澳門基金會、暨南大學古籍研究所，《明清時期澳門問題檔案文獻匯編》（六冊），北京：人民出版社，1999。

87. 王冠倬，《中國古船圖譜》，北京：生活・讀書・新知三聯書店，2000。

88. 金國平，《西力東漸：中葡早期接觸追昔》，澳門：澳門基金會，2000。

89. 李平日、黃光慶、王為、嚴維樞、譚惠忠、侯的平，《珠江口地區風暴潮沉積研究》，廣州：廣東科技出版社，2002。

90. 文物出版社編輯部，《中國歷史年代簡表》，香港：三聯書店（香港）有限公司，2002。

91. 汪兆鏞原著、葉晉斌圖釋，《澳門雜詩圖釋》，澳門：澳門基金會，2004。

92. 湯開建，《委黎多〈報效始末疏〉箋正》，廣州：廣東人民出版社，2004。

93. 石守謙，《福爾摩沙：十七世紀的台灣、荷蘭與東亞》，台北：故宮博物院，2005。

94. 王頲，《西域南海史地研究》，上海：上海古籍出版社，2005。

95. 金國平，《西方澳門史料選萃（15-16世紀）》，廣州：廣東人民出版社，2005。

96. 譚世寶，《澳門歷史文化探真》，北京：中華書局，2006。

97. 嚴忠明，《一個海風吹來的城市：早期澳門城市發展史研究》，廣州：廣東人民出版社，2006。

98. 黃啟臣，《海上絲路與廣東古港》，香港：中國評論學術出版社，2006。

99. 譚世寶，《金石銘刻的澳門史》，廣州：廣東人民出版社，2006。

100. 古錦其，《珠海市文物志》，珠海：珠海出版社，2007。

101. 戚印平，《遠東耶穌會史研究》，北京：中華書局，2007。

102. 黃應豐，《南海神廟碑刻拓片集》，廣州：廣州出版社，2007。

103. 陳鴻瑜，《印度尼西亞史》，台北：編譯館，2008。

104. 吳志良、湯開建、金國平，《澳門編年史》，廣州：廣東人民出版社，2009。

105. 北京行政學院，《青石存史——「利瑪竇和外國傳教士墓地」的四百年滄桑》，北京：北京出版集團公司，2011。

106. 黃曉東，《珠海簡史》，北京：社會科學文獻出版社，2011。

107. 湯錦台，《大航海時代的台灣》，台北：如果出版社，2011。

108. 曾昭璇，《珠江三角洲地貌發育》，廣州：暨南大學出版社，2012。

109. 澳門地圖繪製暨地籍局，《澳門半島地質圖》《氹仔地質圖》《路環地質圖》，澳門：地圖繪製暨地籍局，2012。

110. 湯錦台，《閩南海上帝國——閩南人與南海文明的興起》，台北：如果出版事業股份有限公司，2013。

111. 陳國棟，《東亞海域一千年》（增訂新版），台北：遠流出版公司，2013。

112. 鄧聰，《澳門黑沙玉石作坊》，澳門：民政總署，2013。

113. 戚印平，《澳門聖保祿學院研究》，北京：社會科學文獻出版社，2013。

114. 陳鴻瑜，《泰國史》，台北：台灣商務印書館，2014。

115. 吳宏岐，《時空交織的視野：澳門地區歷史地理研究》，澳門：澳門特別行政區政府文化局，北京：社會科學文獻出版社，2014。

116. 張曙光、戴龍基，《駛向東方：全球地圖中的澳門》第一卷／中英雙語版，北京：社會科學文獻出版社，2015。

117. 李鵬翥，《澳門古今》，澳門：三聯出版（澳門）有限公司，2015。

118. 譚世寶，《馬交與支那諸名考》，香港：香港出版社，2015。

119. 曹永和，《台灣早期歷史研究》，台北：聯經出版事業股份有限公司，2016。

120. 戴龍基、楊迅凌，《全球地圖中的澳門》第二卷，北京：社會科學文獻出版社，2017。

121. 戴龍基、楊迅凌，《明珠星氣，白玉月光：澳門科技大學「梵蒂岡宗座圖書館地圖文獻珍藏展」圖錄暨「全球地圖中的澳門」2015 年冊》，澳門：澳門科技大學出版發行，2017。

122. 蔡鴻生，《廣州海事錄——從市舶時代到洋舶時代》，北京：商務印書館，2018。

123. 蔣美賢、鄧駿捷《澳門媽閣石刻》，香港：三聯書店（香港）有限公司，2020。

外文中譯本

1. 〔葡〕曾德昭（Alvaro Semedo），《大中國志》，何高濟譯，台北：台灣書房出版有限公司，2010。

2. 〔瑞典〕龍思泰（Anders Ljungstedt），《早期澳門史：在華葡萄牙居留地簡史、在華羅馬天主教會及其佈道團簡史、廣州概況》，吳義雄、郭德焱、沈正邦譯，章文欽校註，北京：東方出版社，1997。

3. 〔葡〕白尼奧（António Baptista），《澳門歷史辭典（樣章）》，張翠英、胡英譯，澳門：澳門大學，2000。

4. 〔葡〕潘日明（Benjamin Videira Pires），《殊途同歸——澳門的文化交融》，澳門：文化司署，1992。

5. 〔葡〕查·愛·諾埃爾（Charles E. Nowell），《葡萄牙史》，南京師範學院教育系譯，香港：商務印書館香港分館，1979。

6. 〔葡〕伯來拉（Galeote Pereira）、克路士（Gaspar da Cruz）等，《南明行紀》，何高濟譯，台北：台灣書房出版有限公司，2010。

7. 〔越〕陳重金，《越南通史》，戴可來譯，北京：商務印書館，1992。

8. 〔葡〕桑托斯（Domingos Maurício Gomes dos Santos, S. J.），《澳門遠東第一所西方大學》，澳門：澳門基金會，澳門：澳門大學法學院，1994。

9. 《十七世紀北台灣的西班牙帳簿》第一冊（1626-1633），方真真主譯，南投：台灣歷史博物館，台南：國史館台灣文獻館，2017。

10. 〔葡〕費爾南·門德斯·平托（Fernão Mendes Pinto），《葡萄牙人在華見聞錄——十六世紀手稿》，王鎮英譯，澳門：文化司署，澳門：東方葡萄牙學會，海口：海南出版社，海口：三環出版社，1998。

11. 〔葡〕費爾南·門德斯·平托（Fernão Mendes Pinto），《遠遊記》上、下冊，金國平譯，澳門：葡萄牙大發現紀念委員會，澳門：澳門基金會，澳門：澳門文化司署，澳門：東方葡萄牙學會，1999。

12. 〔法〕費琅（Gabriel Ferrand），《昆侖及南海古代航行考、蘇門答剌古國考》，馮承鈞譯，北京：中華書局，2002。

13. 〔澳大利亞〕杰弗里·C·岡恩（Geoffrey C. Gunn），《澳門史 1557-

1999》，秦傳安譯，北京：中央編譯出版社，2009。

14. 〔英〕赫德遜（G. F. Hudson），《歐洲與中國——從古代到 1800 年的雙方關係概述》，李申、王遵仲、張毅譯，台北：台灣書房出版有限公司，2010。

15. 〔法〕馬伯樂（Henri Masper），《占婆史》，馮承鈞譯，上海：上海古籍出版社，2014。

16. 〔美〕達飛聲（James W. Davidson），《福爾摩沙島的過去與現在》上、下冊，陳政三譯註，台南：台灣歷史博物館、南天書局有限公司，2014。

17. 〔法〕約翰・鄧摩爾（John Dunmore），《太平洋的大歷史：偉大航海家這樣改變了自己和東西方的文明與國家命運》，楊晴譯，台北：大是文化有限公司，2017。

18. 〔葡〕薩拉依瓦（José Hermano Saraiva），《葡萄牙簡史》，李均報、王全禮譯，石家莊：花山文藝出版社，1994。

19. 〔葡〕若澤・艾爾瑪諾・薩拉伊瓦（José Hermano Saraiva）、〔葡〕文德泉（Manuel Teixeira），《賈梅士來過澳門・賈梅士在澳門》，曾永秀、黃徽現、鍾怡、談霏、李健、莫秀妍、姚京明譯，澳門：澳門國際協會，1999。

20. 〔英〕金約翰（J.W. King），《海道圖說》，傅蘭雅譯，上海：江南機器製造總局，1875。

21. 〔法〕鄂盧梭（L. Aurouseau），《秦代初平南越考》，馮承鈞譯，上海：上海古籍出版社，2014。

22. 〔美〕林肯・潘恩（Lincoln Paine），《海洋與文明——世界航海史》，陳建軍、羅燚英譯，新北：廣場出版，2018。

23. 〔葡〕路易斯・德・卡蒙斯（Luís de Camões），《盧濟塔尼亞人之歌》，張維民譯，成都：四川文藝出版社，2019。

24. 〔意〕馬可波羅（Marco Polo），《馬可波羅行紀》，馮承鈞譯，〔法〕沙海昂註，北京：中華書局，2004。

25. 〔意〕利瑪竇（Mathew Ricci）、〔法〕金尼閣（Nicolas Trigault），《利瑪竇中國札記》，何高濟、王遵仲、李申譯，北京：中華書局，1983。

26. 〔葡〕徐薩斯（Montalto de Jesus），《歷史上的澳門》，黃鴻釗、李保平譯，澳門：澳門基金會，2000。

27. 〔法〕伯希和（Paul Pelliot），《鄭和下西洋考》，馮承鈞譯，台北：台灣商

務印書館股份有限公司，1963。

28. 〔法〕伯希和（Paul Pelliot），《明末奉使羅馬教廷耶穌會士卜彌格傳》，馮承鈞譯，上海：上海古籍出版社，2014。

29. 〔德〕普塔克（Roderich Ptak），《普塔克澳門史與海洋史論集》，趙殿紅、蔡潔華等譯，廣州：廣東人民出版社，2018。

30. 〔印度〕桑賈伊・蘇拉馬尼亞姆（Sanjay Subrahmanyam），《葡萄牙帝國在亞洲：1500-1700 政治和經濟史》，何吉賢譯，澳門：紀念葡萄牙發現事業澳門地區委員會，1997。

31. 〔法〕烈維（Sylvain Lévi）、〔法〕沙畹（E. Chavannes）、〔法〕伯希和（P. Pelliot），《史地叢考、史地叢考續編》，馮承鈞譯，上海：上海古籍出版社，2014。

32. 〔意〕利瑪竇（Mathew Ricci），《利瑪竇中文著譯集》，朱維錚譯，上海：復旦大學出版社，2001。

33. 〔日〕宮崎正勝，《航海圖的世界史》，朱悅瑋譯，北京：中信出版社，2014。

34. 〔日〕羽田正，《從海洋看歷史》，張雅婷譯，新北：廣場出版，2017。

35. 〔日〕上田信，《海與帝國・明清時代》，葉韋利譯，新北：台灣商務印書館股份有限公司，2017。

36. 〔荷〕雷爾松（Cornelis Reijersen）等，《荷蘭聯合東印度公司台灣長官致巴達維亞總督書信集 I (1622-1626)》，江樹生譯註，南投：國史館台灣文獻館，台南：台灣歷史博物館，2010。

37. 〔荷〕彼得・納茨（Pieter Nuijts）等，《荷蘭聯合東印度公司台灣長官致巴達維亞總督書信集 II (1627-1629)》，江樹生譯註，南投：國史館台灣文獻館，台南：台灣歷史博物館，2010。

38. 〔日〕高良倉吉，《琉球の時代：偉大歷史的圖像》，蘆荻譯，新北：聯經出版事業股份有限公司，2018。

葡萄牙文 / 西班牙文

1. A. Faria de Morais, *Sólor e Timor*, Lisboa: Divisão de Publicações e Biblioteca, 1994.

2. A. H. de Oliveira Marques, *História dos Portugueses no Extremo Oriente 1º.*,

Volume Tomo 1, Macau: Fundação Oriente, 1998.

3. Anders Ljungstedt, *Um Esboço Histórico dos Estabelecimentos dos Portugueses e da Igreja Católica Romana e das Missões na China & Descrição da Cidade de Cantão*, Macau: Câmara Municipal de Macau Provisória, 1999.

4. Antonio Bocarro, *Archivo Portuguez Oriental, (nova edição) Tomo IV, História Administrativa, Volume II 1600-1699, Parte II Livro das plantas de todas as fortalezas, cidades e povoações de Estado da India Oriental,* Goa: Tipografia Rangel Basterá India Portuguesa, 1938.

5. Antonio Bocarro, *Decada 13 da Historia da India*, Lisboa: Typographia da Academia Real das Sciencias, 1876 (https://permalinkbnd.bnportugal.gov.pt/records/item/69037-decada-13-da-historia-da-india).

6. Antonio Francisco Cardim, *Relação da Gloriosa Morte de Quatro Embaixadores Portuguezes, da Cidade de Macao, com Sincoenta, & Sete Christaõs de sua companhia, digolados todos pella fee de Christo em Nagassaqui, Cidade de Iappaõ, artes de Agosto de 1640: com todas as circunstancias de sua embaixada*, Lisboa: Officina de Lourenço de Anueres, 1643.

7. António da Silva Rego, *A Presença de Portugal em Macau*, Lisboa: Divisão de Publicações e Biblioteca, 1946.

8. António da Silva Rego, *Macau e A Semana do Ultramar Português de 1951*, Lisboa: Sociedade de Geografia de Lisboa, 1951.

9. António da Silva Rego, *Documentação para a História das Missões do Padroado Português do Oriente: Índia*, Vol.7., Lisboa: Agência Geral do Ultramar, 1952.

10. António Marques Esparteiro, *Portugal no Mar (1608-1923)*, Lisboa: Composto e impresso na Gráfica Santelmo, 1954.

11. António Rodrigues Baptista, *A Última Nau-Estudos de Macau*, Macau: A. R. Baptista, 2000.

12. Armando Cortesão, *Cartografia e Cartógrafos portugueses dos Séculos XV e XVI*, Volume II, Lisboa: Ed. da Seara Nova, 1935.

13. Armarando Cortesão, *Biographical Note of Tomé Pires, The Introduction of the Suma Oriental of Tomé Pires and the Book of Francisco Rodrigues*, London:

Hakluyt Society, 1944.

14. *Archivo Portuguez Oriental, Fascículo 3.o As Cartas e Instrucções dos Reis de Portugal aos Vice-Reis e Governadores da India no Século XVI*, Nova Goa: Imprensa Nacional, 1861.

15. Artur Basíliio de Sá, *Jorge Álvares-Quadros da sua biografia no Oriente*, Lisboa: Agência Geral do Ultramar, 1956.

16. Artur Basilio de Sá, *Documentação para a História das Missões do Padroado Português do Oriente,* Insulíndia 4.° Vol. (1568-1579), Lisboa: Agência Geral do Ultramar, Divisão de Publicações e Biblioteca, 1956.

17. Artur Basilio de Sá, *Documentação para a História das Missões do Padroado Português do Oriente,* Insulíndia 5.° Vol. (1580-1595), Lisboa: Agência Geral do Ultramar, Divisão de Publicações e Biblioteca, 1958.

18. Artur Basilio de Sá, *Documentação para a História das Missões do Padroado Português do Oriente,* Insulíndia 6.° Vol. (1595-1599), Lisboa: Instituto de Investigação Científica Tropical, Centro de Estudos de História e Cartografia Antiga, 1988.

19. Artur Levy Gomos, *Esboço da História de Macau, 1511 a 1849*, Macau: Repartição Provincial dos Serviços de Economia e Estatística Geral (Secção de Propaganda e Turismo), 1957.

20. Avelino Rodrigues, *Tanegashima–A Ilha da Espingarda Portuguesa* 種子島ポルトガル銃の島 , Macau: Instituto Cultural de Macau, 1988.

21. Beatriz Basto da Silva, *Cronologia da História de Macau, Vol. 1-séculos XVI a XVIII*, Macau: Livros do Oriente, 2015.

22. Benjamin Videira Pires, *A Vida Marítima de Macau no Século XVIII,* Macau: Instituto Cultural de Macau, 1993.

23. Benjamin Videira Pires, *A Viagem de Comércio Macau-Manila nos Séculos XVI a XIX*, Macau: Museu Marítimo de Macau, 1994.

24. Benjamin Videira Pires, *Taprobana e Mais Além...Presenças de Portugal na Ásia,* Macau: Instituto Cultural de Macau, 1995.

25. Bento da França, *Macau e Os Seus Habitantes Relações com Timor*, Lisboa: Imprensa Nacional, 1897.

26. C. A. Montalto de Jesus, *Macau Histórico*, Macau: Livro do Oriente, 1990.

27. Cecília Jorge, Rogério Beltrão Coelho, *Viagem por Macau*, Volume I Século XVII-XVIII, Macau: Livro do Oriente, Instituto Cultural do Governo da RAEM, 2014.

28. Charles Ralph Boxer, *O Grande Navio de Amacau*, Traduzida por C/alm. Manuel Vilarinho, Lisboa: Fundação Oriente, Macau: Museu e Centro de Estudos Marítimos, 1989.

29. Diogo de Couto, *Da Asia de Diogo de Couto dos Feitos, que os Portugueses Fizeram na Conquista, e Descubrimento das Terras, e Mares do Oriente*, Lisboa: Na Regia Officina Typografica, 1788.

30. Domingos Mauricio Gomes dos Santos, *Macau-Primeira Universidade Ocidental do Extremo-Oriente*, Macau: Fundação Macau, Macau: Universidade de Macau, 1994.

31. Duarte Barbosa, *Pioneiro Revelador dos Costumes das Índias*, Macau: Imprensa Nacional, 1948.

32. Eduardo Brazão, *Macau-Cidade do Nome de Deus na China, Não Há Outra Mais Leal*, Lisboa: Agência Geral do Ultramar Divisão de Publicações e Biblioteca, 1957.

33. Eduardo Brazão, *Em Demanda do Cataio - A Viagem de Bento de Goes à China (1603-1607)*, Macau: Instituto Cultural de Macau, 1989.

34. Eduardo Frutuoso, *O Arbitrismo Ibérico entre Macau e Manila, População Comércio e Finanças*, Macau: Instituto Cultural do Governo da R. A. E. de Macau, 2014.

35. Eduardo Reis, *Duarte Barbosa: Pioneiro Revelador dos Costumes das Índias*, Macau: Imprensa Nacional, 1948.

36. Fernando António Baptista Pereira, *Macau As Ruínas de S. Paulo: Um Monumento para o Futuro*, Macau: Instituto Cultural de Macau, 1994.

37. Fernão Lopez de Castanheda, *Livro da historia do descobrimēto e cõquista da India pelos Portugueses*, Livro VIII, Coimbra: Impresso em Coimbra Com Real Privilegio, 1561.

38. Fernão Mendez Pinto, *Peregrinaçam*, Lisboa: Pedro Crasbeeck, 1614.

39. Francisco G. Cunha Leão, *Jesuítas na Ásia: Catálogo e guia*, Macau: Instituto Cultural, Lisboa: Instituto Português do Património Arquitectónico, Lisboa: Biblioteca da Ajuda, 1998.

40. Geoffrey C. Gunn, *Ao Encontro de Macau-Uma Cidade-Estado portuguesa na periferia da China, 1557-1999*, Macau: Comissão Territorial de Macau para as Comemorações dos Descobrimentos Portugueses, Macau: Fundação Macau, 1998.

41. Gonçalo Mesquitela, *História de Macau, Volume I, Tomo I, -Do Sonho do "Catayo" À Realidade da "Chyna" 1498-1557*, Macau: Instituto Cultural de Macau, 1997.

42. Gonçalo Mesquitela, *História de Macau, Volume I, Tomo II, -Macau da "Povoação do Nome de Deos do Porto de Macau na Chyna" À Carta de Privilégios 1557-1586*, Macau: Instituto Cultural de Macau, 1996.

43. Gonçalo Mesquitela, *História de Macau, Volume II, Tomo I, -A Época em que Macau, Já Institucionalizada, Se Insere*, Macau: Instituto Cultural de Macau, 1997.

44. Gonçalo Mesquitela, *História de Macau, Volume II, Tomo II, -Da Carta de privilégios ao Primeiro Governador e Capitão-Geral 1586-1626*, Macau: Instituto Cultural de Macau, 1997.

45. Gonçalo Mesquitela, *História de Macau, Volume II, Tomo III, -Do Primeiro Comécial com o Japão 1626-1640*, Macau: Instituto Cultural de Macau, 1997.

46. Helmut Feldmann, *Venceslau de Morais e O Japão*, Macau: Instituto Cultural de Macau, Macau: Comissão Territorial para As Comemorações dos Descobrimentos Portugueses, 1992.

47. Humberto Leitão, *Os Portugueses em Solor e Timor de 1515 a 1702*, Lisboa: Tip. de Liga dos Combatentes da Grande Guerra, 1948.

48. Humberto Leitão, *Vinte e Oito Anos de História de Timor 1698-1725*, Portugal: Divisão de Publicações e Biblioteca Agencia Geral do Ultramar, 1952.

49. Ignacio da Costa Quintella, *Annaes da Marinha Portuguesa*, Tomo I., Lisboa: Na Typografia da Mesma Academia, 1839.

50. Isabel Augusta Tavares Mourão, *Portugueses em Terras do Dai-Việt*

(Cochinchina e Tun Kim) 1615-1660, Macau: Instituto Português do Oriente, 2005.

51.   Isabel Cid, *Macau e o Oriente-na Biblioteca Pública e Arquivo Distrital de Évora (Séculos XVI a XIX)*, Macau: Instituto Cultural de Macau, 1996.

52.   Isaú Santos, Vasco Gomes, *Relações entre Macau e Sião, Documentos para A Sua História Existentes no Arquivo Histórico de Macau*, Macau: Instituto Cultural Fundação Oriente, 1993.

53.   Isaú Santos, *Macau e o Oriente-nos Arquivos Nacionais Torre do Tombo*, Macau: Instituto Cultural de Macau, 1995.

54.   Isaú Santos, *Fontes para a História de Macau Existentes em Portugal e no Estrangeiro,* Macau: Instituto Cultural de Macau, 1999.

55.   Jaime do Inso, *O Caminho do Oriente*, Macau: Instituto Cultural de Macau, 1996.

56.   João Alves das Neves, *A Imprensa de Macau e as imprensas de Língua Portuguesa no Oriente*, Macau: Instituto Cultural de Macau, 1999.

57.   João Braz de Oliveira, *Os Navios da Descoberta*, Lisboa: Ministério da Marinha (Museu e Biblioteca da Marinha), 1894.

58.   João de Barros, *Da Asia de João de Barros dos Feitos, Que os Portugueses fizeram no descobrimento, e conquista dos mares, e terras do Oriente, Decada Quarta, parte segunda*, Lisboa: Na Regia Officina Typografica, 1777.

59.   João de Barros, *Da Asia de João de Barros dos Feitos, Que os Portugueses fizeram no descobrimento, e conquista dos mares, e terras do Oriente, Decada Terceira, parte primeira*, Lisboa: Na Regia Officina Typografica, 1777.

60.   João de Barros, *Da Asia de João de Barros dos Feitos, Que os Portugueses fizeram no descobrimento, e conquista dos mares, e terras do Oriente, Decada Terceira, parte segunda*, Lisboa: Na Regia Officina Typografica, 1777.

61.   João Feliciano Marques Pereira, *TA-SSI-YANG-KUO* 大西洋國*-Arquivos e anais do Extremo-Oriente Português,* Série-I-Vol I-II, Série-II-Vol. III-IV, Macau: Direcção dos Serviços de Educação e Juventude de Macau, 1995.

62.   Jordão de Freitas, *Camões em Macau*, Lisboa: Imprensa Libando da Silva, 1913.

63. Jordão de Freitas, *Macau Materiais para a Sua História no Século XVI*, Macau: Instituto Cultural de Macau, 1988.

64. Jorge de Abreu Arrimar, *Macau no Primeiro Quartel de Oitocentos I-Influência e Poder do Ouvidor Arriaga*, Macau: Instituto Cultural do Governo da R. A. E. de Macau, 2014.

65. Jorge de Abreu Arrimar, *Macau no Primeiro Quartel de Oitocentos II-António José da Costa Uma Voz Dissonante*, Macau: Instituto Cultural do Governo da R. A. E. de Macau, 2014.

66. Jorge Manuel dos Santos Alves, *O Domínio do Norte de Samatra, A história dos sultanatos de Samudera–Pacém e de Achém, e das suas relações com os Portugueses 1500-1580,* Lisboa: Sociedade Histórica da Independência de Portugal, 1999.

67. Jorge Manuel dos Santos Alves, *Um Porto Entre Dois Impérios–Estudos Sobre Macau e As Relações Luso-Chinesas*, Macau: Instituto Português de Oriente, 1999.

68. José Maria Braga, *A Voz do Passado, redescoberta de A Colecção de vários factos acontecidos nesta mui nobre cidade de Macao,* Macau: Instituto Cultural de Macau, 1987.

69. José Yamashiro, *Choque Luso No Japão dos Séculos XVI e XVII*, Brasil: Instituição Brasileira de Difusão Cultural Ltda, 1989.

70. Joseph Dehergne S. J., *Répertoire dês Jésuites en Chine de 1552 à 1800,* Roma: Institutum Historicum, Paris: Letouzey et Ané, 1973.

71. Kunio Tsuji, *O Signore-Xógum das Províncias em Luta,* Macau: Instituto Cultural de Macau, 1992.

72. Loureiro, Rui Manuel, *Em Busca das Origens de Macau*, Macau: Museu Marítimo de Macau, 1997.

73. Luís Filipe Barreto, *Cartografia de Macau...Séculos XVI e XVII*, Lisboa: Missão de Macau em Lisboa, Macau: Centro Científico e Cultural de Macau, 1997.

74. Luís Filipe Barreto, *Macau: Poder e Saber-Séculos XVI e XVII*, Lisboa: Editorial Presença, 2006.

75. Luís Gonzaga Gomes, *Curiosidades de Macau Antiga*, Macau: Instituto Cultural

de Macau, 1996.

76. Luís Norton, *Os Portugueses no Japão (1543-1640) (Notas e Documentos)*, Lisboa: Agência Geral do Ultramar, 1952.

77. Luso-Brasileira de Cultura, *Enciclopédia Verbo, edição Século XXI*, 29 volumes, Lisboa: Tipográfica, S. A. Braga, 1998.

78. Manuel Bairrão Oleiro, Rui Brito Peixoto, *Museu Marítimo de Macau*, Macau: Museu Marítimo de Macau, 1992.

79. Manuel de Farea e Sousa, *Ásia Portuguesa*, Porto: Livraria Civilização Porto, 1945.

80. Manuel Pintado, *A Stroll Through Ancient Malacca*, Macau: Instituto Cultural de Macau, 1990.

81. Manuel Teixeira, *Macau e a Sua Diocese*, Vol. 3, *As ordens e congregações religiosas em Macau*, Macau: Tip. do Orfanato Salesiano, 1961.

82. Manuel Teixeira, *A Missão Portuguesa no Sião*, Órgão Oficial da Diocese, *Boletim Eclesiástico da Diocese de Macau*, Janeiro de, 1962.

83. Manuel Teixeira, *Macau e A sua Diocese, VI, A missão Portuguesa de Malaca*, Lisboa: Agência Geral do Ultramar, 1963.

84. Manuel Teixeira, *Macau e a sua diocese, IX, O culto de Maria em Macau*, Macau: Tipografia da Missão do Padreoado, 1969.

85. Manuel Teixeira, *Os Militares em Macau*, Macau: Comando Territorial Independente de Macau, 1976.

86. Manuel Teixeira, *Toponímia de Macau, Vol. 1–Ruas com Nomes Genéricos*, Macau: Centro de Informação e Turismo, 1979.

87. Manuel Teixeira, *Camões Esteve em Macau*, Macau: Direcção dos Serviços de Educação e Cultura, 1981.

88. Manuel Teixeira, *Macau no Séc. XVI*, Macau: Direcção dos Serviços de Educação e Cultura, Tipografia Mandarin, 1981.

89. Manuel Teixeira, *Macau no Séc. XVII*, Macau: Direcção dos Serviços de Educação e Cultura, Tipografia Mandarin, 1982.

90. Manuel Teixeira, *Portugal na Tailândia*, Macau: Direcção dos Serviços de Turismo, Imprensa Nacional de Macau, 1983.

91. Manuel Teixeira, *Primórdios de Macau*, Macau: Instituto Cultural de Macau, 1990.

92. Manuel Teixeira, *Japoneses em Macau* マカオ史のなガの日本人, Macau: Instituto Cultural de Macau, Macau: Comissão Territorial para as Comemorações dos Descobrimentos Portugueses, 1993.

93. Manuel Teixeira, *Toponímia de Macau, Vol. I–Ruas com Nomes Genéricos*, Macau: Instituto Cultural de Macau, 1997.

94. Manuel Teixeira, *Toponímia de Macau, Vol. II–Ruas com Nomes de Pessoas*, Macau: Instituto Cultural de Macau, 1997.

95. Maria Helena S. R. do Carmo, *Uma Aristocrata Portuguesa no Macau do Século XVII-Nónha Catarina de Noronha*, Macau: Fundação Jorge Álvares, 2006.

96. Mariano Saldanha, *A Primeira Imprensa em Goa*, Lisboa: Artigo comemorativo do Seu 4° centenário, 1957.

97. Nuno Miguel Dias Relvas Ramalho, *Memória do Património Edificado Cristão no Japão no contexto das relações Luso-Japonesas (1549-1689)*, Évora: Universidade de Évora, 2010.

98. Paolo da Trindade, *Conquista Espiritual do Oriente*, Vol. 1, Lisboa: Centro de Estudos Históricos Ultramarinos, 1962.

99. Paolo da Trindade, *Conquista Espiritual do Oriente*, Vol. 3, Lisboa: Centro de Estudos Históricos Ultramarinos, 1967.

100. R. Beltrão Coelho, *Leal Senado Macau-Esboço de um Edifício*, Macau: Leal Senado de Macau, Macau: Arquivo Livros do Oriente, 1995.

101. Raffaella D'Intino, *Enformacão das Cousas da China, Textos do Século XVI*, Lisboa: Composto e impresso na Tipografia Guerra (Viseu) para a Imprensa Nacional-Casa da Moeda, 1989.

102. Rui Manuel Loureiro, *O Manuscrito de Lisboa da "Suma Oriental" de Tomé Pires*, Lisboa: Instituto Português de Oriente, 1996.

103. Rui Manuel Loureiro, *Em Busca das Origens de Macau (Antologia documental)*, Macau: Museu Marítimo de Macau, 1997.

104. Tomé Pires, *Suma Oriental*, 1515, Edição de Rui Manuel Loureiro, Macau:

Centro Científico e Cultural de Macau, L. P., Lisboa: Fundação Jorge Álvares, Macau: Fundação Macau, 2017.

105. Visconde de Lagoa, *Glossário Toponímico da Antiga Historiografia Portuguesa Ultramarina*, Corrigenda e Adenda À 1 Parte, Ásia e Oceania, Lisboa: Ministério do Ultramar, 1954.

英文

1. Anonymous, *History of Timor*, ISEG-Lisbon School of Economias and Management, Lisboa: Universidade de Lisboa (http://pascal.iseg.utl.pt/~cesa/ History_of_Timor.pdf, 2018.8.29).

2. Armando Cortesão, *The Suma Oriental of Tomé Pires (1512-1515)* and *The Book of Francisco Rodrigues (1515)*, Volume I, London: The Hakluyt Society, 1944.

3. Armando Cortesão, *The Suma Oriental of Tomé Pires (1512-1515)* and *The Book of Francisco Rodrigues (1515)*, Volume II, London: The Hakluyt Society, 1944.

4. Austin Coates, *A Macao Narrative*, Hong Kong: Oxford University Press, 1999.

5. Austin Coates, *Macao and the British, 1637-1842, Prelude to Hong Kong*, Hong Kong: Hong Kong University Press, 2009.

6. Burton Stein, *The New Cambridge History of India, I-2 Vijayanagara*, Cambridge: Cambridge University Press, 2008.

7. Charles Ralph Boxer, *Fidalgos in the Far East 1550-1770, Fact and Fancy in the History of Macao*, Lisboa: White Lotus Press, 1982.

8. Charles Ralph Boxer, *The Great Ship from Amacon: Annals of Macao and the Old Japan Trade 1555-1640*, Lisboa: Centro de Estudos Históricos Ultramarinos, 1959.

9. Charles Ralph Boxer, *The Christian Century in Japan 1549-1650*, Berkeley: University of California Press, 1967.

10. Dutch Papers, *Extracts from the "Dagh Register" 1624-1642*, Bangkok: Vajirañāna National Library, 1915.

11. Duarte Barbosa, *Description of the Coasts of East Africa and Malabar*,

Translated by Henry e. J. Stanley, London: The Hakluyt Society, 1866.

12. Duarte Barbosa, *The Book of Duarte Barbosa Vol. 1*, Translated by Mansel Longworth Dames, London: The Hakluyt Society, 1918.

13. Duarte Barbosa, *The Book of Duarte Barbosa Vol. 2*, Translated by Mansel Longworth Dames, London: The Hakluyt Society, 1921.

14. Emma Helen Blair, James Alexander Roberston, *The Philippine Islands, 1493-1898*, Cleveland Ohio: The Arthur H. Clark Company, 1906.

15. Felipe Fernánde-Armesto, *1492: The Year Our World Began*, London: Bloomsbury, 2010.

16. Fundação Calouste Gulbenkian, *Thailand and Portugal, 470 years of Friendship*, Lisbon: Calouste Gulbenkian Foundation, 1982.

17. George Bryan Souza, *The Survival of Empire: Portuguese Trade and Society in China and the South China Sea, 1630-1754*, Cambridge: Cambridge University Press, 1986.

18. Henry James Coloridge, *The Life and Letters of St. Francis Xavier*, London: Burns and Oates, 1881.

19. Henry Kamm, *Cambodia: Report from a Stricken Land*, New York: Arcade Publishing, 1998.

20. Hosea Ballou Morse, *The International Relations the Chinese Empire*, London: Longmans, Green and Company, 1910.

21. Hosea Ballou Morse, *The Chronicles Of The East India Company tardinha to China 1635-1834*, Vol I-IV, Oxford: the Clarendon Press, 1926.

22. J. J. A. Campos, *History of the Portuguese in Bengal*, Calcutta: Butterworth & Co. (India) Ltd., 1919.

23. Johannes Nieuhof, *An embassy from the East-India company of the United Provincesm to the Grand Tartar Cham, emperor of China, delivered by their excellcies Peter de Goyer and Jacob de Keyzer, at his imperial city of Peking*, London: John Macock, 1669.

24. Joseph Broeckaert, S. J., *Blessed Charles Spinola, of the Society of Jesus*, New York: John G. Shea, 1869.

25. Kenneth R. Hall, *A History of Early Southeast Asia: Maritime Trade and*

Societal Development, 100-1500, UK: Rowman & Littlefield Publisher, 2011.

26. Liam Matthew Brockey, *Journey to the East: The Jesuit Mission to China, 1579-1724*, London: The Belknap Press of Harvard University Press, 2007.

27. Lúcio de Sousa, *The Early European Presence in China, Japan, The Philippines and Southeast Asia (1555-1590): The life of Bartolomeu Landeiro,* Macao: Macao Foundation, 2010.

28. Lúcio de Sousa, *The Jewish Diaspora*: *And the Periz Family Case in China, Japan, The Philippines, and the Americas (16th Century)*, Macau: Fundação Macau, Macau: Centro Científico e Cultural de Macau, 2015.

29. Manuel Pintado, *The Voice of the Ruins,* Macau: Instituto Cultural de Macau, 1988.

30. Manuel Pintado, *A Stroll Through Ancient Malacca*, Macau: Instituto Cultural de Macau, 1990.

31. Manuel Teixeira, *The Japanese in Macau*, Macau: Instituto Cultural de Macau, 1990.

32. Michael Naylor Pearson, *The New Cambridge History of India I-1. The Portuguese in India*, Cambridge: Cambridge University Press, 2008.

33. Om Prakash, *The New Cambridge History of India, II-5 European commercial enterprise in pre-colonial India*, Cambridge: Cambridge University Press, 2008.

34. Richard J. Garrett, *The Defences of Macau–Forts, Ships and Weapons over 450 Years*, Hong Kong: Hong Kong University Press, 2010.

35. Rogério Miguel Puga, *The British Presence in Macau, 1635-1793*, translated by Monica Andrade, Royal Asiatic Society Books, Hong Kong University Press, 2013.

36. R. P. Rao, *Portuguese Rule in Goa 1510-1961*, London: Asia Publishing House, 1963.

37. Sir Richard Carnac Temple, *The Travels of Peter Mundy in Europe and Asia 1608-1667, Vol. II, Travels in Asia, 1628-1634*, London: The Hakluyt Society, 1907.

38. Sir Richard Carnac Temple, *The Travels of Peter Mundy in Europe and Asia 1608-1667, Vol. III, Travels in England, India, China, etc. 1634-1638, Part II.*

Travels in Achin, Mauritius, Madagascar and St. Helena, 1638, Second Series No. 46, London: The Hakluyt Socíety, 1919.

39. W. A. R. Wood, *A History of Siam: From the Earliest Times to the Year A. D. 1781, with a Supplement Dealing with More Recent Events,* London: T. Fisher Unwin, Ltd., 1926.

拉丁文

1. Ioanne Bonifacius, *Christiani Pueri Institutio,* Macau: Instituto Cultural de Macau, 1988.

2. Eduardo de Sande, *De missione legatorum Iaponen sium ad Romanam curiam rebusq; in Europa, ac toto itinere animaduersis,* Macau: In Macaensi portu Sinici regni in domo Societatis IESV cum facilitate Ordinarij, & Superiorum, 1590.

3. João Rodriguez, *Arte Da Lingoa de Iapam,* Nagasaki: Collegio de Iapao da Companhia de IESV, 1604.

4. João Rodriguez, *Arte Breve da Lingoa Iapoa,* Macau: Em Amacao no Collegio de Madre de Deos da Companhia de IESV., 1620.

5. Nicolas Trigault, *De Christiana expeditione apvd Sinas svscepta ab Societate Iesv ex P. Matthaei Riccij eiusdem societatis commentaires libri V ad S. D. N. Pavlvm V.: in quibus Sinensis regni mores, leges atque instituta & noua iléus ecclesiae difficillima primordiale accurate & summa fide describuntur, Augustae Vind.,* Augsburg: Christoph. Mangium, 1615.

法文

1. Le P. Louis Pfister, S. J., *Notices Biographiques et Bibliographiques, sur Les Jésuites de L' ancienne Mission de Chine 1552-1773,* Tome I, XVIe & XVIIe siècles, Chang-Hai: Imprimerie de La Mission Catholique, Orphelinat de T'ou-Sè-Wè, 1932.

2. Joseph Dehergne S. J., *Répertoire dês Jésuites en Chine de 1552 à 1800,* Roma: Bibliotheca Instituti Historici Societatis Iesu, Paris: Letouzey et Ané, 1973.

日文 / 琉球漢文

1. 〔日〕南浦文之，《南浦文集》，三卷本，慶安二年。

2. 〔琉球〕蔡鐸、蔡溫、鄭秉哲，《中山世譜》，十三卷、七附卷，康熙三十六年。

3. 〔琉球〕程順則，《指南廣義》，《風信考》，康熙四十七年。

4. 〔琉球〕蔡溫、尚文思、鄭秉哲，《球陽記事》，二二卷、三附卷，三外卷、一附卷，光緒二年。

5. 〔琉球〕伊地知貞馨，《沖繩志》（又名《琉球志》），文安二年。

6. 〔日〕中川清次郎，《西力東漸本末》，1943。

馬來文 / 印度尼西亞文

1. Anthoni Reid, *Senuju Sejarah Sumatra–Antara Indonesia dan Dunia*, Jakarta: KITLV & NUS Publishing, 2011.

2. Denys Lombard, *Nusa Jawa: Silang Budaya, Bagian 1: Batas-Batas Pembaratan,* Jakarta: PT Gramedia Pustaka Utama, 2000.

3. Denys Lombard, *Nusa Jawa: Silang Budaya, Bagian 2: Jaringan Asia,* Jakarta: PT Gramedia Pustaka Utama, 2000.

4. George Miller, *Indonesia Timur Tempo Doeloe 1544-1992*, Jakarta: Komunitas Bambu, 2011.

5. H. Mohammad Said, *Aceh Sepanjang Abad*, Medan: Waspada Medan, 1981.

6. Irawan Djoko Nugroho, *Majapahit peradaban Maritim–Ketika Nusantara Menjadi Pengendali Pelabuhan Dunia*, Jakarta: Yayasan Suluh Nuswantara Bakti, 2011.

7. Joko Darmawan, Chaerudin, *The Power of Sejarah Indonesia*, Jakarta: Genta Pustaka, 2011.

8. O. W. Wolters, *Kemaharajaan Maritim Sriwijaya & Perniagaan Dunia, Abad III–Abad VII*, Jakarta: Komunitas Bambu, 2011.

9. R. Michael Feener, Patrick Daly, Anthony Reid, *Memetakan Masa Lalu Aceh*, Jakarta: Pustaka Larasan, 2011.

10. Supratikno Rahardjo, *Peradaban Jawa–Dari Mataram Kuno sampai Majapahit Akhir*, Jakarta: Komunitas Bambu, 2002.

文獻

1. *Arquivos de Macau, Vol. 1-3,* 1929-1979.

2. *Boletim eclesiástico da Diocese de Macau*, Diocese Macau.

3. Arquivo Histórico do Estado da Índia, Goa, *Livro das Monções.*

4. Arquivo histórico Ultramarino, *Livro das Monções, (1653-1785).*

5. Arquivo Nacional da Torre do Tombo, Convento da Graça, Lisboa, Caixa 16 D, tomo VI.

6. *Boletim da Filmoteca Ultramarina Portuguesa,* Arquivo Histórico Ultramarino.

7. Instituto dos Arquivos Nacionais, Torre do Tombo (IAN/TT), *Gaveta 16, maço, no.5 fl.15*, Gavetas da Torre do Tombo.

8. *Journal of The Hong Kong Archaeological Society*, Volume XI, 1984-1985.

9. *The New Encyclopædia Britannica*, Micropædia, 15th edition,

論文

1. 〔葡〕文德泉（Manuel Teixeira），〈伊納西奧‧薩爾明托〉，《文化雜誌》，中文版第 9 期，1992。

2. 〔葡〕潘日明（Benjamin Videira Pires），〈唐‧若奧五世在遠東的外交政策〉，《文化雜誌》，第 11-12 期，1993。

3. 〔西〕梅狄納（Juan Ruiz de Medina），〈耶穌會士亞歷山大‧德‧羅德斯在科欽支那和東京：1591-1660〉，《文化雜誌》，第 45 期，2002。

4. 韋惺、吳超羽，〈全新世以來珠江三角洲的地層層序和演變過程〉，《中國科學》，第 41 卷，第 8 期，2011。

5. 譚世寶，〈明清天妃（后）與媽祖信仰的名實演變及有關研究述評〉，載《文化雜誌》，中文版第 90 期，2014 年春季刊。

6. Anónimo, *Livro das Cidades e Fortalezas que a Coroa de Portugal Tem nas Partes da Índia, e das Capitanias, e mais Cargos que Nelas Há, e da Importância Deles*, (c.1582)

7. Benjamin Videira Pires, "A Diplomacia de D. João V no Extremo Oriente", *Revista de Cultura*, No. 11/12.

8. Claude Guillot, "Les Portugas et Banten (1511-1682) ", *Revista de Cultura*,

No.13/14.

9.   Ernst Van Veen, "Dutch Trade and Navigation in the South China Sea during the 17h Century", *Revista de Cultura*, Edição Internacional, Vol.11, Julho 2004

10.   Manel Ollé i Rodríguez, "A Inserção das Filipinas na Ásia Oriental (1565-1593)", *Revista de Cultura*, Edição Internacional 7, Julho 2003, Instituto Cultural.

11.   Marcus P.M. Vink, "The Entente Cordial The Dutch East India Company and Portuguese Shopping Through the Straits of Malacca 1641-1663", *Revista de Cultura*, Portugues/English, No. 13/14.

12.   Michael Flecker, "Excavation of an oriental vessel of c. 1690 off Con Dao, Vietnam", from *The International Jornal of Nautical Archaeology (1992)* 21.3: 221-244.

13.   Nuno Miguel Dias Relvas Ramalho, *Memória do Património Edificado Cristão no Japão no contexto das relações Luso-Japonesas (1549-1589)*, Évora: Universidade de Evora, 2010.

14.   Paul A. Van Dyke, "Smuggling Networks of the Pearl River Delta before 1842: Implications for Macao and the American China Trade", in *Americans and Macao: Trade, Smuggling, and Diplomacy on the South China Coast*, Hong Kong: Hong Kong University Press, 2012.

後記

　　本書的編撰，源於本人十餘年來博物館的工作和研究經歷，如何向公眾準確講述澳門歷史，是博物館人的首項要務。從博物館的角度詮釋澳門歷史，當中跨越史前至明、清、民國、共和國及澳門回歸等不同歷史階段。鑒於學者的學術研究相對獨立，往往有不同或相對立的見解，博物館人的責任則是加以分析整理，找出最為接近事實的觀點，作為客觀公正地詮釋澳門歷史的教材。

　　本書題材雖屬澳門史，但內容並不局限於澳門本地，而是通過澳門航線輻射到世界各國各港。因此在撰寫過程中，牽涉到史前至17世紀各國各地在海洋、物產、商貿、帆舶、航線、民族、宗教、文化、軍事、國家及王朝更迭等諸多領域的課題。這是一項艱巨的挑戰，但也不乏發現的喜悅：在葡萄牙人來華的文獻中發現，琉球人在15世紀至16世紀活躍於東亞海域，有關澳門和中國的早期情報是琉球人所提供。循此線索考證出琉球人是最早使用濠鏡港的外國人，使過往種種關於澳門起源的謎團有了一個較為清晰的畫面，這是本次研究中的意外收穫。

　　除了內容廣泛之外，時間的久遠和文獻的稀缺，以及牽涉的語種之多，也是難點。澳門是中歐文明交流延續時間最長且無中斷的地方，葡萄牙人在澳門的時間（1557-1999）長達四百四十二年，中外交流歷史更長達五個多世紀，加上東

南亞和歐洲各國來華貿易，因此大量史料除中文文獻之外，更需要從葡文和各國不同文本的檔案中尋找。然而，早期的葡萄牙檔案多為古葡萄牙文及拉丁文。16世紀末至 17 世紀中，葡萄牙被西班牙統治期間，葡萄牙文獻中夾雜不少西班牙文。同樣地，早期的英文史料也多是古英文。此外，還有諸多語種都有記錄了澳門早期歷史。古籍中的手寫體及印刷模糊等因素，都為研究帶來障礙和挑戰。所幸近年來世界各大圖書館、檔案館都陸續將一些重要的館藏歷史文獻以數碼形式上網，為研究原檔提供了便利，也大大縮短了尋找文獻的時間。

本人在博物館工作期間，有幸與國內外各大博物館、檔案館、圖書館交流合作，並多次與各國及內地主要博物館策劃了數十個以澳門史和中外交流史為主題的專題展覽。同時也利用工餘和休假時間前往各地考察，增加對當地文化的感性認識。通過考察，開拓了視野，深感海洋研究的重要價值，本人的研究範圍也從澳門史拓展至海洋史。在閱讀了大量中外不同時期的歷史文獻基礎上，發現許多與海洋相關的澳門史料，有助破解長期以來令人困惑的澳門歷史之謎，而這些史料較少出現在中文的澳門史專著當中。同時也深感海洋史對於澳門和中國歷史的重要性，希望這些史料，有助博物館導賞員準確講述澳門歷史，也希望對澳門早期歷史和中國近代史有興趣的人士，在近代海洋史和澳門史方面有更為深入的瞭解。本書秉承博物館敘事方式，長話短說，論證有據，敘事生動，豐富緊湊，通過破解歷史密碼，闡述真實的澳門歷史。

本書編撰期間，有幸獲得許多優秀前輩與友人的指導和賜教，提供歷史文獻、古籍文檔和襄助各項工作，為此本人衷心感謝。而本書得以出版，也有賴各界友人、機構的熱心協助，包括提供各地拍攝的古蹟圖檔、藏品圖檔等，為此在照片文字中作出附註，以資鳴謝。此外，還有協助本人外出考察、外文史料翻譯、以及各種技術協助的各界人士，均列在最後的鳴謝欄中。在此我要感謝澳門基金會和三聯書店（香港）有限公司的各位同仁，協助本書的大量行政、設計和出版工作。需要特別感謝廣州中山大學資深歷史學家章文欽教授為本書進行細緻的審校並惠賜序言。藉此機會也感謝我的家人，多年來為本人分擔家庭各種瑣事，使本人得以全心投入寫作之中。也一併感謝所有曾為本書出版作出貢獻的人士。

陳迎憲

2022.11.20.

鳴謝

（排名不分先後）

中國國家圖書館、澳門博物館、澳門海事博物館、澳門檔案館、澳門中央圖書館、澳門科技大學圖書館、澳門天主教區、香港歷史博物館、廣東省文史研究館、廣東省博物館、珠海市博物館、台山市博物館、江門市華僑博物館、Internet Archive; Library of Congress, Arquivo Nacional Torre do Tombo; Biblioteca Nacional de Portugal; Bibliothèque Nationale de France; Bliblioteca da Ajuda; Hathi Trust Digital Library; Biblioteca Apostólica Vaticana; Routledge Taylor & Francis Group; Biblioteca Nacional de España; National Archives of Singapore; National Digital Library of India; Okinawa Prefectural Library; Australian National University Library.

尤金尼奧・羅・薩度先生（Eugenio Lo Sardo）、龍秀女士（Cécile Léon）、吳志良先生、張小蘭女士、麥淑萍女士、龐力先生、趙燕芳女士、何麗鑽女士、王世紅女士、李斌生主教、李沛霖先生、劉芳女士、黃永謙先生、陳振華先生、陳雨潤先生、梁冠峰先生、廖子馨女士、廖少權先生、鄭國偉先生、溫泉先生、劉阿平女士、葉農先生、林發欣先生、林廣志先生、黃麗莎女士、黃棣樂先生、黃勵瑩女士、盧可茵女士、林金鵬先生（Udaya Halim）、陳迎憲女士、陳紅彥女士、熊英女士、林冕女士、陳樹榮先生、鄭國強先生。

資料提供：

丁新豹先生、金國平先生、章文欽先生、劉羨冰女士、冼為鏗先生、吳仕明先生、劉樺先生、鄧聰先生、戴龍基先生、楊迅凌先生、李業飛先生、薛啟善先生、謝必震先生、魏楚雄先生、譚世寶先生、洪光華先生、何漢權先生、張建軍先生、莫小也先生、黎鴻健先生、梁永發先生、謝德隆先生、陳麗蓮女士、楊開荊女士、王克平先生、許禮平先生、吳觀祥先生、呂志鵬先生、歐陽偉然先生、藍薇薇女士、石文誠先生、陳漢初先生、余永鴻先生、黃潔嫻女士、戴定澄先生、邢榮發先生、伍星洪先生、林素琴女士、何慧明女士、陳力志先生、陳振忠先生、陳逸峰先生、羅偉成先生（Luis Crisostomo Lopes）、馬偉達先生（Victor Hugo Marreiros）、文雪兒女士（Alexandra Mendes）、阿爾伯特・阿戈斯達先生（Albert Acosta）、姚豐先生、譚敬先生、談駿業先生、高東輝先生。

藏品提供：

梁自然女士、羅景鈞先生、讓・多亞先生（Jean Doat）。

攝影／圖檔提供：

何元成先生、黃錦欣小姐、畢志健先生、張裕先生、張志成先生、張建軍先生、陳振忠先生、楊建文女士、何海韻小姐、薛啟善先生、伍星洪先生、陳苑駿先生、劉小平先生。

翻譯協助：

劉樺先生、陳惠萍女士、陳圓圓女士、何海韻小姐、梁普瑤小姐、陳慶生先生。

技術協助：

區耀輝先生、麥民安先生、林華生先生、黃文輝先生、蔡小華先生、楊真女士、劉美儀女士、韋志恆先生、鄭健超先生、巫宏明先生、吳榮輝先生、梁倩怡女士、李嘉慧女士、余志偉先生、杜志豪先生、陳超傳先生。

考察協助：

　　陳永輝先生（Martani Wiranata）、陳孫硯先生（Sugianto Chandra）、陳恆安女士（Anne Tarania Martani）、廖章然先生（Ardjan Leo）、紀日立先生（Tjong Djeh Lik）、林來榮先生（Sinarli Salim）、韓理光女士、葉智星先生、洪華強先生（Agus Sujana）、崔永順先生（Wingshun Wilson Tsui）、羅景鈞先生、蔡和添先生、余沛連先生、陳苑燕小姐、張裕先生、胡浩強先生、戴錦旺先生、林少昆先生、周建先生、符文申先生、蘇中衛先生。

責任編輯	鑫 淼
校 對	梁雅桃
封面題字	吳仕明
封面設計	藍 洋
版式設計	a_kun

書 名	海洋的澳門・破解歷史密碼（史前至明代）
著 者	陳迎憲
聯合出版	三聯書店（香港）有限公司 香港北角英皇道 499 號北角工業大廈 20 樓 澳門基金會 澳門新馬路 61-75 號永光廣場 7-9 樓
發 行	香港聯合書刊物流有限公司 香港新界荃灣德士古道 220-248 號 16 樓
印 刷	美雅印刷製本有限公司 香港九龍觀塘榮業街 6 號 4 樓 A 室
版 次	2023 年 9 月香港第一版第一次印刷
規 格	16 開（170mm×240mm）344 面
國際書號	ISBN 978-962-04-5150-8